21世纪全国高等院校旅游管理类创新型应用人才培养规划教材

旅游法律法规教程

魏 鹏 秦斌峰 常承明 主编

北京大学出版社
PEKING UNIVERSITY PRESS

内容简介

本书以《中华人民共和国旅游法》(以下简称《旅游法》)的体例和内容为纲领进行编写，将《旅游法》总则、附则、法律责任的内容穿插到各分项具体内容之中，而不单独成章进行介绍。由此本书共包括8章，以“绪论”对旅游法律体系进行总括性介绍，而后详细讲述了旅游者、旅游规划和促进、旅游经营、旅游服务合同、旅游安全、旅游监督管理、旅游纠纷处理等分项内容。每一章都包括了教学目标、知识结构、正文、本章小结、思考与练习等，正文中穿插案例分析、特别提醒、知识链接、实用小窍门等。每章正文依据“《旅游法》的相关规定—其他法律法规的具体规定”的方式进行编排，以在体现系统性基础上，保证衔接性和实用性。

本书可作为旅游管理专业学生的专业学习教材，也可作为旅游服务人员与管理人员的培训教材与学习参考书，还可作为旅游者对相关法律法规的自学参考书。

图书在版编目(CIP)数据

旅游法律法规教程/魏鹏，秦斌峰，常承明主编. —北京：北京大学出版社，2014.10

(21世纪全国高等院校旅游管理类创新型应用人才培养规划教材)

ISBN 978-7-301-24850-8

Ⅰ. ①旅…　Ⅱ. ①魏…②秦…③常…　Ⅲ. ①旅游业—法规—中国—高等学校—教材　Ⅳ. ①D922.296

中国版本图书馆CIP数据核字(2014)第221224号

书　　名：旅游法律法规教程
著作责任者：魏　鹏　秦斌峰　常承明　主编
策 划 编 辑：刘　翯
责 任 编 辑：刘　翯
标 准 书 号：ISBN 978-7-301-24850-8/C・1048
出 版 发 行：北京大学出版社
地　　址：北京市海淀区成府路205号　100871
网　　址：http://www.pup.cn　新浪官方微博：@北京大学出版社
电 子 信 箱：pup_6@163.com
电　　话：邮购部 62752015　发行部 62750672　编辑部 62750667　出版部 62754962
印　刷　者：北京鑫海金澳胶印有限公司
经　销　者：新华书店
787毫米×1092毫米　16开本　22印张　522千字
2014年10月第1版　2016年8月第2次印刷
定　　价：45.00元

前　言

近年来，我国旅游业快速发展，旅游越来越成为人们生活中不可或缺的重要内容。2009年，《国务院关于加快发展旅游业的意见》指出，旅游业是战略性产业，旅游业的发展目标是成为国民经济的战略性支柱产业和人民群众更加满意的现代服务业。2013年，我国国内旅游人数达32.6亿人次，居世界第一，国内旅游收入达26 276亿元。出境旅游人数超过1亿人次，旅游消费总额超过1 000亿美元，跃居世界第一；入境旅游人数超过1.52亿人次，旅游外汇收入约478亿美元，排名亚太地区第一。在此背景下，我国旅游行业中新的法律规范不断出台，推动我国旅游业规范化发展。特别是2013年颁布实施的《中华人民共和国旅游法》以下简称《旅游法》，是我国首部针对旅游的专门性法律，是我国旅游业的“宪法”，其颁布是中国旅游发展的里程碑，为保障旅游者和旅游经营者的合法权益，规范旅游市场秩序，保护与合理利用旅游资源，促进旅游业持续健康发展提供了法律保障。为适应旅游业本身的行业特征，以及我国旅游业发展的新要求和旅游法制建设的新形势，本书突出以下几个特征。

(1) 以《旅游法》为纲领，突出理论化、系统化。《旅游法》是旅游发展的“宪法”。它是一部综合法，涵盖了旅游发展的各方面要素；它是一部衔接法，实现了与民事、行政法律法规的有限衔接。本书依照《旅游法》的体例，提出了“旅游法律体系”的概念和体系结构，并据此进行章节内容安排，从而对《旅游法》进行全面阐释。这不仅是作为旅游法教材本身体例的内在要求，也是借鉴《旅游法》立法的理念与优点，以综合、衔接的方式，对旅游中的法律、法规进行较为全面的介绍，同时也力图梳理旅游法学的内在规律与体系，实现理论化、系统化的教材编写。

(2) 以整体旅游行业为对象，突出全面性。本书突出了《旅游法》综合性与衔接性的特征，在《旅游法》各章节条文的基础上，将涉及该相关内容的法律、法规作全景式的梳理与介绍，并对其内在联系、内容差异、适用规则进行较为全面的阐释，使学习者能够全面了解法律、法规的内容，做到全面了解、准确用法。

(3) 以满足旅游实际需要为目的，突出实用性。本书遵从学习者认知的规律，增加案例教学内容，加强理论内容、法律规定与实际情景的联系与对接，通过法规介绍—理论提要—案例分析—问题解答的基本路径，增强教材对学习的支撑力，切实提高学习者运用法律知识的能力，增强学习者的法律意识和用法的能力。同时，本书通过实用小窍门、法律规范对比等方式，使得学习者能够轻松学法、实际用法，凸显教材的实用性。

本书由魏鹏统稿，由秦斌峰主审，常承明撰写了20余万字。李萌、刘佳、刘晶、姬娜娜、刘瑾等参与了文本的校对工作。

编　者
2014年6月

目　　录

第 1 章　绪　　论

教学目标

知识目标	技能目标
(1) 理解旅游法的含义 (2) 掌握旅游法律关系的要素 (3) 理解旅游法律责任承担的要件 (4) 了解旅游法律责任承担方式	(1) 能够准确辨识旅游法律关系中的各方主体 (2) 能够区分旅游法律关系中的不同客体 (3) 能够基本判别旅游法律关系主体是否应承担责任

知识结构

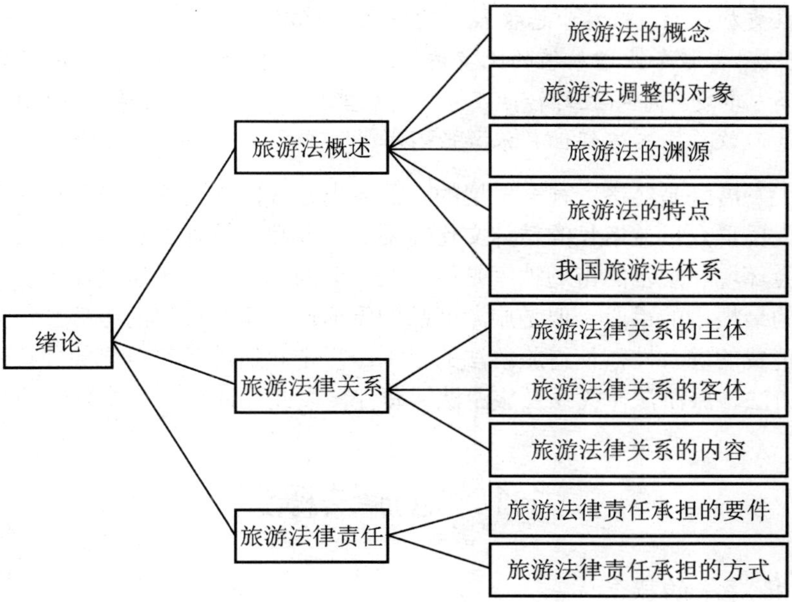

知识链接

推动旅游事业发展，实现旅游强国之梦

据中新社报道，世界旅游组织第十五届全体大会于2003年10月20日在北京人民大会堂隆重开幕。中国国务院总理温家宝、副总理吴仪出席开幕式。

温家宝在致辞中说，中国要把旅游业培育成为国民经济的重要产业，并合理保护和利用旅游资源。中国政府欢迎各国朋友到中国旅游观光，中国将全力保障广大旅游者的健康和安全。同时，鼓励更多的中国人走向世界。中国愿与更多的国家广泛合作，推动世界旅游业的发展。(《人民日报》 2003年10月20日)

《国务院关于加快发展旅游业的意见》提出，“加强统筹协调，转变发展方式，提升发展质量，把旅游业培育成国民经济的战略性支柱产业和人民群众更加满意的现代服务业”，“到2015年，旅游市场规模进一步扩大，国内旅游人数达33亿人次，年均增长10%；入境过夜游客人数达9 000万人次，年均增长8%；出境旅游人数达8 300万人次，年均增长9%。旅游消费稳步增长，城乡居民年均出游超过2次，旅游消费相当于居民消费总量的10%。经济社会效益更加明显，旅游业总收入年均增长12%以上，旅游业增加值占全国GDP的比重提高到4.5%，占服务业增加值的比重达到12%。每年新增旅游就业50万人。旅游服务质量明显提高，市场秩序明显好转，可持续发展能力明显增强，力争到2020年我国旅游产业规模、质量、效益基本达到世界旅游强国水平”。

旅游业大发展既是经济、社会发展的必然，也是我国在新的历史条件下实现产业结构升级、满足人民群众日益增长的精神文化需要的产业政策选择。高品质的旅游资源、良好的生态与社会环境、规范的市场秩序是旅游业发展的基础，旅游法是保护资源、环境，规范市场秩序的最根本的手段。但是旅游产品的无形性，旅游过程的服务性，旅游活动的异域性，旅游消费的综合性，使得旅游法的范围、规定和适用具有自己的独特性。本章将回答什么是旅游法、旅游法律关系及旅游法律责任，以此让读者了解旅游法的基本面貌。

1.1 旅游法概述

1.1.1 旅游法的概念

旅游法有广义和狭义之分。

广义的旅游法是指由国家制定或认可的调整旅游活动中所产生的各种社会关系的法律规范的总称。

狭义的旅游法是指由全国人民代表大会及其常务委员会制定的旅游基本法，即《中华人民共和国旅游法》(以下简称《旅游法》)，该法经2013年4月25日十二届全国人大常委会第二次会议通过，2013年4月25日中华人民共和国主席令第3号公布，于2013年10月1日正式实施。

知识链接

《旅游法》的发展历程

2013 年 4 月 25 日下午，十二届全国人大常委会第二次会议表决通过了《中华人民共和国旅游法》。旅游法是改革开放初期就启动的一个立法项目，曾被列入七届全国人大常委会立法规划和国务院立法计划，但由于当时我国旅游业还处于起步阶段，有关方面对立法涉及的一些重要问题认识不尽一致，这部法律草案未能提请审议。

1982 年国家旅游局曾着手起草旅游法。1988 年七届全国人大常委会将旅游法列入立法规划，1991 年国务院有关部门起草出旅游法草案。

八届全国人大以来，社会上要求制定旅游法的呼声进一步提高。十一届全国人大财政经济委员会成立后，于 2009 年 12 月牵头组织国家发展改革委、国家旅游局等 23 个部门和组织有关专家成立旅游法起草组。

2012 年年底，十一届全国人大常委会第三十次会议对旅游法草案进行了第二次审议。草案二审稿充分吸收了初审中常委会组成人员的意见及社会各方面的建议，进一步完善了公益性文化场馆开放、旅游资源保护、游客合法权益维护等方面的内容。据统计，截至 2012 年年底，全国各类旅游景区景点达到 2 万多处，旅行社达到 2 万多个，星级饭店达到 1 万多家，旅游直接从业人员超过 1 300 万人，国内旅游人数超过 26 亿人次，接待入境旅游超过 1.35 亿人次，公民出境旅游超过 7 000 万人次，国内旅游市场规模居全球第一位，接待入境旅游人数和公民出境旅游消费居全球第三位。

本书所指的旅游法是广义旅游法的概念。对旅游法的认识应当把握如下两点。

1. 旅游法是法

法是由国家制定或认可，并以国家强制力保证实施的，反映统治阶级意志的规范体系。这个意志的内容是由统治阶级的物质生活条件决定的。法通过规定人们在相互关系中的权利和义务，确认、保护和发展对统治阶级有利的社会关系和社会秩序。法的特征有以下方面。

1) 法是调整人的行为或者社会关系的规范

法是调整人社会行为的规范，不是调整人的思想的规范。如想骗取旅游者财产而实际没有具体实施的旅游经营者，并不构成违法。

法是通过对人们的行为提出模式化要求来实现调整社会关系的作用。在现实生活中，人们的行为是法律规范的直接调整对象，社会关系则是法律规范的间接调整对象。法律在调整人们的行为时，给人们规定了一般行为模式，从而为人们的交往行为提供一个模型、标准或者方向。法所规定的行为模式大致包括 3 种：①人们可以怎样行为，即可为模式；②人们不得怎样行为，即勿为模式；③人们应当或者必须怎样行为，即应为模式。

法是一种抽象的、概括的规定，它的对象是一般的人而不是具体的人。如《导游人员管理条例》所适用的对象不是某一个具体的人，它属于法；而颁发给某人的导游证，仅表明这个具体的人具有从事导游服务的资格，它只是适用于一定法律规范的产物而不是法。

2) 法是由国家制定或认可的行为规范，并具有普遍约束力

法由国家制定或认可，这是从法作为一个整体来说的。实际上，它是由各种不同层次或类别的国家机关或专门组织(如全国人大、国务院、国家旅游局等)制定或认可的，因而就有宪法、法律、行政法规等之分，它们的法律地位或法律效力是不同的。

除法外，还有其他很多行为规范，例如，政党、社会团体、企事业单位也都有各自的规章，社会上还有各种道德规范、宗教规范、社会礼仪、习惯准则等，但它们都不是由国家制定或认可的。作为一个整体的法来说，它在国家主权所及的范围内是普遍有效的，具有普遍的约束力。当然，各个具体的法律在适用的空间和对象方面来说，也可以有所不同，有的在全国有效，有的仅在某一地区有效；有的对全体社会成员有效，有的仅对某一部分人有效，如《旅行社条例》仅适用于旅行社。

3) 法是以权利义务为内容的行为规范

法明确地告诉人们应该怎样行为，不该怎样行为以及必须怎样行为。人们根据法律来预先估计自己与他人之间该怎样行为，并预见到行为的后果。法通过规定人们的权利义务来分配利益，影响人们的动机和行为，进而影响社会关系。法关于权利和义务的确定是双向的，表现在权利和义务方面是两个完全不同的事物：一个是主动的，另一个是被动的；一个表征利益，另一个表征负担。权利是义务的范围和界限，义务是权利的范围和界限，两者相辅相成。权利以其特有的利益导向和激励机制作用于人的行为，而义务以其特有的约束机制和强制力作用于人的行为，促使人们从有利于自己利益的角度出发选择行为。如在旅游活动中，旅游者有支付费用的义务，有享受旅游服务的权利；而旅游经营者有获得费用的权利，同时也有提供服务的义务。

4) 法是由国家强制力保证实施的行为规范

在所有社会规范中，只有法才是由国家强制力保证实施的。以国家强制力保证实施，实际上就是指对违法行为实行法律制裁。根据违法行为的性质、情节以及实施制裁的机关和方法这些方面来看，法律制裁一般可分为两大类。

一类是司法制裁，是指由法院判决的制裁，其中又可分为两种：第一种是刑事制裁，即对犯罪行为实行的制裁，称为刑罚(从罚金到死刑等)；第二种是民事制裁，一般指广义的民事违法行为的制裁(如判处违约金、损害赔偿、罚款等)。现在法院中经济审判庭一般处理经济纠纷案件，它所判决的制裁在性质上大体上属于民事制裁。

另一类是行政制裁，这一般是指违反行政法规并由行政机关实施的制裁，其中又可分为三种：第一种是对国家机关工作人员违反行政法的行政处分，如警告、降职以至撤职等；第二种是对一般公民和组织违反行政管理法规(如工商行政管理、交通管理、食品卫生管理等)的制裁，通常称为行政处罚，如警告、没收、罚款、拘留等；第三种是对那些违反法纪但并不追究刑事责任的人实行强制性教育改造的措施，即劳动教养。

简而言之，法是由国家制定或认可，以权利义务为内容，由国家强制力保证实施的行为规范体系。此外，这些由国家制定或认可，以权利义务为内容，由国家强制力保证实施的行为规范不是立法者的随心所为，而是由社会物质生活条件所决定的；是反映统治阶级的意志，而不是反映社会所有成员的意志。它不单是某一个、某一类行为规范，而是以确保、发展统治阶级所期望的社会关系、社会秩序为目的的许多个、许多类行为规范，是众多行为规范的总和。

2. 旅游法调整的是旅游活动中的各种行为与关系

旅游法是国家法律体系的有机组成，它与其他法的区别在于所调整的行为是旅游活动中的各种行为。这些行为包括了与旅游有关的所有行为，有旅游者与旅行社、旅游景区、饭店、运输公司之间服务与被服务行为；有旅行社与旅行社之间，旅行社与饭店、景区、运输公司之间的协作服务行为；有旅游行政管理部门对旅游者以及旅行社、饭店、景区、运输公司的管理行为。这些旅游活动中的旅游者、旅游经营者、旅游管理者的行为是多方面、多领域的，对这些行为进行调整的法就是旅游法。旅游法既包括了专门针对旅游活动中行为的法，如《旅行社条例》《导游人员管理条例》等，也包括能够但并不专门调整旅游活动中行为的法，如《中华人民共和国合同法》(以下简称《合同法》)、《中华人民共和国消费者权益保护法》(以下简称《消费者权益保护法》等。

1.1.2 旅游法的作用

1. 对旅游事业的发展进行宏观调控

国家通过制定旅游法律、法规，确定旅游业发展的基本原则、基本方针和产业政策，对旅游业进行有效的宏观调控，把旅游业纳入整个社会经济发展之中，使旅游业的发展能够起到促进社会和经济发展的作用。

2. 规定旅游法律关系中各主体的权利义务责任

旅游法对各主体权利义务责任的规定，主要有两个作用：①划定它们的应为、可为和勿为，为其提供一个法律允许的活动范围；②将这些规定作为一种衡量标准，判断各主体的行为是否合法、有效。在旅游活动领域中，凡属合法有效的行为，其主体都会在法律的保护下顺利实现其利益和目标。反之，凡属违法无效的行为，法律将不予保护，而且如果这种行为侵犯了其他主体的合法权益，法律将会给予必要的制裁。

3. 为旅游业的发展创设良好的法律环境

由于旅游法明确规定了各主体的权利、义务、责任，使各主体在法律允许的范围内从事自己的活动，自享其权，各尽其责，各得其利，从而保证了旅游活动的正常秩序，为旅游业的发展创设了一个良好的法律环境。

4. 丰富了部门法体系

部门法是国家按照不同法律规范所调整的社会关系，以及与之相适应的调整方法的不同，对现行法律规定所做的一种分类，是同类法律规范的总称。旅游活动的社会关系虽然有许多并被分别纳入民事法律关系、经济法律关系和行政法律关系的范畴，但由于旅游活动的特殊性，又使得它同一般的民事、经济和行政法律关系有所区别。因此，通过旅游立法建立起来的法律规范，在事实上形成了一个相对独立的部门法律，从而丰富了我国的法律体系。

1.1.3 旅游法的法律渊源及地位

1．我国旅游法的渊源

法的渊源，通常指法的形式意义上的渊源，即法律规范的制定方式和外部表现形式，也指法律规范的效力渊源。旅游法的渊源是指旅游法律规范的各种外在表现形式，包括宪法、法律、法规、条例、法令和规章等。

宪法，它是国家的根本大法，规定国家的根本任务和根本制度，即社会制度、国家制度的原则和国家政权组织，以及公民的基本权利义务等内容。我国现行宪法于 1982 年 12 月 4 日，在第五届全国人大第五次会议上正式通过并颁布。

旅游法律，它是由最高国家权力机关——全国人民代表大会或常务委员会通过并颁布实施的，如《中华人民共和国旅游法》。

旅游中的司法解释，我国的司法解释有时特指由最高人民法院和最高人民检察院根据法律赋予的职权，对审判和检察工作中具体应用法律所作的具有普遍司法效力的解释，如《最高人民法院关于审理旅游纠纷案件适用法律若干问题的规定》。司法解释具有法律效力，但是不可以与其上位法即宪法和法律相冲突。

旅游行政法规，它是由我国最高行政机关——国务院在其权限范围内发布的命令、决定等规范性文件，如《旅行社条例》、《导游人员管理条例》等。

旅游部门规章，它是由国家旅游行政管理部门在其权限范围内颁布的相关命令、决定、规章等规范性文件，如《旅行社条例实施细则》、《旅游景区质量等级评定管理办法》等。

地方性旅游法规，它是指由省、自治区和直辖市人民代表大会及其常务委员会根据本地区旅游发展的具体情况和实际需要，在法定权限内制定并发布的，以及由省、自治区人民政府所在的市和经国务院批准的较大的市的人民代表大会及其常务委员会制定的，仅限于本辖区内适用的规范性法律文件，如《甘肃省旅游条例》等。

地方政府旅游规章，它是指由省、自治区和直辖市的人民政府制定的有关旅游规章及决定和命令等规范性文件，仅限于本辖区内适用，如《云南省旅游行业管理暂行规定》等。

除以上立法机关外，在我国，中国香港特别行政区和中国澳门特别行政区也享有单独的旅游立法权。

国际性旅游条约、协定、宣言、决议、法案等一旦被我国缔结或参加，也将是我国旅游法的渊源。其主要有：《统一国际航空运输某些规则的公约》、《关于旅游饭店合同的国际协定》、《世界旅游宣言》(即《马尼拉宣言》)，以及 1995 年世界旅游组织在索菲亚会议上通过的《旅游权利法案》等。

实用小窍门

《……法》除宪法外属于法律，由全国人大或其常务委员会制定；《……条例》属于行政法规，由国务院制定颁布；《……办法》、《……实施细则》等属于部门规章，由国务院各部委或其直属机构制定；《……地方……条例》属于地方性法规，由地方人民代表大会制定；《……地方……规定》等属于地方性规章，由地方人民政府制定。

2. 旅游法的法律地位

1) 法的效力位阶

旅游法的法律地位是指旅游法在法律效力位阶中的地位。法的效力位阶是指一个国家法律体系中各种形式的法。由于制定法的机关、程序、时间、适用范围不同导致各种法的效力不同，形成高低等级的法的效力位阶。我国法律效力位阶是：宪法具有最高法律效力，其他各种法的规定与宪法相冲突都无效；全国人民代表大会及其常务委员会制定的法律低于宪法高于其他法；国务院制定的行政法规及各部委制定的行政规章高于地方性法规、自治条例、单行条例和部门规章。法的效力位阶见表 1-1。

表 1-1 法的效力位阶

法的形式	法律规范示例	制定主体
宪法	(1)《中华人民共和国宪法》	全国人民代表大会
法律	(1)《中华人民共和国民法通则》 (2)《中华人民共和国刑法》 (3)《中华人民共和国合同法》 (4)《中华人民共和国旅游法》	全国人民代表大会及其常务委员会
司法解释	《最高人民法院关于审理旅游纠纷案件适用法律若干问题的规定》	最高人民法院、最高人民检察院
行政法规	(1)《旅行社条例》 (2)《导游人员管理条例》	国务院
部门规章	(1)《导游人员管理条例实施细则》 (2)《旅行社条例实施细则》	国务院各部委及其直属机构
地方性法规	(1)《甘肃省旅游条例》 (2)《广东省旅游管理条例》	地方人民代表大会及其常务委员会

2) 法的效力位阶的一般规则

凡是与宪法相抵触的法都是无效的。在法的效力位阶体系中，宪法具有最高法律效力，宪法之外的任何法都要遵守、服从宪法，任何违反宪法的法都是没有法律效力的。

上一级法的效力高于下级任何一种法的效力。法律的效力高于行政法规，行政法规的效力高于部门规章和地方性法规等。

特别提醒

被我国所参加或缔结的条约、协定与国内规定相冲突时，只要该冲突条款不属于我国声明保留的条款，应当优先使用。

3) 法的效力位阶的特别规则

在效力位阶相同的法中，特别法优于一般法。特别法是对特定人、特定事或在特别地区、特定时期有效的法律。一般法是对一般人、一般事，在一般正常时期普遍有效的法律。

由于特别法更具有针对性和适宜性，所以，同一主体制定的特别法优于一般法适用。如对于旅游者意外保险合同，它是“保险+合同”，既应当适用《中华人民共和国保险法》(以下简称《保险法》)，也应当适用《合同法》，这两个法都是由全国人大制定的，具有相同的效力位阶。相对于《合同法》对合同的一般规定，《保险法》对于保险合同则是特别规定，因此应首先适用《保险法》。

同一主体在不同时间制定的、调整同一类行为的法的适用规则，新法优于旧法。如1997年刑法取代1980年1月1日施行的刑法。2009年，《旅行社条例》的颁布，使得国务院颁布的《旅行社管理条例》不再发生法律效力。

特别提醒

法的效力位阶规则的适用中首先适用一般规则，只有在法的效力位阶相同时才适用特别规则。

4) 我国现行旅游法的法律地位

根据法的效力位阶表，结合我国实际可见，我国现行的旅游法是由分布于不同效力位阶的系列规则所构成的。宪法中所规定的休息权、人身自由权等可以看作旅游活动中各方主体的最根本权利。《旅游法》是我国首部旅游立法，对旅游相关内容都作了明确规定，确立了我国旅游法律体系的框架与主要内容，是我国旅游的基础性法律。除《旅游法》外，在旅游中旅游者与旅游经营者及旅游经营者之间的关系也应当适用《民法通则》、《合同法》等法律。当然，行政法规是《旅游法》的必要补充，如《旅行社条例》、《导游人员管理条例》等，它们和《旅游法》等一起构成了我国旅游法律法规体系。

1.1.4 旅游法的特点

《旅游法》分总则、旅游者、旅游规划和促进、旅游经营、旅游服务合同、旅游安全、旅游监督管理、旅游纠纷处理、法律责任、附则，共10章112条。它是我国关于旅游的基础性法律，也被誉为旅游界的“宪法”，我国《旅游法》的特征主要体现在如下几个方面。

1. 综合法

就内容而言，《旅游法》既是保障法，又是规范法，也是促进法。旅游涉及食、住、行、游、购、娱六大要素，涉及国务院的20多个部门，关联110多个行业，《旅游法》采取综合立法模式。其内容的综合性体现在以下几方面。

(1) 突出《旅游法》的保障地位。让旅游者满意是旅游业的立业之本。制定《旅游法》的目的首先是保护旅游者。《旅游法》单设“旅游者”一章，在其他各章也对旅游者权益作了规定，以保障旅游者合法权益为主线，同时保护旅游经营者及其从业人员的合法权益，平衡旅游者与旅游经营者及其从业人员、政府机构、旅游执法人员之间的权利、义务和责任。

(2) 强化《旅游法》的规范功能。针对社会上反映最为强烈的旅游市场秩序混乱问题，《旅游法》对旅游经营、旅游服务合同、旅游监督管理进行专门规定，根据旅游活动的特点和需求，以市场机制为基础，实行统一的服务标准和市场准则，明确旅游经营者资质、从业人员资格以及经营规则，建立健全旅游市场准入和退出机制，着力解决我国旅游市场失范、条块分割、服务设施不完善、旅游经营和管理不规范等问题。《旅游法》不仅规范了旅游经营者，也规范了旅游者；不仅规定了旅游者的权益，也规定了旅游者的义务。

(3) 发挥《旅游法》的促进作用。根据立法技术规范的要求，《旅游法》对旅游发展规划、统筹旅游资源保护和开发、旅游协调机制、支持和促进措施的实施进行了规定，进一步明确了旅游发展规划编制的主体、内容，以及旅游规划与相关规划的衔接，充分发挥政府主导作用，解决旅游资源无序开发问题，完善景区门票制度，促进公益性游览场所开放，引导各类市场主体在有效保护的前提下依法合理利用旅游资源，实现社会效益、经济效益和生态效益的有机统一，体现旅游为公众休闲服务，实现人的全面发展的本色。

就权利保障与救济而言，旅游管理须要综合各方面的协调机制，包括围绕旅游者的全面管理和综合服务，须要组织编制和实施旅游规划，制定相关旅游产业政策，统筹组织旅游形象推广，建设基础设施和旅游信息服务等公共服务，保障旅游安全等，这些都不是旅游行业能单方面解决的，更需要政府综合协调机制职能。旅游市场监管方面，通过建立健全综合执法机制，统一投诉受理机制，旅游违法行为查处信息共享机制，跨部门、跨地区督办机制，监督检查情况公布制度等进行市场的统一监管。

2. 人本法

《旅游法》体现了以人为本的立法特点。《旅游法》以保障旅游者合法权益为主线，兼顾平衡旅游者与旅游经营者和旅游从业人员之间的权利、义务和责任，强化政府依法监管，用法律手段规范旅游市场秩序。其以人为本的特点体现在如下方面。

(1) 确立了旅游者合法权益保护制度。首先，《旅游法》把“旅游者”用专章予以规范，既规定了旅游者应享有的合法权益，也明确了旅游者应承担的义务，这在中外旅游立法上是一大创举。其次，在《旅游法》各相关章节中，都融会和贯穿着以旅游者为本的立法理念和基本精神。这样，既充分体现了我国旅游立法坚持以人为本的基本原则，同时也把保护旅游者合法权益的理念具体落实到各项制度建设中，使之具有可操作性。

(2) 旅游经营者合法权益的保护。首先，在《总则》立法宗旨里，它开宗明义地规定了“为保护旅游者和旅游经营者的合法权益，制定本法”，这毫无疑问地表明，保护旅游经营者的合法权益也是我国《旅游法》的立法宗旨之一；其次，在《旅游法》分则中既有规范、制约、监管旅游经营者的条款，也有许多保障旅游经营者合法权益的条款，其确立的一些重要制度和监管、运营机制，如旅游综合协调机制、旅游经营者的权利和免责条款、旅游安全保障、旅游纠纷解决机制等，对大量诚信经营的合法经营者具有重要的保护作用。

(3) 确立导游人员合法权益保护制度。首先，《旅游法》规定，旅行社设立必须有必要的经营管理人员和导游人员(第28条)；其次，《旅游法》规定，旅行社与其聘用的导游人员必须依法订立劳动合同(第38条)；再次，《旅游法》规定，旅行社应当为其聘用的导游人员支付劳动报酬，缴纳社会保险费用，确立关于导游的薪酬法律制度；另外，《旅游法》规定，旅行社临时聘用导游为旅游者提供旅游服务的，应当全额向导游支付第60条第3款规定的导游服务费用，防止某些旅行社在临时导游人员的服务费用上动歪脑筋，千方百计不给临时导游付费；最后，《旅游法》还规定，旅行社安排导游为团队旅游提供服务的，不得要求导游垫付或者向导游收取任何费用，这也是针对当前我国旅游市场存在的某些潜规则而作出的法律规定。

3. 衔接法

《旅游法》充分与现行法律和国际通行做法衔接，充分考虑到了与我国相关法律法规的协调和衔接，根据宪法和相关法律规定确定了现有《旅游法(草案)》的规范，并注意借鉴《中华人民共和国民法通则》(以下简称《民法通则》)、行政法规、诉讼法律法规、《消费者权益保护法》、《合同法》、《中华人民共和国城乡规划法》等有关法律法规的立法理念。

1.1.5 我国旅游法体系

旅游法体系是指以旅游各类主体间关系为调整对象的具有内在联系的法律体系，是将旅游法律法规的各项规则有机地组合的逻辑体系。

《旅游法》颁布之前，旅游法的法律渊源主要是《民法通则》、《合同法》等调整一般民事、行政法律关系的法律，以及由国务院、国家旅游局等行政机关颁布的行政法规与部门规章。《旅游法》对旅游中的主要法律关系进行了明确规定，构建了较为完善、清晰的旅游法逻辑体系，这些规定与一般法律及旅游行政法规、部门规章等相配合，构成了我国旅游法体系，见表 1-2。

表 1-2 旅游法体系

旅游法内容	相关普通法律法规	相关专门行政法律法规	司法解释
旅游者	《民法通则》		
	《中华人民共和国侵权责任法》		
	《消费者权益保护法》		
	《中华人民共和国出境入境管理法》		
			最高人民法院关于审理旅游纠纷案件适用法律若干问题的规定
		《中国公民出境旅游文明行为指南》	
		《中国公民国内旅游文明行为公约》	
旅游规划和促进	《中华人民共和国文物保护法》		
	《中华人民共和国环境保护法》		

续表

旅游法内容	相关普通法律法规	相关专门行政法律法规	司法解释
旅游规划和促进	《风景名胜区条例》		
	《中华人民共和国自然保护区条例》		
	《旅游规划通则》	《〈旅游规划通则〉实施细则》	
	《旅游区(点)质量等级的划分与评定》		
	《旅游资源分类、调查与评价》		
旅游经营			最高人民法院关于审理旅游纠纷案件适用法律若干问题的规定
	《旅行社条例》	《旅行社条例实施细则》	
	《导游人员管理条例》	《导游人员管理实施办法》	
		《导游人员等级考核评定管理办法(试行)》	
		《导游服务质量》(GB/T 15971—1995)	
		《出境旅游领队人员管理办法》	
	《旅游饭店星级的划分与评定》(GB/T 14308—2010)		
	《娱乐场所管理条例》		
	《中华人民共和国民用航空法》	有关民用航空运输的行政法规和国际法	
	《中华人民共和国铁路法》	有关铁路运输的行政法规和国际法	
	《中华人民共和国公路法》	有关公路运输的行政法规和国际法	
	《中华人民共和国反不正当竞争法》		
旅游服务合同	《合同法》		
			最高人民法院关于审理旅游纠纷案件适用法律若干问题的规定

续表

旅游法内容	相关普通法律法规	相关专门行政法律法规	司法解释
旅游安全		《旅游安全管理暂行办法》	
		《旅游安全管理暂行办法实施细则》	
		《重大旅游安全事故报告制度试行办法》	
		《重大旅游安全事故处理程序试行办法》	
	《中华人民共和国食品安全法》		
	《中华人民共和国消防法》	《消防法实施细则》	
	《中华人民共和国安全生产法》		
	《保险法》		
旅游监督管理	《中华人民共和国行政处罚法》		
	《中华人民共和国行政强制法》		
	《中华人民共和国公务员法》		
		《关于印发国家旅游局主要职责内设机构和人员编制规定的通知》(国办发[2008]95号)	
旅游纠纷处理	《中华人民共和国民事诉讼法》		
	《中华人民共和国行政诉讼法》		
	《中华人民共和国刑事诉讼法》		
	《中华人民共和国仲裁法》		
	《旅游投诉处理办法》		
			最高人民法院关于审理旅游纠纷案件适用法律若干问题的规定
法律责任	民法、行政法及刑法规定的法律责任		

1.2　旅游法律关系

1.2.1　旅游法律关系的概念与特征

1．旅游法律关系的含义与范围

旅游法律关系是指旅游法律法规确认和调整的，旅游活动参加者之间的权利义务关系。

知识要点提醒

人与人之间的关系是社会关系，经过法律调整的社会关系就是法律关系，在旅游活动中的法律关系就是旅游法律关系。旅游法律关系的形成如图 1-1 所示。

图 1-1　旅游法律关系的形成

旅游法律关系的范围包括旅游活动参加者中的旅游经营者与旅游者之间的权利义务关系，经营者与管理者之间的权利义务关系，管理者与旅游者之间的权利义务关系，不同提供者之间的权利义务关系。旅游经营者与旅游者之间的权利义务关系包括经营者与旅游者之间的旅游住宿服务权利义务关系，旅游餐饮服务权利义务关系，旅游交通服务权利义务关系，导游服务权利义务关系，旅游购物权利义务关系，旅游娱乐权利义务关系，旅游安全保护权利义务关系等。

2．旅游法律关系的特征

旅游法律关系具有以下两个特征。

1) 旅游法律关系是法律关系，是以权利和义务为内容的社会关系

旅游社会关系同其他社会关系一样，之所以能成为法律关系，就在于法律规定当事人之间的权利和义务关系。这种关系必须以相应的旅游法律、法规为前提，其确认体现了国家意志，是国家维护旅游活动秩序的重要保障。

2) 旅游法律关系是旅游中的社会关系

旅游法律关系，反映了人与人之间在旅游活动中结成的某种关系，它是在参与旅游活动的人们之间结成的关系，如旅游者与旅行社、旅行社与航空公司的关系等。

1.2.2　旅游法律关系的要素

旅游法律关系的要素是指构成旅游法律关系的不可缺少的部分，它包括旅游法律关系的主体、内容、客体。

1．旅游法律关系的主体

1) 旅游法律关系主体的含义

和其他法律关系的主体相类似，旅游法律关系的主体是指旅游法律关系的参加者，是在旅游法律关系中依法享有法律权利和承担法律义务的自然人或组织。每一个人都是自然人，而自然人所组成的集体称为组织，组织依据法律性质的不同分为法人组织和其他组织。自然人、法人、其他组织要成为旅游法律关系主体须由法律确定，须具备成为旅游法律关系主体的条件。

2) 旅游法律关系主体的条件

旅游法律关系主体的条件是参与旅游活动的自然人和组织要具有权利能力和行为能力。只有具备了权利能力和行为能力的自然人或组织，其行为才能导致某种法律后果的产生，表现为旅游关系的产生、变更或消灭。

旅游法律关系主体的权利能力是指法赋予旅游法律关系主体享有权利、承担义务的资格，是主体实际取得权利、承担义务的前提条件。如果主体没有权利能力而实施某种行为，此行为在法律上是无效的。例如，没有旅游组团业务经营权的旅游开发公司组织旅游团，就是无效行为。

根据享有权利能力的主体范围不同，可分为一般权利能力和特殊权利能力。一般权利能力又称为基本权利能力，是指所有法律关系主体均具有的权利能力，不能被任意剥夺或者解除。如每个人都有生命权，每个法人都有自己独立的财产权。特殊权利能力是指主体在特定条件下具有的法律资格，这种资格不是每个人都能够享有的，而只授予某些特定资格的法律主体。如依法成立的旅行社有组团进行旅游活动的资格，获得导游证的自然人有从事导游服务的资格，属于特殊的权利能力。

旅游法律关系主体的行为能力是指法律规定或承认的，法律关系主体通过自身行为实际行使权利和履行义务的资格。

自然人的行为能力由法律规定，法律以行为人是否达到一定年龄、精神是否正常、能否认识自己行为的性质和后果为标准。它分为完全行为能力人、部分行为能力人和无行为能力人。

完全行为能力人是指能通过自己的行为享有法律权利和履行全部法律义务的人。如民法规定 18 周岁以上的精神正常的人是完全民事行为能力人，他们可以独立地从事民事法律行为，并承担由此而产生的法律后果；刑法规定的 16 周岁以上的精神正常的人为完全刑事行为能力人，应当完全承担自己行为所导致的刑事法律后果。

部分行为能力人，又常称为限制行为能力人，它是指能通过自己的行为行使和履行部分法定权利和义务的人。如民法规定的 10～18 周岁的未成年人，不能完全辨认、控制自己行为的精神病人是限制民事行为能力人。限制行为能力人只能行使与自己年龄、精神状况相适应的法律行为或承担部分法律责任。如一个 10 岁的儿童购买一支铅笔的这样一种合同行为是有效的法律行为，但是他自己报名参加旅游团的这样一种合同行为就是无效法律行为。

无行为能力人是指完全不能以自己的行为行使和履行全部法定权利和义务的人。如民法规定的 10 周岁以下的未成年人、完全不能辨认和控制自己行为的精神病人是无民事行为能力人。刑法规定的 14 周岁以下的未成年人和完全不能辨认、控制自己行为的精神病人为无刑事行为能力人。

法人和其他组织不存在年龄、智力、精神等因素限制，不存在完全行为能力、限制行为能力、无行为能力之区别，它们的行为能力与其权利能力同时产生，同时消灭。法人或其他组织一经依法成立，就同时具有权利能力和行为能力。例如旅行社依法成立后就立即享有权利能力和行为能力。法人或其他组织一经依法撤销，其权利能力和行为能力同时消灭。明确法律关系主体的必备条件有助于人们判明人或组织的行为是否有效，无权利能力或有权利能力而无行为能力人的行为是无效行为；没有权利能力的法人或其他组织的行为是无效行为。

权利能力是行为能力的前提，只有具备了“享有”权利和“承担”义务的资格，才能够“行使”权利和“履行”义务。对于组织来说，“权利能力”与“行为能力”在现实表现上是完全一致的，但对于自然人而言，每个自然人都有完全的权利能力但却不具备完全的行为能力。如一个未成年人可以有自己独立的财产权，但是自己却不能行使这种财产权，如处分财产，只能由其监护人进行处分；一个未成年人可以参团旅游，但是决定参团旅游，签订合同，支付价款的行为只能由其监护人作出，由其产生的法律后果也由其监护人承担。

3) 旅游法律关系主体的主要类型

依据不同的标准，旅游法律关系的主体可以被划分为不同的类型，见表 1-3。

表 1-3 旅游法律关系主体的类型

<table>
<tr><th>主体划分标准</th><th colspan="2">主体类型</th><th>主体类型示例</th></tr>
<tr><td rowspan="3">旅游活动中的角色的不同</td><td colspan="2">旅游者</td><td>旅游者</td></tr>
<tr><td colspan="2">旅游经营者</td><td>旅行社、饭店</td></tr>
<tr><td colspan="2">旅游行政机关</td><td>旅游局</td></tr>
<tr><td rowspan="3">法律形式的不同</td><td colspan="2">自然人</td><td>旅游者</td></tr>
<tr><td rowspan="2">组织</td><td>法人组织</td><td>旅行社、饭店
旅游局</td></tr>
<tr><td>非法人组织</td><td>旅行社分社
饭店营销部</td></tr>
<tr><td rowspan="4">法律属性的不同</td><td rowspan="2">私法法律主体</td><td>旅游者</td><td>旅游者</td></tr>
<tr><td>旅游经营者</td><td>旅行社、饭店</td></tr>
<tr><td rowspan="2">公法法律主体</td><td>旅游行政机关</td><td>旅游局</td></tr>
<tr><td>其他行政机关</td><td>工商局</td></tr>
</table>

(1) 旅游者。其包括国内旅游者和国际旅游者。国内旅游者，主要是指参加国内各地旅行游览的本国公民，也包括去国外旅行游览的本国公民。国际旅游者，是指来我国参观、旅行游览、探亲、访友、休养、考察、探险，或者从事商务、体育、修学、学术交流，以

及参加会议、宗教等活动的旅游者。国际旅游者分为两类：一类是来我国旅游的外国人，另一类是来我国旅游的外籍华人、华侨及中国港澳台同胞。

(2) 旅游经营者。如旅行社、饭店、旅游交通运输部门、各类旅游商店等。

① 旅行社：是指从事招徕、组织、接待旅游者等活动，为旅游者提供相关旅游服务，开展国内旅游业务、入境旅游业务或者出境旅游业务的企业法人。旅行社是最主要的旅游企业类型。

② 旅游饭店：是指为旅游者提供食宿、娱乐、休息及其他服务的企业单位，包括宾馆、酒店、旅游度假村等多种形式。它是旅游业中主要的行业之一。

③ 旅游交通运输部门：是指从事旅行游览业务的航空运输、铁路运输、公路运输、水上运输、索道运输及其他运输的部门。旅游交通是发展旅游业不可缺少的要素之一。

④ 旅游商店：是指为旅游者提供旅游商品的旅游商店、工艺美术品商店以及与旅游有关的邮电通信、银行汇兑等部门。其任务是为旅游者提供旅游纪念品、生活用品、电信通信、汇兑外币等旅游服务。

⑤ 旅游行政机关。旅游行政机关有广义和狭义之分。广义的旅游机关泛指从不同方面对旅游者以及旅游企事业单位进行行政管理的旅游、外事、财政、物价、外汇、工商、公安、文化、建筑、运输、宗教等行政管理机关。狭义的旅游行政机关专指国家和地方旅游局，是国家和地方对旅游业进行事业归口管理的行政管理机关。

法人是具有民事权利能力和民事行为能力，依法独立享有民事权利和承担民事义务的组织。简而言之，法人是具有民事权利主体资格的社会组织。非法人组织是指介于自然人和法人之间的一切组织。可见“独立性”是法人组织的根本特征。

4) 旅游法律关系的类型

旅游法律关系就是旅游法律主体之间的权利与义务关系，由于参与的主体的不同，形成了不同的旅游法律关系。旅游法律关系主要包括旅游者、旅游经营者和旅游行政机关之间及他们各自内部的关系。

从内容上进行划分，旅游法律关系包括了民事法律关系和行政法律关系两种类型。在旅游活动的实际中，需要由法律调整的特定社会关系主要有以下几种类型，见表 1-4。

表 1-4　旅游法律关系的类型

旅游行政法律关系	国家旅游行政管理机关与旅游经营者之间的关系	国家旅游行政管理机关除了制定、贯彻旅游业发展的方针和政策之外，还对旅游经营者的经营活动负有监督、管理的责任，它同旅游经营者之间的关系主要表现为领导与被领导、管理与被管理、监督与被监督的关系。前者主要表现为权力的行使，后者主要表现为义务的履行，双方的主体地位是不平等的。这是一种纵向的法律关系
	国家行政管理部门与旅游者之间的关系	国家行政管理部门与旅游者之间的关系，主要包括旅游行政管理部门与旅游者之间的关系，如：工商、公安、海关、园林等行政管理部门与旅游者之间的关系。这也是一种纵向的法律关系

续表

旅游民事法律关系	旅游者与旅游经营者之间的关系	旅游者与旅游经营者之间的关系，包括旅游者在住宿、游览、餐饮、购物、交通、娱乐等环节中与经营者之间产生的权利义务关系，他们之间的法律地位是平等的，是一种横向的法律关系
	旅游经营者相互之间、旅游经营者与相关部门之间的关系	旅游活动的完成需要不同旅游经营者之间的相互协作，旅行社、饭店、旅游车船公司、民航、铁路等部门之间，在平等法律地位前提下而产生的经济关系，同样是旅游法调整的重要内容
	旅游企业内部的关系	这是一种综合的法律体系，包括企业决策机构与执行机构之间的关系，执行机构相互之间的关系，监督机构与其他机构之间的关系，职工和企业之间的关系等。旅游企业内部关系从法律角度来说仍是一种横向性关系
	具有涉外因素的法律关系	具有涉外因素的法律关系是指我国旅游企业与外国旅游经营机构、旅游组织之间的各种法律关系，它们之间通过旅游合同来约定双方的权利义务关系

知识链接

民法与行政法的区别

民事法律关系是由民法调整的法律关系，行政法律关系是由行政法调整的法律关系。在旅游活动中可能适用的《合同法》、《侵权责任法》等是民法，《旅行社条例》、《导游人员管理条例》、《旅行社责任保险管理办法》等是行政法。行政法是关于国家与国家权力的法律，民法是关于市场和人的法律。民法的功能是保护私权并对抗公权。行政法的功能是规范与限制行政权的扩张，它也可以保护私权行使。如旅游者与旅行社之间的法律关系属于民事法律关系，主要由《合同法》等调整，但《旅行社条例》等行政法通过明确旅行社的义务，确实加强了对旅游者的民事权利的保护，针对违反其的行为，旅游行政部门可以要求旅行社在承担行政责任的同时对旅游者承担民事责任。民法与行政法的区别在于：二者调整的对象和目的不同，民法调整的是民事关系，其维护平等主体之间的利益，行政法调整的是行政关系和监督行政关系，是维护行政相对人的权利；调整和制裁的手段不同，行政法是吊销执照等，而民法是以平等、等价有偿为特征的民事赔偿关系；诉讼的主体和举证责任不同，民事法中双方都有举证责任，而行政法实行举证责任倒置，行政机关负举证责任。

2．旅游法律关系的客体

旅游法律关系客体是旅游法律关系主体之间权利义务指向的对象，它包括物、行为、智力成果。

1) 物

物是指旅游法律关系主体实际能够支配或控制的具有一定经济价值的物质资料。它可以是天然物，也可以是生产物；可以是活动物，也可以是不活动物；可以是有形物，也可以是无形物。作为旅游法律关系客体的物包括自然风光、名胜古迹、野生动植物等旅游资源，也包括旅游交通设施、餐饮住宿设施、娱乐设备等旅游设施，还包括旅游商品、旅游纪念品等。

2) 行为

行为是旅游法律关系主体行使权利或履行义务的活动，是旅游法律关系中最重要客体之一。旅游法律关系中的行为主要包括旅游服务行为与旅游管理行为，旅游服务行为包括旅游经营者为旅游者安排吃饭、住宿、交通、游览、购物、娱乐，以及导游讲解、代办手续等服务；旅游管理主要是旅游及相关行政机关对旅游经营者及其从业人员的监督与管理，它包括旅游局对旅游经营者、导游人员的监督管理，其他行政机关对旅游经营者的税务管理、物价管理、反不正当竞争管理等。

3) 智力成果

智力成果是旅游法律关系主体通过创造性劳动形成的具有一定表现形式的知识产品，其价值在于其所承载的信息、知识、技术、标识，是非物质财富。它包括科学发明、技术成果、商标、学术著作、文学艺术等。作为旅游法律关系客体的智力成果是包括旅游经营者设计的具有独创性的旅游线路、旅游活动、旅游项目，以及旅游标识、商标等。

3. 旅游法律关系的内容

旅游法律关系的内容是旅游法律关系主体之间的权利和义务。

1) 权利的含义与种类

权利是指法律对法律关系主体能够作出或不作出一定行为，并要求他人相应作出或不作出一定行为的许可。权利表现为可能性，这种可能性可以是主体自己实施某种行为，也可以是要求他人实施某种行为，还可以请求法律保护。如旅游者依法与旅行社签订参团合同是自己实施行为，旅行社要求旅游者支付应付的旅游费用是要求他人的行为，当旅游经营者侵犯了旅游者的权利，旅游者要求法院判决侵害人赔偿损失是请求法律保护的行为。这些行为都是行使权利。

2) 义务的含义与种类

义务是指法律对法律关系主体必须作出或禁止作出一定行为的约束。义务表现为必须性。这种必须性可以是义务人按照权利人要求作出某种行为，也可以是义务人抑制自己某种行为，还可以是义务人因侵犯权利人利益而接受法律制裁。如旅行社依约为旅游者提供旅游服务，是义务人作出行为(作为义务)；导游不得向旅游者兜售物品或者购买旅游者的物品，是义务人抑制行为(不作为义务)；有欺诈行为的旅游经营者，应当按照旅游者的要求增加赔偿其受到的损失(接受法律制裁)。

3) 旅游权利与义务

旅游权利义务由旅游法律法规规定或由平等旅游主体协商约定而产生，即法定的权利义务及约定的权利义务。

旅游法律法规规定的旅游权利主要有旅游者的生命健康权、名誉权、财产权；有旅游局的名称权、名誉权、荣誉权；有旅行社及其他经营者的财产权、商标权、专利权、名称权、名誉权；有旅游主体请求司法机关法律保护的诉讼权。旅游法律法规规定的旅游义务主要有主体必须遵守法律、政策、社会公德，尊重宗教信仰、民族风俗，不得损害国家利益、集体利益和他人合法权益。

平等主体协商而产生的约定权利义务属于合同的范畴，主要依靠《民法通则》、《合同法》等民法所调整。如旅游者与旅行社之间就旅游线路、旅游价款达成协议后所形成的双方之间的权利与义务；旅行社与饭店之间就双方之间合作达成协议形成的权利与义务。

1.2.3 旅游法律关系的产生、变更和消灭

旅游法律关系产生、变更、消灭的条件包括法律规范和法律事实的存在，这两个条件须同时具备，缺一不可。

(1) 法律规范直接规定了在特定情形下主体双方的权利和义务，为形成特定法律关系提供了可能性，是法律关系形成、变更、消灭的依据和前提条件。旅游法律关系属于法律关系，旅游法律规范及与旅游相关的法律规范是旅游法律关系产生、变更、消灭的前提条件。

(2) 法律事实是法律规定或承认的，能够引起法律关系产生、变更、消灭的客观情况或现象，是使法律关系产生、变更、消灭的直接条件，是使法律规范提供的形成特定法律关系的可能变成现实的条件。旅游法律关系属于法律关系，法律事实也是旅游法律关系产生、变更、消灭的直接条件，是使旅游法律关系由旅游法律规范提供的可能变成现实的条件，是促使旅游法律关系由可能变为现实的条件。法律事实以其是否以人的意志为转移分为法律事件和法律行为。

(3) 法律事件是不以当事人的意志为转移的客观事实，如战争、自然灾害等天灾人祸，它使相关的法律关系产生、变更、消灭，也能使旅游法律关系产生、变更、消灭。如旅游意外事故的发生使保险公司与旅游者之间保险赔付关系的产生，因泥石流而改变旅游线路使原旅游法律关系变更，地震使得旅游团出游计划被取消是旅游关系消灭。

(4) 法律行为是受当事人有意志支配能够引起法律后果的活动。法律行为可以从多个角度加以分类，如以合法性为依据，区分为合法行为和违法行为；以效力为依据，区分为有效行为、无效行为及可变更或可撤销行为。合法、有效法律行为能够引起法律关系的产生、变更、消灭，它所产生的法律后果与当事人的意志相一致；违法、无效法律行为也能引起法律关系的产生、变更、消灭，它所产生的法律后果与当事人的意志不相一致，如不具有组织出境旅游资格的旅行社实施诈骗行为，对外宣称可以组织并签订出境旅游合同，不仅不能形成真正的合同关系，而将与旅游者形成赔偿的法律关系。

知识链接

有效与无效法律行为

有效法律行为是指具有法律约束力的法律行为。一般而言，主体具有的权利能力和行为能力、意思表示真实、不违反法律或者社会公共利益是法律行为有效的要件，有些法律行为特别是行政机关的法律行为还要求有行为形式符合法律规定，如旅游行政机关颁发导游证的行为必须符合特定的形式才能生效。由此可见，有效法律行为有别于合法法律行为，行为合法仅是法律行为有效的一个必然条件，如未成年人订立旅游合同可以认为是合法法

律行为但却是无效法律行为。无效法律行为是指因欠缺法定有效要件，在法律上确定的当然自始不发生法律效力的法律行为。无效法律行为自始无效，如因欺诈而订立的旅游合同，无论当事人是否履行，都归于无效。可变更可撤销法律行为是指因欠缺法定有效要件，得因享有变更权或撤销权的一方当事人行使变更或撤销权时，发生变更或溯及自始无效的法律行为，如我国《民法通则》第 59 条规定："下列民事行为，一方有权请求人民法院或者仲裁机关予以变更或者撤销：(一)行为人对行为内容有重大误解的；(二)显失公平的。"

1.3 旅游法律责任

1.3.1 旅游法律责任的含义与种类

1. 旅游法律责任的含义

旅游法律责任，是指行为人对其实施违反旅游法律法规行为，或违反旅游合同约定行为造成的损害所必须承担的赔偿、补偿、接受惩罚的不利后果。违反旅游法律法规行为分为行为人违反法定义务行为和违法行使法定权利的行为。违反旅游合同约定行为分为违反约定义务行为和滥用约定权利的行为。旅游法律责任由旅游法律法规或者由与旅游相关的法律法规规定。

2. 旅游法律责任的种类

旅游法律责任根据违法的法律性质分为民事责任、行政责任、刑事责任。

(1) 民事责任是由于违反民事法律规定或违约所应承担的法律责任，它主要包括侵权责任与违约责任。民事责任主要表现为财产责任，是主要以财产赔偿或补偿损害的责任。

特别提醒

违约责任的前提是要有有效合同的存在，由于它是对作为财产权的债权的侵犯，违约责任的承担不能要求精神损害赔偿。在旅游活动过程中，有时一方损害对方的一个行为即可被视为违约行为也可被视为侵权行为，这种情况被称为"责任的竞合"，受害方只能要求一个责任的承担。

知识链接

侵权之诉与违约之诉的相关法律规定

《最高人民法院关于审理旅游纠纷案件适用法律若干问题的规定》第 3 条规定，因旅游经营者方面的同一原因造成旅游者人身损害、财产损失，旅游者选择要求旅游经营者承担违约责任或者侵权责任的，人民法院应当根据当事人选择的案由进行审理。第 21 条规定，旅游者提起违约之诉，主张精神损害赔偿的，人民法院应告知其变更为侵权之诉；旅游者仍坚持提起违约之诉的，对于其精神损害赔偿的主张，人民法院不予支持。

(2) 行政责任是由于违反行政法规定所应承担的法律责任，它表现为财产责任或人身责任，是国家行政机关对行政违法人的财产、某种资格或人身自由的惩罚。

(3) 刑事责任是由于违反刑法规定，由犯罪行为者所应承担的法律责任，是法律责任中最严重的法律责任。刑事责任主要表现为人身责任，是国家司法机关对犯罪行为人的自由乃至生命的惩罚。

案例分析

违约合同谁之责?

2010 年 10 月，某市旅游质监所接到游客李先生等人的投诉，称他们与某旅行社签订了一份旅游合同，参加该旅行社组织海南 5 日游。但在旅游过程中，该旅行社安排的服务项目，有的标准与原合同的约定明显不相符，如原定的三星级宾馆改为二星级，在岛上游览时原定的豪华空调中巴变成了普通中巴，餐饮标准也低于原定的标准。经旅游质监所核查，游客们反映的情况属实，但该旅行社称是承包旅行社海南游的周某组织了这次旅游活动，所有费用也由周某收取，应当由周某承担全部责任。李先生纳闷了，到底应当由谁承担，并应承担怎样的责任呢?

分析说明：周某是在具有法人资格的旅行社的同意下与李先生签订合同的，应当认定合同的双方当事人分别是李先生和该旅行社，旅行社是能够独立承担责任的法人，应由旅行社对李先生承担合同责任。

一个法律行为可能既违反了民法也违反了行政法或刑法的规定，这就应当具体区分其责任，要求其分别承担。在本案中，该旅行社不仅应向李先生承担民事赔偿责任，也应承担违反《旅行社条例》第 47 条的规定，由旅游行政机关依法要求其承担行政责任。应当注意的是在民事和刑事诉讼中都有“一事不再理”的原则，即同一主体就同一个行为进行一次民事或刑事诉讼后，法院不得再进行诉讼。如李先生在旅行社所在地提出诉讼要求赔偿后，不得在其他地方再次提出赔偿要求。

1.3.2 旅游法律责任的构成要件

旅游法律责任的构成要件是构成旅游法律责任所必需的、不可缺少的条件，是认定法律责任是否存在的依据。与一般的法律责任的构成要件一样，旅游法律责任的构成要件包括如下几个方面。

1. 损害事实的存在

损害是指行为人的行为侵害我国法律所保护的社会关系，造成了不利后果。损害既包括造成结果的损害，也包括未造成结果的危险性损害。造成结果的损害和危险性损害包括财产损害与人身损害。财产损害包括实际损害、丧失所得利益与预期可得利益损害；人身损害包括身体损害、精神损害。

2. 行为的违法性

行为的违法性是指行为不符合法律的要求。如果一个行为并不违法，说明该行为不具有法律上的可谴责性，行为人也无须承担法律责任。这里的“法”，包括了所用实体性的法，包括了宪法、法律、法规、规章等，也包括了法律的基本原则以及依法成立的合同的内容。

行为违法的形式可以分为作为和不作为。作为的违法行为是指行为人实施了法律禁止实施的行为，例如在旅游过程中对旅游者的人身侵害行为。不作为的行为是指法律规定以及合同约定某人负有特定的作为义务，行为人没有实施该要求的行为。如导游人员在引导旅游者旅游过程中，没有就可能危及旅游者安全的情况作出明确警示就是不作为的违法行为。

3．违法违约行为与损害结果之间有因果关系

因果关系是指违法违约行为与损害结果之间有内在的、必然的、直接的联系，损害事实是由违法或违约行为造成的。

法律责任中的因果关系反映的应当是作为原因的行为是作为后果的损害事实的必要条件，其论述过程是“如果没有行为的存在就必然没有损害事实的发生”，就说明两者之间存在因果关系。如旅行社对非常刺激的旅游项目没有提前说明，而导致了本来患有心脏疾病的旅游者心脏病发作，旅行社的行为虽然并不是造成这种损害的唯一原因，但是只要认定如果没有旅行社的不作为行为，旅游者的损害必然不会发生，那么就可以认定行为与损害事实之间的因果关系。

当然，如果违法行为和损害事实之间的因果关系不成立，则行为人对此不承担法律责任。例如，不具有出境旅游资格的旅行社组团出国旅游过程中，一名旅游者突发心脏病死去，尽管旅行社有超范围经营的违法行为，但此违法行为与旅游者死亡之间不存在因果关系，旅行社对此不承担法律责任，旅游者死亡与其自身患心脏病有因果关系，旅游者自己承担责任。当然旅行社侵犯了国家正常的旅游经营管理制度，依法应当承担其他行政责任。

4．行为人主观上有过错

过错是一种心态，反映的是行为人对行为危害性的判断与态度。过错包括行为人的故意和过失两种情形。故意是行为人明知自己的行为会发生危害社会或他人的结果，并且希望或者放任这种结果发生的心理态度；过失是指行为人应当预见自己的行为可能发生危害社会或他人的结果，因为疏忽大意而没有预见，或者已经预见而轻信能够避免，以致发生这种结果的心理态度。需要注意的是，过错虽常被称为“主观要件”，但是对过错的判断不是体现为对行为人实施行为时心理活动的再现性描述，而是对那些足以表明行为意志状态的“客观事实”的综合性判断。

上述 4 个条件是行为人承担法律责任的一般构成要件，行为人的行为符合此 4 个条件，就应承担法律责任。

与此同时，人们应明确具备承担法律责任条件的行为人是指完全行为能力的人，是指能够辨认和控制自己行为的人；无行为能力人自己不承担法律责任；限制行为能力人承担与自己的年龄及精神状况相适应的法律责任。

案例分析

谁该为孩子的错误负责?

小明今年9岁，小朵今年8岁，两人在父母的带领下参加了同一个旅游团。一天小明恶作剧，推了小朵一下，小朵站立不稳摔倒而受轻伤。小朵的父母要求赔偿，小明的父母以小明是未成年为由认为小明不应承担责任而拒绝赔偿(图 1-2)。

分析说明：不具行为能力的人自己不承担责任，并不是“无责任”或“无人承担责任”，在此情况下其监护人应当承担监护责任缺失的法律责任。

图 1-2 谁来为未成年人的错误买单?

(图片来源：miit.ccidnet.com)

还应明确的是上述 4 个条件是行为人承担法律责任的一般构成要件。在法律特定规定的一些情况下，仅需要具备行为的社会危害性、行为的违法性、违法违约行为与损害后果之间有因果关系等 3 个要件，而无论行为人是否主观上存在过错，行为人也应当承担法律责任。如我国《民法通则》第 122 条规定“产品质量不合格造成他人财产、人身损害的，产品制造者、销售者应当依法承担民事责任。运输者、仓储者对此负有责任的，产品制造者、销售者有权要求赔偿损失。”即产品质量不合格造成他人损害，产品制造者、销售者无论是否有过错，都应当向受害人承担民事责任。同时，由于旅游购物的特殊性，为保障游客的权益，国家旅游局同国家工商总局联合制定和修订的旅游合同范本都规定，游客在行程单安排的购物点所购物品系假冒伪劣商品时，组团社应当积极协助旅游者进行索赔，自购物之日起 90 日内，旅游者无法从购物点获得赔偿的，组团社应当先行赔付。

案例分析

谁来为摔伤买单?

张先生凌晨在旅馆上厕所时摔伤头部，他随后起诉索赔 23 万余元。北京市丰台区人民法院一审判决旅馆赔偿他 15.9 万余元。张先生诉称，2011 年 5 月 30 日，他来京办事入住在丰台一家旅馆。6 月 3 日凌晨 2 时左右，他到旅馆的卫生间如厕，转身下台阶时，因卫生间及相应设施不符合服务场所安全要求，致使他后脑摔成重伤。事发 40 分钟后，他被旅馆其他客人起夜发现。经送医诊断，他构成急性重型颅脑损伤、脑挫裂伤、急性硬膜外血肿、颅骨多发骨折、脑脊液耳漏。现在，他右侧肢体无知觉、丧失劳动能力，日常生活需要护理，故起诉要求旅馆赔偿医疗费、误工费等共计 23.2 万余元。开庭时，旅馆不同意赔偿，称录像显示，张先生的伤害并非一次造成，而是他受伤后多次起身，多次重重撞击地面造成的重复伤害，旅馆没有过错，不承担责任。

(案例来源：京华时报)

分析说明：《侵权责任法》第37条规定，“宾馆、商场、银行、车站、娱乐场所等公共场所的管理人或者群众性活动的组织者，未尽到安全保障义务，造成他人损害的，应当承担侵权责任。因第三人的行为造成他人损害的，由第三人承担侵权责任；管理人或者组织者未尽到安全保障义务的，承担相应的补充责任。”在本案中，旅馆未说明自己已尽到安全保障义务，无论其是否存在过错都应当承担责任。

1.3.3 旅游法律责任的承担方式

旅游法律责任的承担方式，是指违法行为人承担旅游法律责任的具体方式，它包括法律补偿和法律制裁。法律补偿指以法律上的功利性为基础，通过当事人要求或者国家强制力保证要求责任主体以作为或不作为形式承担弥补或赔偿的责任方式。法律制裁指以法律的道义性为基础，通过国家强制力对责任主体实施的以人身、精神和财产方面的惩罚为内容的法律制裁。

1. 法律补偿的主要形式

法律补偿的主要形式包括以下几方面。①民事补偿。民事补偿是指依照民事法律规定要求责任人承担的弥补、赔偿等责任方式。民事责任以补偿为主，它包括停止侵害、排除妨碍、消除危险、返还财产、恢复原状、赔偿损失、消除影响、恢复名誉等。②行政补偿。行政补偿是指依照行政法律规定要求责任人承担的弥补、赔偿等责任方式，主要是指行政主体对行政相对人的补偿责任，包括因违法行政行为造成行政相对人损害的行政赔偿、因合法行政行为(如征用土地)造成相对人损害的行政补救。③司法补偿。司法补偿是指司法机关的具体司法行为错判、错捕等造成当事人损害所承担的赔偿责任方式，实践中又通称为司法赔偿。司法赔偿与行政赔偿合称为国家赔偿。

2. 法律制裁的主要形式

法律制裁的主要形式包括以下几方面。①民事制裁。民事制裁是由法院所确定并由法院对民事违法者依其所承担的民事责任而实施的法律制裁。制裁的形式有停止侵害、排除妨碍、消除危险、退还财产、恢复原状、修理、重作、更换、赔偿损失、支付违约金、消除影响、恢复名誉、赔礼道歉。这些形式可以分别使用，也可以合并使用。旅游违反行为的大多数属于民事行为，旅游违约行为也属于民事行为，旅游违法行为人承担法律责任的方式为民事制裁。②行政制裁。行政制裁是国家行政机关对行政违法者依其所承担的行政责任而实施的法律制裁。行政制裁分为行政处罚和行政处分。行政处罚是由特定的国家机关给予有轻微违法行为尚不够刑事处罚的公民或法人的行政制裁，行政处罚的方式有警告、责令停业整顿、没收违法所得、没收财产、罚款、吊销许可证、吊销营业执照、行政拘留。由于我国旅游法以行政法规为主，旅游违法行为常常是行政违法行为，违法行为人承担的法律责任是行政责任。③刑事制裁。刑事制裁是指司法机关对犯罪者依其所承担的刑事责任而实施的法律制裁。刑事制裁即刑罚，刑罚包括主刑和附加刑。主刑包括管制、拘役、有期徒刑、无期徒刑、死刑；附加刑包括罚金、没收财产、剥夺政治权利。刑事制裁是最严厉的法律制裁，旅游违法行为达到严重的犯罪程度时，犯罪行为人受到刑事制裁。

3．法律补偿与法律制裁的区别

法律补偿与法律制裁的区别有四方面。

(1) 实现载体不同。补偿以财产为主，制裁以人身为主。补偿与制裁的载体有 3 种：一是财产，二是行为，三是精神，但是补偿大量使用的载体还是财产。行为这一载体实际上也是以财产为条件的，没有财产作为法律关系客体也不会产生行为这种补偿方式。精神作为补偿载体比较少见，一般是在精神损害中使用，如对精神损失采取公开赔礼道歉、恢复名誉和平反等精神慰藉，但精神慰藉也采取金钱赔偿，虽带有一定成分的惩罚性，但它的实质不属于制裁而是补偿。制裁责任的载体主要是人身，它包括肉体、自由、名誉甚至生命，虽然也有财产形式的制裁，如罚金、没收等，但主要还是人身制裁。

(2) 目的与效果不同。补偿的目的和效果是针对被害人的，而制裁的目的和效果是针对责任方的。补偿手段的效果一般不是有意识地涉及责任人的精神，它主要通过赔偿、返还(交换)、恢复(修复)、抑止、精神慰藉等手段来实现。虽然客观上给责任人带来精神上的压力，但这不是补偿目的本身的内涵。而制裁必然有意识地涉及责任人的精神，它是国家使用强制手段对责任人的人身(本身涉及精神)、财产利益所施加的痛苦和损失(法律在主观上也有意识地要造成责任人精神上的痛苦)。这也正是制裁的报应与预防双重目的实现的基础。

(3) 成立基础不同。补偿与制裁的成立虽然都是以客观行为为条件，但补偿成立的基础是以客观损害后果为主的，至于主观过错的恶性程度是次要的，所以民事法律对客观损失的关心程度要超过对主观过错的关心程度。而制裁的认定基础主要是主观过错，制裁虽然也考虑客观损害，但其考虑的目的是为了确定主观恶性程度，有时行为虽然不存在客观损害但可以根据行为的主观恶性来施加制裁。

(4) 评价标准的道德因素差异，我们知道法律责任也是一种法律评价。补偿的评价标准以事实评价为主，道德因素较少介入或者道德因素只涉及补偿责任的外部，如大多数因损害他人财产引起的赔偿，在承担责任时基本上不考虑道德因素。制裁的评价标准带有明显的、浓厚的道德评价色彩，如果没有道德因素渗透于其中，“制裁”这一法律现象也就会失去其赖以存在的基础。

本章小结

本章阐述了旅游法的概念、调整对象，旅游法的作用，以及旅游法的法律渊源；阐述了旅游法律关系的概念与特征，重点说明了旅游法律关系的构成要素；阐述了旅游法律责任的含义、种类、构成要件及责任承担的方式。对于这些法律基础知识的了解，有助于我们认识法律的职能与作用，认清旅游法制建设的重要性，掌握法律行为规范对社会关系调整的方法。

思考与练习

一、单项选择题

1. 法是由(　　)保证实施的。
   A. 国家　　B. 社会　　C. 集体　　D. 团体
2. 旅游法律关系产生的条件有法律规范和(　　)。
   A. 法律事实　　B. 不可抗力　　C. 行为　　D. 事件

二、多项选择题

1. 法是以(　　)为内容的。
   A. 权利　　B. 义务　　C. 主体　　D. 客体
2. 我国制定法的形式有(　　)。
   A. 宪法　　B. 法律　　C. 行政法规　　D. 地方性法规

三、判断题

1. 我国没有旅游法律。(　　)
2. 行政法规是全国人大常委会制定的。(　　)

四、简答题

1. 简述旅游法律关系的要素。
2. 简述旅游法律责任的种类。

五、案例分析题

1. 2005年5月4日，原告HM公司与被告GH旅行社签订了一份旅游合同。根据合同和团队运行计划表约定，原告HM公司的第一批58名职工及家属于2005年5月6日凌晨分别上了被告GH旅行社派出的两辆客车。其中33名职工及家属上了由被告高某驾驶的旅行车，车主为长治市ZG旅行社。该车途中发生重大交通事故，32名职工及家属全部不同程度受伤。根据交通部门认定，高某承担该起事故的全部责任。

问：此案例中存在哪些旅游法律关系？

2. 2004年7月，某市旅游局接到游客余某等16人的投诉，称他们与某旅行社签订了一份旅游合同，参加该社组织的“云南昆明—大理—丽江八日游”。但在旅游过程中，该社安排的服务项目，有的标准与原合同约定的标准不符，如原定的四星级宾馆改为三星级宾馆，从昆明到大理的游览，原定的豪华空调中巴变成了普通中巴，餐饮标准也低于原来档次。经旅游局核查，不仅游客们反映的情况属实，而且还发现该“旅行社”并未获得当地旅游主管部门的批准，也未在当地工商行政管理部门注册登记，而是由某公司的几名业务员临时拼凑而成，属于无营业执照非法经营旅行社业务。据此，当地旅游行政管理部门责令该“旅行社”停止非法经营，没收了该“旅行社”的全部非法所得，并处1万元罚款。

问：(1) 本案中的旅游法律关系的主体、客体各是什么？

(2) 指出本案中旅游法律关系的内容，加以分析。

3. 2007年3月6日，郝某某在LY公司经营的网站上发布一日游活动计划。该活动的发起人为郝某某、张某。报名须知注明：“服从领队管理和安排(特别是领队有权决定撤下某人，没有商量余地)；主要依据报名系统里的报名先后顺序和户外履历来选择队员”等。该计划另附免责声明，内容如下：“本次活动为非营利自助活动。户外活动有一定的危险性和不可预知性。参加者对自己的行为及后果负完全责任。领队除接受大家监督、有责任控制费用和公开账目外，不对任何由户外运动本身具有的风险及往返路途中发生的危险所产生的后果负责。凡参加者均视为具有完全民事行为能力人。如在活动中发生人身损害后果，领队不承担赔偿责任。由受损害人依据法律规定和本声明依法解决。”3月7日，孙某某以网名“夏子”报名，并被确认为成员之一。

3月10日，活动按计划举行。下午16时许，因其中一名组员出现体力不支，全队行进速度减缓，造成未按原计划抵达目的地。当晚22时30分，孙某某突然出现虚脱症状，倒地无法行走。经法医确定，被鉴定人孙某某符合由于寒冷环境引起体温过低，全身新陈代谢和生命机能抑制造成死亡。孙某某的父母事后认为，郝某某和张某发起并组织此次户外活动，制订出行计划、路线，挑选队员并安排活动，其组织行为导致孙某某死亡的损害后果，具有侵权的主观过错。LY公司为追求商业利益，盲目鼓励存在风险及安全隐患的活动，亦具有明显的主观过错。现起诉要求郝某某、张某、LY公司连带赔偿死亡赔偿金、丧葬费、公证费、误工费、交通费、精神损害抚慰金，并承担诉讼费用。

问题：(1) 本案中的郝某某、张某、LY公司与死者孙某某的旅游法律关系的内容各是什么？

(2) 孙某某的父母的诉讼主张是否应予支持，加以分析。

第2章　旅游者权益保护与行为管理

教学目标

知识目标	技能目标
(1) 理解消费者权益保护法的内容 (2) 掌握旅游者的权利和义务 (3) 理解旅游者行为管理的定义及类型 (4) 了解消费者的权利和义务	(1) 能够准确分辨中华人民共和国出境入境证件 (2) 能够掌握旅游法对旅游者权利和义务规定 (3) 能够基本遵守中国公民国内旅游文明行为公约及中国公民出境旅游文明行为指南

知识结构

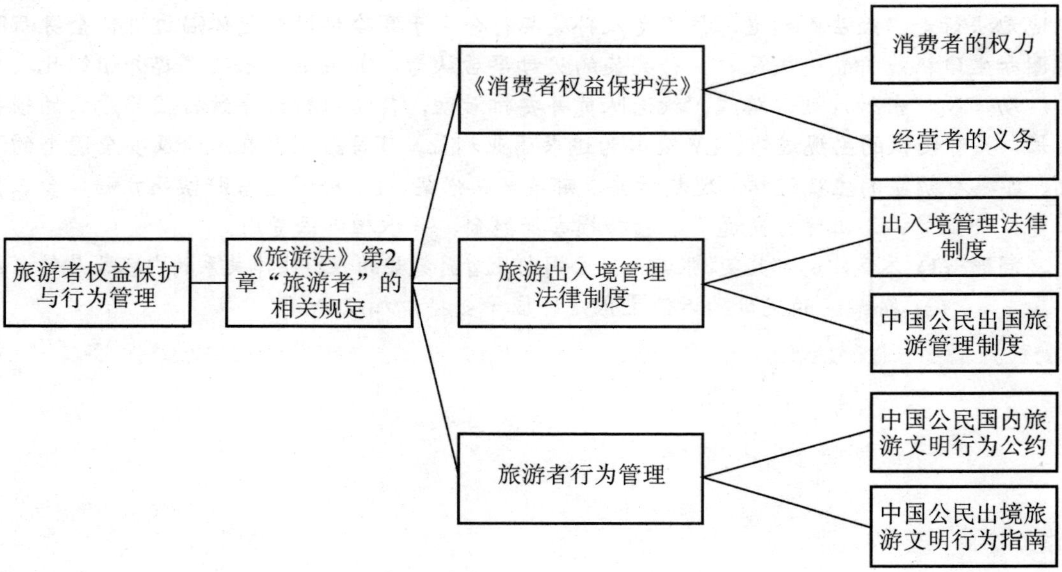

知识链接

《中华人民共和国旅游法》的聚焦点

《旅游法》是国家首部针对旅游业的立法。“这部法律的聚焦点是权益保护”。全国人大常委会法工委经济法室主任王超英表示，从全国人大财经委起草开始，到法律委、法工委修改完善草案，全国人大常委会组成人员审议法律草案，均围绕保护旅游者合法权益进行。“这部法律从头到尾都可以看到对旅游者权益的保护”，王超英认为，这体现在旅游安全、旅游者基本权利等几方面。如关于旅游者基本权利，该法强调保护旅游者对产品和服务的自主选择权、拒绝交易权，对购买旅游产品和服务的知情权等。

《旅游法》对旅游的描述，强调旅游者是旅游行为的主体。从人的角度出发定义旅游，凸显了立法的以人为本。它强调为旅游者提供旅行便利和安全保障，在维护权益总体平衡的基础上，更加突出以旅游者为本。《旅游法》专设旅游者一章，落实旅游者保护：自主选择权、知悉真情权、要求严格履行权、受尊重权、救助保护请求权、特殊群体获得便利优惠权(图 2-1)。显而易见，在遵循消费者权益保护法和合同法的一般原则的基础上，根据旅游活动的特点，旅游法规定了一些特殊的、有针对性的旅游者权利。

针对《旅游法》是否过于“偏袒”旅游者的疑问，国家旅游局政策法规司司长刘小军认为，不存在偏袒，在旅游活动中，对处于弱势地位一方给予关注和保护是应该的。“当前旅游市场中反映出的多数问题，有一些是旅游经营者利用其对信息掌握较多的优势，欺骗、强迫或变相强迫旅游者进行交易造成的。对旅游经营者作出针对性规范，目的是使市场尽可能达到公平、公正的状态。”刘小军说。

图 2-1 《旅游法——游客的忠诚卫士》

(图片来源：中新社，作者：唐志顺)

导入案例

案例一："驴友"有保障自身安全的义务

旅游活动具有流动性、异地性，比一般服务性消费存在更大的安全风险。针对近年来自然灾害、社会安全事件、公共卫生事件的发生，《旅游法》将旅游者人身、财产安全保障放在首位，明确旅游经营者是直接责任主体，政府是旅游安全监管责任主体，社会有关机构承担一定公共救助责任。

《旅游法》中，明确了政府的旅游安全职责，建立了旅游目的地安全风险提示制度，对旅游过程中突发事件的应对提出了要求，规定了景区流量控制制度。另外，还对旅游经营者的安全保障、安全警示、事故救助处置作了规定。

《旅游法》提出，景区不符合开放条件而接待旅游者的，由景区主管部门责令停业整顿直至符合开放条件，并处以相应罚款。景区在旅游者可能达到最大承载量时，未向当地人民政府报告，未及时采取疏导、分流等措施，或者超过最大承载量接待旅游者的，由景区主管部门责令改正，情节严重的，责令停业整顿。《旅游法》对旅游主管部门玩忽职守等行为的处罚，也作了明确规定。

而在"自由行"的旅游方式中，没有旅行社甚至没有景区参与到经营活动中，这时候《旅游法》中所规定的安全职责应该如何归属？

刘小军认为，《旅游法》已经明确，保障旅游安全的责任在地方政府而不是旅行社和景区，无论采取哪种旅游方式，这个责任都没有改变。"包括探险迷路的'驴友'，要求政府救助时，当地政府必须救援，这是旅游者的权利。"刘小军说，"但是，法律所规定的权利和义务总是对等的，旅游者在拥有要求救助权利的同时，也要承担保证自身安全的义务。在旅游者自身没有尽到保证自身安全义务的时候，当地政府也有权利要求其承担救助产生的费用。"

案例二：严控强迫消费

"零负团费"、强迫购物、强迫参加自费项目等，这是困扰我国旅游行业的痼疾，是《旅游法》锋芒所指，具有民事规范、行政规范并重的中国法制特色。

"要想标本兼治，就要民事规范和行政规范并重。《旅游法》坚持通过民事关系调整以治本，同时考虑到当前部分旅游者民事手段维权能力不足现状，辅之以行政手段治标。"刘小军说，"为此，《旅游法》专设旅游服务合同一章，并针对现阶段群众最关注的'零负团费'、强迫购物、强迫参加自费项目等问题，规定了旅行社及其从业人员对合同必备内容的说明、告知、严格履约等义务，规定了旅游者可无条件退货、退费等权利。"

(来源：法制日报，有删减)

2.1 《旅游法》的相关规定

1.《旅游法》关于旅游者权利的规定

《旅游法》第9～12条对旅游者的权利作了专门的规定。《旅游法》总则后的首要条款，就是关于旅游者权利的部分，体现了《旅游法》以人为本的立法理念，也体现了《旅游法》将旅游者权利置于首位，旅游活动的法规规则围绕旅游者而展开的立法导向。

2. 《旅游法》关于旅游者义务的规定

《旅游法》第13～16条对旅游者的义务作了专门的规定。《旅游法》不仅明确规定了旅游者的权利，也规定了旅游者的义务，体现了权利与义务相适应的立法准则，也有利于维护在旅游活动中旅游者与旅行社等各方主体平等的法律地位，有利于旅游活动的有序开展。

知识链接

《旅游法》为旅游者支起了三重保护网

《旅游法》的聚焦点就是保护旅游者的合法权益，为旅游者支起了三重保护网，即保障旅游者安全的最低标准，旅行社(主要指组团社)的信息披露义务，政府及旅游经营者的事后施救义务，以促成旅游经营者守法合规经营，真正实现保障旅游者权益这一立法宗旨。

第一重保护网：《旅游法》专设第2章旅游者和第6章旅游安全，这是我国第一次以法律形式对旅游者保护集中性庄严宣示。第2章主要包括旅游者缔约自由知情权、享受产品或服务权、受尊重权、受救助权、受害救济权等，第6章及其他章的相关条文规定了旅游安全的具体要求，确立了最低安全保障标准，主要有：①旅游服务质量保证金，作为旅游者权益损害赔偿和垫付旅游者人身安全遇有危险时紧急救助的费用(第31条)；②旅行社组织旅游活动应当向合格的供应商订购产品和服务(第34条)；③强制性责任保险制度，除旅行社外，将扩及住宿、高风险旅游项目(第56条)；④景区经营者强制性安全资质要求(第42条)；⑤商品或服务的安全性要求(第50、第53条)；⑥团队出境和入境旅游配备领队或导游的强制性要求(第36条)；⑦旅行社在发生不可抗力或意外事件时，应当采取相应安全措施或安置措施(第67条)；⑧旅行社在合同解除时，应当送返旅游者(第68条)；⑨旅游目的地安全风险警示制度(第77条)；⑩旅游者安全保护制度和应急预案，以及安全检测评估和应急救助技能培训，或者针对特殊旅游者的安全保障措施(第79条)；⑪旅游经营者对旅游活动中涉及安全事项的说明和警示要求(第80条)。更有前瞻性的是，《旅游法》有关旅游者安全的相关条文中，为国家或旅游主管部门今后根据保护旅游者需要而作进一步规制时，预留了“接口”，从而保证了富有弹性的规制空间。

第二重保护网：《旅游法》认识到旅游市场存在信息失灵，旅游经营者在旅游交易中会利用其信息优势，获得于其有利的，而对旅游者明显不公的交易结果，信息失灵也将导致旅游市场失灵。表面上看，旅游者自愿签署了合同，但缔约自由在这里徒有虚名。鉴于此，《旅游法》关注的重点之一就转移至缔约前、缔约时甚至持续的信息披露上，公权力通过强行介入方式，要求旅游经营者必须向旅游者就某些事项缔约时持续进行信息披露，让旅游者成为一个明智的决策者。在《旅游法》强制要求披露的信息方面，旅游经营者的自愿性信息披露已经成为过去。《旅游法》第 9 条规定，旅游者有权知悉其购买的旅游产品和服务的真实情况，从旅游者来说，这是旅游者知情权；从旅游经营者来说，这是旅游经营者的强制性信息披露义务。该条为旅游经营者强制性信息披露义务提供了法律基础。其主要的披露内容包括：交易相关的旅游经营者的身份信息(第 60 条)、价格信息(第 44 条)、旅游人身意外伤害保险信息(第 61 条)、旅游行程信息(第 59 条)、安全信息披露(第 62、80 条)，另外，《旅游法》还设专条控制错误和误导性信息(第 32 条)。信息披露的时间集中在旅游经营者与旅游者缔约时，对于合同履行过程中的风险，应进行持续信息披露。信息披露的形式主要是书面形式，载体有合同书、行程单、安全注意告知书等；当然，也有口头形成的。

第三重保护网：如果说前面的保护网是政府强制旅游经营者架设的话，第三重保护网则是政府亲力亲为。长期以来，政府在旅游市场中除了作为市场监管者，再不会、也不应该有别的身份。政府作为旅游者保护的义务主体，反映了立法价值观的巨大转变，政府不能停留于命令和评价旅游目的地安全警示、突发事件的安全救助等旅游公共服务，基于其公益性，必须、也只能由政府承担。第 11 条规定，旅游者在人身、财产安全遇到危险时，有请求救助和保护的权利，这是政府义务的总则性和纲领性要求。根据相关条文，政府在旅游者安全方面的义务包括：建立旅游目的地安全风险警示制度(第 77 条)；旅游应急管理制度(第 11 条)；旅游突发事件应对机制(第 78 条)；政府及其驻外机构对陷于危险的旅游者的救助和保护义务(第 82 条)。联合国世界旅游组织自 2011 年开始，试图协调或建立全球范围内旅游者保护的法律框架，要求政府及旅游经营者向陷于困境的旅游者提供救助就是重要议题之一。所以，这也是《旅游法》对国际立法趋势的积极响应。

(资料来源：汪传才. 《旅游法》为旅游者架起三重保护网[J]. 旅游学刊，2013，28(8).)

2.2 消费者权益保护法

导入案例

明白消费，快乐旅游

案例一：不成文的“潜规则”

今年 60 岁的崔秀琴前段时间参加了港澳旅游团，由于超过 55 岁，旅行社向她加收 400 元附加费，原因是“老人消费能力弱”，这令她非常不满，“享受的是同等的旅程，为啥要比别人多交钱？”但由于旅游界普遍存在这样的现象，崔秀琴只能无奈地接受这样不成文的“潜规则”。

据了解，这一现象在兰州一些旅行社普遍存在。

年龄超过55岁要收400元附加费，21岁以下人员不占床加收600元/人，占床加收1 200元/人。另外，记者、教师等职业的人群也被列入加收钱的行列。同时，目前国内海南、云南游也要对特殊人群加收附加费(图2-2)。

图2-2　正确使用法律，拒绝旅游乱象

(图片来源：漫画，作者：王建明)

案例二：“霸王条款”

去年从云南游玩回来的旅游者提到，从旅行社给他们的宣传材料上看，感觉游览的景点很丰富，如“远眺苍山”、“车观三塔”、“远望虎跳峡”等条文。但到了实地才发现，浏览的不过是车窗外匆匆而过的风景，让人有种上当受骗的感觉。

参加港澳游旅行团的小田也对合同中的3个自费项目产生了疑虑，“夜游维多利亚港、澳门环岛游、澳门赌城特色表演”共收费1 000元，还不包括给导游260元的小费。一圈游回来之后，小田发现，除了少量的交通费，这三个自费项目根本就是不花钱的项目，“这不是霸王条款吗？”

案例三：旅游行业中的乱象

刚从云南旅游回来的小刘说，在签订合同时在西双版纳的行程中有“热带植物园”这一项内容，但抵达西双版纳后，导游说植物园里的植物与他们在外面见到的大同小异，因此，带他们去了另外一个旅游景区，这样擅自更改行程是被允许的吗？

而前不久从香港旅游回来的范先生则实实在在吃了个大亏，他在导游推荐的购物点所买的几千元的手表，拿回来发现竟然是假的。去找旅行社，旅行社相关负责人称这是旅游者的个人自愿行为，而且是在香港导游带团时购买的，因此他们不负责任。

旅游活动的主体——旅游者是消费者的一种类型，他们通过购买旅游产品、接受服务，从而满足其旅游需求。因此，旅游者的旅游活动实际上是人类的一种高级消费活动。所以，旅游者在旅游活动中的合法权益的维护，一般的消费者权益保护法律法规也是适用的。

1. 消费者权益保护法律制度概述

1) 消费者的含义

消费者一词在现代社会中是一个使用十分频繁的词语，含义较为宽泛，一般有狭义和广义两种解释。狭义上是指以个人消费为目的而购买或使用商品和服务的个体社会成员。而广义上的消费者，从消费内容上看，它既包括生活消费又包括工业生产消费；从消费主体上看，它既包括个体、公众又包括社团、法人。一般来说作为权利主体的法律意义上的消费者指的是狭义上的消费者。大多数国家法律所使用的消费者，甚至国际上消费者权益法中对消费者的解释均是取狭义。我国《消费者权益保护法》并未对消费者作出明确具体的定义，但在其第 2 条中规定："消费者为生活消费需要购买、使用商品或接受服务，其权益受本法保护。"因此，该法所称的消费者应是指为生活消费需要购买、使用商品或接受服务的个人和单位，是从事生活消费的主体。

2) 消费者权益保护法的概念

消费者权益保护法是调整国家机关、经营者、消费者之间保护消费者利益而产生的社会关系的法律规范的总称。可见，消费者权益保护法的调整对象有：①国家机关与经营者之间的监督管理关系；②国家机关与消费者之间的指导与被指导、保护与被保护的关系；③经营者与消费者之间的商品交换关系。

消费者权益保护已成为世界性的潮流，各国都十分重视对消费者权益的立法保护。我国在改革开放以后，为促进生产和消费，依法保护消费者的合法权益，制定了一批保护消费者权益的法律法规，如《消费者权益保护法》、《民法通则》、《产品质量法》、《反不正当竞争法》、《商标法》、《食品安全法》等，一些地方的法规、规章中也含有消费者权益保护的内容。因此，我国消费者权益保护法从广义上说，应是以《消费者权益保护法》为主体，以各相关的法律、法规相配套的综合法律体系。人们通常所说的消费者权益保护法，是狭义上的提法，具体是指 1993 年 10 月 31 日第八届全国人民代表大会常务委员会第四次会议通过，根据 2009 年 8 月 27 日第十一届全国人民代表大会常务委员会第十次会议《关于修改部分法律的决定》第一次修正，根据 2013 年 10 月 25 日第十二届全国人民代表大会常务委员会第五次会议《关于修改〈中华人民共和国消费者权益保护法〉的决定》第二次修正后的《中华人民共和国消费者权益保护法》。这是我国第一部以保护消费者权益为核心，对消费领域的经济关系进行全面有效调整的法律文件。该法是我国保护消费者权益方面的基本法、特别法，在法律适用上优于其他法律、法规的规定，即本法及其他法律、法规就同一问题规定不一致时，优先适用于本法的规定。

2. 消费者权益保护法的基本原则

1) 自愿、平等、公平、诚实信用的原则

经营者与消费者进行交易，应在自觉自愿的基础上进行，公平交易、讲诚实、守信用、遵守商业道德，文明经商、文明消费。不得以任何欺骗、胁迫、强迫手段进行交易，不得强买强卖、恃强凌弱，不得哄抬物价，不弄虚作假，要以善意的方式履行各自的义务。

2) 国家特别保护消费者合法权益原则

对消费者合法权益国家要特别保护，这是由于在消费中，消费者客观上处于弱者地位，消费者大多是分散的无组织的个人，而经营者大多是有组织的法人，具体的消费者还会受到专业知识、时间、财力、精力等限制，易受到经营者不法行为的侵害。因此，国家当然有责任对消费者给予特别的保护，具体体现在以下方面。

(1) 国家制定保护消费者权益的政策、法律、法规，明确消费者需要加以保护的特殊地位。

(2) 国家采取措施，切实保障消费者依法行使权利。如帮助、指导和教育消费者提高自我保护意识，加强对经营者的监督管理，当消费者受侵害时，提供必要的法律帮助。

3) 全社会保护消费者合法权益原则

保护消费者权益是全社会的共同责任，仅有国家给予特别保护是不够的。社会各界都有相应的责任和义务来保护消费者的权益，只有动员广泛的社会力量，消费者权益保护法律制度才能真正落实。首先，国家鼓励、支持一切组织和个人对损害消费者合法权益的行为进行社会监督。其次，大众传播媒介应当做好维护消费者合法权益的宣传，对损害消费者合法权益的行为进行舆论监督。只有全社会动员起来，相互配合，才能形成保护消费者利益的网络体系。

知识链接

国家旅游局关于“零负团费”低价模式经营行为的管理

近日，国家旅游局印发《2011 年规范旅游市场秩序十大重点任务督察工作安排》，“零负团费”、强迫消费等问题将被重点整治。

关于遏制、扭转“零负团费”低价操作模式，国家旅游局要求各级旅游行政管理部门联合工商、物价等部门建立旅游广告核查机制，对发布明显低于成本价格招徕旅游者的广告行为进行查处；要根据举报和投诉，依据相关法规对以“零负团费”等低价模式经营行为进行查处(图 2-3)。

同时，各级旅游行政管理部门及其旅游质监执法机构要开展旅游合同监督检查、查处不签订合同和违反合同约定欺诈、强迫旅游者消费等行为，并将此类案例作为重点查办，及时披露典型案例及其查处情况。此外，国家旅游局还将根据举报和投诉，派出工作小组，明察和暗访相结合，对有关地区“一日游”等进行检查督促。

中国旅游研究院日前发布了 2011 年第一季度旅游经济运行暨全国旅游者满意度调查。结果显示，一季度旅游者满意度指数为 75.05%，处于“基本满意”水平，但与上一季度和去年同期相比均有所下降，较上一季度下降 2.8%，较去年同期下降 5.04%。现场旅游者、网络评论和旅游者投诉的满意度均呈下降趋势。

(资料来源：人民日报)

图 2-3　警惕旅游陷阱，享受旅游乐趣

(图片来源：http://imgt2.bdstatic.com)

3．消费者的权利

法律对某种权益的保护，是通过一定的权利和义务关系体现出来的。消费者的权利就是法律赋予消费者有权为一定行为或要求他人为一定行为的资格。我国《消费者权益保护法》专章规定了消费者享有的权利，具体如下。

1) 安全权

消费者在购买、使用商品和接受服务时享有人身、财产安全不受损害的权利。这是消费者最重要的权利。该权利要求经营者提供的商品和服务，在各方面都应达到国家安全标准，绝对保证其质量不会损害消费者的人身和财产安全。消费者只要因购买、使用的商品或接受的服务或财产蒙受损失，就有权要求赔偿。如旅游者有权要求旅行社提供符合保障人身、财产安全要求的旅行服务。

2) 知悉真情权

知悉真情权或称知情权、了解权。即消费者享有知悉其购买、使用的商品或接受服务的真实情况的权利。随着现代社会商品和服务种类的增多、层次的提高，普通消费者已很难依靠自己的知识和经验对所选购商品或接受服务的质量、价格等作出客观准确的判断。为了保障消费者能正确购买商品和接受服务，《消费者权益保护法》第 8 条规定，消费者有权根据商品或者服务的不同情况，要求经营者提供商品的价格、产地、生产者、用途、性能、规格、等级、主要成分、生产日期、有效期限、检验合格证明、使用方法说明书、售后服务或者服务的内容、规格、费用等有关情况。另外，消费者还有权要求经营者明确回答关于商品和服务的质量、数量、价格等问题。如旅游者有权要求旅行社提供行程时间表和赴有关国家(地区)的旅行须知，提供旅行的服务价格、住宿标准、餐饮标准、交通标准等旅游服务标准(图 2-4)。

图 2-4　清清楚楚消费，明明白白旅游

(图片来源：finance.ifeng.com，作者：勾犇)

3) 自主选择权

这是消费者所享有的自主选择商品或服务的权利。消费者可以根据自己的需要、经验、喜好，自主选择商品和服务。根据《消费者权益保护法》第 9 条的规定，消费者的自主选择权包括以下几方面。

(1) 消费者有权自主选择提供商品或者服务的经营者。

(2) 消费者有权自主选择商品品种或者服务方式。

(3) 消费者有权自主决定购买或者不购买任何一种商品，接受或者不接受任何一项服务。

(4) 消费者在自主选择商品或者服务时，有权进行比较、鉴别和挑选。

总之，消费者的自主决定不受任何人的强制。例如，旅游者在旅游活动中被强制带到购物商店购物，就是对消费者自主选择权的侵犯。当然，消费者必须合法行使自主选择权，不得滥用自主选择权，要遵守社会公德，不得侵害国家、集体和经营者的合法权益。

4) 公平交易权

《消费者权益保护法》第 10 条规定，消费者在购买商品或者接受服务时，有权获得质量保障、价格合理、计量正确等公平交易条件，有权拒绝经营者的强制交易行为。

由此可见，消费者的公平交易权包括两个方面的内容。

(1) 消费者有权获得质量保障、价格合理、计量正确等公平交易条件。质量保障要求经营者提供的商品或服务必须符合保障人体健康、人身财产安全的国家标准、行业标准，未制定国家标准、行业标准的，必须符合保障人体健康、人身财产安全的要求。价格合理是指商品或服务的价格与其价值相符或基本相符。同时，经营者提供商品或服务时计量也要准确。

(2) 消费者有权拒绝经营者的强制交易行为。强制交易就是违背消费者的真实意愿，违反自愿、公平、诚实信用、等价有偿等市场交易的基本原则而提供商品或服务的作为。

5) 获得赔偿权或称求偿权

消费者因购买、使用商品或接受服务受到人身、财产损害的，享有依法获得赔偿的权利。其具体包括以下几个方面。

(1) 经营者提供的商品或服务不符合国家有关质量标准，不能实现应有的使用价值，或计价、计量不符合法定要求，侵害了消费者权益，消费者有权要求消除或采取补救措施。

(2) 消费者因购买、使用商品或接受服务受到人身、财产损害的，有权要求经营者合理赔偿。如在旅游活动过程中，旅行社未经旅游者同意自行变更、取消、减少或增加旅游项目，使旅游者的合法权益受到损害的，旅游者有权依法获得赔偿。

特别提醒

求偿权的主体(受害人)既包括商品的购买者、服务的接受者、商品的使用者，也包括在他人购买、使用商品或接受服务时因偶然因素在事故现场而受到人身、财产损害的人。求偿权的范围既包括消费者人身权(生命健康权、人格权等)和财产权损害的赔偿，也包括消费者因人身权受到侵害造成精神痛苦的一定赔偿。而且，消费者只要因购买、使用商品或接受服务而受到人身、财产损害的，就可依法求偿，并不需要证明经营者主观上是否存在过错。当然如果经营者能够证明损害是由于受害者自己的过错造成损害的，经营者就不承担赔偿责任。

6) 依法结社权

消费者享有依法成立维护自身合法权益的社会团体的权利。在消费领域，经营者与消费者在法律地位上是平等的，但在实践中，消费者处于弱者地位，权益易遭受损害。赋予消费者有结社权，能使消费者从分散、弱小走向集中和强大，并通过集体的力量来改变自己的弱者地位，与实力雄厚的经营者相抗衡。目前，中国消费者协会和地方各级消费者协会就是消费者自己的团体。它们在保护消费者权益方面做了大量有成效的工作。

7) 知识获取权

消费者享有获得有关消费和消费者权益保护方面的知识的权利。消费者获取知识权，是取得其他权利(如自主选择权、知悉真情权等)的保障。消费者的获取知识权，主要包括两个方面的权利。

(1) 消费者有权获得与商品、服务、消费等密切相关的知识和信息，更好地实现期待的消费目标，增强自我保护能力。

(2) 消费者有权获得有关消费者权益保护的法律、法规和政策等方面的知识，能运用法律维护自身的合法权益。

8) 维护尊严权

消费者在购买、使用商品和接受服务时，享有其人格尊严、民族风俗习惯得到尊重的权利。

特别提醒

人格尊严权包括姓名权、名誉权、荣誉权、肖像权、人身自由权等，这是公民最起码的权利。如旅游者在旅游商店购物，被疑偷拿物品，遭到搜身检查，就是对旅游者人格尊严权的侵犯，旅游者有权得到法律的救助。我国是一个多民族国家，各民族都有自己独特的风俗习惯，经营者和其他消费者应尊重各民族的风俗习惯，这对于处理好民族关系，促进社会的安定团结有重要意义。

9) 监督批评权

消费者享有对商品、服务和保护消费者权益工作进行监督的权利。消费者有权通过多种途径参与社会监督，依法对经营者提供的商品和服务进行监督检查。对经营者的不法侵权行为，有权及时制止，或向国家机关检举和控告。消费者对国家机关及其工作人员在保护消费者权益工作中的违法失职行为，有权检举和控告，有权对保护消费者权益工作提出批评、建议。

案例分析

旅游者的权利不容侵害

旅游者陈某报名参加某国际旅行社组织的东南亚旅游。在交纳旅游费和签订合同时，陈询问旅行社业务员："听说到东南亚旅游可以兑换 2 000 美元的外汇，是否有此规定？"该业务员答复："我不知有这方面的规定，也不管换外汇的事。"陈某虽将信将疑，但也没有就此事作进一步的询问调查。在旅游过程中，陈某无意中发现自己的护照已由中国银行盖上了兑换外汇的印章，同团的 16 名旅游者也都发现了这种情况。回国后，陈某等与旅行社交涉，要求旅行社退还以他名义兑换出的外汇。旅行社以除陈某之外其他 16 名旅游者在报名参团时未明确表示要兑换外汇，已自动放弃此项权利为由，拒绝承兑 16 名旅游者的外汇。经过多次交涉，据理力争，旅行社最终同意为旅游者兑换回外汇，但必须按高于国家牌价的汇率予以兑换。旅游者认为，旅行社擅自提高国家兑换外汇的牌价违反了国家规定。按照这个比价，每办理一次兑换业务，旅行社即可收取 200 元人民币以上的费用，显然是不合理和不公平的。旅游者坚持按国家牌价兑换外汇，如果交纳服务费用，以不得超过 50 元人民币为限。双方坚持各自的主张，纠纷无法协商解决。陈某等到旅游质监部门投诉，请求维护自己的合法权益。

分析说明：本案中，旅行社的经营行为已经构成了对旅游者合法权益的侵害，应当承担相应的法律责任。对旅游者维护自身合法权益的正当要求，应当予以支持。

第一，旅游者享有知悉其接受服务真实情况的权利。本案中，旅行社的业务人员在旅游者报名参团时，不仅没有事先告知旅游者依法享有的兑换外汇的权利，还隐瞒其实际规定，欺骗旅游者，已构成对旅游者知悉真情权的侵害。

第二，旅行社为旅游者提供兑换外汇的服务是应当履行的义务。中国人民银行《境内居民因私兑换外汇办法》第 5 条第 1 款规定："凡只通过旅行社组团出境旅游的居民，由旅行社集体办理兑换外汇手续。凡自行出境旅游的居民，可向银行直接办理兑换外汇手续。"

本案中，旅行社不仅拒绝履行国家规定的服务义务，还以旅游者的名义冒名兑换外汇，严重损害了旅游者的合法权益，必须依法承担民事责任，退还旅游者兑换的外汇或赔偿相应的损失。

第三，旅游者享有公平交易的权利。旅行社为旅游者提供外汇兑换服务，应遵守“等价有偿”的原则，本案中，旅行社利用自己垄断性的优势地位，迫使旅游者接受不公平的服务价格，侵害了旅游者公平交易的权利。至于旅行社违反国家规定提高外汇兑换汇率，获取差价，更是不合法的。

4．经营者的义务

经营者是指为消费者提供其生产、销售的商品或者提供服务的公民、法人和其他经济组织。经营者的义务是经营者在经营活动中应履行的责任，即经营者依法必须为一定行为或个人行为负一定的行为责任。经营者的义务与消费者的权利是相对应的，《消费者权益保护法》在赋予消费者权利的同时，也用专章规定了经营者与之相应的义务。

1) 履行有关法律、法规规定的义务和与消费者约定的义务

经营者向消费者提供商品或者服务，应当按照《中华人民共和国产品质量法》、《中华人民共和国食品安全法》、《中华人民共和国广告法》、《中华人民共和国商标法》等的规定履行义务。经营者与消费者之间就商品或服务达成协议约定的，应当按照约定履行义务。当然双方的约定不得违反法律、法规的规定。

2) 听取意见和接受监督的义务

经营者应尊重消费者的权益，通过有效途径和方式接受消费者对商品和服务的意见，如设立专门机构、配置专门人员收集、听取消费者的批评和建议。同时把向消费者提供商品或服务的活动置于消费者有效监督之下。这样才有利于经营者在竞争中改进工作，提高产品质量和信誉，从而扩大市场。

3) 保障商品或服务安全的义务

经营者应当保证其提供的商品或服务符合保障人身、财产安全的要求，不危害消费者的生命健康和财产安全。对可能危及人身、财产安全的商品和服务，应当向消费者作出真实的说明和明确的警示，并说明和标明正确使用商品或者接受服务的方法，以及防止危害发生的方法。经营者发现其提供的商品或者服务存在严重缺陷，即使正确使用商品或者接受服务仍然可能对人身、财产安全造成危害的，应当立即向有关行政部门报告，告知消费者，并采取防止危害发生的措施。

4) 提供商品或服务的真实信息的义务

为确保消费者全面了解情况，经营者应当向消费者提供有关商品或者服务的真实信息，不得作出引人误解的虚假宣传，不得以次充好、以伪乱真、制造商品或服务的假象。经营者对消费者就其提供的商品或者服务的质量和使用方法等问题的询问，应当作出真实、明确的答复，便于消费者认识商品和服务。经营者提供商品或服务应明码标价，切实保障消费者的利益。

5) 标明经营者真实名称和标记的义务

经营者应当标明其真实名称和标记。企业名称和标记是区别于其他企业、商品或服务的独特标志，对消费者选择和识别商品或服务起着决定性作用。租赁他人柜台或者场地的

经营者，应当标明自己的真实名称和标记，不能以出租者的名称、标记从事经营活动，也不得以虚假企业名称或标记从事经营活动。

6) 出具购货凭证或服务单据的义务

购货凭证或服务单据是经营者向消费者履行合同的书面凭据。为了便于消费争议的解决以及切实保护消费者的合法权益，经营者提供商品或者服务，应当按照国家有关规定或者商业惯例向消费者出具购货凭证或者服务单据，消费者索要购货凭证或者服务单据的，经营者必须出具。

7) 保证商品和服务质量的义务

经营者应当保证在正常使用商品或者接受服务的情况下，其提供的商品或者服务应当具有质量、性能、用途和有效期限；但消费者在购买该商品、接受该服务前已经知道其存在瑕疵的除外。经营者以广告、产品说明、实物样品或者其他方式标明商品或者服务的质量状况的，应当保证其提供的商品或者服务的实际质量与表明的质量状况相符。任何商品或服务与实际质量状况不相符合的宣传，都会损害消费者的合法权益。

8) 承担“三包”及其他责任的义务

这里的“三包”指“包修、包换、包退”。承担三包及其他责任的义务内容包括以下几个方面。

(1) 经营者按照国家规定或者与消费者的约定对商品承担包修、包换、包退的责任或其他责任(如违约责任、侵权责任等)。目前国家规定“三包”的商品主要有自行车、彩色电视机、家用录像机、家用摄像机、收录机(含音响)、手机等多种商品，“三包”有效期为一年或半年。

(2) 根据不同服务行业的特点，经营者按照国家有关规定或约定对其提供的服务承担责任，如承担安装、指导使用等责任。

(3) 经营者履行法定或约定的“三包”，必须按规定履行，不得故意拖延或无理拒绝。

9) 不得从事不公平、不合理交易的义务

经营者不得以格式合同、通知、声明、店堂告示等方式作出对消费者不公平、不合理的规定，不得以上述方式减轻、免除其损害消费者合法权益应当承担的民事责任。格式合同、通知、声明、店堂告示等违反前两项义务，其内容无效。格式合同是经营者预先单方拟订并在订立时未与消费者协商的合同。如旅行社的《旅游标准合同范本》，旅游者只有接受合同的自由，无参与决定合同内容的机会。一经制定，可以在相当长的期限内使用，因此，《消费者权益保护法》规定，经营者不能利用单方制定合同的权利，作出对消费者不公平的规定。通知、店堂告示、声明等其他方式，是指经营者采用明示的方式，向消费者告知有关经营情况，但是经营者不得通过此类方式作出不利于消费者的规定，如商场告示：“打折商品，概不退换”，“本店商品，一经售出，概不退换”，都是对消费者不合理、不公平的规定，它们是无效的。

10) 尊重消费者人身权的义务

经营者不得对消费者进行侮辱、诽谤，不得搜查消费者的身体及其携带的物品，不得侵犯消费者的人身自由。如在购物中对顾客蔑视、挖苦，以商品丢失为由，对顾客强行搜身，甚至殴打顾客，限制顾客的人身自由都是侵犯消费者人身权利的行为，将依法受到制裁。

2.3 旅游出入境管理法律制度

导入案例

旅游者要理性应对旅游过程中的风险

据中国法院网报道，一场憧憬了许久的东南亚之旅，却因一只小小水母搅得游兴尽失。在沙巴的碧海白沙中嬉戏的顾先生(化名)意外被水母蜇伤，剩下的一半行程无奈变作病床疗伤。回国后顾先生将旅行公司告上法庭要求对方承担责任。经审理，上海市第一中级人民法院对这起案件作出二审判决，顾先生的赔偿请求未获支持。

2009 年年初，顾先生为自己和家人报名参加了某旅行社公司组织的沙巴风情 3 晚 5 天休闲游(图 2-5)，支付旅游费用 7 700 元。1 月 16 日，顾先生一行踏上旅程，来到马来西亚的沙巴。1 月 18 日上午，根据游程安排为自由活动，顾先生等便在入住的度假酒店海滩游泳，正在碧波中悠然自得之际，顾先生却意外被一只水母蜇伤，以至于双腿疼痛肿胀，无法正常行走。事发后，酒店安排顾先生至当地医院治疗，并支付了医疗费，顾先生于 1 月 19 日提前一日返沪。返沪后顾先生至复旦大学附属华山医院继续治疗，支付医疗费 788.82 元。伤愈后，顾先生将旅行社告上法庭，要求对方承担医疗费 788.82 元、精神损害抚慰金 30 000 元、旅游费 7 700 元。一审法院审理后驳回了顾先生的诉讼请求。

图 2-5 出入境证件须合法准确

(图片来源：news.xinhuanet.com)

一中院审理后认为，旅行社作为娱乐经营活动的法人，依法应承担合理限度范围内的安全保障义务，其承担的安全保障义务并非无所限制。如其提供的设施、服务中存在瑕疵导致旅游者伤害，则应承担相应责任。本案中顾先生系成年人，理应知晓海洋中存在多种会致人受伤的生物或其他危险，此系众所周知的风险，非旅行社应作特别提示或警告的义务范围，若要求旅行社对旅游活动中会遭遇的任意危险均作特别说明，既非必要，也不利于旅游行业的发展。同时，意外发生后，旅行社积极与接待社、入住酒店联系，及时将顾先生送入医院就医，已尽到安全保障义务，遂作出维持原判的终审判决。

（资料来源：新华网）

2.3.1 《中华人民共和国公民出境入境管理法》的宗旨、适用范围

保障中国公民出入中国国境的正当权利和利益，促进国际交往，是《中华人民共和国公民出境入境管理法》(以下简称《公民出境入境管理法》)的宗旨。中国公民出境、入境，适用《公民出境入境管理法》。

2.3.2 中国公民出入境证件及其办理

1. 护照

2006年4月29日颁布的《中华人民共和国护照法》规定，中华人民共和国护照是中华人民共和国公民出入国境和在国外证明国籍和身份的证件，也分为外交护照、公务护照、普通护照三类。

中国公民出境旅游应申请办理普通护照。普通护照由公安部出入境管理机构或者公安部委托的县级以上地方人民政府公安机关出入境管理机构，以及中华人民共和国驻外使馆、领馆和外交部委托的其他驻外机构签发。

公民申请普通护照，应当提交本人的居民身份证、户口簿、近期免冠照片以及申请事由的相关材料。公安机关出入境管理机构应当自收到申请材料之日起15日内签发普通护照；对不符合规定不予签发的，应当书面说明理由，并告知申请人依法享有申请行政复议或者提起行政诉讼的权利。在偏远地区或者交通不便的地区或者因特殊情况，不能按期签发护照的，经护照签发机关负责人批准，签发时间可以延长至30日。公民因合理紧急事由请求加急办理的，公安机关出入境管理机构应当及时办理。

申请人有下列情形之一的，护照签发机关不予签发护照。

(1) 不具有中华人民共和国国籍的。

(2) 无法证明身份的。

(3) 在申请过程中弄虚作假的。

(4) 判处刑罚正在服刑的。

(5) 人民法院通知有未了结的民事案件不能出境的。

(6) 属于刑事案件被告人或者犯罪嫌疑人的。

(7) 国务院有关主管部门认为出境后将对国家安全造成危害或者对国家利益造成重大损失的。

普通护照的有效期为：护照持有人未满16周岁的5年，16周岁以上的10年。普通护照的登记项目包括：护照持有人的姓名、性别、出生日期、出生地，护照的签发日期、有效期、签发地点和签发机关。

有下列情形之一的，护照持有人可以按照规定申请换发或者补发护照。

(1) 护照有效期即将届满的。

(2) 护照签证页即将使用完毕的。

(3) 护照损毁不能使用的。

(4) 护照遗失或者被盗的。

(5) 有正当理由需要换发或补发护照的其他情形。

护照持有人申请换发或者补发普通护照，在国内，由本人向户籍所在地的县级以上地方人民政府公安机关出入境管理机构提出；在国外，由本人向中华人民共和国驻外使馆、领馆或者外交部委托的其他驻外机构提出。定居国外的中国公民回国后申请换发或者补发普通护照的，由本人向暂住地的县级以上地方人民政府公安机关出入境管理机构提出。

外交护照由外交部签发。外交官员、领事官员及其随行配偶、未成年子女和外交信使持用外交护照。

公务护照由外交部、中华人民共和国驻外使馆、领馆或者外交部委托的其他驻外机构，以及外交部委托的省、自治区、直辖市和设区的市人民政府外事部门签发。在中华人民共和国驻外使馆、领馆或者联合国、联合国专门机构以及出使政府间国际组织中工作的中国政府派出的职员及其随行配偶、未成年子女持用公务护照。

公民出国执行公务的，由其工作单位依照法律规定向外交部门提出申请，有外交部门根据需要签发外交护照或者公务护照。

外交护照、公务护照的登记项目包括：护照持有人的姓名、性别、出生日期、出生地，护照的签发日期、有效期和签发机关。

护照持有人所持护照的登记事项发生变更时，应当持相关证明材料，向护照签发机关申请护照变更加注。

2. 中华人民共和国旅行证

中华人民共和国旅行证代替护照使用的旅行证件，与护照具有同等效力，不能延长有效期，也不能加页。其分为一年一次出入境有效、两年多次出入境有效及仅限一次入境有效 3 种。下列人员可申领中华人民共和国旅行证。

(1) 遗失外交、公务、普通护照，需要回国的人员。

(2) 未持用港澳同胞回乡证，需要回内地的香港特别行政区中国公民和澳门特别行政区中国公民。

(3) 定居海外、未持用台湾居民来往大陆通行证的中国台湾居民。

(4) 未持用澳门特别行政区有效证件，须返回澳门申请特别行政区护照或旅行证的海外澳门中国公民。

(5) 其他不能或不便持用护照而需要进入中华人民共和国的中国公民。

3. 中华人民共和国出入境通行证

出入境通行证是出入中国边境的通行证件，由省级公安厅(局)及其授权的公安机关签发。证件在有效期内一次或多次出入境有效。一次出入境通行证在出境时由边防检查站收缴。

公民从事边境贸易、边境旅游服务或者参加边境旅游等情形，可以向公安部委托的县级以上地方人民政府公安机关出入境管理机构申请中华人民共和国出入境通行证。

4．海员证

公民以海员身份出入国境和在国外船舶上从事工作的，应当向交通部委托的海事管理机构申请中华人民共和国海员证。

5．签证

签证是一国外交、领事、公安机关或由上述机关授权的其他机关，提出外国人要求入境的申请，依照有关规定在其所持证件(护照等)上签注、盖印，表示准其出入本国国境或过境的手续。

根据证件持有人是否具有外交特权的礼遇，签证分为外交、礼遇、公务和普通签证；根据需要次效和时间限制，签证分为长期签证、短期签证，一般是一次出入境有效。有些国家为加强友好交往，在互惠原则的基础上，互免签证手续；也有许多双边条约，指定互免签证手续。旅游者办理护照后，应申请所去国和中途经过或停留国家在其有效证件上办理签证。

中国公民凭护照或其他有效证件出入境，无须办理签证。但若作为允许旅游者前往一个国家或者中途经过或停留的证件，中国旅游者在经批准出境获得护照后，应申请办理欲前往国的签证或入境许可证。按国际惯例，一般按护照种类发给相应签证，但也可发给高于或低于护照种类的签证。出国旅游应向前往国驻华使领馆办理签证申请；没有使领馆，也没有其他使馆代办业务的，则需到办理该国签证机关的国家办理。出国旅游要提前办理签证；办好签证要特别注意有效期和停留期；需延长的，应向有关单位办理申请延长手续。

2.3.3 中国旅游者出入境的权利义务及其限制

1．中国旅游者出入境的权利义务

中国旅游者出入境的合法权益受中国法律保护，同时也受前往国法律的保护。当今世界上许多国家为发展旅游业，对旅游者在旅游活动中最关心的安全、服务质量、发生意外事故得到法律保障等问题，通过立法建立相应法律制度，签订双边和多边协定，规定外国旅游者应受到与本国国民同等的法律保护，并给予若干优惠，中国旅游者理应得到相关外国法律的保护。

1) 中国公民出入境的权利

中国旅游者持护照出入境无须办理签证；公安机关对于中国旅游者出境申请应在规定时间内答复；申请人有权查询规定时间没能审批结果的原因，受理部门应作出答复；申请人认为不批准出境不符合法律规定，可向上一级公安机关申诉，受理机关应作出处理和答复；旅游者本人保存、使用其护照，非经法定事由和特定机关，不受吊销、收缴和扣押；旅游者有权按规定缴纳有关费用。

2) 中国公民出入境的义务

中国公民出国旅游应申办有效证件，并妥善保管护照等证件；在指定口岸或对外开放的口岸出入境，应向边防检查站出示中国护照或其他有效证件，接受海关、边防、卫生检疫、动植物检疫的检查及其他各种检查，遵守中国及前往国国家法律，不得有危害祖国安全、荣誉和利益的行为。

2．违反出入境管理法律制度的责任

1) 违反《中华人民共和国护照法》的法律责任

(1) 弄虚作假骗取护照的，由护照签发机关收缴护照或者宣布护照作废；由公安机关处 2 000 元以上 5 000 元以下罚款；构成犯罪的，依法追究刑事责任。

(2) 为他人提供伪造、变造的护照，或者出售护照的，依法追究刑事责任；尚不够刑事处罚的，由公安机关没收违法所得，处 10 日以上 15 日以下拘留，并处 2 000 元以上 5 000 元以下罚款；非法护照及其印制设备由公安机关收缴。

(3) 护照签发机关工作人员在办理护照过程中有下列行为之一的，依法给予行政处分；构成犯罪的，依法追究刑事责任：①应当受理而不予受理的；②无正当理由不在法定期限内签发的；③超出国家规定标准收取费用的；④向申请人索取或者收受贿赂的；⑤泄露因制作、签发护照而知悉的公民个人信息，侵害公民合法权益的；⑥滥用职权、玩忽职守、徇私舞弊的其他行为。

(4) 持用伪造或者变造的护照或者冒用他人护照出入国(边)境的，由公安机关依照出境入境管理的法律规定予以处罚；非法护照由公安机关收缴。

2) 违反《公民出境入境管理法》的法律责任

护照以及出入境证件持有人出现下列情形之一的，原发证机关或上级机关给予吊销和宣布作废：①持证人因非法进入前往国或者非法居留被送回国内的；②持护照、证件招摇撞骗的；③从事危害国家安全、荣誉和利益活动的。若违反法律规定，持证人还将受到收缴证件、警告、拘留的处罚；情节严重的，追究刑事责任。

知识链接

禁止出入境物品：①各种武器、仿真武器及爆炸物品；②伪造货币及伪造的有价证券；③对中国政治、经济、文化、道德有害或内容涉及国家秘密的手稿、印刷品、胶卷、照片、唱片、录音带、激光视盘、计算机存储介质及其他物品；④各种烈性炸药；⑤鸦片、吗啡、海洛因、大麻，以及其他能使人致病的麻醉品、精神药物；⑥带有危险性病菌、害虫及其他有害生物的动物、植物及其产品；⑦有碍人畜健康的，来自疫区的，以及其他能传播疾病的食品、药品或其他物品；⑧珍贵文物及其他禁止出境的文物；⑨濒危的和珍贵的动物、植物及其种子和繁殖材料。

限制出入境物品：①金银等贵重金属及其制品；②外币及其有价证券；③无线电收发信机及通信保密机；④贵重中药材及其成药；⑤国家货币。

2.3.4 中国公民出国旅游管理制度

1．出国旅游及管理概述

出国旅游，广义上也称出境旅游，指持护照及其他证件前往其他国家或地区的旅游，包括边境旅游、中国港澳台旅游和出国旅游。前往地区不同，旅行所持证件也不同。根据旅游费用来源可分为公费、自费及其他三类；根据出境方式可分为有组织与非组织两类。我国目前所指出国旅游，指由中国旅行社组织中国公民以团队形式前往国外旅游，包括探亲、访友等其他短期因私出国事宜。

开展公民出国旅游，有着重要的政治意义和经济意义。制约国家发展出国旅游的因素有以下几点：①国家不宜将外汇大量用于服务贸易出口；②中国作为发展中国家，需要旅游行业多创服务贸易外汇以支持国家的现代化建设；③公费旅游、滞留不归等问题也对出国旅游业务的发展构成障碍。因此，国家对出国旅游实行总量控制制度。

为规范旅行社组织中国公民出国旅游活动，保障出国旅游者和出国旅游经营者的合法权益，根据《公民出境入境管理法》及其实施细则、《旅行社条例》及其实施细则，2002 年 6 月 3 日，国务院颁布《中国公民出国旅游管理办法》，自 2002 年 7 月 1 日起实施。它成为我国出国旅游管理领域的一部重要法规。1997 年 7 月 1 日由国家旅游局、公安部经国务院批复联合发布的《中国公民自费出国旅游管理暂行办法》自 2002 年 7 月 1 日起废止。

案例分析

中国公民出国旅游纠纷

杜某夫妇参加某旅行社组织的“新、马、泰、港、澳 16 日游”旅游团。在临登飞机时，旅游者发现，该旅游团是由 6 家旅行社组织的，大家手中的旅游日程各不相同。更让旅游者感到疑惑和不安的是，该旅游团没有领队，而团队成员绝大多数是初次跨出国门。

这个出国旅游团在整个旅途中遇到许多困难。在国外如何转机，入境卡怎么填，需要哪些旅行文件，怎样与境外旅行社接洽等无人过问，在新加坡入境时，因不熟悉情况，旅游团被边检部门盘查一个半小时之久，影响了游览活动。旅游过程中，因没有领队与境外接待社协调，原来的日程安排被多次变更。旅游团在异国他乡，人生地不熟，只好听从境外导游的摆布。旅行结束后，杜某夫妇以旅行社未提供相应服务，损害其合法权益为由，要求旅行社赔偿其损失。

旅行社辩称，因组团人数不足，由若干家旅行社将旅游者“拼”为一个团，是旅行社的通常做法，只要按约定准时出游，是否告知旅游者并没有实际意义；此次组团出境旅游，事先双方并没有约定派领队，因此，旅行社未派领队并不构成违约。

分析说明：经过旅游质监部门审理认定，旅行社在组织出境旅游过程中，违反了有关旅游法规、规章，未履行法定义务，应承担违约赔偿责任。

(1) 签约旅行社不得擅自将旅游者转给其他旅行社。《旅行社条例实施细则》第 44 条规定：“旅行社因不能成团，将已签约的旅游者转给其他旅行社出团时，须征得旅游者书面同意。”旅游者出游选择旅行社，除考虑其价格、标准、行程等因素外，同时应特别注意旅行社的资信状况和履约能力，以使自身的利益得到保障。旅游者享有自主选择提供服务的旅行社的权利，未经旅游者书面同意，擅自将旅游者转给其他旅行社的，是一种违约行为，转让的旅行社应当承担相应的法律责任。

(2) 提供领队服务是旅行社的法定义务。《旅行社条例实施细则》第 5 条规定，组织中国境内居民到外国和中国港澳地区旅游，旅行社需提供为其安排领队及委托接待的服务。《中国公民自费出国旅游管理暂行办法》第 10 条规定："团队的旅游活动须在领队的带领下进行。"领队是指由旅行社派出，为出境旅游者提供协助、服务，同境外旅行社接洽，督促其履行接待计划，调解纠纷，协助出境旅游者和境外接待社处理意外事件的人员。安排领队作为法定义务，无疑是任何旅游合同的默示条款。旅行社违反了合同默示条款，就是一种违约行为。

本案中，因旅行社违规运作，致使杜某夫妇不得不为吃、住、行操心劳神，没有享受到应有的服务。旅行社既要赔偿旅游者住宿、景点等损失外，还要退赔领队服务费。

2. 出国旅游管理制度

1) 出国旅游的目的地审批制度

出国旅游的目的地，指经我国政府批准，允许旅行社组织旅游团队前往的国家和地区。出国旅游目的地国家和地区，由国务院旅游行政部门会同国务院有关部门提出，报国务院批准后，由国务院旅游行政部门公布。

特别提醒

任何单位和个人不得组织中国公民到国务院旅游行政部门公布的出国旅游的目的地国家以外的国家旅游；组织中国公民到国务院旅游行政部门公布的出国旅游的目的地国家以外的国家进行涉及体育活动、文化活动等临时性专项旅游的，须经国务院旅游行政部门批准。

开放中国公民出国旅游目的地的条件是：对方是我国客源国，有利于双方旅游合作与交流；政治上对我国友好，开展国民外交符合我国对外政策目标；旅游资源有吸引力，具备适合我国旅游者的接待服务设施；对我国旅游者在政治、法律等方面没有歧视性、限制性、报复性政策；旅游者有安全保障，具有良好的可进入性。

截至 2009 年 7 月，国务院已批准成为出国旅游目的地的国家(地区)遍及世界除南极洲以外的各大洲，中国公民出境旅游目的地的国家和地区总数已达到 137 个，其中 2006 年新开放的目的地有 15 个。其中包括美国、印度、欧盟等国家和地区，也有如汤加、尼泊尔、马耳他等国家。

2) 出境旅游业务审批制度

旅行社取得经营许可满 2 年，且未因侵害旅游者合法权益受到行政机关罚款以上处罚的，向国务院旅游行政主管部门提出申请并取得同意后才可以经营出境旅游业务。

3) 出国旅游人数总量控制制度

国务院旅游行政部门根据上年度全国入境旅游的业绩、出国旅游目的地的增加情况和出国旅游的发展趋势，在每年的 2 月底以前确定本年度组织出国旅游的人数安排总量，并下达省、自治区、直辖市旅游行政部门。省、自治区、直辖市旅游行政部门根据本行政区域内各组团社上年度经营入境旅游的业绩、经营能力、服务质量，按照公平、公正、公开的原则，在每年的 3 月底以前核定各组团社本年度组织出国旅游的人数安排。国务院旅游行政部门应当对省、自治区、直辖市旅游行政部门核定组团社年度出国旅游人数安排及组团社组织公民出国旅游的情况进行监督。

国务院旅游行政部门统一印制《中国公民出国旅游团队名单表》(以下简称《名单表》)，在下达本年度出国旅游人数安排时，编号发放给省、自治区、直辖市旅游行政部门，由省、自治区、直辖市旅游行政部门核发给组团社。组团社应当按照核定的出国旅游人数安排组织出国旅游团队，填写《名单表》。旅游者及领队首次出境或者再次出境，均应当填写在《名单表》中，经审核后的《名单表》不得增添人员。

特别提醒

《名单表》一式四联，分为：出境边防检查专用联、入境边防检查专用联、旅游行政部门审验专用联、旅行社自留专用联。组团社应当按照有关规定，在旅游团队出境、入境时及旅游团队入境后，将《名单表》分别交有关部门查验、留存。出国旅游兑换外汇，由旅游者个人按照国家有关规定办理。

3. 组团社、团队、领队、旅游者的义务

1) 组团社义务

(1) 组团社应当为旅游者办理前往国签证等出境手续。旅游者持有效普通护照的，可以直接到组团社办理出国旅游手续；没有有效普通护照的，应当依照《公民出境入境管理法》的有关规定办理护照后再办理出国旅游手续。

(2) 组团社应当为旅游团队安排专职领队。领队应当经省、自治区、直辖市旅游行政部门考核合格，取得领队证。领队在带团时，应当佩戴领队证，并遵守本办法及国务院旅游行政部门的有关规定。

(3) 组团社应当维护旅游者的合法权益。组团社向旅游者提供的出国旅游服务信息必须真实可靠，不得作虚假宣传，报价不得低于成本。

(4) 组团社经营出国旅游业务，应当与旅游者签订书面旅游合同。旅游合同应当包括旅游起止时间、行程路线、价格、食宿、交通及违约责任等内容。旅游合同由组团社和旅游者各持一份。

(5) 组团社应当按照旅游合同约定的条件，为旅游者提供服务。组团社应当保证所提供的服务符合保障旅游者人身、财产安全的要求；对可能危及旅游者人身安全的情况，应当向旅游者作出真实说明和明确警示，并采取有效措施，防止危害的发生。

(6) 组团社组织旅游者出国旅游，应当选择在目的地国家依法设立并具有良好信誉的旅行社(以下简称境外接待社)，并与之订立书面合同后方可委托其承担接待工作。

(7) 组团社及其旅游团队领队应当要求境外接待社按照约定的团队活动计划安排旅游活动，并要求其不得组织旅游者参与涉及色情、赌博、毒品内容的活动或者危险性活动，不得擅自改变行程、减少旅游项目，不得强迫或者变相强迫旅游者参加额外付费项目。境外接待社违反组团社及其旅游团队领队根据上述规定提出的要求时，组团社及其旅游团队领队应当予以制止。

(8) 因组团社或者其委托的境外接待社违约，使旅游者合法权益受到损害的，组团社应当依法对旅游者承担赔偿责任。

2) 领队义务

旅游团队领队带团旅游时，应承担下列义务。

(1) 旅游团队领队应当向旅游者介绍旅游目的地国家的相关法律、风俗习惯以及其他有关注意事项，并尊重旅游者人格尊严、宗教信仰、民族风俗和生活习惯。

(2) 旅游团队领队在带领旅游者旅行、游览过程中，应当就可能危及旅游者人身安全的情况，向旅游者作出真实说明和明确警示，并按照组团社的要求采取有效措施，防止危害发生。

(3) 旅游团队在境外遇到特殊困难和安全问题时，领队应当及时向组团社和中国驻所在国家领事馆报告；组团社应当及时向旅游行政部门和公安机关报告。有关部门处理有关事项时，组团社有义务予以协助。

(4) 旅游团队领队不得与境外接待社、导游及为旅游者提供商品或者服务的其他经营者串通欺骗、胁迫旅游者消费，不得向境外接待社、导游及其他为旅游者提供商品或者服务的经营者索要回扣、提成或者收受其财物。

3) 旅游者义务和权利

(1) 旅游者的义务：旅游者应当遵守旅游目的地国家的法律，尊重当地的风俗习惯，并服从旅游团队领队的统一管理；严禁旅游者在境外滞留不归。旅游者在境外滞留不归的，旅游团队领队应当及时向组团社和中国驻所在国家领事馆报告，组团社应当及时向公安机关和旅游行政部门报告。

(2) 旅游者的权利：旅游者对组团社或者旅游团队领队违反《中国公民出国旅游管理办法》规定的行为，有权向旅游行政部门投诉。

4. 违反《中国公民出国旅游管理办法》的法律责任

(1) 组团社有下列情形之一的，旅游行政部门可以暂停其经营出国旅游业务；情节严重的，取消其出国旅游业务经营资格。

① 入境旅游业绩下降的。

② 因自身原因，在 1 年内未能正常开展出国旅游业务的。

③ 因出国旅游服务质量问题被投诉并经查实的。

④ 有逃汇、非法套汇行为的。

⑤ 以旅游名义弄虚作假，骗取护照、签证等出入境证件或者送他人出境的。

⑥ 国务院旅游行政部门认定的影响中国公民出国旅游秩序的其他行为。

(2) 任何单位和个人未经批准擅自经营或者以商务、考察、培训等方式变相经营出国旅游业务的，由旅游行政部门责令停止非法经营，没收违法所得，并处违法所得两倍以上五倍以下的罚款。

(3) 组团社不为旅游团队安排专职领队的，由旅游行政部门责令改正，并处 5 000 元以上 20 000 元以下的罚款，可以暂停其出国旅游业务经营资格；多次不安排专职领队的，一并取消其出国旅游业务经营资格。

(4) 组团社向旅游者提供虚假服务信息或低于成本报价的，由工商行政管理部门依照《中华人民共和国消费者权益保护法》、《中华人民共和国反不正当竞争法》的有关规定给予处罚。

(5) 组团社或者旅游团队领队对可能危及人身安全的情况未向旅游者作出真实说明和明确警示，或者未采取防止危害发生的措施的，由旅游行政部门责令改正，给予警告；情节严重的，对组团社暂停其出国旅游业务经营资格，并处 5 000 元以上 20 000 元以下的罚款，对旅游团队领队可以暂扣直到吊销其领队证；造成人身伤亡事故的，依法追究刑事责任，并承担赔偿责任；涉及色情、赌博、毒品内容的活动或者危险性活动，擅自改变行程、减少旅游项目，强迫或者变相强迫旅游者参加额外付费项目，或者在境外接待社违反前述要求时未制止的，由旅游行政部门对组团社处以组织该旅游团队所获取费用两倍以上五倍以下的罚款，并暂停其出国旅游业务经营资格，对旅游团队领队暂扣其领队证；造成恶劣影响的，对组团社取消其出国旅游业务经营资格，对旅游团队领队吊销其领队证。

(6) 旅游团队领队与境外接待社、导游及为旅游者提供商品或者服务的其他经营者串通欺骗、胁迫旅游者消费或者向境外接待社、导游和其他为旅游者提供商品或者服务的经营者索要回扣、提成或者收受其财物的，由旅游行政部门责令改正，没收索要的回扣、提成或者收受的财物，并处索要的回扣、提成或者收受的财物价值两倍以上五倍以下的罚款；情节严重的，并吊销其领队证。

(7) 旅游者在境外滞留不归，旅游团队领队不及时向组团社和中国驻所在国家使领馆报告，或者组团社不及时向有关部门报告的，由旅游行政部门给予警告，对旅游团队领队可以暂扣其领队证，对组团社可以暂停其出国旅游业务经营资格。旅游者在境外滞留不归被遣返回国的，由公安机关吊销其护照。

2.3.5 边境旅游管理制度

为进一步加大我国旅游业的对外开放，促进边境地区的经济繁荣和社会稳定，增进同毗邻国家人民的交往和友谊，完善边境旅游管理，国家旅游局于 1996 年 3 月 8 日制定实施了《边境旅游暂行管理办法》(以下简称《办法》)，对作为出境旅游的特殊方式作出规定。同时，各边境省(自治区)也出台了一些具体规定。

1．边境旅游的含义

边境旅游，是指经批准的旅行社组织和接待某国及毗邻国家的公民，集体从指定的边境口岸出入境，在双方政府商定的区域和期限内进行的旅游活动。

2．申请开办边境旅游业务的条件

(1) 经国务院批准对外国人开放的边境市、县。

(2) 有国家正式批准对外开放的国家一、二类口岸，口岸联检设施基本齐全。

(3) 有旅游行政管理部门批准可接待外国旅游者的旅行社。

(4) 具备就近办理参游人员出入境证件的条件。

(5) 具备交通条件和接待设施。

(6) 同对方国家边境地区旅游部门签订了意向性协议。

3．申请开办边境旅游业务的程序

边境地区开办边境旅游业务，必须具备《办法》第 6 条所列条件，做好可行性研究拟定的实施方案，由省、自治区旅游局征求外事、公安、海关等有关部门的意见，并报省、自治区人民政府审核后，由省、自治区人民政府转国家旅游局审批。

所申办的边境旅游业务，如涉及同我国已开展边境旅游的国家和地区，由国家旅游局、外交部、公安部、海关总署等部门审批；如涉及尚未同我国开展边境旅游的国家或地区，由国家旅游局、外交部、公安部、海关总署后报国务院审批。经批准后，有关地方可对外签订正式协议或合同。

4．我国公民参加边境旅游的办理

(1) 除《中华人民共和国公民出境入境管理法》第 8 条规定的人员外，我国公民均可参加边境旅游。

(2) 边境省、自治区公民参加本地区的边境旅游，应当向本地区有关承办旅行社申请，旅行社统一向公安机关出入境管理部门申办出境证件。

(3) 非边境省、自治区的公民参加边境旅游，应当向其户口所在地授权经营出国旅游业务的旅行社申请，按规定向户口所在地公安机关出入境管理部门申办出境证件，并由边境地区有关旅行社统一办理出入境手续和安排境外旅游活动。

双方参游人员应持用本国有效护照或代替护照的有效国际旅行证件，或两国中央政府协议规定的有效证件。

5．边境旅游的出入境手续办理

(1) 双方旅游团出入境的手续按各自国家有关规定办理，签有互免签证协议的，按协议办理；未签有互免签证协议的，须事先办妥对方国家的入境签证。

(2) 双方旅游团应集体出入国境，并交验旅游团名单，由边防检查机关规定验证放行。

(3) 对双方参游人员携带的进出境行李物品，海关按《中华人民共和国海关对进出境旅客行李物品监管办法》及有关规定办理验放手续。

6．相关义务与责任

(1) 严禁公费参游，不准异地申办出境证件，严禁滞留不归或从事非法移民活动，严禁携带违禁物品出入境。

(2) 旅游团成员如在境外滞留，有关承办旅行社须及时报告边防检查站和颁发出境证件的公安机关，并承担有关遣返费用。

(3) 未经批准，任何单位和个人不得经营边境旅游业务或任意扩大边境旅游范围。对违反本办法开展边境旅游业务的单位或个人，各级旅游行政主管部门应会同有关部门给予罚款、追究有关负责人责任、勒令停业整顿、终止其边境旅游业务等处罚。

(4) 外国旅游团成员非法进入我国内定或非法滞留的，有关承办旅行社须及时报告公安机关，协助公安机关进行处理，并承担有关费用。

外国旅游团成员在华期间有其他违法行为的，有关旅行社须协助有关主管部门进行处理。

2.3.6 大陆居民赴台湾地区旅游管理制度

为推动大陆居民赴台湾地区旅游，不断扩大两岸人员往来，促进两岸经济关系健康稳定发展，给台湾旅游业界带来实实在在的利益，让台湾民众得到实实在在的好处；同时，也为了加强大陆居民赴台旅游管理，保障赴台旅游健康有序地发展，国家旅游局、公安部、国务院台湾事务办公室于 2006 年 4 月 16 日联合制发了《大陆居民赴台湾地区旅游管理办法》(简称《赴台旅游管理办法》)。

《赴台旅游管理办法》的出台，对于规范大陆居民赴台旅游，使之有计划、有步骤、循序渐进地开展，妥善处理赴台旅游中出现的各种情况和问题，使旅游市场更加规范有序地发展具有积极意义。

1．赴台旅游基本原则

(1) 大陆居民赴台湾地区旅游(以下简称赴台旅游)须由指定经营大陆居民赴台旅游业务的旅行社(以下简称组团社)组织。

组团社由国家旅游局会同有关部门，从已批准的特许经营出境旅游业务的旅行社范围内指定，由海峡两岸旅游交流协会公布。除被指定的组团社外，任何单位和个人不得经营大陆居民赴台旅游业务。

台湾地区接待大陆居民赴台旅游的旅行社(以下简称接待社)，经大陆有关部门会同国家旅游局确认后，由海峡两岸旅游交流协会公布。

(2) 以团队形式整团往返。赴台旅游团须凭大陆居民赴台湾地区旅游团名单表，从大陆对外开放口岸整团出入境。旅游团出境前已确定分团入境大陆的，组团社应事先向有关部门出入境边防检查总站或省级公安边防部门备案。

旅游团成员因紧急情况不能随团入境大陆或不能按期返回大陆的，组团社应及时向有关出入境边防检查总站或省级公安边防部门报告。

(3) 参游人员在台湾期间须集体活动。

(4) 大陆居民赴台旅游实行配额管理。配额由国家旅游局会同有关部门确认后，下达给组团社。

2．组团社的义务

(1) 组团社在开展组织大陆居民赴台旅游业务前，须与接待社签订合同、建立关系。

(2) 组团社须为每个团队选派领队。领队须经培训、考核合格后，由地方旅游局向国家旅游局申领赴台旅游领队证。组团社须要求接待社派人全程陪同。

(3) 组团社须要求接待社不得引导和组织参游人员参与涉及赌博、色情、毒品等内容的活动。

(4) 组团社须要求接待社严格按照合同规定的团队日程安排活动，未经双方旅行社及参游人员同意，不得变更日程。

3．大陆居民赴台旅游的手续和义务

(1) 大陆居民须持有效大陆居民往来台湾通行证(以下简称通行证)及旅游签注(签注字头为L，以下简称签注)赴台旅游。

(2) 大陆居民赴台旅游须向指定的组团社报名，并向其户口所在地公安机关出入境管理部门申请办理通行证及签注。

(3) 参游人员应按期返回，不得非法滞留。当发生参游人员非法滞留时，组团社须及时向公安机关及旅游行政主管部门报告，并协助做好有关滞留者的遣返和审查工作。

知识链接

国家旅游局公布《大陆居民赴台旅游注意事项》

为保障大陆赴台湾旅游者和经营者的合法权益，维护赴台旅游市场秩序，保证赴台旅游“规范、有序、安全、健康”的发展，依据《旅行社条例》和《赴台旅游管理办法》的规定，制定本注意事项。

1．经营大陆居民赴台旅游组团社注意事项

(1) 经营大陆居民赴台旅游业务的旅行社(以下简称组团社)，应当选择备案于海峡两岸旅游交流协会(以下简称海旅会)的台湾地区接待大陆居民赴台旅游旅行社(以下简称接待社)签订合同并向海旅会备案。不得与未备案于海旅会的台湾地区旅行社签订合同，并经营大陆居民赴台旅游业务。

(2) 组团社应当与接待社约定，按照合同安排完成旅游行程。不得安排涉及赌博、色情、毒品等内容和有损两岸关系的旅游活动。接待社违反合同约定的，组团社及其领队须及时予以纠正。

(3) 组团社不得以“赴台旅游”名义组织大陆居民赴台从事经济、文化、卫生、科技、教育、宗教、学术等领域的两岸交流活动及国际性活动。接待社在行程中擅自安排相关交流活动的，组团社和领队应责其纠正。

(4) 组团社应当与大陆赴台旅游者(以下简称旅游者)订立旅游合同。合同应包括旅游起止时间、行程路线、价格、食宿标准、交通工具、旅行保险及违约责任等内容。旅游合同由旅游者和组团社各持一份。组团社应当遵守合同约定，不得擅自改变行程、减少旅游项目，不得强迫或者变相强迫旅游者参加非合同约定的付费项目。

(5) 组团社应当向旅游者提供真实可靠的赴台旅游服务信息，不得做虚假宣传和虚假广告；不得以低于成本的价格进行不正当竞争，扰乱赴台旅游市场秩序。

(6) 组团社应当认真开好赴台旅游团队的行前说明会，向旅游者介绍台湾地区的基本情况、相关规定、风俗习惯、文明旅游的有关要求和注意事项。

(7) 组团社的领队人员须取得由海旅会颁发的“大陆居民赴台旅游领队证”后方可上岗。组团社在开展赴台旅游业务中，应组织领队人员参加培训，并建立相应的管理制度和责任制度。

(8) 组团社应建立应对突发事件的应急机制，切实加强赴台旅游团队的安全管理工作。在团队出发前，对涉及人身、财物等方面的安全问题，应当向旅游者作出明确告知；在旅游过程中，如出现可能危及旅游者生命、财产安全的情况，应当事先向旅游者提出劝导，并相机采取有效措施，严格防止事故的发生。如遇突发事件，应立即启动应急机制，以将损害降至最低。

(9) 团队在台旅游期间，组团社应当保持与领队的畅通联系。团队在台遇到特殊情况，如因病、因伤及其他自然灾害等不可抗拒的突发事件时，领队人员应当及时向组团社报告。组团社应当迅速报告省级旅游行政部门和有关部门，同时提出妥善的处理意见和建议。

(10) 如发生旅游者在台滞留不归，领队人员应当及时向组团社报告，组团社应当及时向省级旅游行政部门和有关部门报告，省级旅游行政部门应当及时报告海旅会。海旅会和有关部门处理有关事项时，组团社应提供协助。

(11) 组团社应当建立赴台旅游总结制度，不断提高赴台旅游组织能力、服务能力、预判能力、应急能力。

2. 大陆居民赴台旅游注意事项

(12) 大陆居民赴台旅游应当向由海旅会会同有关部门指定的经营赴台旅游的组团社咨询报名，不得向非指定的旅行社和单位报名及参加其组织的赴台旅游活动。

(13) 大陆居民赴台旅游应当持《大陆居民往来台湾通行证》和旅游签参团旅游，整团往返。

(14) 大陆居民赴台旅游随身携带的行李物品，必须按照《中华人民共和国海关对进出境旅客行李物品的监管办法》及有关规定办理通关手续。

(15) 大陆居民赴台旅游应当妥善保管个人旅行证件，并将证件复印备份，可将复印件连同证件照片与证件原件分别存放。一旦发生遗失或被盗抢等意外，应当立即报告领队并同时报警、报知台湾海峡两岸观光旅游协会(以下简称台旅会)。

(16) 大陆居民赴台旅游期间，应当遵守台湾地区的相关规定，尊重当地的风俗习惯，服从领队人员的统一管理，随团活动，不得擅自脱团，不得滞留不归。自由活动时，应向领队人员说明去向，并征得领队人员的同意；回程时，因不可抗力或其他特殊原因需分团入境的，应当及时向领队报告。

(17) 大陆居民赴台旅游应当规范个人行为，不得参加有损两岸关系的活动，不得参加涉及赌博、色情、毒品等内容的活动。

(18) 大陆居民赴台旅游期间应当做到个人举止文明，衣着和言谈得体。

(19) 大陆居民赴台旅游应当提高自我保护意识。遇到自然灾害和其他突发事件时，要冷静处理，听从现场指挥，尽快撤离危险地区，及时与领队人员取得联系，并与当地或大陆有关部门联系，寻求营救保护。如遇到突发疾病时，应当及时采取就近就医等相关措施；如遇到交通或其他事故时，应采取自救和互救措施，并保护好事故现场，迅速报告领队和当地警方；如遇到人身、财产安全等意外情况时，应当及时报警。

(20) 因组团社或其委托的接待社违反合同约定，擅自改变行程、减少旅游项目，强迫或者变相强迫旅游者参加非合同约定付费项目，使旅游者合法权益受到损害的，旅游者有权向组团社要求赔偿。

(21) 对组团社、领队或接待社诱导和组织旅游者参与涉及赌博、色情、毒品等内容和有损两岸关系的活动，旅游者应当向海旅会和有关部门举报。

(22) 本注意事项自发布之日起施行。

(23) 本注意事项由海旅会负责解释。在实施过程中，海旅会将根据赴台旅游的实际运行情况的变化，适时予以修订。

2.4 旅游者行为管理

导入案例

案例一：邮轮上抢自助餐——“霉倒法兰西”

导游金占带领温州市一个旅行团，参加歌诗达邮轮日韩游。旅行团中有祖孙三代三人，他们在邮轮开饭时间还没到时，闯进自助餐厅准备先吃午餐。外国服务员阻止了他们，并请他们离开餐厅。他们离开餐厅后就站在门口，外国服务员不放心，搬了两张椅子横在餐厅大门口，提醒大家就餐时间未到，不要提前入内，祖孙三人等外国服务员离开餐厅后，移开两张椅子再次闯入，掀开盖在食品上的防尘布挑拣食品。他们还掏出塑料袋，把食品盘上的葡萄摘下来放进袋中带走。金占恰巧有事经过餐厅门前，目睹了全过程。他用一句温州话表述自己当时的尴尬：霉倒法兰西去了！

更令金占脸红的是，接下来发生的“集体丢脸”事件。歌诗达邮轮抵达韩国济州岛后，大家下船参加半日游。中午时分，韩国当地导游告诉大家，半日游没有安排免费午餐，大家如果需要就餐，导游可以带大家去饭店。旅游团所有团员都谢绝了导游的建议。大家从包里掏出食品袋，拿出食品旁若无人地吃起来(图 2-6)。这些食品明眼人都可以看出来，是歌诗达邮轮上的自助餐，是谢绝外带的。金占看到很多外国人对此连连摇头，为同胞的陋习感到脸红："恨不得有个地洞钻下去！"

图 2-6 旅游需文明，正能量应传播

(图片来源：http://travel.sina.com.cn/world/2013-08-02)

案例二：国际航班上贪便宜——"再不受外国人欺负？"

温州中国旅行社出境部经理陈捷也非常反感这种贪小便宜的陋习。他每次带团乘坐国际航班时，都为一些团员这种顺手牵羊的行为伤透脑筋。国际航班上提供西餐，一些西餐刀具都不是一次性的。陈捷每次带团，常常碰到一些团员私藏这些西餐刀具，有的甚至把航班提供的毛毯，都想占为己有。空姐讨要时，团员就是不肯交出来。一个团员还曾经振振有词地说;"从前我们中国人让你们外国人欺负，改革开放后中国人腰板子硬了，再也不会受你们外国人欺负了。"这话让陈捷听得一头雾水，他至今还是想不明白，贪小便宜也能证明"中国人民腰板子硬了"？

案例三：寻找团队只需听声音——"哪儿最吵在哪儿"

"我们带队出境、出国旅游，几乎是一路与陋习为伴。"温州东方海外旅游分公司副总经理蔡李军说。他介绍，每次出境出国旅游，团员上了飞机招呼空姐"喂、喂、喂"，进出海关不排队乱插队，到了宾馆下车围住导游抢房间钥匙，住进宾馆内衣内裤晒在外，吃自助餐时不管吃得了吃不了，盘上食物堆成小山，穿着T恤出席正装盛会、出外游玩随地吐痰和小便……有人担心随团出国、出境旅游走失，找不到团队怎么办？市旅游协会秘书长陈秉辉给他出了个"馊主意"："你闭着眼睛用耳朵听，哪些人说话声音最吵、最大的就是我们的团队。"在欧美国家与东南亚，看到一些"不要喧哗"、"请排队等候"等礼貌提示牌，除了所在国母语外，就是用中文书写，有些甚至就只用中文书写。"脑筋正常的人都知道，这意味着什么。"蔡李军他们说起这些有些愤愤然。

图 2-7　景美、人“美”，生活才更美！

(图片来源：say.cqnews.net，作者：蒋跃新)

为提高公民文明素质，塑造中国公民良好国际形象，中央文明办、国家旅游局联合颁布《中国公民出境旅游文明行为指南》、《中国公民国内旅游文明行为公约》。营造文明、和谐的旅游环境，关系到每位旅游者的切身利益。做文明旅游者是每位旅游者的义务。

2.4.1　旅游者行为的定义

旅游者行为包括旅游者的决策行为、游览行为、购物行为、娱乐行为、交往行为等许多方面，这些行为对旅游活动的开展具有重要影响，是旅游者管理的重要内容。

2.4.2　旅游者行为管理的类型

从旅游公共管理的层面来看，旅游者行为管理主要是对旅游者决策行为、游览行为和交往行为的管理。

1．旅游者决策行为管理

旅游者决策行为表面上看是一种简单的市场选择行为，是旅游者自身偏好的自由表现，不应进行干预。但实际上，由于旅游者在旅游活动中的核心地位，旅游者的非理性决策行为不仅会对自身利益，而且会对旅游市场，甚至整个旅游产业带来不利影响或导向，需要对其进行有效干预与引导。引致旅游者出现非理性决策的核心原因是旅游活动中大量存在的信息不对称现象。由于旅游产品的不可移动性，其在消费市场上的存在方式不同于有形商品，往往表现为是一种带有期货性质的信息产品，因而全面准确的信息对旅游者决策非常重要。但在旅游经营者、旅游者之间却存在着明显的信息不对称，处于劣势方的旅游者往往难以搜寻到足够的信息来准确识别产品的内涵、价格、质量差异，导致盲目追求低价、错误选择目的地等非理性决策行为。这种非理性决策行为不仅使旅游者利益受到损害，而且使旅游市场出现“劣币驱逐良币”的“柠檬化”现象，引发“零负团费”、欺骗购物、诚信缺失等一系列市场问题。因此，应对旅游者的非理性决策行为进行有效干预，通过丰富和规范信息渠道、加大信息供给、严格监管企业广告、建立全面便捷的信息咨询与诚信体系、积极推进品牌建设和维护等措施，一方面提高有效信息供给，另一方面剔除能够引起错误决策的不良信息，尽可能地减少信息不对称现象，避免非理性决策。此外，要通过提示、忠告、发放旅游消费指引等措施，加强对旅游者的教育引导，增强旅游者解读信息、识别产品、理性决策的能力。

2. 旅游者游览行为管理

大量旅游影响研究表明，旅游活动的开展不仅会对目的地的社会、经济、自然、文化产生积极的推进作用，也会对其造成环境污染、文化冲击、道德弱化等一系列负影响，而旅游者的不良游览行为是造成这些负影响的主要原因。由于旅游者脱离了原有社会自然形成的道德约束，到目的地容易出现道德松弛现象，表现出一些不良游览行为，如大声喧哗、不尊重当地文化风俗、不注意公共卫生和公共秩序、损害旅游资源和设施等。对这些不良行为若不进行主动干预与引导，就会影响旅游活动的健康开展。此前我国出境旅游者在目的地的不文明旅游行为就曾经引起很大反响。有些国家甚至因此而提高了对我国旅游者的入境签证难度，就是明显一例。不良旅游行为一方面会给目的地带来多重负面影响，另一方面也会影响到其他旅游者的旅游质量和满意度，最终给目的地形象带来损害。因此，加强旅游者游览行为管理，是旅游者管理的一个极其重要的方面。目前，虽然许多旅游景区都制定了针对旅游者游览行为的规定，也推出了文明旅游公约，但往往流于形式，缺乏应有的约束效力。而且有些旅游法规至今还只有对旅游经营者行为的规定，而没有对旅游者行为的规定。因此，对旅游者游览行为的管理，除了加强对旅游者的教育与宣传、强化自律外，应该高度重视旅游者游览行为管理的重要性，通过制定专门的《旅游者游览行为管理处罚条例》、在旅游合同中增加行为约束条款、加强现场管理等措施，使旅游者游览行为管理法制化、系统化、自觉化和常态化。

3. 旅游者交往行为管理

旅游者的旅游过程实际上就是一个不断与外界进行互动交流的过程，其中既有旅游者之间的交往，也有旅游者与目的地居民之间的交往，还有旅游者与亲友之间的交往等等。这些交往行为对目的地旅游发展具有重要意义，其如果是良性的，就会提高旅游者对旅游经历的愉悦度，激发当地居民对旅游的参与和支持热情，形成良好的“口碑”宣传效应。反之，则会影响目的地旅游的健康发展。因此，应该高度重视旅游者的交往行为，将其视为旅游活动的重要组成部分，主动进行干预与引导。针对旅游者之间交往行为的管理，重点是通过宣传教育、专门提示、制定团队旅游者旅客间行为规范等措施，使旅游者充分认识到良好的旅客间关系是旅游产品的组成部分之一，涉及每个旅游者自身的旅游质量，需要大家共同维护与升华；针对旅游者与目的地居民之间交往行为的管理，重点是帮助旅游者增加对目的地风土人情的了解，对旅游者提供尽可能详细的相关信息，使旅游者能够主动尊重目的地的文化信仰、风俗习惯、生活禁忌等，以形成良好的主-客关系；针对旅游者与亲友之间交往行为(旅游后行为)的管理，重点是通过提升旅游者在目的地的实际感知质量、认真处理旅游者在旅游过程中的意见和投诉等措施，主动影响旅游者的口信传播行为，让旅游者能够形成良好的“口碑”，最终成为目的地的义务“宣传员”。尤其是随着网络技术的发展与普及，旅游者通过个人博客、网上圈子、QQ群、MSN等交流工具对目的地所进行的评价，影响广泛，成为“口碑”传播和非正式信息咨询的重要途径，更需要对其进行主动引导与管理。

2.4.3 中国公民国内旅游文明行为公约及中国公民出境旅游文明行为指南

1. 中国公民国内旅游文明行为公约

(1) 维护环境卫生。不随地吐痰和口香糖，不乱扔弃物，不在禁烟场所吸烟。

(2) 遵守公共秩序。不喧哗吵闹，排队遵守秩序，不并行挡道，不在公众场所高声交谈。

(3) 保护生态环境。不踩踏绿地，不摘折花木和果实，不追捉、投打、乱喂动物。

(4) 保护文物古迹。不在文物古迹上涂刻，不攀爬触摸文物，拍照摄像遵守规定。

(5) 爱惜公共设施。不污损客房用品，不损坏公用设施，不贪占小便宜，节约用水用电，用餐不浪费。

(6) 尊重别人权利。不强行和外宾合影，不对着别人打喷嚏，不长期占用公共设施，尊重服务人员的劳动，尊重各民族宗教习俗。

(7) 讲究以礼待人。衣着整洁得体，不在公共场所袒胸露背；礼让老幼病残，礼让女士；不讲粗话。

(8) 提倡健康娱乐。抵制封建迷信活动，拒绝黄、赌、毒。

2. 中国公民出境旅游文明行为指南

(1) 中国公民，出境旅游；注重礼仪，保持尊严。

(2) 讲究卫生，爱护环境；衣着得体，请勿喧哗。

(3) 尊老爱幼，助人为乐；女士优先，礼貌谦让。

(4) 出行办事，遵守时间；排队有序，不越黄线。

(5) 文明住宿，不损用品；安静用餐，请勿浪费。

(6) 健康娱乐，有益身心；赌博色情，坚决拒绝。

(7) 参观游览，遵守规定；习俗禁忌，切勿冒犯。

(8) 遇有疑难，咨询领馆；文明出行，一路平安。

知识链接

提升中国公民旅游文明素质行动计划

改革开放以来，我国旅游业迅速发展，公民的旅游文明素质和道德水平不断提升。但从整体上看，当前我国公民的文明素质与高速发展的旅游业还不适应，与中国的国际地位很不相称。一些公民在旅游活动中表现出来的“不修边幅、不讲卫生、不懂礼仪、不守秩序、不遵法规、不爱护环境和公共设施、喧哗吵闹”等不文明行为，严重损害了中国“礼仪之邦”的形象，引起了海内外舆论的广泛关注和批评，广大群众反应强烈。为提升中国公民旅游文明素质，纠正公民旅游中的陋习(图 2-8)，中央文明办、国家旅游局从 2006 年 8 月开始实施《提升中国公民旅游文明素质行动计划》。

图 2-8 “到此一游”

(图片来源：新华社，作者：蒋跃新)

1. 指导思想及工作目标

提升中国公民旅游文明素质行动，要以邓小平理论和“三个代表”重要思想为指导，全面落实科学发展观，深入学习实践社会主义荣辱观，坚持以人为本、教育先行、注重养成，通过教育引导、制度规范和有效管理，集中纠正我国公民旅游中的不文明行为，着力提升我国公民的文明素质和全社会的文明程度。提升中国公民旅游文明素质行动从 2006 年 8 月启动，到 2008 年年底前取得阶段性成果。

2. 行动内容及实施步骤

(1) 征集制定旅游行为规范。运用报纸、广播、电视等大众传媒和网站，大力宣传提升中国公民旅游文明素质行动的重要意义、工作重点和主要措施，营造浓厚舆论氛围。举办中国公民旅游文明素质座谈讨论、在线访谈、主题演讲等活动，动员公民积极参与。在主要新闻和商业网站开辟专题专栏，发布征集公告，公开征集“中国公民旅游十大不文明行为”和“提升中国公民旅游文明素质十大建议”。在中央主要新闻媒体开展中国公民旅游文明素质大讨论，发动公众献计献策。组织专家学者和实际工作者对征集结果进行研究论证，拟订《中国公民出境旅游行为指南》和《中国公民国内旅游行为公约》(以下分别简称《指南》和《公约》)，广泛征求公民和社会各界的意见，修订后公开发布。

(2) 加强旅游行为规范宣传教育。各级文明办和旅游部门组织编写出版《指南》和《公约》通俗读物和宣传挂图，发放到各地基层。组织海关、口岸、机场车站、港口码头、酒店、旅行社、旅游景区等单位，结合实际制作多种形式的宣传品，刊播、张贴、存列和免费赠送旅游者。旅游部门、公安机关出入境管理窗口单位要采取有效措施宣传《指南》和《公约》，使之家喻户晓，深入人心。依托市民学校、村民学校、家长学校、社区宣教中心等教育阵地，采取专题讲座、征文演讲、知识竞赛、礼仪形象展示等形式，有计划有步骤地开展文明出游和礼仪基础知识、涉外礼仪、公共礼仪等教育培训，使《指南》和《公约》的基本要求为广大公民所熟知，逐步成为公民的广泛共识和自觉行动。将《指南》和《公约》纳入公务员政务礼仪培训和商务礼仪培训的内容，提升公务员礼仪修养水平。组织“文明出行”大讨论，开展文明旅游形象大使、文明导游、文明旅行社评选等系列活动，培育文明公民、文明旅游者。

(3) 广泛开展提升旅游文明素质实践活动。外交、外事、旅游、公安、海关、口岸、商务、建设、交通、民航、铁路等部门，要根据《指南》和《公约》要求，结合行业特点和管理职能，制定出切实可行的实施细则、保障措施和工作计划，持之以恒地开展公民旅游文明素质教育。各类风景旅游区要通过制作发布公益广告、设立文明监督岗、评选文明旅游者等方式，教育引导旅游者文明游览。商业网点、餐饮服务场所要加强对从业人员的文明礼仪、职业道德的教育和管理，加强环境建设和行业信用体系建设，培育以人为本、诚实守信的商业文化。各党政机关、人民团体、企事业单位对其派往国外常驻人员或组团出访人员，做好行前的文明礼仪教育培训工作，使其熟知并遵守《指南》的基本要求。各驻外使领馆、驻外经商机构、中资机构、援外企事业单位，要加强经常性的文明礼仪和社会公德培养工作，教育驻外人员率先垂范，模范遵守《指南》，自觉维护国家形象。同时要采取多种措施，向旅外、驻外中国公民及其家属宣传《指南》，教育和敦促他们遵守驻在国法律法规，尊重旅游目的地风俗习惯，树立中国公民的良好形象。

(4) 建立提升公民旅游文明素质的长效机制。各地各部门要结合实际，完善公民旅游文明素质教育长效机制。建立健全包括出境行前培训、行中督促、行后总结等在内的一系列制度。外事、公安、商务等部门和各类驻外机构、中资机构，要把《指南》和《公约》的相关要求体现到日常管理和工作实践中，逐步建立完善驻外人员文明行为教育和管理办法，将驻外人员及随任和探亲家属的遵纪守法、社会公德水平等情况，纳入日常管理和考核范畴。各级旅游部门要建立公民旅游文明教育考核制度，对旅行社履行教育旅游者职责实施有效管理和考核。各旅行社要坚持社会效益和经济效益并重的原则，切实承担起教育引导广大旅游者的职责。建立导游和领队全程文明教育责任制。对未能有效履行教育旅游者职责、屡屡造成不良影响的导游和旅行社要进行批评教育和责令整改。各地各部门要将旅游文明素质教育工作纳入职业道德培训计划和精神文明建设工作目标管理中。要修订完善市民公约、乡规民约、职业规范等具体行为准则，把“八荣八耻”和《指南》、《公约》的基本要求渗透到社会管理之中。

(5) 总结经验表彰先进。中央文明办、国家旅游局对各地各部门实施提升中国公民旅游文明素质行动计划的情况，特别是《指南》和《公约》的落实执行情况进行暗访检查。2008 年年底，中央文明办、国家旅游局将总结阶段性工作成果，制定规范性文件和制度，表彰和宣传一批先进典型，推动公民旅游文明素质教育制度化、经常化。

3. 工作要求

提升中国公民旅游文明素质，是一项直接面向广大公民的教育实践活动，涉及面广，要求很高。各地各部门要把实施“提升公民旅游文明素质行动计划”作为践行社会主义荣辱观，加强思想道德建设的重大举措，作为提高公民素质和社会文明程度的大事来抓，列入重要日程，制定工作规划，落实保障措施，确保各项工作落到实处。各部门要各司其职，密切配合，形成合力。各级文明办要在文明委的高度重视和领导下，切实履行组织协调职责，牵头做好行动计划安排、宣传动员、组织部署、检查督促等工作。旅游系统要紧密结合诚信体系建设，充分发挥窗口行业的功能优势，组织发动全行业认真贯彻落实，建立岗位责任制，明确工作目标和计划，确保各项措施到位。外交、外事、公安、商务、海关、建设、教育、交通、民航、铁路等系统和部门，要发挥各自优势，履行各自职责，结合管理和服务工作实际，认真做好中国公民旅游文明素质行动计划的各项工作，推动活动全面深入开展。

本章小结

本章介绍了消费者权益保护、旅游者出入境管理、旅游者行为管理等关于旅游者权益和行为管理方面的法律制度。首先介绍了消费者权益保护的一般性法律规定，主要阐述了旅游者作为一类特殊的消费者应当享有的各种权益和旅游经营者应尽的各项义务，重点提到了当旅游经营者侵害了旅游消费者的合法权益时应当承担的法律责任。其次，对旅游者出入境的相关法律进行了综述，讲解了旅游者出入境所持有的证件及权利和义务，并对旅游者出入境的限制及承担的责任加以说明。最后，对旅游者的行为管理的类型进行了讲解，并说明了中国公民国内旅游文明行为公约和中国公民出境旅游文明行为指南。

思考与练习

一、单项选择题

1. 中国公民出国旅游所持护照是(　　)。

A. 普通护照　　B. 外交护照　　C. 公务护照　　D. 旅游护照

2. 兰州市居民李某应聘在上海某公司短期工作，他欲报名参加当地旅行社组织的出境游，应当向(　　)的市、县公安机关申请办理出境证件。

A. 公司所在地　　B. 组团社所在地

C. 户籍所在地　　D. 出境口岸所在地

3. 依照我国法律规定，消费者协会是依法成立的对商品和服务进行社会监督的保护消费者合法权益的(　　)。

A. 社会团体　　B. 非社团法人

C. 行政机关　　D. 仲裁机构

二、多项选择题

中国公民出入境的有效证件有(　　)。

A. 护照　　B. 旅行证

C. 出入境通行证　　D. 签证

三、判断题

1. 我国颁发的护照有效期都是5年。　　(　　)

2. 中国公民进入中国国境须要办理签证。　　(　　)

四、简答题

1．消费者的基本权利包括哪些？
2．消费者所享有的公平交易权的内容是什么？
3．组团社的义务有哪些？
4．中国公民出境旅游文明行为指南的主要内容是什么？

五、案例分析

小西红柿引发大风波

2008 年 1 月 13 日晚，旅游者徐女士到景区超市购物，挑选了一袋西红柿称量过后，顺手又放入了一个西红柿，被超市两名保安人员发现，经重新称量，较原先多出价值一角钱的西红柿，双方因此发生口角，继而厮打起来，徐女士受伤后被送至文登中心医院住院治疗。6 月 16 日，徐女士以其到超市购物，被超市职工诬陷偷东西，将其打伤，并拘在保安室 1 个多小时提起诉讼，要求超市及两名职工赔偿医疗费、误工费、护理费、交通费等近 6 000 元，并赔偿损失 400 元，精神抚慰金 5 000 元。

问题：法院受理案件后，该如何处理？有何法律依据？

第 3 章　旅游规划和促进

教学目标

知识目标	技能目标
(1) 掌握《旅游法》对旅游规划和促进的规定 (2) 掌握旅游规划的定义、类型、原则 (3) 了解我国旅游规划的编制步骤 (4) 了解我国旅游规划的管理及管理对策 (5) 掌握旅游景区管理的主体及权利	(1) 能够准确辨识不同类型的旅游规划 (2) 能够掌握旅游规划的步骤及内容 (3) 能够辨识旅游景区不同权利及其之间的关系

知识结构

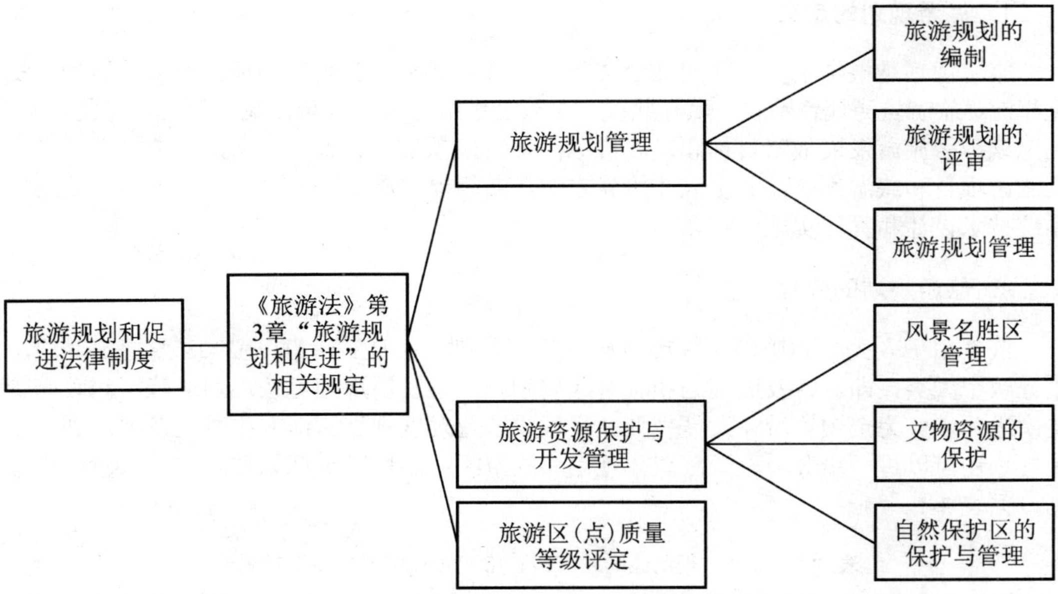

3.1 《旅游法》的相关规定

《旅游法》第 17～27 条对旅游规划和促进作出了规定。

旅游规划是给旅游业所做的一个长远的谋划和设计，是为旅游业发展制定的一部纲领，绘制的一幅蓝图。作为一个长远的计划，旅游规划也是一个国家或者地区国土整治、资源开发和国民经济发展规划的组成部分，其重要意义在于确定一个国家或者一个地区旅游发展的方向、规模、速度和目标。

《旅游法》第一次以法律的形式，对旅游规划和促进进行了规定，使得旅游规划和促进有法可依，弥补法律空白，也使旅游法律所涵盖的内容，延伸至旅游的规划、开发与发展环节，从而使旅游法律体系更为完备。

3.2 旅游规划管理

3.2.1 旅游规划概述

1．旅游规划的定义

旅游规划是根据某一地区的社会文明、经济发展和产业结构特征，结合当地的历史文化积淀、旅游资源属性特征、赋存状况，对旅游供给环境进行全面调查研究，在此基础上，制定该地区旅游发展战略目标和发展目标，确定主题形象、旅游导向，定位旅游市场，策划旅游项目和旅游产品，制定人才培养方案，最终提出旅游区的总体布局，以及旅游供给系统技术设计和具体实施方案。

2．旅游规划的分类

依据中华人民共和国国家标准《旅游规划通则》(GB/T 18971—2003)的规定，旅游规划分两个大类，即旅游发展规划和旅游区规划。旅游发展规划可按规划的范围和政府管理层次进一步分为全国旅游业发展规划、区域旅游业发展规划和地方旅游业发展规划；旅游区规划还可以进一步分为旅游区总体规划、旅游区控制性详细规划和旅游区修建性详细规划，见表 3-1。

表 3-1 《旅游规划通则》(GB/T 18971—2003)的旅游规划分类

<table>
<tr><th>类　别</th><th colspan="2">详细分类</th></tr>
<tr><td rowspan="5">旅游发展规划
(按规划范围和政府管理层次分)</td><td colspan="2">全国旅游业发展规划</td></tr>
<tr><td colspan="2">区域旅游业发展规划</td></tr>
<tr><td rowspan="3">地方旅游业发展规划</td><td>省级旅游业发展规划</td></tr>
<tr><td>地市级旅游业发展规划</td></tr>
<tr><td>县级旅游业发展规划</td></tr>
</table>

续表

类　别	详细分类
旅游区规划 (按规划层次分)	总体规划
	控制性详细规划
	修建性详细规划

3．旅游规划的原则

1) 整体性原则

整体性原则就是要认识到旅游业是一个产业群体，同社会、经济、环境联系极为密切。产业中各部分、产业与环境之间存在着相互联系、相互制约和相互作用的关系。旅游规划与开发实质上必须考虑整个系统的运行，从旅游系统的全局和整体出发，着眼于区域旅游的综合、整体优化，而不能从局部和单个出发，也不能仅靠某些部门、企事业单位各自为政地去利用旅游业的发展良机和旅游资源开发区域旅游，忽视多部门的协同作用。从整体的角度来把握区域旅游开发，还必须同时考虑供给与需求两个方面。

2) 动态性原则

旅游系统受内部要素和外部环境的影响，有其发展、变化的过程和规律。旅游系统中的任何组成部分的变化都有可能导致整个旅游系统的变化。旅游系统不断地与外界环境交换着物质、能量与信息，因此，它是一个开放的动态系统。

3) 可持续旅游原则

旅游业是兼具社会、经济、环境和文化等功能的现代朝阳产业，为了实现经济、社会、生态的协调发展，实现旅游产业的健康持续发展，旅游规划必须立足于旅游环境空间容量、旅游资源容量、旅游生态容量的协调发展，旅游业的可持续利用和可持续发展，也要立足于社会、经济、生态三者的可协调发展与可持续发展。

4) 引入市场原则

旅游业必须进入世界市场。目前，中国处于“后改革开放时期”。相应地，人们的思想也要适应新形势。由改革开放初期的依靠“优惠政策”求发展的思想，转换到通过引入“市场机制”调整本地区产业结构，精心策划旅游品牌产品，打造精品形象，求得旅游业发展。

5) 优化产业结构

当代旅游业已经成为世界性行业，中国的旅游业已经成为国民经济的重要支撑点，许多地区把旅游业作为支柱产业、先导产业予以考虑，一个地区旅游业要想有一个战略性转变，必须着眼于“大旅游、大产业、大市场”，对旅游资源进行科学规划，对旅游产品进行精心设计和包装，对旅游企业和旅游产业进行机构大调整、大改革，对旅游和智能部门坚持宏观调控和微观管理。

3.2.2　我国旅游规划的编制

我国旅游规划编制大致要经过以下几个阶段。

1) 确定任务阶段

委托方确定编制单位。委托方应根据国家旅游行政管理部门对旅游规划设计单位资质认定的有关规定确定旅游规划编制单位。编制单位的确定通常采取公开招标、邀请招标、直接委托等形式。

(1) 公开招标——委托方以招标公告的方式邀请不特定的旅游规划设计单位投标。

(2) 邀请招标——委托方以投标邀请书的方式邀请特定的旅游规划设计单位投标。

(3) 直接委托——委托方直接委托某一特定规划设计单位进行旅游规划的编制工作。

委托方应制定项目计划书并与规划编制单位签订旅游规划编制合同。一般委托方为甲方，被委托方为乙方。正常情况下，甲方应该由政府或公司法定代表人签字，乙方单位也要法定代表人签字。

2) 前期准备阶段

当委托方与旅游规划设计单位签订合同以后，旅游规划设计单位就要着手进行编制工作的前期准备工作，前期准备主要有以下 4 个方面。

(1) 政策法规研究。政策法规主要是设计旅游及与之相关的政策法规。首先，要了解国家有关部门的旅游及其相关的政策、法规。例如：国务院法规及规范性文件，国家旅游局规章及规范性文件，地方性旅游规章及规范性文件，旅游行业国家标准和行业标准。

国家旅游局制定的有关旅游政策、法规，包括《旅游景区质量等级评定管理办法》、《旅游区(点)质量等级的划分与评定》(GB/T 17775—2003)、《旅游规划通则》(GB/T 18971—2003)、《旅游发展规划管理办法》、《中国优秀旅游城市检查标准》。

与旅游规划有关的相关文件有《环境保护法》、《文物保护法》、《水污染防治法》、《土地管理法》、《森林法》、《自然保护区条例》、《野生动物保护法》等。

地方性政策法规主要有：某些省市制定的旅游条例、旅游管理条例、旅游业发展纲要等。

(2) 旅游资源调查。对旅游区内旅游资源的类别、品位进行全面调查，编制规划区内旅游资源分类明细表，绘制旅游资源分布图，具备条件时可根据需要建立旅游资源数据库，确定其旅游容量。调查方法可参照《旅游资源分类、调查与评价》(GB/T 18972—2003)。

(3) 旅游客源市场分析。在对规划区的旅游者数量和结构、地理和季节性分布、旅游方式、旅游目的、旅游偏好、停留时间、消费水平进行全面调查分析的基础上，研究并提出规划区旅游客源市场未来的总量、结构和水平。

(4) 旅游发展竞争性分析。对旅游区旅游业发展进行竞争性分析，确立规划区的交通可进入性、基础设施、景点现状、服务设施、广告宣传等方面的区域比较优势，综合分析和评价各种制约因素和机遇。

3) 规划编制阶段

(1) 确定规划区的主题。在前期准备工作的基础上，确立规划区主题形象，包括主要功能、主打产品和主题形象。

(2) 确立规划分期和各分期目标。

(3) 设计旅游产品和设施的开发思路和空间布局。

(4) 确立重点旅游开发项目，确定投资规模，进行经济、社会和环境评价。

(5) 形成规划区的旅游发展战略，提出规划设施的措施、方案和步骤，包括政策支持、经营管理体制、宣传促销、融资方式、教育培训等。

(6) 撰写规划文本、说明和附件的草案。

4) 征求意见阶段

规划草案形成后，原则上应广泛征求各方的意见，并在此基础上对规划草案进行修改，充实和完善。征求意见一般应由甲方(旅游规划单位)主管领导组织，各主管部门和相关部门领导参加，必要时还要组织旅游部门的领导和管理人员对报告的内容、规划的总体布局和战略目标等进行深度考量。

知识链接

旅游规划编制的过程，一般可以总结为以下过程。

(1) 实地考察，资料收集。(2) 头脑风暴，构思创意。

(3) 分析论证，拟定大纲。(4) 信息反馈，补充资料。

(5) 图文编制，形成初稿。(6) 广泛咨询，征求意见。

(7) 修改图件，调整文本。(8) 会议评审，形成意见。

(9) 提交成果，提请批复。(10) 交付实施，后期跟踪。

3.2.3 旅游规划的评审

1. 规划评审

规划评审是指在规划报告征求意见的基础上，规划编制单位对规划作出进一步修改，并与甲方共同商定组织，由专家组成评审小组予以评审。在评审专家一致通过的基础上，对规划报告作出最后的修订。

1) 评审方式

旅游规划文本、附件及图件的草案完成后，由规划委托方提出申请，由上一级旅游行政管理部门组织评审。

旅游规划的评审多采用会议审查方式。规划成果应在会议召开 5 日前送交评审人员审阅。旅游规划的评审，需经全体评审人员讨论、表决，并有 3/4 以上评审人员同意，方为通过。评审意见应形成文字性结论，并经评审全体人员签字，评定意见方为有效。

2) 规划评审人员组成

旅游规划的评审人员应由规划委托方与上一级旅游行政主管部门商定，一般评审专家组由 7～9 人组成，其中旅游行政管理部门人员不超过 1/3，本地专家不少于 1/3。规划评审小组设组长 1 人，根据需要可设副组长 1～2 人。

旅游规划评审人员应包括经济分析专家、市场开发专家、旅游资源专家、环境保护专家、城市规划专家、工程建设专家、旅游规划管理官员、相关部门管理官员等。

3) 规划评审重点

旅游规划评审应围绕规划的目标、定位、内容、结构和深度等方面进行重点审议，包括：旅游产业定位和形象定位的科学性、准确性和客观性；规划目标体系的科学性、前瞻性和可行性；旅游产业开发、项目策划的可行性和创新性；旅游产业要素结构与空间布局的科学性和可行性；旅游设施、交通路线、空间布局的科学合理性；旅游开发项目投资的经济合理性；规划项目对环境影响评价的客观可靠性；各项技术指标的合理性；规划文本、附件和图件的规范性；规划实施的操作性和充分性。

2．规划报批

旅游规划文本、图件及附件，经规划评审会议讨论通过并根据评审意见修改后，由委托方按有关规定程序报批实施。

3．规划修编

在规划执行过程中，要根据市场环境的各个方面的变化对规划进行进一步的修订和完善。

3.2.4 旅游规划的编制要求

(1) 旅游规划编制要以国家和地区社会经济发展战略为依据，以旅游业发展方针、政策及法规为基础，与城市总体规划、土地利用规划相适应，与其他相关规划相协调，根据国民经济形势，对上述规划提出改进的要求。

(2) 旅游规划编制要坚持以旅游市场为导向，以旅游资源为基础，以旅游产品为主体，使其成为经济、社会和环境效益可持续发展的指导方针。

(3) 旅游规划编制要突出地方特色，注重区域协同，强调空间一体化发展，避免近距离不合理重复建设，加强对旅游资源的保护，减少对旅游资源的浪费。

(4) 旅游规划编制鼓励采用先进的方法和技术。编制过程中应当对多个方案进行比较，并征求各有关行政管理部门的意见，尤其是当地居民的意见。

(5) 旅游规划编制工作所采用的勘察、测量方法与图件、资料，要符合相关国家标准和技术规范。

(6) 旅游规划技术指标，应当适应旅游业发展的长远需要，具有适度超前性。

(7) 旅游规划编制人员应有比较广泛的专业构成，如旅游、经济、资源、环境、城市规划、建筑等方面。

案例分析

九寨沟规划的成功案例

1966 年，伐木工人初次发现了九寨沟；1975 年地方政府组织考察；1978 年，申请设立了自然保护区；1982 年，首批成功获批了国家级重点风景名胜区；1984 年，九寨沟旅游景区正式对外开放；1992 年，申报并获批世界自然遗产；1998 年，开通绿色环保观光车；1998 年 3 月九寨沟管理局出台当地人优先政策，提高居民就业率和经济收入；2001 年，使用全自动免冲洗环保厕所，修建了两处污水处理站；2001 年 4 月全面落实居民“以气、电代柴”的工作；2002年开通了九寨栈道；2002—2003年，景区内所有经营建筑外迁，全面实施“沟内游、沟外住”。

分析说明：九寨沟在规划开发中较早地引入可持续发展的理念并逐步予以实施，较好地保护了景区的自然与人文环境，为景区的长远发展奠定了基础，是规划开发景区值得借鉴的成功案例。

3.3 旅游资源保护与开发管理

导入案例

旅游景点开发与讲解不能“信口开河”

一位四川游客投诉：“十一”黄金周在北海市参观一个民俗景点，工作人员将那些装扮成长发披身、茹毛饮血的“神秘部落”的“野人”说成是“蛋民”，而他曾从书上看到，蛋民是广东、福建、广西沿海港湾和内河上以船为家的居民，习俗与装束都与眼前这些“山中野人”不同。他认为旅游开发与介绍不能这样信口开河，误导游客。

类似这样“信口开河”的景观“开发”与介绍，许多地方都不同程度地存在，不少人都屡有体会。同样是北海市，当地盛产珍珠，但无论是旅游小册子还是导游，推介珍珠时都要引用两句话“西珠不如东珠，东珠不如南珠”，其解释为“意大利产的西珠不如日本产的东珠，日本产的东珠不如北部湾的南珠”。其实，明清时岭南文学家屈大均对此评说的原话是“东珠不如西珠，西珠不如南珠”，其中“东”与“西”指的也不是意大利和日本，而是南海区域。

旅游本来是可以开眼界、长见识、益心智的活动，所以古人有“读万卷书，行万里路”的说法。可是，这些“信口开河”的“开发”与介绍，却是错误信息，如此一来，既误导了游客，还可能以讹传讹，谬误流传。特别是时下受到追捧的“科普旅游”，如果听任这种“信口开河”、谬误百出的介绍泛滥，岂不成了“反科学”、“伪科学”的宣传？

有一则传统相声叫《关公战秦琼》，说的是让三国的关公与隋唐的秦琼打了个不亦乐乎，讽刺了对历史的信口开河、生拉硬拽。旅游作为一项越来越大众化的活动，对人们的影响也越来越广泛、越来越深刻，这种“关公战秦琼”式的谬误传播，无疑与提高全社会科学文化素质的要求相悖。它反映出旅游业的浮躁之风和一些工作人员的素质低下，说到底就是一味追求经济利益、忽视社会效益。因此，当下在旅游业中倡导文明之风，应当把旅游景区的包装与开发、各旅游景点的介绍、旅游从业人员的文化素质要求作为一个重点，制定出相关标准，促使旅游业各单位认真对待社会效益问题，尊重游客，尊重祖国的历史文化遗产，避免“关公战秦琼”式的旅游介绍。

(资料来源：新华社，作者：梁思奇)

3.3.1 旅游资源的含义和种类

关于旅游资源的含义，至今未形成统一的认识。一般认为，凡是能够吸引旅游者产生旅游动机，并可能被利用来开展旅游活动的各种自然、人文客体或其他因素，都可称为旅游资源。

特别提醒

旅游资源可以是有形的，也可以是无形的；可以是已开发的，也可以是未开发的，但是必须能吸引旅游者，能够激发人们的旅游动机。旅游资源既是旅游者旅游活动的对象物，也是旅游业开展经营活动的凭借物。

旅游资源大致可分为自然旅游资源和人文旅游资源两种。自然资源是以自然景观为吸引物的旅游资源。包括地貌、气候、天文、动植物景观等。人文旅游资源是以人类的各种活动为吸引物的旅游资源，既包括有形的人类活动的场所，又包括无形的各种人类活动。如历史文物古迹、城乡风貌、现代人造设施、宗教文化、各种体育与节事活动等。

3.3.2 旅游资源法律概述

旅游资源是一个国家或地区发展旅游业的重要基础，旅游业发达的国家或地区都是凭借其丰富的旅游资源对游客形成强大的吸引力。近年来，旅游业的高速发展，带动了各地旅游资源开发的热潮。为了吸引更多的旅游者，发展旅游业，人们曾以各种手段发掘各类旅游资源。但是，在旅游资源开发过程中，一些问题也相继出现。如对环境的破坏，对文物古迹的破坏，对当地社会生活的负面影响等。为了旅游业的持续发展，必须很好地处理旅游资源的开发、利用和保护之间的关系。

世界各国开始注意到通过法律手段保护旅游资源的重要性。一些旅游资源丰富、法制比较健全的国家在这方面做了大量的工作，制定了各种法律或法规。例如，法国制定了《风景区和文物古迹保护法》，埃及制定了《关于授权旅游部监督开发旅游区权力的法律》，日本政府在对公园、森林、特别保护区、野生鸟兽、古建筑和文物的保护方面，以及城市绿化、防止污染等方面也专门制定了法律。

我国政府也十分重视对各类旅游资源的保护，相继制定了《中华人民共和国环境保护法》、《中华人民共和国文物保护法》、《中华人民共和国森林法》、《中华人民共和国水法》、《中华人民共和国野生动物保护法》、《风景名胜区管理条例》等一系列法律法规，对旅游资源的开发、利用和保护等方面进行明确的规定。

3.3.3 旅游资源管理主体及其权利

1. 旅游资源的管理主体

1) 行政管理者

2006 年 12 月颁布的《国家风景名胜区管理条例》中规定：风景名胜区要依法设立人民政府或政府派出机构。

这个政府或政府派出机构就是风景名胜区的行政管理者，其他类型的旅游资源也有类似的机构设置。

旅游资源的行政管理机关是旅游资源的权威机构，它代表着国家的利益。其主要职责包括：保障国家有关法律、法规和方针政策的贯彻执行；制定其所管辖的旅游资源相关的法律法规；行使行政处罚权，对旅游资源的环境进行保护和监督执法。

2) 经营管理者

从关系上说，旅游资源的经营管理者与行政管理者虽然没有直接的隶属管理，但实质上，经营管理者是在行政管理者所制定的法律法规范畴内进行经营活动，后者还有监督和行政处罚的权利和义务。经营管理者主要代表的是旅游资源中从事旅游经营的经济实体。主要职责是对其所拥有的企业日常运作进行管理，他们表现出的是企业的经营行为。

2．旅游资源产权

产权是我国旅游资源中存在的最基本的权利。于我国旅游资源而言，在我国现有的法律框架下，存在着 3 种主要的权利。

(1) 占有权。占有权即资源使用的决定权利，排除他人使用的权利。占有权决定了我国旅游资源的共有性。

(2) 使用权。使用权即经营权和风景欣赏权。使用权是我国旅游资源景区目前最容易转变的一种权利，转换方式多样，但这种权利受制于资源的所有者。

(3) 管理权。管理权即决定怎样使用旅游资源的权利。这一权利主要由资源拥有者行使，可以依据旅游资源的不同类型与目标功能，决定如何使用资源。

例如，是否提供风景欣赏权，将控制权让渡给谁，控制权的约束条件怎样等。

3．旅游资源的几种权利关系

1) 所有权代理人与最终所有者的关系

旅游资源是共有的，所有者是国家或者集体，从表面上看两者是统一的，国家代表全体人民的利益，人人都享有风景资源的权利。集体资源在确定资源的旅游消费后，有均等的取得包场的权利。但资源存在代际性，所以对资源的使用是有限制的。这就说明不可能存在资源的完全共有性和完整经营权。所有权代理人与最终所有者间的关系处在不断变化当中。

2) 所有权代理人与经营企业的关系

所有权代理人对经营企业是否应该授权，一般为多少，什么程度等都是这两者间关系的体现。所有权代理人主要行使三方面的权力，即：决定谁有权行使资源的经营权；决定经营权转让的价格；制定合同约束条件。

3) 经营企业与旅游者的关系

只有通过旅游者支付一定的费用，企业才能获取利润，实现经营目标。旅游者便成为真正定义上的旅游资源的实际占有者。两者之间的权利关系是建立在服务与被服务的基础上的。旅游者没有资源消费的转让权，因为它已经被交给了资源代理人，即国务院、各级风景名胜管理部门和资源开发经营企业。旅游资源内还存在另外一种不能完全用法律权利来论述的权利关系，这就是当地居民的合法权利。

旅游资源的权利关系是社会关系，是用法律关系的权利来衡量的，如图 3-1 所示。

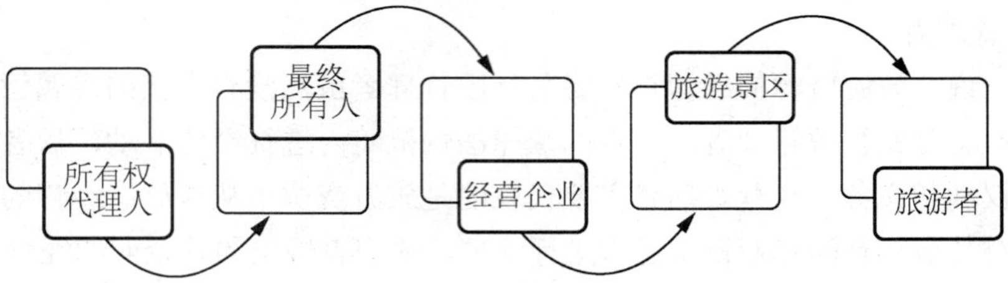

图 3-1　旅游资源的权利关系

3.3.4　旅游资源经营者的管理

1．旅游资源经营者的行为特点

对旅游资源经营者的行为进行管理，首先就要从分析了解旅游资源经营者的行为特点着手，这样才能知晓如何去约束旅游经营者的不当行为。

旅游资源的经营者服务对象是到旅游区游览的消费者，这个目标市场具有自身的特点，因而为其提供服务的景区经营者的行为也有其独特性。

(1) 旅游资源经营者的行为具有“双高”特点。双高即景区经营成本高、服务价格高，较高的地租成本和较多的运输成本使景区经营者的总成本较高，而较高的总成本必然使商品和服务的价格较高。

(2) 旅游资源经营活动有波动性。由于旅游资源的特性和气候对旅游活动的影响，使旅行具有很强的季节性，经营活动也就具备了时间上的波动性，淡、旺季分明。

(3) 旅游资源经营者提供的服务具有较高的溢价价格。景区经营者提供的服务除了满足旅游者的生理需求外，更主要的是满足其心理需求。此时旅游者消费的特色食品、纪念品主要已不是其有形使用价值，而是蕴含在有形形态中的、满足旅游者炫耀心理的无形意义。因此说其含有较高溢价价格。

(4) 旅游资源经营者的经营类型多样性。旅游活动是由许多成分构成的，完成一次旅游活动需要不同的旅游经营者相互配合共同完成，任何成熟的景区都是从衣食住行到娱乐、购物等一应俱全的。

(5) 风险性。对旅游资源经营者而言不仅有经营风险，还有自身特有的产品风险，而这些产品本身含有一定危险因素，一旦发生事故造成的可能不仅是财产损失，还有人员的伤亡。

2．旅游资源经营者管理

旅游资源经营者的管理主体是景区政府或其派出机构。根据景区经营者的行为特点分析可以从中得到一些对其经营行为的管理措施，具体分为以下几点。

1) 行政法规管理

行政管理是比较清晰和明确的，行政机关依据法律法规对违反法律的企业进行处理，规范其行为。但无论是行政管理还是法律管理都是一种强制性的管理手段，并且法律的涉及范围是有限的。所以在旅游资源中常出现的游客投诉中有许多案件就没有办法完全用法律手段处理，因此这种途径有其一定的自身局限性。

2) 伦理道德管理

人的行为受其价值观影响，价值观又影响其行为方式。因此在对旅游资源经营者进行管理时，应更加强调伦理道德的管理。景区政府和其派出机构除了公平公正执法，营造良好法律环境和经营环境外，更多应该对经营者进行价值观和伦理道德观的教育和宣传，营造一个和谐、公平、公正的伦理道德环境，与其花费大量人力物力去强制性的管理，不如让他们做到自我约束，当然，也不能否定行政法律管理的必要性。

(1) 加强传统伦理观的教育和宣传。古人倡导的“仁者爱人”、“先义后利”、“尚中贵和”、“诚信为本”等商业伦理思想对我国现代的企业经营者依然具有重要借鉴价值。旅游是一种体验式的经历，商品生产和消费是同时发生的，旅游的产品消费是一次性的，旅游者若上当受骗一次就会产生长远影响，对旅游资源形象带来损害，因此一定要加强有关伦理道德知识的宣传和普及，以及对经营者伦理道德方面的教育。

(2) 建立完善的伦理道德评价体系。道德评价是形成商业道德风尚、锤炼商人道德品质的重要活动，对商人的道德行为和品质、调节商业人际关系、改善社会风气和商业行业作风具有重要作用。其中商业道德评价分自我评价、行业评价、社会评价。因此，合理、科学地制定评价具体方式标准，建立评价体系和运用这些评价方法，是旅游资源政府以及其派出机构应该更多利用的管理手段。

3.4 风景名胜资源的法律保护

3.4.1 风景名胜区的概念与等级

1. 风景名胜区的概念与特征

1) 风景名胜区的概念

根据《风景名胜区管理暂行条例》(以下简称《暂行条例》)规定，凡具有观赏、文化或科学价值，自然景物、人文景物比较集中，环境优美，具有一定规模和范围，可供人们游览、休息或进行科学、文化活动的地区，应当划为风景名胜区。

2) 风景名胜区的特征

按照《暂行条例》，设立风景名胜区应当具备以下特征。

(1) 有一定的观赏、文化或科学价值。风景名胜区首先应该有一定的观赏价值，能够满足游客观光的需要。其次，风景名胜区一般都有一定的文化内涵，如西安秦始皇兵马俑。风景名胜区一般也具有较强的科学价值，如武夷山丹霞地貌景观等。

(2) 自然景物和人文景物比较集中。风景名胜区既可以自然风光闻名，也可以人文景观取胜，或两者兼而有之，但一般在一定范围内都比较集中。以自然景观出名的有桂林漓江风景名胜区、华山风景名胜区等；人文景观比较突出的风景名胜区有八达岭、十三陵、青城山、都江堰风景名胜区等；自然和人文景观都比较集中的风景名胜区有承德避暑山庄和外八庙、杭州西湖风景名胜区等。

(3) 可供人们游览、休息和进行科学文化活动。风景名胜区的交通一般比较便利，都有必要的服务设施，能够满足旅游者观光、游览和休息的需要；同时，有些风景名胜区还提供必要的科学考察和研究条件，以方便旅游者进行科学文化活动。

2. 风景名胜区的等级划分与管理

1) 风景名胜区的等级

风景名胜区按其景物的观赏、文化和科学价值与环境质量、规模大小、游览条件等划分为三级。

(1) 国家级风景名胜区。设立国家级风景名胜区，由省、自治区、直辖市人民政府提出申请，国务院建设主管部门会同国务院环境保护主管部门、林业主管部门、文物主管部门等有关部门组织论证，提出审查意见，报国务院批准公布。

(2) 省级风景名胜区。设立省级风景名胜区，由县级人民政府提出申请，省、自治区人民政府建设主管部门或者直辖市人民政府风景名胜区主管部门，会同其他有关部门组织论证，提出审查意见，报省、自治区、直辖市人民政府批准公布。

自 1982 年起到 2012 年年底，国务院总共公布了 8 批、225 处重点风景名胜区(表 3-2)。这些景区，不仅观赏、文化、科学价值都很高，而且环境质量好，具有相当大的规模和良好的游览条件。其中第 1 批，1982 年 11 月 8 日公布，共 44 处；第 2 批，1988 年 8 月 1 日公布，共 40 处；第 3 批，1994 年 1 月 10 日公布，共 35 处；第 4 批，2002 年 5 月 17 日公布，共 32 处；第 5 批，2004 年 1 月 13 日公布，共 26 处；第 6 批，2005 年 12 月 31 日公布，共 10 处；第 7 批，2009 年 12 月 28 日公布，共 21 处；第 8 批，2012 年 10 月 31 日公布，共 17 处。

表 3-2　国家重点风景名胜区

省、市	国家重点风景名胜区
北京	八达岭—十三陵风景名胜区、石花洞风景名胜区
天津	盘山风景名胜区
河北	承德避暑山庄和外八庙风景名胜区、秦皇岛北戴河风景名胜区、野三坡风景名胜区、崆山白云洞风景名胜区、嶂石岩风景名胜区、西柏坡—天桂山风景名胜区、苍岩山风景名胜区、太行大峡谷风景名胜区、响堂山风景名胜区、娲皇宫风景名胜区
山西	五台山风景名胜区、恒山风景名胜区、黄河壶口瀑布风景名胜区、北武当山风景名胜区、五老峰风景名胜区、碛口风景名胜区
内蒙古	扎兰屯风景名胜区

续表

省、市	国家重点风景名胜区
辽宁	千山风景名胜区、鸭绿江风景名胜区、金石滩风景名胜区、兴城海滨风景名胜区、大连海滨—旅顺口风景名胜区、凤凰山风景名胜区、本溪水洞风景名胜区、青山沟风景名胜区、医巫闾山风景名胜区
吉林	松花湖风景名胜区、八大部—净月潭风景名胜区、仙景台风景名胜区、防川风景名胜区
黑龙江	镜泊湖风景名胜区、五大连池风景名胜区、太阳岛风景名胜区
江苏	太湖风景名胜区、南京钟山风景名胜区、镇江三山风景名胜区、蜀岗瘦西湖风景名胜区、云台山风景名胜区
浙江	杭州西湖风景名胜区、富春江—新安江风景名胜区、雁荡山风景名胜区、普陀山风景名胜区、天台山风景名胜区、嵊泗列岛风景名胜区、楠溪江风景名胜区、莫干山风景名胜区、雪窦山风景名胜区、双龙风景名胜区、缙云仙都国家级风景名胜区、仙都风景名胜区、江郎山风景名胜区、天姥山风景名胜区、浣江—五泄风景名胜区、方岩风景名胜区、百丈漈—飞云湖风景名胜区、方山—长屿硐天风景名胜区、仙居风景名胜区、大红岩风景名胜区
安徽	黄山风景名胜区、九华山风景名胜区、天柱山风景名胜区、琅琊山风景名胜区、齐云山风景名胜区、花亭湖风景名胜区、巢湖风景名胜区、花山谜窟—渐江风景名胜区、太极洞风景名胜区、采石风景名胜区
福建	武夷山风景名胜区、清源山风景名胜区、鼓浪屿—万石山风景名胜区、太姥山风景名胜区、桃源洞—鳞隐石林风景名胜区、金湖风景名胜区、鸳鸯溪风景名胜区、海坛风景名胜区、冠豸山风景名胜区、鼓山风景名胜区、玉华洞风景名胜区、福安白云山风景名胜区、青云山风景名胜区、佛子山风景名胜区、宝山风景名胜区、十八重溪风景名胜区、灵通山风景名胜区、湄洲岛风景名胜区
江西	庐山风景名胜区、井冈山风景名胜区、三清山风景名胜区、龙虎山风景名胜区、灵山风景名胜区、三百山风景名胜区、梅岭—滕王阁风景名胜区、龟峰风景名胜区、高岭—瑶里风景名胜区、武功山风景名胜区、云居山—柘林湖风景名胜区、仙女湖风景名胜区、神农源风景名胜区、大茅山风景名胜区
山东	泰山风景名胜区、青州风景名胜区、胶东半岛海滨风景名胜区、博山风景名胜区、青岛崂山风景名胜区
河南	鸡公山风景名胜区、洛阳龙门风景名胜区、嵩山风景名胜区、王屋山—云台山风景名胜区、郑州黄河风景名胜区、林虑山风景名胜区、青天河风景名胜区、神农山风景名胜区、桐柏山—淮源风景名胜区、尧山(石人山)风景名胜区
湖北	武汉东湖风景名胜区、武当山风景名胜区、大洪山风景名胜区、陆水风景名胜区、九宫山风景名胜区、隆中风景名胜区
湖南	衡山风景名胜区、武陵源(张家界)风景名胜区、岳阳楼—洞庭湖风景名胜区、韶山风景名胜区、岳麓风景名胜区、崀山风景名胜区、猛洞河风景名胜区、桃花源风景名胜区、紫鹊界梯田—梅山龙宫风景名胜区、德夯风景名胜区、苏仙岭—万华岩风景名胜区、南山风景名胜区、万佛山—侗寨风景名胜区、虎形山—花瑶风景名胜区、东江湖风景名胜区、凤凰风景名胜区、沩山风景名胜区、炎帝陵风景名胜区、白水洞风景名胜区

续表

省、市	国家重点风景名胜区
广东	肇庆星湖风景名胜区、西樵山风景名胜区、丹霞山风景名胜区、白云山风景名胜区、惠州西湖风景名胜区、罗浮山风景名胜区、湖光岩风景名胜区、梧桐山风景名胜区
广西	桂林漓江风景名胜区、桂平西山风景名胜区、花山风景名胜区
海南	三亚热带海滨风景名胜区
重庆	长江三峡风景名胜区、缙云山风景名胜区、金佛山风景名胜区、四面山风景名胜区、芙蓉江风景名胜区、天坑地缝风景名胜区、潭獐峡风景名胜区
四川	峨眉山风景名胜区、九寨沟—黄龙寺风景名胜区、青城山—都江堰风景名胜区、剑门蜀道风景名胜区、贡嘎山风景名胜区、蜀南竹海风景名胜区、西岭雪山风景名胜区、四姑娘山风景名胜区、石海洞乡风景名胜区、邛海—螺髻山风景名胜区、白龙湖风景名胜区、光雾山—诺水河风景名胜区、天台山风景名胜区、龙门山风景名胜区
贵州	黄果树风景名胜区、织金洞风景名胜区、㵲阳河风景名胜区、红枫湖风景名胜区、龙宫风景名胜区、荔波樟江风景名胜区、赤水风景名胜区、马岭河风景名胜区、都匀斗篷山—剑江风景名胜区、九洞天风景名胜区、九龙洞风景名胜区、黎平侗乡风景名胜区、紫云格凸河穿洞风景名胜区、平塘风景名胜区、榕江苗山侗水风景名胜区、石阡温泉群风景名胜区、沿河乌江山峡风景名胜区、瓮安江界河风景名胜区
云南	路南石林风景名胜区、大理风景名胜区、西双版纳风景名胜区、三江并流风景名胜区、昆明滇池风景名胜区、玉龙雪山风景名胜区、腾冲地热火山风景名胜区、瑞丽江—大盈江风景名胜区、九乡风景名胜区、建水风景名胜区、普者黑风景名胜区、阿庐风景名胜区
陕西	华山风景名胜区、临潼骊山—秦兵马俑风景名胜区、宝鸡天台山风景名胜区、黄帝陵风景名胜区、合阳洽川风景名胜区
甘肃	麦积山风景名胜区、崆峒山风景名胜区、鸣沙山—月牙泉风景名胜区
宁夏	西夏王陵风景名胜区、须弥山石窟风景名胜区
青海	青海湖风景名胜区
新疆	天山天池风景名胜区、库木塔格沙漠风景名胜区、博斯腾湖风景名胜区、赛里木湖风景名胜区、罗布人村寨风景名胜区
西藏	雅砻江风景名胜区、纳木措—念青唐古拉山风景名胜区、唐古拉山—怒江源风景名胜区、土林—古格风景名胜区

2) 风景名胜区的管理

根据《暂行条例》规定，中华人民共和国城乡环境保护部主管全国风景名胜区的工作。地方各级人民政府城乡建设部门主管本地区的风景名胜区工作。

风景名胜区依法设立人民政府的，应全面负责风景名胜区的保护、利用、规划和建设。

风景名胜区没有设立人民政府的，应设立管理机构，在所属人民政府领导下，主持风景名胜区的管理工作。设在风景名胜区的所有单位，除各自业务受上级主管部门领导外，都必须服从管理机构对风景名胜区的统一规划和管理。

3．风景名胜区的规划编制

风景名胜区的科学规划，关系到风景名胜区的开发、利用和保护是否成功。因此，各风景名胜区均应编制该区的规划。《暂行条例》规定，风景名胜区的规划，在所属人民政府的领导下，由主管部门会同有关部门组织编制。编制规划应广泛征求各有关部门、专家和人民群众的意见，进行多方案的比较和论证。风景名胜区规划经主管部门审查后，上报审定该风景名胜区的人民政府审批，并报上级主管部门备案。

特别提醒

风景名胜区规划的内容包括：确定风景名胜区的性质；划定风景名胜区范围及外围保护地带；划分景区及其他功能区；制定保护和开发利用风景名胜区资源的措施；确定旅游接待容量和游览活动的组织管理措施；统筹安排公用、服务及其他设施；估算投资和效益及其他需要规划的事项。

3.4.2 风景名胜区的保护、开发和利用

1．保护、开发和利用三者之间的关系

根据《暂行条例》规定，我国对风景名胜区旅游资源实行保护、开发和利用的方针，三者之间的关系是：保护是前提，开发是手段，利用是目的。

2．风景名胜区旅游资源的保护、开发和利用

1) 风景名胜区旅游资源的保护

《暂行条例》对风景名胜区旅游资源的保护主要就以下几个方面作了规定。

(1) 风景名胜区的土地，任何单位和个人都不得侵占。风景名胜区的土地，从其所有权看，只有国家所有和集体所有两种，任何单位和个人都不得侵占。风景名胜区划定后，凡与风景名胜区规划相违的单位或个人所建房屋设施及所占土地应按国家有关规定迁出和退还，任何单位和个人也不得以各种名义擅自占用风景名胜区的土地资源。

(2) 风景名胜区的一切景物和自然环境，必须严格保护，不得破坏和随意改变。风景名胜区的景物和环境是风景名胜区的生命，景物和环境遭到破坏，风景名胜区也就不复存在，或者失去吸引力。

(3) 严禁在风景名胜区及外围地带砍伐古树名木。古树名木不仅是自然界的宝贵遗产，也是人类社会的珍贵财产，它们在人类历史、地球环境、植物生长等方面有很高的研究价值。风景名胜区及其外围地带的林木，不分权属都应当按照规划进行抚育管理，不得砍伐。确需进行更新抚育性采伐的，须经地方主管部门批准。风景名胜区要做好封山育林、植被绿化、护林防火和防治病虫害的工作，切实保护好林木植被和动、植物的生长、栖息条件。

《暂行条例》规定："对风景名胜区内的重要景物、文物古迹、古树名木，都应当进行调查、鉴定，并制定保护措施，组织实施，严禁破坏。"

对于破坏植被、砍伐林木、毁坏古树名木、破坏生态，导致特有景观损坏或者失去原

有的科学、观赏价值的，由风景名胜区管理机构责令其停止破坏活动，没收非法所得，限期恢复原状；不能恢复原状的，责令赔偿经济损失，并可处以1 000元以上、3万元以下的罚款。对于砍伐或者毁坏古树名木致死，捕杀、挖采国家保护珍贵动植物的，经上级建设行政主管部门批准可处以 3万元以上的罚款。例如对非法砍伐珍贵榕树的犯罪嫌疑人，除处以3万元以上罚款外，还应根据《中华人民共和国森林法》，依法追究其刑事责任。

(4) 在风景名胜区内采集标本、野生药材和其他林副产品，必须经管理机构同意，并应限定数量，在指定的范围内进行。科学研究工作者和医药工作者也不可以随意在风景名胜区内采集动植物标本或药材。如确有需要，必须得到管理部门的许可，并在限定的数量及指定的范围内进行。

(5) 风景名胜区的管理部门应当对风景名胜区的重要景物、文物古迹、古树名木，进行调查鉴定，制定保护措施并组织实施。

2) 风景名胜区旅游资源的开发

《暂行条例》对风景名胜区旅游资源的开发主要规定如下。

(1) 风景名胜区应当根据规划，积极开发风景名胜资源。风景名胜区要最大限度地实现经济效益和社会效益，必须采取积极开发的策略，以吸引更多游客。

(2) 风景名胜区应当改善交通、服务设施和游览条件。风景名胜区应该改善交通条件，使游客能够方便抵达，同时保证游客在景区内畅通无阻。另外，风景名胜区应该改善服务设施和游览条件，提高旅游者的旅游满意度。

(3) 在游人集中的游览区内，不得建设宾馆、招待所及休养疗养机构；在珍贵景物周围和重要景点上，除必需的保护和附属设施外，不得增建其他工程设施。

(4) 在风景名胜区及其外围保护地带的各项建设，都应当与景观相协调，不得建设破坏景观、污染环境、妨碍游览的设施。

3) 风景名胜区旅游资源的利用

《暂行条例》对风景名胜区旅游资源的利用主要规定如下。

(1) 风景名胜区应当充分利用风景名胜旅游资源的特点，开展健康、有益的游览和文化娱乐活动，宣传社会主义和爱国主义，普及历史、文化和科学知识。

(2) 按照规划确定的游览接待容量，有计划地组织游览活动，不得无限制地超量接待旅游者。这样既可保证旅游者的游览质量，又有利于景区的保护和发展。

(3) 风景名胜区应当加强安全管理，保障游览者的安全和景物的完好。风景名胜区应当及时发现和排除游览中出现的不安全因素，采取有效措施切实保护旅游者的安全，保障景区各种景物的完好。

(4) 风景名胜区内的居民和旅游者，应当爱护景物、林木植被、野生动物和各种设施，遵守有关规章制度。

3.4.3 违反《风景名胜区管理暂行条例》的法律责任

根据《暂行条例》规定，有下列违法行为的，将予以如下处罚。

(1) 侵占风景名胜区土地，进行违章建设的，由有关部门或管理机构责令退出所占土地，拆除违章建筑，并可根据情节，处以罚款。

(2) 损毁景物、林木植被，捕杀野生动物或污染、破坏环境的，由有关部门或管理机构责令停止破坏活动，赔偿经济损失，并可根据情节处以罚款。

(3) 破坏风景名胜区游览秩序和安全制度，不听劝阻的，由有关部门或管理机构给予警告或罚款；属于违反有关治安管理规定的，由公安机关依法处罚。

(4) 触犯刑律或违反国家有关森林、环境保护和文物保护法律的，依法惩处。

案例分析

黄山风景区名胜区的“乱象”

黄山既是世界自然遗产，又是世界文化遗产。但是，前几年因片面追求眼前利益，盲目兴建了大量娱乐设施，致使其自然景观遭到了严重破坏。在海拔 1 000 多米的黄山核心风景区内，楼堂馆所不仅数量众多，而且还在不断增建。经营者办起了休闲中心，开起了商场，甚至还有珠宝店。景区修建楼堂馆所，首先不可避免的是开山炸石，伐木毁林，原来的植被几乎破坏殆尽。其次，由于景区内楼堂馆所的建设，紧随而来的是餐厅的油烟、宾馆的污水，还有遍地的生活垃圾。再次，生活用水和商业用水急剧增加。实际上，由于过度用水所造成的严重后果已经凸显出来。以前，黄山观瀑楼对面的“人字瀑”非常壮观：一股瀑布飞流直下，在中途分为两股，像是在悬崖峭壁上写出的一个大大的“人”字。可如今，峭壁上只剩下了瀑布曾经冲刷过的痕迹。经专家研究发现，因为上游修建水库，导致中下游植被严重缺水，很多珍贵的松树濒临死亡。

分析说明：按照《暂行条例》规定：“在游人集中的游览区内，不得建设宾馆、招待所及休养、疗养机构。在珍贵景物周围和重要景点上，除必需的保护和附属设施外，不得增建其他工程设施。”本案例中，当地政府及部分企业为了追求短期利益，在黄山景区核心区盲目建设大量娱乐设施，造成了对当地自然环境的污染破坏。按照《风景名胜区管理处罚规定》第 9 条的规定，对于上述行为应“由风景名胜区管理机构责令其停止污染或者破坏活动，限期恢复原状，并可处以 300 元以上、5 000 元以下的罚款；不能恢复原状的处以 5 000 元以上、5 万元以下的罚款。”

3.5 文物资源的法律保护

导入案例

山西省违反文物保护法十大警示案例

1. 榆次市猫儿岭古墓葬损毁事件

1983 年，原榆次市政府在拓通猫儿岭公路、建设十里长街工程中，未经文物行政部门批准，动用大型机械盲目施工(图 3-2)，使 235 座古墓葬遭到严重破坏，造成恶劣影响。

2. 长子县崇庆寺彩塑佛像被盗案

1991 年 12 月，犯罪分子刘文忠纠集赵福锁等人，两次盗窃全国重点文物保护单位长子县崇庆寺彩塑头像 12 尊，损毁塑像 3 尊。公安机关迅速破获此案，主犯刘文忠被判死刑，被盗文物全部追回。

3. 灵石县资寿寺佛头被盗案

1993 年 12 月，以李全才为首的 4 名犯罪分子，翻墙窜入灵石县资寿寺，盗割彩塑佛头 18 尊，走私到境外。该案侦破后，犯罪分子全部被判刑，被盗佛头由中国台湾的陈永泰先生花巨资购回，捐献给资寿寺。

图 3-2　保护文明，传承文明

(图片来源：news.scj.cn，作者：陶政)

4. 浮山县博物馆库管员监守自盗案

2003 年 6 月，浮山县博物馆馆藏一级文物“万字符号座佛像”被盗。经公安机关侦查，系该馆库管员贯生杰将“万字符号座佛像”等 25 件文物分批盗卖，给国家造成重大损失。犯罪分子贯生杰被判处无期徒刑。

5. 洪洞县仁文学校在广胜寺保护范围内违法建教学楼案

2003 年，临汾市洪洞县仁文学校，擅自在全国重点文物保护单位广胜寺保护范围内违法建教学楼，对广胜寺的整体风貌造成破坏。仁文学校被依法处罚 50 万元。

6. 平陆县村民马党治损毁前庄遗址案

2004 年 7 月，平陆县坡底乡向阳村犯罪嫌疑人马党治，在省级重点文物保护单位前庄遗址上，动用大型机械强行挖掘作业，堆放矿石，拒不执行文物行政部门的行政处罚。此案当地公安机关已侦查终结，检察机关已向法院提起公诉。

7. 临汾原民康制药厂非法建楼损毁古城墙案

2005 年 5 月，原临汾市民康制药厂建设住宅楼，损毁市级文物保护单位临汾古城墙 100 余米。该厂拒不执行文物行政部门下达的停工通知，动用大型机械强行挖掘，致使古城墙遭受严重破坏。

8. 天镇县村民张裕在沙梁坡汉墓群违法采矿案

2005 年 9 月，天镇县南河堡乡南园村村民张裕在全国重点文物保护单位沙梁坡汉墓群保护范围内动用挖掘机，大规模私挖铁矿石，致使古墓群及其原生景观环境遭到严重破坏。

9. 偏关县文化局违法审批在偏头关遗址建房案

2006 年 9 月，偏关县文化局等部门违法批准北城村某村民在省级重点文物保护单位偏头关东城墙遗址翻盖新房，致使城墙遗址再次遭到破坏。

10. 芮城县宗教局在寿圣寺违法建筑事件

2004—2007 年，芮城县宗教局违反文物保护法，未经文物部门批准，擅自在省级重点文物保护单位寿圣寺的保护范围内新建大殿、山门等建筑，对寿圣寺的整体风貌造成破坏，影响了文物保护单位的真实性和完整性。

(资料来源：新标网)

3.5.1 文物的含义及保护范围

1. 文物的含义

文物是指在人类社会历史发展过程中遗留下来的，由人类创造或者与人类活动有关的一切有价值的物质遗产的总称。概括地说，就是人类历史上物质文明和精神文明的遗物。它主要包括古代建筑、历史遗迹、生产和生活用品、工艺美术品等。我国是一个闻名于世的文明古国，悠久的历史、灿烂的文化给人们留下了大量珍贵的历史文化遗产，也为人们开展旅游活动提供了宝贵的财富。

2. 文物的保护范围

《中华人民共和国文物保护法》(以下简称《文物保护法》)明确规定下列文物受国家法律保护。

(1) 有历史、艺术、科学价值的古文化遗址、古建筑、古墓葬、石窟寺和石刻、壁画。

(2) 与重大历史事件、革命运动或者著名人物有关的，以及具有重要纪念意义、教育意义或者史料价值的近代现代重要史迹、实物、代表性建筑。

(3) 历史上各时代珍贵的艺术品、工艺美术品。

(4) 历史上各时代重要的文献资料，以及具有历史、艺术、科学价值的手稿和图书资料等。

(5) 反映历史上各时代、各民族社会制度、社会生产、社会生活的代表性实物。

此外，具有科学价值的古脊椎动物化石和古人类化石同文物一样受国家的保护。

3.5.2 文物的所有权

《文物保护法》明确规定了文物的归属问题。我国的文物所有权分为国家所有、集体所有和私人所有 3 种。

1. 属于国家所有的文物

《文物保护法》规定，中华人民共和国境内地下、内水和领海中遗存的一切文物，属于国家所有。在不可移动文物中，古文化遗址、古墓葬、石窟寺属于国家所有。国家指定保护的纪念建筑物、古建筑、石刻、壁画、近代现代代表性建筑等不可移动文物，除国家另有规定的以外，也属于国家所有。

属于国家所有的可移动文物包括以下几方面。

(1) 中国境内出土的文物，国家另有规定的除外。

(2) 国有文物收藏单位以及其他国家机关、部队和国有企业、事业组织等收藏、保管的文物。

(3) 国家征集、购买的文物。

(4) 公民、法人和其他组织捐赠给国家的文物。

(5) 法律规定属于国家所有的其他文物。

属于国家所有的可移动文物的所有权不因其保管、收藏单位的终止或者变更而改变。

2．属于集体所有和私人所有的文物

属于集体所有和私人所有的纪念建筑物、古建筑和祖传文物以及依法取得的其他文物，其所有权受法律保护。文物的所有者必须遵守国家有关文物保护的法律、法规的规定。

特别提醒

国家所有的文物、集体所有和私人所有的文物都属于国家保护的范围，任何侵犯文物所有权的行为，都将受到法律的追究。国家对国家所有的文物和珍贵文物还给予特别的保护。

3.5.3 文物资源的管理保护

1．文物保护单位的级别

依照我国《文物保护法》的规定："革命遗址、纪念建筑物、古文化遗址、古墓葬、石窟寺、石刻等文物，应当根据它们的历史、艺术、科学价值，分别确定为不同级别的文物保护单位。"

我国《文物保护法》将我国文物保护单位分为 3 个级别，全国重点文物保护单位、省级文物保护单位、市级和县级文物保护单位。国务院文物行政部门在省级、市、县级文物保护单位中，选择具有重大历史、艺术、科学价值的确定为全国重点文物保护单位，或者直接确定为全国重点文物保护单位，报国务院核定公布。省级文物保护单位，由省、自治区、直辖市人民政府核定公布，并报国务院备案。市级和县级文物保护单位，分别由设区的市、自治州和县级人民政府核定公布，并报省、自治区、直辖市人民政府备案。

截至目前，我国政府已公布了 7 批全国重点文物保护单位共 4 294 处。其中，1961 年 3 月公布第 1 批，180 处；1982 年 2 月公布第 2 批，62 处；1988 年公布第 3 批，258 处；1996 年公布第 4 批，250 处；2001 年 6 月 25 日公布第 5 批，共 518 项，并将第 1 批所公布的 2 项合并为 1 项。第 5 批增补①：2002 年 11 月 22 日公布，共 1 项。第 5 批增补②：2003 年 3 月 2 日公布，共 1 项。第 5 批增补③：2003 年 4 月 3 日公布 1 项。2006 年 5 月 25 日公布第 6 批，共 1 080 项。第 6 批增补：2009 年公布 1 项。2013 年公布第 7 批，1 943 项。

尚未核定公布为文物保护单位的不可移动文物，由县级人民政府文物行政部门登记并公布。

2．对文物保护单位的保护

(1) 划定保护范围，建立记录档案。我国《文物保护法》规定：“各级文物保护单位，分别由省、自治区、直辖市人民政府和县、自治县、市人民政府划定必要的保护范围，做出标志说明，建立记录档案，并区别情况分别设置专业机构或者专人负责管理。全国重点文物保护单位的保护范围和记录档案，由省、自治区、直辖市文化行政管理部门报国家文化行政管理部门备案。”

(2) 制定保护措施，并将保护措施纳入城乡建设规划。我国《文物保护法》规定，各级人民政府制定城乡建设规划时，事先要由城乡规划部门会同文物行政管理部门商定对本行政区域内各级文物保护单位的保护措施，并将保护措施纳入城乡建设规划。

(3) 确保文物保护单位环境不受污染。我国《文物保护法》规定，在文物保护单位的保护范围和建设控制地带内，不得建设污染保护单位及其环境的设施，不得进行可能影响文物保护单位安全及其环境的活动。对已有的污染文物保护单位及其环境的设施，应当限期治理。

(4) 确保文物保护单位环境风貌不受破坏。依照我国《文物保护法》的规定，在文物保护单位保护范围内不得进行其他建设工程。但是，如果根据保护文物的实际需要，经省、自治区、直辖市人民政府批准，可以在文物保护单位的周围划出一定的建设控制地带。在这一定的建设控制地带内进行建设工程，不得破坏文物保护单位的历史风貌。工程设计方案应当根据文物保护单位的级别，经相应的文物行政部门同意后，报城乡建设规划部门批准。

3．对不可移动文物的法律保护

《文物保护法》中对不可移动文物的保护和利用也作了相应的规定。不可移动文物既包括已核定为文物保护单位的文物，也包括尚未被核定为各级文物保护单位的不可移动的文物。

(1) 我国《文物保护法》规定，对不可移动文物进行修缮、保养、迁移，必须遵守不改变文物原状的原则。应该坚持“修旧如旧”，不能“修旧如新”。例如，山西的鹳雀楼和西湖的雷峰塔，在重修时内部设置观光电梯就不太合适。

(2) 修建新建筑，应当尽可能避开不可移动文物；因特殊情况不能避开的，对文物保护单位应当尽可能实施原址保护；无法实施原址保护，必须迁移异地保护或者拆除的，应当报省、自治区、直辖市人民政府批准；迁移或者拆除省级文物保护单位的，批准前须征得国务院文物行政部门同意。全国重点文物保护单位不得拆除；需要迁移的，须由省、自治区、直辖市人民政府报国务院批准。

(3) 核定为文物保护单位的属于国家所有的纪念建筑物或者古建筑，除可以建立博物馆、保管所或者辟为参观游览场所外，如果必须作其他用途，应当经核定公布该文物保护单位的人民政府文物行政部门征得上一级文物行政部门同意后，报核定公布该文物保护单位的人民政府批准。全国重点文物保护单位如果必须作其他用途，应当经省、自治区、直辖市人民政府报国务院批准。国有未核定为文物保护单位的不可移动文物作其他用途的，应当报告县级人民政府文物行政部门。

(4) 非国有不可移动文物不得转让、抵押给外国人。非国有不可移动文物转让、抵押或者改变用途的，应当根据其级别上报相应的行政部门备案；由当地人民政府出资帮助修缮的，应当上报相应的文物行政部门批准。

(5) 使用不可移动文物，必须遵守不改变文物原状的原则，负责保护建筑物及其附属文物的安全，不得损毁、改建、添建或者拆除不可移动文物。对危害文物保护单位安全、破坏文物保护单位历史风貌的建筑物、构筑物，当地人民政府应当及时调查处理，必要时，对该建筑物、构筑物予以拆迁。

从下面的案例中可分析国家关于不可移动文物的所有权、在文物保护单位进行建设工程等方面的相关规定。

案例分析

卧龙书院的官司经历

"卧龙书院"又称诸葛书院，建于元代至大二年(1309 年)，是三国时期蜀汉丞相诸葛亮南阳武侯祠的后院，为国家重点文物保护单位。新中国成立后，一直被南阳市一家公司占用。1990 年，该公司决定在遗址内修建两栋宿舍楼，但遭到南阳市博物馆的反对，后经协商，在不违背有关法律的情况下，南阳市博物馆同意该公司在东部遗址以外修建宿舍，并在工程完毕后将"卧龙书院"转交给南阳市博物馆。但是，在宿舍楼竣工后，该公司拒不履行该协议。1996 年南阳市博物馆将该公司告上法庭。南阳市卧龙区人民法院经审理判定：被告在判决生效 60 天内将"卧龙书院"的使用权和管理权移交南阳市博物馆，并将馆内全部建筑物自行拆除整理干净。一审判决下发后，被告不服并向南阳市中级人民法院提出上诉。1999 年 5 月，南阳市中级人民法院作出"驳回上诉，维持原判"的终审判决，但被告却迟迟不肯履行该判决。1999 年 10 月，南阳市博物馆依法向南阳市卧龙区人民法院提出强制执行申请，该公司才不得不作出让步，将"卧龙书院"的使用权和管理权转交给南阳市博物馆。

分析说明：本案例中，"卧龙书院"是全国重点文物保护单位，其所有权应属于国家，南阳市某公司理应将其归还给南阳市博物馆管理保护。另外，在文物保护单位的保护范围内不得进行其他建设工程。根据保护文物的实际需要，经省、自治区、直辖市人民政府批准，可以在文物保护单位的周围划分出一定的建设控制地带，并予以公布。但是，建设工程不得破坏文物保护单位的历史风貌，否则予以拆除。

4. 文物考古发掘的管理

1) 考古发掘的报批手续

我国《文物保护法》规定，地下埋藏的文物，任何单位或者个人都不得私自发掘。从事考古发掘的单位，应当经国务院文物行政部门批准。一切考古发掘，都必须履行报批手续。

(1) 考古发掘的报批。从事考古发掘的单位，为了科学研究进行考古发掘，应当提出发掘计划，报国务院文物行政部门批准；对全国重点文物保护单位的考古发掘计划，应当经国务院文物行政部门审核后报国务院批准。国务院文物行政部门在批准或者审核前，应当征求社会科学研究机构及其他科研机构和有关专家的意见。

(2) 建设工程中考古发掘的报批。需要配合建设工程进行的考古发掘工作，应当由省、自治区、直辖市文物行政部门在勘探工作的基础上提出发掘计划，报国务院文物行政部门批准。国务院文物行政部门在批准前，应当征求社会科学研究机构及其他科研机构和有关专家的意见。

(3) 大型基本建设项目文物的勘查与保护。进行大型基本建设工程，建设单位应当事先报请省、自治区、直辖市人民政府文物行政部门组织从事考古发掘的单位在工程范围内有可能埋藏文物的地方进行考古调查、勘探。如在考古调查、勘探中发现文物的，由省、自治区、直辖市人民政府文物行政部门根据文物保护的要求会同建设单位共同商定保护措施；遇有重要发现的，由省、自治区、直辖市人民政府文物行政部门及时报国务院文物行政部门处理。

(4) 建设工程及农业生产中发现文物的报告制度。在进行建设工程或者在农业生产中，任何单位或者个人发现文物，应当保护现场，并立即报告当地文物行政部门。文物行政部门接到报告后，如无特殊情况，应当在 24 小时内赶赴现场，而且可以报请当地人民政府通知公安机关协助保护现场。

(5) 中国人和外国团体考古发掘的规定。非经国家文化行政管理部门报国务院特别许可，任何外国人或者外国团体不得在中华人民共和国境内进行考古调查和发掘。

2) 出土文物管理

我国《文物保护法》对出土文物的管理规定如下。

(1) 考古调查、勘探、发掘的结果，应当报告国务院文物行政部门和省、自治区、直辖市人民政府文物行政部门。

(2) 考古发掘的文物，应当登记造册，妥善保管，按照国家有关规定移交给由省、自治区、直辖市人民政府文物行政部门，或者国务院文物行政部门指定的国有博物馆、图书馆或其他国有收藏文物的单位收藏。经省、自治区、直辖市人民政府文物行政部门或者国务院文物行政部门批准，从事考古发掘的单位可以保留少量出土文物作为科研标本。

(3) 考古发掘的文物，任何单位或者个人不得侵占。

(4) 根据保证文物安全、进行科学研究和充分发挥文物作用的需要，省、自治区、直辖市人民政府文物行政部门经本级人民政府批准，可以调用本行政区域内的出土文物；国务院文物行政部门经国务院批准，可以调用全国的重要出土文物。

5. 馆藏文物与民间收藏文物的管理

1) 馆藏文物

(1) 馆藏文物的建档管理。博物馆、图书馆和其他文物收藏单位对收藏的文物，必须区分文物等级，设置藏品档案，建立严格的管理制度，并报主管文物行政部门备案。县级以上地方人民政府文物行政部门应当分别建立本行政区域内的馆藏文物档案；国务院文物行政部门应当建立国家一级文物藏品档案和其主管的国有文物收藏单位馆藏文物档案。未经批准，任何单位或者个人不得调取馆藏文物。

(2) 馆藏文物的调拨管理。国务院文物行政部门可以调拨全国的国有馆藏文物。省、自治区、直辖市人民政府文物行政部门可以调拨本行政区域内其主管的国有文物收藏单位馆藏文物；调拨国有馆藏一级文物，应当报国务院文物行政部门备案。国有文物收藏单位可以申请调拨国有馆藏文物。

特别提醒

未经批准，任何单位或者个人不得调取馆藏文物。禁止国有文物收藏单位将馆藏文物赠予、出租或者出售给其他单位、个人。

(3) 馆藏文物的参展与借用管理。国有文物收藏单位和其他单位举办展览需借用馆藏文物的，应当报主管文物行政部门批准；借用馆藏一级文物，应当经国务院文物行政部门批准。非国有文物收藏单位和其他单位举办展览需借用国有馆藏文物的，应当报主管文物行政部门批准；借用国有馆藏一级文物，应当经国务院文物行政部门批准。文物收藏单位之间借用文物的最长期限不得超过 3 年。

(4) 馆藏文物的交换管理。已经建立馆藏文物档案的国有文物收藏单位，经省、自治区、直辖市人民政府文物行政部门批准，并报国务院文物行政部门备案，其馆藏文物可以在国有文物收藏单位之间交换；交换馆藏一级文物的，必须经国务院文物行政部门批准。

文物收藏单位应通过法定的渠道取得文物，包括购买、接受捐赠、依法交换，以及法律、行政法规规定的其他方式。

调拨、交换、借用的文物必须严格保管，不得丢失、损毁。

2) 民间收藏文物

(1) 民间收藏文物获取的合法途径。我国《文物保护法》规定，文物收藏单位以外的公民、法人和其他组织可以收藏通过下列方式取得的文物：①依法继承或者接受赠予；②从文物商店购买；③从经营文物拍卖的拍卖企业购买；④公民个人合法所有的文物相互交换或者依法转让；⑤国家规定的其他合法方式。

(2) 民间收藏文物的流通。文物收藏单位以外的公民、法人和其他组织合法收藏的文物可以依法流通。但是，公民、法人和其他组织不得买卖下列文物：①国有文物，但是国家允许的除外；②非国有馆藏珍贵文物；③国有不可移动文物中的壁画、雕塑、建筑构件，但应由文物收藏单位收藏的除外；④来源不合法的文物不得买卖。

另外，国家鼓励文物收藏单位以外的公民、法人和其他组织将其收藏的文物捐赠给国有文物收藏单位或者出借给文物收藏单位展览和研究。

(3) 文物商店和拍卖企业。除经批准的文物商店、经营文物拍卖的拍卖企业外，其他单位或者个人不得从事文物的商业经营活动。

文物商店应当由国务院文物行政部门或者省、自治区、直辖市人民政府文物行政部门批准设立，可以从事文物的购销经营活动，不得从事文物拍卖经营活动，不得设立经营文物拍卖的拍卖企业。

依法设立的拍卖企业经营文物拍卖的，应当取得国务院文物行政部门颁发的文物拍卖许可证，拍卖企业不得从事文物购销经营活动，不得设立文物商店。

禁止设立中外合资、中外合作和外商独资的文物商店或者经营文物拍卖的拍卖企业。

3.5.4 文物出入境的规定

1. 文物出境的手续

文物是我国宝贵的财富，因此，我国《文物保护法》规定：国有文物、非国有文物中的珍贵文物和国家规定禁止出境的其他文物，不得出境。但是，依照法律规定出境展览或者因特殊需要经国务院批准出境的除外。

文物出境，应当经国务院文物行政部门指定的文物进出境审核机构审核。经审核允许出境的文物，由国务院文物行政部门发给文物出境许可证，从国务院文物行政部门指定的口岸出境。任何单位或者个人运送、邮寄、携带文物出境，应当向海关申报，海关凭文物出境许可证放行。

2. 文物出境展览的规定

文物出境展览应当报国务院文物行政部门批准，一级文物超过国务院规定数量的，应当报国务院批准。一级文物中的孤品和易损品，禁止出境展览。

3. 文物临时出境的规定

文物临时进境，应当向海关申报，并报文物进出境审核机构审核、登记。临时进境的文物复出境，必须经原审核、登记的文物进出境审核机构查验；经审核查验无误的，由国务院文物行政部门发给文物出境许可证，海关凭文物出境许可证放行。

3.5.5 违反《文物保护法》的法律责任

1. 行政责任

违反《文物保护法》的规定，情节尚不严重的，由有关机关给予行政处罚。

破坏文物保护单位环境的，由环境保护行政单位依法予以处罚。

(1) 建设工程破坏文物，尚不构成犯罪的，由县级以上文物行政部门予以处罚。

(2) 构成违反治安管理行为的，由公安机关依法给予治安管理处罚。

(3) 买卖国家禁止买卖的文物或者将禁止出境的文物转让、出租、质押给外国人，尚不构成犯罪的，由县级以上文物行政部门予以处罚。

(4) 违反法律规定，构成走私行为，尚不构成犯罪的，由海关依照有关法律、行政法规的规定给予处罚。

(5) 不遵守文物保护的要求，对文物保护造成不利影响的，县级以上人民政府文物主管部门责令改正，没收违法所得，并视情节轻重并处罚款，对有关机关吊销资质证书。

(6) 文物商店和文物拍卖企业非法经营文物的，由工商行政管理部门予以相应处罚。

2. 刑事责任

违反《文物保护法》的规定，情节严重，构成犯罪的，应当依法追究刑事责任。

(1) 盗掘古文化遗址、古墓葬的。

(2) 故意或者过失损毁国家保护的珍贵文物的。

(3) 擅自将国有馆藏文物出售或者私自送给非国有单位或者个人的。

(4) 将国家禁止出境的珍贵文物私自出售或者送给外国人的。

(5) 以牟利为目的倒卖国家禁止经营的文物的。

(6) 走私文物的。

(7) 盗窃、哄抢、私分或者非法侵占国有文物的。

(8) 应当追究刑事责任的其他妨害文物管理行为。

3. 民事责任

违反法律规定，造成文物灭失、损毁的单位和个人，应当依法承担民事责任。

案例分析

虢国墓地文物盗窃事件

虢国是我国西周时期一个古老而神秘的王国，国都在黄河三门峡青龙涧旁。20 世纪 50 年代兴建三门峡水库时，人们从虢国墓地挖出了大量文物和车马坑。20 世纪 90 年代初，虢国墓考古重大发现再次震惊世界，出土珍贵文物 1 万多件，其中玉茎铜芯剑的发现把我国冶铁史向前推进了 1 个多世纪，被称为“中华第一剑”。三门峡虢国墓被列为全国重点文物保护单位。2000 年 7 月山西省运城市人黄某和河南省陕县农民李某在金钱的诱惑下，密谋盗挖这群古墓葬。他们多次到墓址附近进行窥探。同年 8 月，两人以做生意为名在虢国墓附近租房居住，并纠集其他 5 人组成盗墓团伙。9 月 8 日该团伙开始盗掘虢国墓地，得到数百件珍贵文物。案发后，这批珍贵文物大部分被公安机关追回，一小部分被倒卖，流落到文物贩子手中。经文物专家鉴定：仅查获的文物中就有国家二级文物 19 件，三级文物 60 件，一般文物 177 件。

分析说明：《文物保护法》第 2 条规定，“在中华人民共和国境内，凡是具有历史、艺术、科学价值的古文化遗址、古建筑、古墓葬、石窟寺和石刻、壁画等文物受国家保护”；第 27 条规定：“一切考古发掘工作，必须履行报批手续；从事考古发掘的单位，应当经国务院文物行政部门批准。地下埋藏的文物，任何单位或个人都不得私自发掘。”

另外，《古遗址古墓葬调查发掘暂行管理办法》规定，盗掘具有历史、艺术、科学价值的古文化遗址、古墓葬的，处 3 年以上 10 年以下有期徒刑，可以并处罚金；情节较轻的，处 3 年以下有期徒刑或者拘役，可以并处罚金；有下列情形之一的，处 10 年以上有期徒刑、无期徒刑或者死刑，并处罚金或者没收财产。

(1) 盗掘确定为全国重点文物保护单位和省级文物保护单位的古文化遗址、古墓葬的。

(2) 盗掘古文化遗址、古墓葬集团的首要分子。

(3) 多次盗掘古文化遗址、古墓葬的。

(4) 盗掘古文化遗址、古墓葬，并盗窃珍贵文物或者造成珍贵文物严重破坏的。

本案例中，以黄、李为首的盗墓团伙盗掘被确定为全国重点文物保护单位的虢国古墓葬，并盗窃珍贵文物多件，情节严重，应对其依照上述法规进行严惩。

3.5.6 世界遗产的种类及保护

1. 世界遗产的含义

世界遗产是指前代所遗留的，对人类生存和发展具有特殊价值而且为国际社会特别加以保护的自然和文化遗产。

2. 《世界文化遗产公约》的主要内容

1972 年 11 月 16 日，联合国教科文组织在巴黎举行的第 17 届会议上通过了《保护世界文化和自然遗产公约》(以下简称《公约》)，决定将国际上公认的、具有突出的普遍价值的文化古迹与自然景观，作为全人类的共同财产加以保护管理。该公约包括文化和自然遗产的定义、文化和自然遗产的国家保护和国际保护、保护世界文化和自然遗产政府间委员会、保护世界文化和自然遗产基金、国际援助的条件和安排、教育计划、报告、最后条款等 8 部分的内容。该公约自 1975 年 11 月 17 日生效。

为有效保护世界遗产，公约规定，保护世界遗产主要是有关国家的责任，并规定在尊重遗产所在国的主权，不使所在国规定的财产权受到损失的前提下，承认这类遗产是世界遗产的一部分，整个国际社会有责任合作予以保护。

3. 联合国世界遗产工作的组织机构及主要职责

依照该公约，在联合国教科文组织内建立一个政府间的“世界遗产委员会”，并根据各缔约国的申请编制《世界遗产目录》，对列入目录的世界遗产由国际社会提供援助并安排保护、恢复等工作；缔约国对于提交保护的遗产负有鉴定、保护、保存、陈列，以及传与后代的义务。

4. 世界遗产的评定与监测

世界遗产委员会每年举行一次会议，对申请列入《世界遗产名录》的遗产项目进行审批，评定主要依据是该委员会此前委托有关专家对各国提名的遗产遗址进行实地考察提出的评价报告。具体评定标准主要依据《公约》的相关规定。

世界遗产委员会的另一项职责是监测世界遗产保护工作。监测是指要根据国际公认的文物保护准则对世界各个遗产地的保护状况进行周到的专业检查、审议和评估，向世界遗产委员会提出详尽的报告；世界遗产委员会根据报告对该遗产地保护状况作出评价，包括肯定与鼓励、情况通报、建议国际援助或合作，乃至把保护状况存在严重问题的世界遗产列入《濒危世界遗产目录》，甚至将某一遗产从《世界遗产目录》中删除。

5. 我国的世界遗产

我国于 1985 年 12 月 12 日成为世界遗产公约缔约国，并于 1987 年开始世界遗产申报工作。截至 2013 年共有 45 处自然、文化遗产被列入《世界遗产名录》，仅次于意大利的 46 处，与西班牙并列第二，其中世界文化与自然双重遗产 4 处，世界自然遗产 10 处，世界文化遗产 28 处，世界文化景观遗产 3 处，具体名单如下。

1) 世界文化遗产

周口店北京猿人遗址、长城、敦煌莫高窟、明清皇宫、秦始皇陵及兵马俑坑、承德避暑山庄及周围寺庙、曲阜孔府孔庙孔林、武当山古建筑群、布达拉宫、福建土楼、丽江古城、平遥古城、苏州古典园林、颐和园、天坛、大足石刻、明清皇家陵寝、皖南古村落、龙门石窟、都江堰—青城山、云冈石窟、高句丽王城、王陵及贵族墓葬、澳门历史城区、安阳殷墟、开平碉楼与古村落、河南郑州登封“天地之中”历史建筑群、元上都遗址、云南哈尼梯田。

2) 世界自然遗产

九寨沟、黄龙、武陵源、三江并流、四川大熊猫栖息地、中国南方喀斯特、江西三清山、中国丹霞、澄江帽天山化石群、新疆天山。

3) 世界文化与自然遗产

泰山、黄山、峨眉山—乐山大佛、武夷山。

4) 世界文化景观遗产

庐山、五台山、杭州西湖。

3.5.7 历史文化名城的分类及保护

1. 历史文化名城的含义

历史文化名城是指由国务院核定公布的，保存文物特别丰富，并且具有重大历史价值或者革命纪念意义的城市。

2. 历史文化名城保护的内容

历史文化名城及其文物保护的主要内容有如下几方面。

(1) 国家各级文物部门所确定的具有历史价值、艺术价值和学术价值的历史文物。

(2) 在城市发展史和建筑史上有相当影响的建筑物和规划格局。

(3) 可供发掘的地下文物。

(4) 独具特色的历史上成为城市标志的建筑物遗址。

(5) 富有地方特色的传统民居。

(6) 建筑艺术价值高，造型优美，对城市景观影响较大的建筑物。

其他一些不可预见因素造成的建筑遗存，可结合规划确定保护方式。

3. 我国历史文化名城名单

为了有效地进行历史文化名城的保护，国务院于 1982 年、1986 年和 1994 年先后公布了三批国家级历史文化名城。第一批 24 座，第二批 38 座，第三批 37 座。2001—2009 年间陆续增加 10 个，共计 109 座。它们犹如镶嵌在祖国大地上的颗颗璀璨明珠，散发着夺目的光芒。

第一批：北京、承德、大同、南京、泉州、景德镇、曲阜、洛阳、开封、苏州、扬州、杭州、绍兴、江陵、长沙、广州、桂林、成都、遵义、昆明、大理、拉萨、西安和延安。

第二批：天津、保定、平遥、呼和浩特、沈阳、上海、镇江、常熟、徐州、淮安、宁波、歙县、寿县、亳州、福州、漳州、南昌、济南、安阳、南阳、商丘、武汉、襄樊、潮州、重庆、阆中、宜宾、自贡、镇远、丽江、日喀则、韩城、榆林、武威、张掖、敦煌、银川和喀什。

第三批：正定、邯郸、新绛、代县、祁县、哈尔滨、吉林、集安、衢州、临海、长汀、赣州、青岛、聊城、邹城、临淄、郑州、浚县、随州、钟祥、岳阳、肇庆、佛山、梅州、海康、柳州、琼山、乐山、都江堰、泸州、建水、巍山、江孜、咸阳、汉中、天水和同仁。

2001—2009年间陆续增加的历史文化名城：山海关区(秦皇岛)、凤凰县、濮阳、安庆、泰安、海口、颍州、金华、绩溪、吐鲁番、特克斯、无锡、南通。

《文物保护法》既保护历史文化名城，也保护历史文化街区、村镇。历史文化街区、村镇是指由省、自治区、直辖市人民政府核定公布、并报国务院备案的保存文物特别丰富，并且具有重大历史价值或者革命纪念意义的城镇、街道、村庄。同时《文物保护法》还提出，历史文化名城和历史文化街区、村镇所在地的县级以上地方人民政府应当组织编制专门的历史文化名城和历史文化街区、村镇保护规划，并列入城市总体规划。编制城市总体规划应当保护历史文化遗产、城市传统风貌、地方特色和自然景观。

3.6 自然保护区的保护与管理

3.6.1 自然保护区概述

1. 自然保护区的概念

自然保护区是指对有代表性的自然生态系统，珍稀濒危野生动植物物种的天然集中分布区和有特殊意义的自然遗址等保护对象所在的陆地水体或者海域，依法划出一定面积予以特殊保护和管理的区域。

自然保护区因其保护的对象不同而有不同的类型，在名称上也有多种称谓。如国家公园、森林保护区、自然公园、生物保护区、动物保护区等。我国一般称自然保护区、国家森林公园。

2. 自然保护区的建立

1) 自然保护区的建立条件

为了加强自然保护区的建设与管理，保护自然环境和自然资源，国务院于1994年9月颁布了《中华人民共和国自然保护区条例》(以下简称《自然保护区条例》)，并于同年12月1日起实施。该《自然保护区条例》规定，凡具有下列条件之一的，应当建立自然保护区。

(1) 典型的自然地理区域、有代表性的自然生态系统区域，以及已经遭受破坏但经保护能够恢复的同类自然生态系统区域。

(2) 珍稀、濒危野生动植物物种的天然集中分布区域。

(3) 具有特殊保护价值的海域、海岸、岛屿、湿地、内陆、水域、森林、草原和荒漠。

(4) 具有重大科学文化价值的地质构造、著名溶洞、化石分布区、冰川、温泉等自然遗址。

(5) 经国务院或者省、自治区、直辖市人民政府批准，需要予以特殊保护的其他自然区域。

2) 我国已建立的自然保护区

1956 年，在广东肇庆建立了保护南亚热带季雨林为主的我国第一个自然保护区——鼎湖山自然保护区。截至 1990 年年底，全国已建立自然保护区 480 个，面积 32 808 822 公顷，占全国面积的 2.32%。其中，经国务院批准被列为国家级自然保护区的有 64 个，比较著名的有云南西双版纳自然保护区、贵州梵净山自然保护区、湖北神农架自然保护区、四川卧龙自然保护区、吉林长白山自然保护区等。此外，我国还建立了一批国家森林公园。如湖南张家界森林公园、陕西太白山国家森林公园、浙江千岛湖森林公园、安徽琅琊山森林公园等。截至 2008 年年底，我国已经建立各类自然保护区 2 538 个。自然保护区面积已占我国土地面积的 15.5%以上。中国国家级自然保护区名录，截至 2013 年为 407 个，截至 2012 年年底，总面积 9 415 万公顷，占国土面积的 9.7%。

3. 自然保护区的等级及区域构成

1) 自然保护区的等级

按照保护等级划分，自然保护区分为国家级自然保护区和地方级自然保护区。

(1) 国家级自然保护区。国家级自然保护区指在国内外有典型意义，在科学上有重大国际影响或者有特殊科学研究价值的自然保护区。

(2) 地方级自然保护区。地方级自然保护区指除国家级自然保护区外，其他具有典型意义或者重要科学研究价值的自然保护区。

2) 自然保护区的区域构成

为了有针对性地对自然保护区实施保护和管理，自然保护区又分为核心区、缓冲区和实验区。原批准建立自然保护区的人民政府认为必要时，可在自然保护区的外围划定一定面积的外围保护地带。

4. 自然保护区建立的程序

申请建立自然保护区，应当按照国家有关规定填报建立自然保护区申报书。

(1) 国家级自然保护区的建立，由自然保护区所在省、自治区、直辖市人民政府或者国务院有关自然保护区行政管理部门提出申请，经国家级自然保护区评审委员会评审后，由国务院环境保护行政主管部门进行协调并提出审批建议，报国务院批准。

(2) 地方级自然保护区的建立，由自然保护区所在县、市、自治县、自治州人民政府或者省、自治区、直辖市人民政府有关自然保护区行政主管部门提出申请，经地方级自然保护区评审委员会评审后，由省、自治区、直辖市人民政府环境保护行政主管部门进行协调并提出审批建议，报省、自治区、直辖市人民政府批准，批准后报国务院环境保护行政主管部门和国务院有关自然保护区行政主管部门备案。

(3) 跨两个以上行政区域的自然保护区的建立，由有关行政区域的人民政府协商一致后提出申请，并按照前两种规定的程序审批。

(4) 建立海上自然保护区，须经国务院批准。

3.6.2 自然保护区的管理

1. 自然保护区的管理机构及职责

1) 自然保护区的管理机构

国家级自然保护区，由其所在地的省、自治区、直辖市人民政府有关自然保护区行政主管部门或者国务院有关自然保护区行政主管部门管理。地方级自然保护区，由其所在地的县级以上人民政府有关自然保护区行政主管部门管理。有关自然保护区行政主管部门应当在自然保护区内设立专门管理机构，配备专业技术人员，负责自然保护区的具体管理工作。

2) 自然保护区的管理体制

国家对自然保护区实行综合管理与部门管理相结合的管理体制。

国务院环境保护行政主管部门负责全国自然保护区的综合管理。国务院林业、农业、地质矿产、水利、海洋等有关行政主管部门在各自职责范围内，主管有关自然保护区。县级以上地方人民政府负责自然保护区管理部门的设置和职责，由省、自治区、直辖市人民政府根据当地具体情况确定。

3) 自然保护区管理机构的主要职责

(1) 贯彻执行国家有关自然保护区的法律、法规和方针、政策。

(2) 制定自然保护区的各项管理制度，统一管理自然保护区。

(3) 调查自然资源并建立档案，组织环境监测，保护自然保护区内的自然环境和自然资源。

(4) 组织或者协助有关部门开展自然保护区的科学研究工作。

(5) 进行自然保护区的宣传教育。

(6) 在不影响自然保护区的自然环境和自然资源的前提下，组织开展参观、旅游等活动。

2. 自然保护区的管理

根据《自然保护区条例》的规定，凡在中华人民共和国领域和中华人民共和国管辖的其他海域内建设和管理自然保护区，必须遵守《自然保护区条例》。

对自然保护区的管理，《自然保护区条例》主要规定了以下 3 个方面的内容。

1) 范围和界限的划定

自然保护区的范围和界限由批准建立自然保护区的人民政府确定，并标明区界，予以公告。

2) 自然保护区的规划

国务院环境行政主管部门会同国务院有关自然保护区行政主管部门，在对全国自然环境和自然资源状况进行调查评价的基础上，拟定国家自然保护区发展规划，经国务院计划部门综合平衡后，报国务院批准实施。

3) 保护区内的活动与人员管理

(1) 禁止在自然保护区内进行砍伐、放牧、狩猎、捕捞、采药、开垦、烧荒、开矿、采石、挖沙等活动，但法律、行政法规另有规定的除外。

(2) 禁止任何人进入自然保护区的核心区。因科学研究的需要，必须进入核心区从事科学研究观测、调查活动的，应当事先向自然保护区管理机构提交申请和活动计划，并经省级以上人民政府有关自然保护区行政主管部门批准；其中，进入国家级自然保护区核心区的，必须经国务院有关自然保护区行政主管部门批准。

(3) 禁止在自然保护区的缓冲区开展旅游和生产经营活动。因教学科研需要进入该缓冲区进行工作的，须经保护区管理机构批准。

(4) 在自然保护区的核心区和缓冲区内，不得建设任何生产设施。在自然保护区的实验区内，不得建设污染环境、破坏环境或景观的生产设施。

(5) 在自然保护区的外围保护地带建设的项目，不得损害自然保护区的环境质量。

(6) 在国家自然保护区的实验区和地方级自然保护区的实验区经批准开展旅游、参观活动的，必须按照批准的方案进行，并加强管理；进入自然保护区参观、旅游的单位和个人，应当服从自然保护区管理机构的管理。

(7) 自然保护区所在地的公安机关，可以根据需要在自然保护区设置公安派出机构，维护自然保护区内的治安秩序。

(8) 外国人进入地方级自然保护区的，接待单位应事先报经省、自治区、直辖市人民政府有关自然保护区行政主管部门批准。外国人进入国家级自然保护区的，接待单位应报经国务院有关自然保护区行政主管部门批准。

进入自然保护区的外国人，应当遵守有关自然保护区的法律、法规和规定。

3.6.3 法律责任的确定

1. 自然保护区管理机构的行政责任

自然保护区管理机构，有下列行为之一的，由自然保护区行政主管部门责令限期改正。对直接责任人员，由其所在单位或者上级机关给予行政处分。

(1) 未经批准在自然保护区开展参观、旅游活动的。

(2) 开设与自然保护区保护方向不一致的参观、旅游项目的。

(3) 不按照批准的方案开展参观、旅游活动的。

2. 自然保护区的刑事责任

有下列行为之一的，依法追究刑事责任。

(1) 妨害自然保护区人员执行公务，情节严重的。

(2) 造成自然保护区重大污染或者破坏事故，导致公私财产重大损失或人身伤亡的严重后果，构成犯罪的。

(3) 自然保护区管理人员滥用职权、玩忽职守、徇私舞弊，构成犯罪的。

3．其他单位和个人的行政责任

其他单位和个人有下列行为之一的，依法给予行政处罚。

(1) 擅自移动或者破坏自然保护区界标。

(2) 未经批准进入自然保护区或者在自然保护区内不服从管理机构管理的。

(3) 经批准在自然保护区的缓冲区内从事科学研究、教学实习和标本采集，不向自然保护区管理机构提交活动成果副本的。

(4) 违反本条例规定，在自然保护区进行砍伐、放牧、狩猎、捕捞、采矿、开垦、烧荒、开矿、采石、挖沙的。

(5) 自然保护区管理机构违反本条例规定，拒绝环境保护行政主管部门或者有关自然保护区行政主管部门监督检查，或者在被检查时弄虚作假的。

违反条例规定，给自然保护区造成损失的，由自然保护区行政主管部门责令赔偿损失。

3.7 旅游区(点)的质量等级评定

景区、景点是旅游业发展的重要基础。对景区景点分等定级有利于对景区的管理，有利于保护旅游者的利益，也有利于景区自身的持续发展。因此，国家质量技术监督局于1999年发布了《旅游区(点)质量等级的划分与评定》(GB/T 17775—2003)，对我国各旅游区(点)进行等级评定。

3.7.1 旅游区(点)的含义

旅游区(点)是指经县级以上(含县级)行政管理部门批准成立，有统一管理机构，范围明确，具有参观、游览、度假、康乐、求知等旅游功能，并提供相应旅游服务设施的独立单位。它包括旅游景区、景点、主题公园、游乐园、度假区、自然保护区、风景名胜区、森林公园、动植物园、博物馆、美术馆等。

3.7.2 旅游区(点)的质量等级及评定

1．旅游区(点)的质量等级

旅游区(点)质量等级划分为五级，从高到低依次为五、四、三、二、一级旅游区(点)，分别用AAAAA(简称5A)、AAAA(4A)、AAA、AA、A来表示。

旅游区(点)质量等级的标志、标牌、证书由国家旅游行政主管部门统一规定并颁发。

2．旅游区(点)质量等级的评定

1) 旅游区(点)质量等级的评定范围

凡在中华人民共和国境内，正式开业接待旅游者1年以上的旅游区(点)，包括风景区、文博院馆、度假区、自然保护区、森林公园、主题公园、游乐园、动物园、植物园、博物馆、美术馆等，均可申请参加质量等级评定。旅游区(点)质量等级是旅游区(点)的景观质量、环境质量和服务质量的综合反映，因此原则上只对具有独立管理和服务机构的旅游区(点)进行质量等级评定，对园中园、景中景等内部旅游地不进行单独评定。

2) 旅游区(点)质量等级的评定依据

旅游区(点)质量等级评定，依据中华人民共和国国家标准《旅游区(点)质量等级的划分与评定》(GB/T 17775—2003)。具体而言，依据“景观质量与生态环境评价体系”、“旅游服务评价体系”的评价得分，并参考“游客意见评价体系”的游客满意度。

(1) “旅游服务评价体系”，包括旅游交通、游览、旅游安全、卫生、通信、购物、综合管理、接待人数等 8 个评价项目。“景观质量与生态环境评价体系”，包括旅游资源与环境的保护和旅游资源品位与价值两个评价项目。每一个评价项目继续分为若干评价子项目。对各子项目赋以分值。各旅游区(点)按各评价项目及子项目的相应得分数确定其等级。

(2) “游客意见评价体系”是旅游区(点)质量等级评定的重要参考依据。它包括总体印象、可进入性、游路设置、旅游安排、景观设施、路标指示、景物介绍牌、宣传资料、讲解服务、安全保障、环境卫生、旅游厕所、邮电服务、购物、餐饮、旅游秩序、景物保护等评价项目。每一个评价项目分为很满意、满意、一般、不满意等 4 个档次，并依此计算游客满意度。

(3) 《景观质量与生态环境评价体系评分细则》、《旅游服务评价体系评分细则》、《游客评价体系评分细则》由国家旅游行政主管部门另行规定。

3) 旅游区(点)质量等级评定的程序

旅游区(点)质量等级的产生，严格按照“自检——初评——评定——审批——公告”的程序进行。

各旅游区(点)根据国家标准及各项具体规定进行自检，认为达到要求的可向当地旅游局申报。经当地旅游局审核后，报上级具有评定权限的旅游局质量等级评定机构进行初评。初评合格的 AAAA 级、AAAAA 级旅游区(点)，各省、自治区、直辖市旅游局负责向国家旅游局推荐，经国家旅游局质量等级评定机构评定，由国家旅游局审批、公告；初评合格的 AAA 级、AA 级、A 级旅游区(点)，由各省、自治区、直辖市旅游局组织评定、审批、公告，并向国家旅游局备案。

3.7.3 旅游区(点)质量等级评定的组织与职责

旅游区(点)质量等级评定按国家和地方两级进行。

1. 国家旅游局旅游区(点)质量等级评定机构的职责

(1) 国家旅游局总体负责全国旅游区(点)质量等级评定工作。

(2) 国家旅游局设立旅游区(点)质量等级评定委员会，负责全国旅游区(点)质量等级评定的组织、领导工作。

(3) 国家旅游局具体负责评定 AAAA 级、AAAAA 级旅游区(点)。

2．各地区旅游区(点)质量等级评定的职责

(1) 各省、自治区、直辖市旅游局设立地方旅游区(点)质量等级评定机构，在国家旅游局旅游区(点)质量等级评定委员会的指导下，负责本地区旅游区(点)质量等级评定工作。

(2) 具体负责本地区 AAA 级、AA 级和 A 级旅游区(点)的评定。AAA 级、AA 级、A 级旅游区(点)评定需向国家旅游局备案。

(3) 向国家旅游局推荐本地区符合条件的 AAAA 级、AAAAA 级旅游区(点)。

本章小结

本章介绍了《旅游法》中关于“旅游规划和促进”的规定，根据旅游法的规定，说明了旅游规划的重要地位，介绍了旅游规划的编制程序以及旅游规划的管理，对旅游规划的编制主体、基本内容、规划要求、规划衔接和执行监督等作了详细介绍，使旅游规划在立项、编制和实施上有法可依。同时，综述了旅游资源及风景名胜区的概念、等级；重点分析了风景名胜区开发、保护、利用的规定和原则；介绍了文物保护与文物管理等的法律规定；介绍了世界遗产、历史文化名城的保护措施；分析了自然保护区的建立、结构及保护等方面的基本规定；介绍了旅游区(点)质量等级评定。上述法律法规都是人们在保护开发和利用旅游资源时必须遵守的，也是实现旅游业的持续发展所必需的。

思考与练习

一、单项选择题

1．我国《文物保护法》规定，非经(　　)特别许可，任何外国人或者外国团体不得在中华人民共和国境内进行考古调查和发掘。

A．国家文化行政管理部门
B．国家旅游管理部门
C．国家建设管理部门
D．国家文化行政管理部门报国务院

2．我国文物级别划分的依据是(　　)。

A．文物的观赏、历史、文化价值
B．文物的历史、艺术、文化价值
C．文物的文化、科学、艺术价值
D．文物的历史、艺术、科学价值

3．国有博物馆、图书馆和其他单位对收藏的文物，必须建立严格的管理制度，向(　　)履行登记手续。

A．地方人民政府　　B．工商行政管理部门
C．旅游行政管理部门　　D．文化行政管理部门

二、多项选择题

1．依据中华人民共和国国家标准《旅游规划通则》(GB/T 18971—2003)的规定，旅游规划分两个大类，即旅游发展规划和旅游区规划。旅游发展规划可按规划的范围和政府管理层次进一步分为(　　)。

A．全国旅游业发展规划　　B．区域旅游业发展规划
C．地方旅游业发展规划　　D．旅游区总体规划

2．设立风景名胜区，应当具备的条件是(　　)。

A．具有观赏、文化或科学价值
B．自然景物、人文景物比较集中
C．环境优美，具有一定的规模和范围
D．可供人们游览、休息或进行科学、文化活动

3．某国的某先生被某风景名胜区的景观所吸引，欲投资旅游设施。他向导游员询问中国对风景名胜区建设的规定，导游员依法告之：在风景名胜区及其外围保护地带内的各项建设，都应当与景观相协调，不得建设(　　)的设施。

A．损毁林木植被　　B．污染环境
C．破坏景观　　D．妨碍游览

4．公民、法人和其他组织不得买卖(　　)。

A．国有文物，但是国家允许的除外
B．非国有馆藏珍贵文物
C．国有不可移动文物中的壁画、雕塑、建筑构件等
D．依法继承或者接受赠予的文物

5．根据《中华人民共和国自然区保护条例》的规定，凡具有(　　)条件之一的，应当建立自然保护区。

A．典型的自然地理区域、有代表性的自然生态系统区域
B．珍稀、濒危野生动植物物种的天然集中分布区域
C．特殊保护价值的海域、海岸、岛屿、湿地、内陆水域、森林、草原和荒漠
D．重大科学文化价值的地质构造、著名溶洞、化石分布区、冰川、火山、温泉等自然遗迹

6．旅游区(点)质量等级的确定，依据的是(　　)。

A．服务质量与环境质量评价体系　　B．景观质量评价体系
C．游览项目评价体系　　D．游客意见评价体系

三、判断题

1．国务院旅游主管部门和县级以上地方人民政府应当根据需要建立旅游公共信息和咨询平台，无偿向旅游者提供旅游景区、线路、交通、气象、住宿、安全、医疗急救等必要信息和咨询服务。　　(　　)

2．在风景名胜区游人集中的游览区内部，应当建设宾馆、招待所及休养、疗养机构。（　）

3．国务院文物行政部门经国务院批准，可以调用全国的重要出土文物。（　）

4．任何单位或者个人运送、邮寄、携带文物出境，应当向海关申报，海关凭文物出境许可证放行。（　）

5．只准进入从事科学研究、观测活动的是自然保护区的实验区。（　）

四、简答题

1．旅游规划的原则有哪些？

2．风景名胜区划分的级别及依据是什么？

3．风景名胜区旅游资源保护的措施有哪些？

4．风景名胜区应如何开发和利用？

5．文物资源的保护范围是什么？

6．文物保护单位的保护措施有哪些？

7．自然保护区的保护措施有哪些？

第4章　旅游经营促进与管理

教学目标

知识目标	技能目标
(1) 掌握《旅游法》对旅游经营促进与管理规定 (2) 掌握旅行社的概念、设立制度、旅行社质量保证金制度、旅行社责任保险制度 (3) 掌握导游人员资格考试制度、导游证制度、导游人员的等级评定标准、导游人员的权利与义务、导游人员的计分管理与年审管理制度 (4) 掌握星级饭店评定制度 (5) 了解旅游娱乐管理法律制度 (6) 了解旅游交通法规 (7) 了解我国的反不正当竞争法律制度	(1) 准确判断是否达到旅行社设立的条件 (2) 准确判断旅行社质量保证金、旅行社责任保险适用的情形 (3) 掌握导游证的申领程序 (4) 准确判断导游人员扣分情形 (5) 了解星级饭店评定依据与程序

知识结构

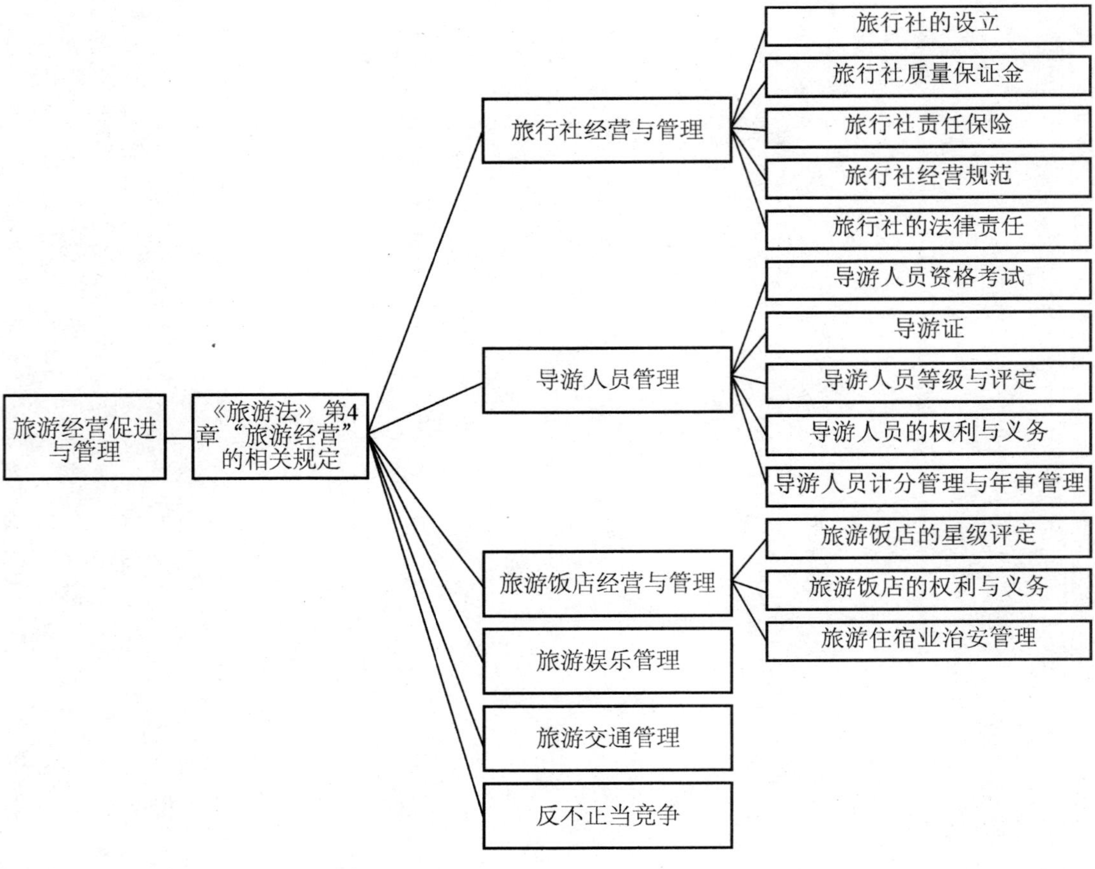

4.1 《旅游法》关于旅游经营促进与管理的相关规定

《旅游法》第 111 条规定：旅游经营者，是指旅行社、景区以及为旅游者提供交通、住宿、餐饮、购物、娱乐等服务的经营者；景区，是指为旅游者提供游览服务、有明确的管理界限的场所或者区域。

《旅游法》第 28～36 条对旅行社的经营进行了专门的规定，第 37～41 条对导游人员管理进行了专门的规定，第 42～47 条对旅游景区经营管理进行了专门的规定，第 48～56 条对网络经营旅行社业务等关于旅游经营的其他方面进行了规定。

《旅游法》第 9 章采用专章的形式，规定法律责任，该章共 15 条(第 95～110 条)，其中 13 条(第 95～110 条)是关于旅游经营的法律责任。

4.2 旅行社管理法规制度

导入案例

春秋旅行社千年古都之旅纠纷案

2012 年“五一”黄金周期间，马先生参加春秋旅行社组织的洛阳、郑州、开封千年古都之旅。期间，导游擅自减少合同中约定的两个景点，而增加了一处购物点。5 月 8 日，马先生至旅行社及上海市旅游质量监督所投诉，要求旅行社就合同中未履行部分继续履行并赔偿违约金。经多次沟通，因双方在合同继续履行的时间、方式上存在分歧，致协商不成。马先生遂一纸诉状与旅行社对簿公堂。马先生表示，旅行社擅自减少合同约定景点，已经构成违约，所以他有权要求旅行社安排其“补游”两个景点。若旅行社无法继续履行，则应支付其通过其他旅行社进行“补游”而发生的费用 5 890 元。此外，旅行社还要承担其为本案诉讼支出的律师费 4 000 元。旅行社称：马先生所说的有两个合同约定的景点没有游览属实，旅行社愿意退一赔一，即退还马先生未游览景点的门票及导游费用并赔偿同等金额共计 280 元。法院在审理后认为，旅行社已经构成违约，旅行社应当依法承担相应的违约责任。因双方签订的协议中对于违约责任没有明确约定，考虑到本案系一种非金钱债务的人身服务性合同，具有旅游合同的特殊性，并不适于强制履行，故法院对马先生要求旅行社继续履行并要求“补游”的主张难以支持。综合考虑旅行社违约的情况，参考合同中约定的交通、食宿、门票、导游等标准，法院判决：上海春秋黄浦旅行社有限公司赔偿马先生父子经济损失 2 400 元。

(资料来源：上海青年报)

旅行社是旅游活动的组织者，是旅游业规范发展的关键因素之一。因此，依法管理与保护旅行社是各国发展旅游业的重要制度与内容。我国现行的对旅行社管理与保护的主要法规、规章包括：国务院在2002年《旅行社管理条例》的基础上制定的，自2009年5月1日起施行的《旅行社条例》，以下简称《条例》；国家旅游局制定的自 2009年5月3日起实施的《旅行社条例实施细则》，以下简称《实施细则》；国家旅游局制定的《旅行社质量保证金存取管理办法》，以下简称《办法》。《条例》、《实施细则》和《办法》是以旅行社为主要调整对象的行政法规、行政规章，是较全面、系统规范旅行社行为的法规，是管理与保护旅行社的主要制度，是旅行社权利、义务、责任的主要来源和依据。

4.2.1 旅行社的概念

1. 旅行社的含义

旅行社产生于19世纪40年代，是世界旅游业的三大支柱之一，在旅游业中处于“龙头”地位。2009年1月21日国务院第47次常务会议通过的《旅行社条例》(2009年2月20日颁布，2009年5月1日起施行)第2条明文规定：“本条例所称旅行社，是指从事招徕、组织、接待旅游者等活动，为旅游者提供相关旅游服务，开展国内旅游业务、入境旅游业务或者出境旅游业务的企业法人。”

旅行社的概念可以从以下3个方面来理解。

(1) 旅行社是专门从事招徕、组织、接待旅游者进行旅游活动的企业法人。

(2) 旅行社是为旅游者提供相关服务的企业法人。企业是依法成立的营利性组织。旅游行社以营利为目的是市场经济的必然要求，是增加其内部活动的客观需要。旅行社作为社会服务性行业，属于第三产业的范畴，其主要业务应是有偿服务，并在业务活动中实现经营利润。赢利是旅行社活动的目的，是企业的本性，是受法律保护的权利。

(3) 旅行社的经营范围是开展国内旅游业务、入境旅游业务或者出境旅游业务。旅游业务是从事招徕、组织、接待旅游者等活动，为旅游者提供相关旅游服务，开展国内旅游业务、入境旅游业务或者出境旅游业务。

2. 旅行社的服务内容

《旅行社条例实施细则》第2条明文规定：旅行社招徕、组织、接待旅游者并为其提供的相关旅游服务，主要包括以下方面。

(1) 安排交通服务。

(2) 安排住宿服务。

(3) 安排餐饮服务。

(4) 安排观光游览、休闲度假等服务。

(5) 导游、领队服务。

(6) 旅游咨询、旅游活动设计服务。

相关旅游服务是指旅行社还可以接受委托，提供下列旅游服务。

(1) 接受旅游者的委托，代订交通客票、代订住宿和代办出境、入境、签证手续等。

(2) 接受机关、事业单位和社会团体的委托，为其差旅、考察、会议、展览等公务活动代办交通、住宿、餐饮、会务等事务。

(3) 接受企业委托，为其各类商务活动、奖励旅游等，代办交通、住宿、餐饮、会务、观光游览、休闲度假等事务。

(4) 其他旅游服务。

前款所列出境、签证手续等服务，应当由具备出境旅游业务经营权的旅行社代办。

3. 旅行社的经营范围

《旅行社条例实施细则》第 3 条规定了旅行社的具体经营范围。旅行社的经营范围包括三方面。

1) 国内旅游业务

国内旅游业务是指旅行社招徕、组织和接待中国内地居民在境内旅游的业务。

2) 入境旅游业务

入境旅游业务，是指旅行社招徕、组织、接待外国旅游者来我国旅游，中国香港特别行政区、澳门特别行政区旅游者来内地旅游，台湾地区居民来大陆旅游，以及招徕、组织、接待在中国境内的外国人，在内地的香港特别行政区、澳门特别行政区居民和在大陆的台湾地区居民在境内旅游的业务。

3) 出境旅游业务

出境旅游业务，是指旅行社招徕、组织、接待中国境内居民出国旅游，赴中国香港特别行政区、澳门特别行政区和台湾地区旅游，以及招徕、组织、接待在中国境内的外国人、在内地的香港特别行政区、澳门特别行政区居民和在大陆的台湾地区居民出境旅游的业务。

特别提醒

关于旅行社的分类，世界各国和各地区出于不同的目的，并根据本国的具体情况作出了不同的规定。我国国务院 1985 年 5 月颁布的《旅行社管理暂行条例》根据当时我国公民还不具备国外旅游的条件的实际情况，将旅行社分为一类旅行社、二类旅行社和三类旅行社 3 种。随着改革开放的深入和经济形势的发展，我国公民自费到国外旅游的人数不断增多，原来对旅行社的分类已不能适应发展的形势。于是，1996 年 10 月 15 日中华人民共和国国务院令第 205 号发布的《旅行社管理条例》及 1996 年 11 月 28 日国家旅游局发布的《旅行社管理条例实施细则》，依照经营业务范围将旅行社分为国际旅行社和国内旅行社两类。2009 年 1 月 21 日为国务院通过并于 2009 年 5 月 1 日起施行的《旅行社条例》，以及国家旅游局 2009 年 4 月 2 日通过的《旅行社条例实施细则》从实际上取消了关于国际旅行社和国内旅行社的类型划分，仅仅区分了不同旅行社的营业范围，包括国内旅游业务、入境旅游业务或者出境旅游业务，并规定了不同营业范围的旅行社的设立和经营的规则。

4.2.2 旅行社的设立

《旅游法》第 28 条对旅行社的设立进行了规定，《旅行社条例》第 2 章以及《旅行社条例实施细则》第 2 章对旅行社的设立进行了专章规定，它们都是旅行社设立的法律依据。

1. 设立条件

1) 申请设立经营国内旅游业务和入境旅游业务旅行社的条件

(1) 有固定的经营场所。其具体要求是申请者拥有具有产权的营业用房，或者申请者租用的、租期不少于 1 年的营业用房，营业用房应当满足申请者业务经营的需要。

(2) 有必要的营业设施。其具体要求是申请者拥有两部以上的直线固定电话、传真机、复印机；具备与旅游行政管理部门及其他旅游经营者联网条件的计算机。

(3) 有不少于 30 万元的注册资本。

2) 旅行社申请经营出境旅游业务的条件

旅行社取得经营许可满两年，且未因侵害旅游者合法权益受到行政机关处于罚款以上处罚的，可以申请经营出境旅游业务。

2. 申请、审批程序

1) 申请者申请

申请设立旅行社，经营国内旅游业务和入境旅游业务的，应当向所在地的省、自治区、直辖市旅游行政管理部门或者其委托的设区的市级旅游行政管理部门提出申请，并提交设立条件所规定的相关证明文件。

申请经营出境旅游业务的，应当向国务院旅游行政主管部门或者其委托的省、自治区、直辖市旅游行政管理部门提出申请。并应当向国务院旅游行政主管部门提交原许可的旅游行政管理部门出具的，证明其经营旅行社业务满两年、且连续两年未因侵害旅游者合法权益受到行政机关罚款以上处罚的文件。

申请者提出申请，应当向旅游行政管理部门提交下列文件。

(1) 设立申请书。其内容包括申请设立的旅行社的中英文名称及英文缩写、设立地址、企业形式、出资人、出资额和出资方式，申请人、受理申请部门的全称、申请书名称和申请的时间。

(2) 法定代表人履历表及身份证明。

(3) 企业章程。

(4) 依法设立的验资机构出具的验资证明。

(5) 经营场所的证明。

(6) 营业设施、设备的证明或者说明。

(7) 工商行政管理部门出具的《企业名称预先核准通知书》。

2) 旅游行政管理部门审查、批准

受理申请的旅游行政管理部门可以对申请人的经营场所、营业设施、设备进行现场检查，或者委托下级旅游行政管理部门检查。

(1) 申请设立旅行社，经营国内旅游业务和入境旅游业务的，受理申请的旅游行政管理部门应当自受理申请之日起 20 个工作日内作出许可或者不予许可的决定。

省级旅游行政管理部门可以委托设区的市(含州、盟，下同)级旅游行政管理部门，受理当事人的申请并作出许可或者不予许可的决定。

(2) 申请经营出境旅游业务的，应当向国务院旅游行政主管部门提交原许可的旅游行政管理部门出具的，证明其经营旅行社业务满两年、且连续两年未因侵害旅游者合法权益受到行政机关处以罚款以上处罚的文件。

申请经营出境旅游业务的，受理申请的旅游行政管理部门应当自受理申请之日起20个工作日内作出许可或者不予许可的决定。予以许可的，向申请人换发旅行社业务经营许可证，旅行社应当持换发的旅行社业务经营许可证到工商行政管理部门办理变更登记，不予许可的，书面通知申请人并说明理由。

3) 旅游行政管理部门颁发《旅行社业务经营许可证》

申请设立旅行社，经营国内旅游业务和入境旅游业务的，受理申请的旅游行政管理部门应当自受理申请之日起20个工作日内作出许可或者不予许可的决定。予以许可的，向申请人颁发旅行社业务经营许可证，申请人持旅行社业务经营许可证向工商行政管理部门办理设立登记。国务院旅游行政主管部门可以委托省级旅游行政管理部门受理旅行社经营出境旅游业务的申请，并作出许可或者不予许可的决定。

特别提醒

旅行社取得出境旅游经营业务许可的，由国务院旅游行政主管部门换发旅行社业务经营许可证。旅行社持旅行社业务经营许可证向工商行政管理部门办理经营范围变更登记。

旅行社申请经营边境旅游业务的，适用《边境旅游暂行管理办法》的规定。

旅行社申请经营赴台湾地区旅游业务的，适用《大陆居民赴台湾地区旅游管理办法》的规定。

旅行社因业务经营需要，可以向原许可的旅游行政管理部门申请核发旅行社业务经营许可证副本。

旅行社业务经营许可证及副本，由国务院旅游行政主管部门制定统一样式，国务院旅游行政主管部门和省级旅游行政管理部门分别印制。

旅行社业务经营许可证及副本损毁或者遗失的，旅行社应当向原许可的旅游行政管理部门申请换发或者补发。

申请补发旅行社业务经营许可证及副本的，旅行社应当通过本省、自治区、直辖市范围内公开发行的报刊，或者省级以上旅游行政管理部门网站，刊登损毁或者遗失作废声明。

4) 旅行社等级事项的变更

旅行社名称、经营场所、出资人、法定代表人等登记事项变更的，应当在办理变更登记后，持已变更的《企业法人营业执照》向原许可的旅游行政管理部门备案。

旅行社终止经营的，应当在办理注销手续后，持工商行政管理部门出具的注销文件，向原许可的旅游行政管理部门备案。

未经批准，旅行社不得引进外商投资。

3．旅行社的分支机构

旅行社的分支机构包括旅行社分社(简称分社，下同)及旅行社服务网点(简称服务网点，下同)。旅行社分社(简称分社，下同)及旅行社服务网点(简称服务网点，下同)，不具有法人资格，以设立分社、服务网点的旅行社(简称设立社，下同)的名义从事《条例》规定的经营活动，其经营活动的责任和后果，由设立社承担。设立社应当加强对分社和服务网点的管理，对分社实行统一的人事、财务、招徕、接待制度规范，对服务网点实行统一管理、统一财务、统一招徕和统一咨询服务规范。

1) 旅行社分社设立与经营规则

旅行社设立分社的，应当持旅行社业务经营许可证副本向分社所在地的工商行政管理部门办理设立登记，并自设立登记之日起 3 个工作日内向分社所在地的旅游行政管理部门备案。除无注册资本的要求外，旅行社分社的设立与旅行社的设立条件一致。

设立社向分社所在地工商行政管理部门办理分社设立登记后，应当持下列文件向分社所在地与工商登记同级的旅游行政管理部门备案。

(1) 设立社的旅行社业务经营许可证副本和企业法人营业执照副本。

(2) 分社的《营业执照》。

(3) 分社经理的履历表和身份证明。

(4) 增存质量保证金的证明文件。

没有同级旅游行政管理部门的，向上一级旅游行政管理部门备案。

分社的名称中应当包含设立社名称、分社所在地地名和“分社”或者“分公司”字样。

特别提醒

旅行社分社的设立不受地域限制。分社的经营范围不得超出设立分社的旅行社的经营范围。

2) 旅行社服务网点的设立与经营规则

服务网点是指旅行社设立的，为旅行社招徕旅游者，并以旅行社的名义与旅游者签订旅游合同的门市部等机构。

设立社设立服务网点的区域范围，应当在设立社所在地的设区的市的行政区划内。

服务网点应当设在方便旅游者认识和出入的公众场所。服务网点的名称、标牌应当包括设立社名称、服务网点所在地地名等，不得含有使消费者误解为是旅行社或者分社的内容，也不得做容易使消费者误解的简称。服务网点应当在设立社的经营范围内，招徕旅游者、提供旅游咨询服务。

设立社向服务网点所在地工商行政管理部门办理服务网点设立登记后，应当在 3 个工作日内，持下列文件向服务网点所在地与工商登记同级的旅游行政管理部门备案。

(1) 设立社的旅行社业务经营许可证副本和企业法人营业执照副本。

(2) 服务网点的《营业执照》。

(3) 服务网点经理的履历表和身份证明。

特别提醒

设立社设立服务网点的区域范围，应当在设立社所在地的设区的市的行政区划内。

4.2.3 外商投资旅行社的设立与经营范围

1. 外商投资旅行社及其设立

《旅行社条例》规定：外商投资旅行社，包括中外合资经营旅行社、中外合作经营旅行社和外资旅行社。

1) 中外合资经营旅行社

中外合资经营旅行社是指外国的服务提供者，包括外国人、公司、企业和其他经济组织，依照中国法律、法规的规定，在境内同中国经营者，包括公司、企业和其他经济组织共同投资举办的合资经营旅行社。

按照相关法律规定，作为合资经营企业，中外合资经营旅行社具有 4 个主要特点：①具备企业法人资格，其组织形式为有限责任公司；②股权式合营企业，合营各方“共同投资、共同经营、按各自的出资比例共担风险、共负盈亏”，即“四共原则”；③税后分配原则；④董事会原则。

2) 中外合作经营旅行社

中外合作经营旅行社是指外国的服务提供者，包括外国人、公司、企业和其他经济组织，依照中国法律、法规的规定，在境内同中国合作者，包括公司、企业和其他经济组织，以合作企业合同为基础而共同举办的旅行社。

合作企业合同是合作经营旅行社的基础，该合同的订立，是基于合作各方通过协商，就投资或合作条件、收益分配、风险和亏损的分担、经营管理方式和合作经营旅行社终止时企业财产的归属等事项达成一致。与合资经营的股权制不同，合作经营是契约式企业。

3) 外资旅行社

外资旅行社是指依照中国法律、法规的规定，在中国境内设立的，全部资本由外国个人、公司、企业和其他经济组织投资的旅行社。外资旅行社独立经营、独立核算，并以其认缴的出资额独立承担法律责任。

2. 外商投资旅行社的设立

设立外商投资旅行社应具备以下条件。

(1) 有固定的经营场所。其具体要求是申请者拥有具有产权的营业用房，或者申请者租用的、租期不少于 1 年的营业用房。营业用房应当满足申请者业务经营的需要。

(2) 有必要的营业设施。其具体要求是申请者拥有两部以上的直线固定电话、传真机、复印机；具备与旅游行政管理部门及其他旅游经营者联网条件的计算机。

(3) 有不少于 30 万元的注册资本。

3. 设立外商投资旅行社的程序

设立外商投资旅行社，由投资者向国务院旅游行政主管部门提出申请，并提交符合《旅行社条例》第 6 条规定条件的相关证明文件。国务院旅游行政主管部门应当自受理申请之日起 30 个工作日内审查完毕。同意设立的，出具外商投资旅行社业务许可审定意见书；不同意设立的，书面通知申请人并说明理由。

申请人持外商投资旅行社业务许可审定意见书、章程，合资、合作双方签订的合同向国务院商务主管部门提出设立外商投资企业的申请。国务院商务主管部门应当依照有关法律、法规的规定，作出批准或者不予批准的决定。予以批准的，颁发外商投资企业批准证书，并通知申请人向国务院旅游行政主管部门领取旅行社业务经营许可证，申请人持旅行社业务经营许可证和外商投资企业批准证书向工商行政管理部门办理设立登记；不予批准的，书面通知申请人并说明理由。

4．外商投资旅行社的经营范围

外商投资旅行社可以经营入境旅游业务和国内旅游业务，此入境旅游业务和国内旅游业务范围与国内旅行社的业务范围相同，享有的待遇和政策相同。外商投资旅行社不得经营中国境内居民出国旅游业务，以及赴内地的香港特别行政区、澳门特别行政区和大陆的台湾地区旅游的业务，但是国务院决定我国签署的自由贸易协定和内地与香港、澳门关于建立更紧密经贸关系的安排另有规定的除外。

特别提醒

我国对外资旅行社设立的实质要件要求，实行的是国民待遇原则，即与内资旅行社的设立是一样的。仅是其设立的程序上，需要由投资者向国务院旅游行政主管部门提出申请，取得外商投资旅行社业务许可审定意见书后再向国务院商务主管部门提出申请。予以批准的，由国务院商务主管部门颁发外商投资企业批准证书，国务院旅游行政主管部门颁发旅行社业务经营许可证。

在经营范围上，外资旅行社不得经营出国和赴港、澳、台地区旅游(有特殊规定的除外)，其他的待遇和政策与内资旅行社一样。

4.2.4 旅行社质量保证金制度

旅行社质量保证金制度是保护旅游者合法权益，促进旅行社依法经营的制度。我国《旅游法》、《旅行社条例》、《旅行社条例实施细则》及《旅行社质量保证金存取管理办法》对旅行社质量保障金制度进行了全面的规定。

1．旅行社质量保证金的含义及金额

1) 含义

旅行社质量保证金(以下简称“保证金”)是指根据《旅行社条例》的规定，由旅行社在指定银行缴存或由银行担保提供的用于保障旅行者合法权益的专项资金。保证金只能用于旅游质量问题赔偿，专款专用，不能挪作他用。质量保证金的形式包括在指定银行缴存或由银行担保提供的资金，而股票、债券等有价证券不能作为保证金。质量保证金的所有权属于旅行社，所产生的利息也属于旅行社所有。

旅行社应当自取得旅行社业务经营许可证之日起 3 个工作日内，在国务院旅游行政主管部门指定的银行开设专门的质量保证金账户，存入质量保证金，或者向作出许可的旅游行政管理部门提交依法取得的担保额度不低于相应质量保证金数额的银行担保。旅行社须在国家旅游局指定的范围内，选择一家银行(含其银行分支机构)存储保证金。

保证金实行专户管理，专款专用，也不得用于质押。银行为旅行社开设保证金专用账户。当专用账户资金额度不足时，旅行社可对不足部分申请银行担保，但担保条件须符合银行要求。

2) 旅行社交纳质量保证金的金额

经营国内旅游业务和入境旅游业务的旅行社，应当存入质量保证金至少 20 万元；经营出境旅游业务的旅行社，应当增存质量保证金至少 120 万元。

旅行社每设立一个经营国内旅游业务和入境旅游业务的分社，应当向其质量保证金账户增存 5 万元；每设立一个经营出境旅游业务的分社，应当向其质量保证金账户增存 30 万元。

旅行社在旅游行政管理部门使用质量保证金赔偿旅游者的损失，或者依法减少质量保证金后，因侵害旅游者合法权益受到行政机关罚款以上处罚的，应当在收到旅游行政管理部门补交质量保证金的通知之日起 5 个工作日内补足质量保证金。旅行社存入、续存、增存质量保证金后 7 个工作日内，应当向作出许可的旅游行政管理部门提交存入、续存、增存质量保证金的证明文件，以及旅行社与银行达成的使用质量保证金的协议。

2．使用质量保证金的条件

使用质量保证金的主体包括旅游行政管理部门和人民法院。

1) 旅游行政管理部门使用旅行社的质量保证金的情形

(1) 旅行社违反旅游合同约定，侵害旅游者合法权益，经旅游行政管理部门查证属实的。

旅行社违约是指旅行社因自身过错未达到合同约定的服务质量标准，过错是指故意与过失。在承担违约责任上的故意是指违约人明知其行为将损害他人的权利而仍有意为之或听任损害结果的发生。例如：旅行社承诺星级标准，而不提供星级标准住宿的行为。过失是指违约人应当预见自己的行为可能发生损害他人的结果，因为疏忽大意而没有预见，或者已经预见而轻信能够避免，以致发生损害结果的状态。例如：旅行社应当注意到旅游线路、项目的危险性而故意忽视危险性就是过失。

(2) 旅行社因解散、破产或者其他原因造成旅游者预交旅游费用损失的。

破产是指债务人的全部财产不足清偿债务时，法院以其全部财产依法抵偿其所欠的各种债务，不足部分不再清偿。旅行社破产就是旅行社资不抵债，无钱退还旅游者预交旅行费，使旅游者遭受损失和不公平。

2) 人民法院使用旅行社的质量保证金的情形

人民法院判决、裁定及其他生效法律文书认定旅行社损害旅游者合法权益，旅行社拒绝或者无力赔偿的，人民法院可以从旅行社的质量保证金账户中划拨赔偿款。不承担赔偿责任是指上述有赔偿责任的旅行社有财力却不愿意承担赔偿责任；无力承担赔偿责任是指上述有赔偿责任的旅行社愿意承担赔偿责任，但没有财力赔偿。

特别提醒

概言之，适用质量保证金赔偿情形的关键点是旅游者受到经济损失，而旅游者的精神损失不能适用保证金赔偿。旅游者受到的经济损失是由旅行社过错(或未达标准或破产等)造成的，旅行社有责任赔偿旅游者的经济损失，而旅行社又不愿意承担或者无力承担赔偿责任时，适用质量保证金。

3. 旅行社质量保证金的管理

1) 银行的选取

为旅行社开设保证金专用账户或提供保证金担保业务的银行，由国家旅游局指定。国家旅游局本着公开、公平、公正的原则，指定符合法律、法规和本办法规定并提出书面申请的中国境内商业银行作为保证金存储银行。

旅行社须在国家旅游局指定的范围内，选择一家银行(含其银行分支机构)存储保证金。保证金实行专户管理，专款专用。银行为旅行社开设保证金专用账户。当专用账户资金额度不足时，旅行社可对不足部分申请银行担保，但担保条件须符合银行要求。

2) 存款

旅行社需要存缴保证金时，须持《营业执照》副本、《旅行社业务经营许可证》副本到银行办理存款手续。存缴保证金的旅行社须与银行签订《旅行社质量保证金存款协议书》，并将复印件送许可的旅游行政管理部门备案。

为最大程度提高资金收益、简化续存手续，银行按照不少于 1 年定期、到期自动结息转存方式管理保证金，中途提取部分改按活期结算利息。利息收入全部归旅行社所有。

为防止保证金存单质押，银行应在存单上注明“专用存款不得质押”字样。

银行提供保证金担保的，由银行向许可的旅游行政管理部门出具《旅行社质量保证金银行担保函》。银行担保期限不得少于 1 年。担保期届满前 3 个工作日，应续办担保手续。

3) 取款

旅行社因解散或破产清算、业务变更或撤减分社减交、3 年内未因侵害旅游者合法权益受到行政机关处以罚款以上处罚而降低保证金数额 50%等原因，需要支取保证金时，须向许可的旅游行政管理部门提出，许可的旅游行政管理部门审核出具《旅行社质量保证金取款通知书》(附件 3)。银行根据《旅行社质量保证金取款通知书》，将相应数额的保证金退还给旅行社。

发生《旅行社条例》第 15 条规定的情形，银行应根据旅游行政管理部门出具的《旅行社质量保证金取款通知书》及《旅游行政管理部门划拨旅行社质量保证金决定书》，经与旅游行政管理部门核实无误后，在 5 个工作日内将保证金以现金或转账方式直接向旅游者支付。

发生《旅行社条例》第 16 条规定的情形，银行根据人民法院判决、裁定及其他生效法律文书执行。

提供保证金担保的银行，若发生《旅行社条例》第 15 条、第 16 条规定的情形，在收到《旅行社质量保证金取款通知书》及《旅游行政管理部门划拨旅行社质量保证金决定书》或人民法院判决、裁定及其他生效法律文书 5 个工作日内，履行担保责任。

4) 信息的通报

银行应及时和定期通报保证金情况信息，具体通报内容和方式如下。

(1) 当旅游行政管理部门、人民法院依据《旅行社条例》规定，划拨保证金后 3 个工作日内，将划拨单位、划拨数额、划拨依据文书等情况，通报给旅行社和许可的旅游行政管理部门。

(2) 银行应每季度将保证金存款对账单一式两份，发送给旅行社和许可的旅游行政管理部门。

4.2.5 旅行社经营规范

《旅游法》、《旅行社条例》规定了旅行社业务经营规范，其具体内容如下。

1. 严禁超范围经营

旅游业务包括出境旅游业务、入境旅游业务、国内旅游业务，不同类型的旅行社的业务范围也不相同。旅行社经常出现的超范围经营活动主要有以下几方面。

(1) 无经营出境旅游权的旅行社经营出境旅游业务。

(2) 有经营出境旅游权的旅行社擅自经营非旅游目的地国家的旅游业务。《旅行社条例》规定，经营出境旅游业务的旅行社不得组织旅游者到国务院旅游行政主管部门公布的中国公民出境旅游目的地之外的国家和地区旅游。例如，组织我国公民到非中国旅游目的地的伊拉克就属超范围经营。

(3) 国家旅游局认定的其他超范围经营活动。例如，旅行社擅自从事出国劳务、出国留学等非旅游活功。

2. 禁止虚假广告宣传

旅行社向旅游者提供的旅游服务信息必须真实可靠，不得作虚假宣传(图 4-1)。

严禁旅行社超出核定范围进行广告宣传，旅游业务广告不得用模糊、不确定用语故意误导旅游者和公众。

图 4-1 眼前"陷饼"，脚下陷阱

(图片来源：东江时报 e.hznews.com)

案例分析

“老年之福”旅游团“全包”广告宣传

2003 年 5 月上海某旅行社通过报刊广告推出“老年之福”云南、昆明、丽江双卧 11 日游，特价 1 580 元(全包)。但当 20 人的老年旅游团到达昆明后，当地接待社声称对老年团队的优惠政策已取消，要求每名游客补交门票 380 元，否则不予游览。上海旅行社先垫付门票款，旅游返沪后，旅行社要求老人们补交门票，老人们以旅行社发布虚假广告，以“全包”应当包括交通、住宿、门票等费用为由，拒绝交付门票钱。

分析说明：旅行社的广告宣传表明旅游团是“全包”，但在实际旅行中不包括门票，明显是虚假宣传。

3. 禁止提供的旅游项目

旅行社为旅游者安排或者介绍的旅游活动不得含有违反有关法律、法规规定的内容，主要包括以下几方面。

(1) 含有损害国家利益和民族尊严内容的。

(2) 含有民族、种族、宗教歧视内容的。

(3) 含有淫秽、赌博、涉毒内容的。

(4) 其他含有违反法律、法规规定内容的。

4. 依法订立旅游合同

旅行社为旅游者提供服务，应当与旅游者签订旅游合同并载明下列事项。

(1) 旅行社的名称及其经营范围、地址、联系电话和旅行社业务经营许可证编号。

(2) 旅行社经办人的姓名、联系电话。

(3) 签约地点和日期。

(4) 旅游行程的出发地、途经地和目的地。

(5) 旅游行程中交通、住宿、餐饮服务安排及其标准。

(6) 旅行社统一安排的游览项目的具体内容及时间。

(7) 旅游者自由活动的时间和次数。

(8) 旅游者应当交纳的旅游费用及交纳方式。

(9) 旅行社安排的购物次数、停留时间及购物场所的名称。

(10) 需要旅游者另行付费的游览项目及价格。

(11) 解除或者变更合同的条件和提前通知的期限。

(12) 违反合同的纠纷解决机制及应当承担的责任。

(13) 旅游服务监督、投诉电话。

(14) 双方协商一致的其他内容。

旅行社在与旅游者签订旅游合同时，应当对旅游合同的具体内容作出真实、准确、完整的说明。旅行社和旅游者签订的旅游合同约定不明确或者对格式条款的理解发生争议的，应当按照通常理解予以解释；对格式条款有两种以上解释的，应当作出有利于旅游者的解释；格式条款和非格式条款不一致的，应当采用非格式条款。

在签订旅游合同时，旅行社不得要求旅游者必须参加旅行社安排的购物活动或者需要旅游者另行付费的旅游项目。

5. 维护旅游者的合法权益

1) 聘用合格的导游或领队

旅行社组织中国境内居民出境旅游的，应当为旅游团队安排领队全程陪同。旅行社为接待旅游者委派的导游人员或者为组织旅游者出境旅游委派的领队人员，应当持有国家规定的导游证、领队证。

2) 选择合格的旅游服务企业

旅行社需要对旅游业务作出委托的，应当委托给具有相应资质的旅行社，征得旅游者的同意，并与接受委托的旅行社就接待旅游者的事宜签订委托合同，确定接待旅游者的各项服务安排及其标准，约定双方的权利、义务。同时将旅游目的地接受委托的旅行社的名称、地址、联系人和联系电话告知旅游者。

旅行社招徕、组织、接待旅游者，其选择的交通、住宿、餐饮、景区等企业，应当符合具有合法经营资格和接待服务能力的要求。

3) 在旅游过程中切实维护旅游者的合法权益

旅行社及其委派的导游人员和领队人员不得有下列行为。

(1) 拒绝履行旅游合同约定的义务。

(2) 非因不可抗力改变旅游合同安排的行程。

(3) 欺骗、胁迫旅游者购物或者参加需要另行付费的游览项目。

旅行社违反旅游合同约定，造成旅游者合法权益受到损害的，应当采取必要的补救措施，并及时报告旅游行政管理部门。

接受委托的旅行社违约，造成旅游者合法权益受到损害的，作出委托的旅行社应当承担相应的赔偿责任。作出委托的旅行社赔偿后，可以向接受委托的旅行社追偿。

接受委托的旅行社由于故意或者重大过失造成旅游者合法权益损害的，应当承担连带责任。

旅行社对可能危及旅游者人身、财产安全的事项，应当向旅游者作出真实的说明和明确的警示，并采取防止危害发生的必要措施。

发生危及旅游者人身安全的情形的，旅行社及其委派的导游人员、领队人员应当采取必要的处置措施并及时报告旅游行政管理部门；在境外发生的，还应当及时报告中华人民共和国驻该国使领馆、相关驻外机构、当地警方。

旅游行程开始前，当发生约定的解除旅游合同的情形时，经征得旅游者的同意，旅行社可以将旅游者推荐给其他旅行社组织、接待，并由旅游者与被推荐的旅行社签订旅游合同。

未经旅游者同意的，旅行社不得将旅游者转交给其他旅行社组织、接待。

旅行社及其委派的导游人员和领队人员的下列行为，属于擅自改变旅游合同安排行程。

(1) 减少游览项目或者缩短游览时间的。

(2) 增加或者变更旅游项目的。

(3) 增加购物次数或者延长购物时间的。

(4) 其他擅自改变旅游合同安排的行为。

在旅游行程中，当发生不可抗力、危及旅游者人身、财产安全，或者非旅行社责任造成的意外情形，旅行社不得不调整或者变更旅游合同约定的行程安排时，应当在事前向旅游者作出说明；确因客观情况无法在事前说明的，应当在事后作出说明。

在旅游行程中，旅游者有权拒绝参加旅行社在旅游合同之外安排的购物活动或者需要旅游者另行付费的旅游项目。

旅行社及其委派的导游人员和领队人员不得因旅游者拒绝参加旅行社安排的购物活动或者需要旅游者另行付费的旅游项目等情形，以任何借口、理由，拒绝继续履行合同、提供服务，或者以拒绝继续履行合同、提供服务相威胁。

旅行社及其委派的导游人员、领队人员，应当对其提供的服务可能危及旅游者人身、财物安全的事项，向旅游者作出真实的说明和明确的警示。

在旅游行程中的自由活动时间，旅游者应当选择自己能够控制风险的活动项目，并在自己能够控制风险的范围内活动。

发生出境旅游者非法滞留境外或者入境旅游者非法滞留境内的，旅行社应当立即向所在地县级以上旅游行政管理部门、公安机关和外事部门报告。在旅游行程中，旅行社及其委派的导游人员、领队人员应当提示旅游者遵守文明旅游公约和礼仪。

案例分析

“一个小孩没有问题”吗？

2002年夏季，广州某小学20名教师参加广州某旅行社组织的武夷山5日游，5日游中包括漂流。到漂流那天，有位客人因为带了两个小孩，想让孩子乘同一条船。该船超载，导游当时劝告游客这样做很危险，但这位游客说：“一个小孩没有问题”，结果船在途中翻了。幸好水位浅，游客自行上了船，但是这位游客的手表、相机进水造成了损坏。经协商，船务公司和旅行社各承担一半因翻船造成的相机、手表损失。

分析说明：此案中，旅行社承担赔偿责任的原因是旅行社导游对漂流中客人的危险做法没有坚决阻止，也就是没有实施有效的防止措施。

4) 投保旅行社责任险并提示旅游者购买旅游意外保险

旅行社应当投保旅行社责任险并且在招徕、接待旅游者时，可以提示旅游者购买旅游意外保险。同时，鼓励旅行社依法取得保险代理资格，并接受保险公司的委托，为旅游者提供购买人身意外伤害保险的服务。

6．聘用导游等人员的相关规定

旅行社聘用导游人员、领队人员应当依法签订劳动合同，并向其支付不低于当地最低工资标准的报酬。

旅行社不得要求导游人员和领队人员接待不支付接待和服务费用或者支付的费用低于接待和服务成本的旅游团队，不得要求导游人员和领队人员承担接待旅游团队的相关费用，主要包括以下几方面。

(1) 垫付旅游接待费用。

(2) 为接待旅游团队向旅行社支付费用。

(3) 其他不合理费用。

7. 及时通报有关情况

发生危及旅游者人身安全情形的，旅行社及其委派的导游人员、领队人员应当采取必要的处置措施并及时报告旅游行政管理部门；在境外发生的，还应当及时报告中华人民共和国驻该国使领馆、相关驻外机构、当地警方。

旅游者在境外滞留不归的，旅行社委派的领队人员应当及时向旅行社和中华人民共和国驻该国使领馆、相关驻外机构报告。旅行社接到报告后应当及时向旅游行政管理部门和公安机关报告，并协助提供非法滞留者的信息。

旅行社接待入境旅游发生旅游者非法滞留我国境内的，应当及时向旅游行政管理部门、公安机关和外事部门报告，并协助提供非法滞留者的信息。

8. 制作和保存业务档案

旅行社应当妥善保存《条例》规定的招徕、组织、接待旅游者的各类合同及相关文件、资料，以备县级以上旅游行政管理部门核查。合同及文件、资料的保存期，应当不少于两年。旅行社不得向其他经营者或者个人，泄露旅游者因签订旅游合同提供的个人信息；超过保存期限的旅游者个人信息资料，应当妥善销毁。

9. 其他业务经营规则

① 旅行社不得以低于旅游成本的报价招徕旅游者。未经旅游者同意，旅行社不得在旅游合同约定之外提供其他有偿服务。

② 旅行社及其分社、服务网点，应当将《旅行社业务经营许可证》、《旅行社分社备案登记证明》或者《旅行社服务网点备案登记证明》与营业执照一起，悬挂在经营场所的显要位置。

③ 旅行社业务经营许可证不得转让、出租或者出借。旅行社的下列行为属于转让、出租或者出借旅行社业务经营许可证的行为：除招徕旅游者和符合委托规定的接待旅游者的情形外，准许或者默许其他企业、团体或者个人，以自己的名义从事旅行社业务经营活动；准许其他企业、团体或者个人，以部门或者个人承包、挂靠的形式经营旅行社业务。

④ 旅行社设立的办事处、代表处或者联络处等办事机构，不得从事旅行社业务经营活动。

⑤ 旅行社以互联网形式经营旅行社业务的，除符合法律、法规规定外，其网站首页应当载明旅行社的名称、法定代表人、许可证编号和业务经营范围，以及原许可的旅游行政管理部门的投诉电话。

10. 旅行社在经营、服务中享有的权利

旅行社及其委派的导游人员、领队人员在经营、服务中享有下列权利。

(1) 要求旅游者如实提供旅游所必需的个人信息，按时提交相关证明文件。

(2) 要求旅游者遵守旅游合同约定的旅游行程安排，妥善保管随身物品。

(3) 出现突发公共事件或者其他危急情形，以及旅行社因违反旅游合同约定采取补救措施时，要求旅游者配合处理防止扩大损失，以将损失降低到最低程度。

(4) 拒绝旅游者提出的超出旅游合同约定的不合理要求。

(5) 制止旅游者违背旅游目的地的法律、风俗习惯的言行。

知识链接

《旅游法》对“零负团费”的调控模式

1. 对行业行为的规范

《旅游法》认为旅行社是“零负团费”问题的关键所在，解决该问题的路径也分别从调整旅行社与旅游者之间的关系、旅行社与导游之间的关系以及旅行社与其他经营主体之间的关系入手。

(1) 通过第 35 条来调整旅行社与旅游者之间的关系。第 35 条规定了“三个不得”，即不得低价组织旅游活动，诱导、欺骗旅游者，并通过安排购物或者另行付费旅游项目获取回扣等不正当利益；不得指定具体的购物场所；不得安排另行付费旅游项目、低价组织旅游，再通过安排购物或另行付费项目取得回扣等均为实践中“零负团费”的重要表现形式。

(2) 通过第 38 条来调整旅行社与导游之间的关系。旅行社与导游之间的劳动关系不顺畅，导游收入无保障是导致导游在服务中行为失范的主要原因。因此，理顺劳动关系和建立合理的导游薪酬体系便成了其重点内容，第 38 条首先解决了导游是否适用《劳动合同法》调整的问题，同时对长期聘用导游与临时聘用导游进行了区分。其次，规定了“两个不得”，即不得要求导游垫付费用；不得向导游收取任何费用。实践中，旅行社令导游垫付费用或向导游收取所谓的“带团费”等，都是其“零负团费”经营模式的表现形式。

(3) 调整旅行社与其他经营主体之间的关系。组团社和地接社之间是商事经营关系，第 69 条第 2 款规定了组团社要向地接社支付不低于接待和服务成本的费用，旅游企业之间的不正当竞争一直被行业认为是导致“零负团费”问题产生的根本原因，对旅游者和导游权益的侵害为该问题所导致的严重后果。第 51 条可以看作是禁止所有旅游经营者进行商业贿赂行为，第 41 条第 2 款是将导游在“零负团费”经营模式下的表现形式作为规制对象，即导游“三不得”：不得擅自变更旅游行程或者中止服务活动；不得向旅游者索取小费；不得诱导、欺骗、强迫或者变相强迫旅游者购物或者参加另行付费旅游项目。

2. 惩罚性赔偿机制

《旅游法》第 70 条规定将惩罚性条款引入，这样的规定针对的显然是现实中存在的由于游客不购物因而导游甩团，以及那些为了逼迫旅游者就范的行为，如拒不停车、不开空调、到点不给吃饭等，都应当是第 70 条适用的范围。

3. 旅行社的先行赔付制度

对“零负团费”进行规制的另一个设计思路是第 35 条第 3 款规定的旅行社先行赔付义务，即旅行社如果违反第 35 条前两款的“三不得”的禁止性规定，即“不得低价组织旅游活动，诱导、欺骗旅游者，并通过安排购物或者另行付费旅游项目获取回扣等不正当利益；不得指定具体的购物场所；不得安排另行付费旅游项目”等，旅游者有权在行程结束后30日内要求旅行社先行赔付其购物或另行付费项目的损失。

4. 旅游市场综合监管机制

《旅游法》对旅游监管资源进行了有效的整合，建立了综合监管机制，尽管这些机制并非是专门针对“零负团费”问题而建立的，但毫无疑问，该不法行为必定应当属于这一监管机制调控内容。从法条上来看，综合监管机制主要体现在第83条、第88条、第89条和第90条上，主要包括以下几个方面：①政府牵头，部门分工负责的监管机制；②旅游联合执法机制；③旅游违法行为查处信息共享机制；④跨部门跨地区督办机制；⑤各部门公布监督检查情况的制度。

4.2.6 旅行社的法律责任

1. 旅行社的民事责任

旅行社的上述不法行为不仅是违反《旅行社管理条例》，也是《实施细则》的行政违法行为，其中的大多数行为还是应承担民事责任的民事违法行为。

特别提醒

旅行社的民事责任是指旅行社经营违反《民法通则》、《合同法》等民事法律规定、应承担违约责任、侵权责任的民事责任。

1) 旅行社的违约责任

旅行社与旅游者或其他合作方依平等自愿原则签订的合同具有法律约束力，任何一方违反约定，给对方造成损失、支付违约金等责任。

2) 旅行社的侵权责任

旅游者人身权、财产权不仅受《旅游法》、《旅行社条例》保护，而且受更高法律效力的宪法、法律保护，旅行社在经营活动中侵害旅游者人身权、财产权的行为是侵权行为。旅行社应承担赔偿损失、赔礼道歉等民事责任。例如，旅行社组织旅游过程中，因旅行社过失，造成游客被打、行李被盗等人身财产损害，旅行社承担赔偿医疗费、财产损失责任。

旅行社有违法行为就要承担法律责任。承担的法律责任因违法行为的性质不同可能承担民事责任，也可能承担行政责任。还可能既承担民事责任又承担行政责任，甚至刑事责任，也就是既要赔偿损失又要受行政处罚甚至刑事制裁。

3) 违约责任与侵权责任的区别

(1) 责任基础不同。违约责任以合同的成立并生效且债务人不以约定履行合同义务为前提。侵权责任在发生之时，当事人之间的关系为一般的社会关系，系以违反任何人不得加害于他人的一般社会安全义务。

(2) 归责原则不同。根据我国侵权法，对侵权责任实际上采取了过错责任、严格责任和公平责任原则等多种归责原则。违约责任的认定，根据《合同法》的有关规定，采用严格的责任(例外的采用过错责任)。即只要行为人有违约行为且没有法定或约定的抗辩事由，就应当承担违约责任。

(3) 责任构成要件不同。在侵权责任中，损害事实是赔偿责任成立的前提条件，无损害事实便无侵权责任。在违约责任中，行为人只要违约且不具有有效的抗辩事由，就应承担违约责任。

(4) 免责事由不同。在违约责任中，法定的免责事由仅限于不可抗力，在侵权责任中，法定的免责事由不限于不可抗力，还包括意外事件、第三人的行为、正当防卫、紧急避险等。

(5) 损害赔偿的范围。违约的损害赔偿主要是财产损失的赔偿，一般情况下不包括人身伤害的赔偿和精神损害的赔偿的责任。特殊情况下不仅包括财产损失的赔偿，而且包括人身伤害和精神损害的赔偿。

特别提醒

《合同法》的第122条规定：当事人一方的违约行为，侵害对方人身、财产利益的，受损害方有权选择依本法要求其承担违约责任或依其他法律要求其承担侵权责任。即是说违约责任与侵权责任竞合时，违约是侵权的原因，侵权是违约的结果。赔偿请求权人只能选择其中一种向法院提起诉讼。

案例分析

旅行社变为收租子的“地主”

2010年5月7日，中国青年报以《内蒙古多家旅行社公开出租部门——一些大型旅行社就像收租子的“地主”》为题，反映内蒙古两家旅行社涉嫌挂靠承包违法问题(图 4-2)。承包一个部门缴纳1万元保证金，承包费为每年1.5万元，承包人可以对外宣称是该旅行社的某一部门，各个承包部门业务独立，旅行社不过问，导致内蒙古旅游市场出现秩序和质量问题。

(资料来源：中国青年报)

图 4-2　违规挂靠，谁来担责？

(资料来源：http://news.china.com.cn/rollnews)

分析说明：国家旅游局要求内蒙古自治区旅游局立即对报道中涉及的内蒙古海外、内蒙古中旅挂靠承包问题进行调查。经查，内蒙古自治区旅游局认定其中一家旅行社挂靠承包事实成立，依据《旅行社条例》第47条的规定，对其处以停业整顿一个月的行政处罚；成立领导小组，于2010年6月10日至10月30日在全区开展“旅行社挂靠承包专项整治”，先后召开会议60余次，检查旅行社612家，处罚旅社53家，其中，通报批评9家，停业整顿3家，罚款4家(数额4.4万元)，注销旅行社31家。通过专项整治，统一了对挂靠承包危害性的认识，建立了防范和打击挂靠承包制度，挂靠承包现象得到有效遏制。

旅行社挂靠承包现象在全国很多地方都存在，因此，国家旅游局转发了内蒙古自治区旅游局《整治旅行社挂靠承包经营专项工作方案》，在全国部署治理旅行社部门挂靠承包属违法行为。

2．旅行社的行政责任

旅行社的行政责任是指旅行社违反法律、行政法规而受到警告、责令改正、没收违法所得、停业整顿、罚款、吊销许可证的行政处罚。

1) 《旅行社条例》所规定的行政责任

(1) 违反规定，有下列情形之一的，由旅游行政管理部门或者工商行政管理部门责令改正，没收违法所得，违法所得10万元以上的，并处违法所得一倍以上五倍以下的罚款；违法所得不足10万元或者没有违法所得的，并处10万元以上50万元以下的罚款的情况如下。

① 未取得相应的旅行社业务经营许可，经营国内旅游业务、入境旅游业务、出境旅游业务的。

② 分社的经营范围超出设立分社的旅行社的经营范围的。

③ 旅行社服务网点从事招徕、咨询以外的活动的。

(2) 旅行社转让、出租、出借旅行社业务经营许可证的，由旅游行政管理部门责令停业整顿1～3个月，并没收违法所得；情节严重的，吊销旅行社业务经营许可证。受让或者租借旅行社业务经营许可证的，由旅游行政管理部门或者工商行政管理部门责令停止非法经营，没收违法所得，并处10万元以上50万元以下的罚款。

(3) 违反规定，旅行社未在规定期限内向其质量保证金账户存入、增存、补足质量保证金或者提交相应的银行担保的，由旅游行政管理部门责令改正；拒不改正的，吊销旅行社业务经营许可证。

(4) 违反规定，旅行社不投保旅行社责任险的，由旅游行政管理部门责令改正；拒不改正的，吊销旅行社业务经营许可证。

(5) 违反规定，旅行社有下列情形之一的，由旅游行政管理部门责令改正；拒不改正的，处1万元以下的罚款。

① 变更名称、经营场所、法定代表人等登记事项或者终止经营，未在规定期限内向原许可的旅游行政管理部门备案，换领或者交回旅行社业务经营许可证的。

② 设立分社未在规定期限内向分社所在地旅游行政管理部门备案的。

③ 不按照国家有关规定向旅游行政管理部门报送经营和财务信息等统计资料的。

(6) 违反规定，外商投资旅行社经营中国境内居民出国旅游业务以及赴内地的香港特别行政区、澳门特别行政区和大陆的台湾地区旅游业务，或者经营出境旅游业务的旅行社组织旅游者到国务院旅游行政主管部门公布的中国公民出境旅游目的地之外的国家和地区旅游的，由旅游行政管理部门责令改正，没收违法所得，违法所得10万元以上的，并处以违法所得一倍以上五倍以下的罚款；违法所得不足 10 万元或者没有违法所得的，并处以10万元以上50万元以下的罚款；情节严重的，吊销旅行社业务经营许可证。

(7) 违反规定，旅行社为旅游者安排或者介绍的旅游活动含有违反有关法律、法规规定的内容的，由旅游行政管理部门责令改正，没收违法所得，并处以2万元以上10万元以下的罚款；情节严重的，吊销旅行社业务经营许可证。

(8) 违反规定，旅行社向旅游者提供的旅游服务信息含有虚假内容或者做虚假宣传的，由工商行政管理部门依法给予处罚。

(9) 违反规定，旅行社以低于旅游成本的报价招徕旅游者的，由价格主管部门依法给予处罚。

(10) 违反规定，旅行社未经旅游者同意在旅游合同约定之外提供其他有偿服务的，由旅游行政管理部门责令改正，处以1万元以上5万元以下的罚款。

(11) 违反规定，旅行社有下列情形之一的，由旅游行政管理部门责令改正，处以2万元以上10万元以下的罚款；情节严重的，责令停业整顿1～3个月。

① 未与旅游者签订旅游合同。

② 与旅游者签订的旅游合同未载明本《条例》第28条规定的事项。

③ 未取得旅游者同意，将旅游业务委托给其他旅行社。

④ 将旅游业务委托给不具有相应资质的旅行社。

⑤ 未与接受委托的旅行社就接待旅游者的事宜签订委托合同。

(12) 违反规定，旅行社组织中国内地居民出境旅游，不为旅游团队安排领队全程陪同的，由旅游行政管理部门责令改正，处以1万元以上5万元以下的罚款；拒不改正的，责令停业整顿1～3个月。

(13) 违反规定，旅行社委派的导游人员和领队人员未持有国家规定的导游证或者领队证的，由旅游行政管理部门责令改正，对旅行社处以2万元以上10万元以下的罚款。

(14) 违反规定，旅行社不向其聘用的导游人员、领队人员支付报酬，或者所支付的报酬低于当地最低工资标准的，按照《中华人民共和国劳动合同法》的有关规定处理。

(15) 违反规定，有下列情形之一的，对旅行社由旅游行政管理部门或者工商行政管理部门责令改正，处以10万元以上50万元以下的罚款；对导游人员、领队人员，由旅游行政管理部门责令改正，处以1万元以上5万元以下的罚款；情节严重的，吊销旅行社业务经营许可证、导游证或者领队证。

① 拒不履行旅游合同约定的义务的。

② 非因不可抗力改变旅游合同安排的行程的。

③ 欺骗、胁迫旅游者购物或者参加需要另行付费的游览项目的。

(16) 违反规定，旅行社要求导游人员和领队人员接待不支付接待和服务费用、支付的费用低于接待和服务成本的旅游团队，或者要求导游人员和领队人员承担接待旅游团队的相关费用的，由旅游行政管理部门责令改正，处以 2 万元以上 10 万元以下的罚款。

(17) 旅行社违反旅游合同约定，造成旅游者合法权益受到损害，不采取必要的补救措施的，由旅游行政管理部门或者工商行政管理部门责令改正，处以 1 万元以上 5 万元以下的罚款；情节严重的，由旅游行政管理部门吊销旅行社业务经营许可证。

(18) 违反规定，有下列情形之一的，由旅游行政管理部门责令改正，停业整顿 1 个月至 3 个月；情节严重的，吊销旅行社业务经营许可证。

① 旅行社不向接受委托的旅行社支付接待和服务费用的。

② 旅行社向接受委托的旅行社支付的费用低于接待和服务成本的。

③ 接受委托的旅行社接待不支付或者不足额支付接待和服务费用的旅游团队的。

(19) 违反规定，旅行社及其委派的导游人员、领队人员有下列情形之一的，由旅游行政管理部门责令改正，对旅行社处以 2 万元以上 10 万元以下的罚款；对导游人员、领队人员处以 4 000 元以上 20 000 元以下的罚款；情节严重的，责令旅行社停业整顿 1 个月至 3 个月，或者吊销旅行社业务经营许可证、导游证、领队证。

① 发生危及旅游者人身安全的情形，未采取必要的处置措施并及时报告的。

② 旅行社组织出境旅游的旅游者非法滞留境外，旅行社未及时报告并协助提供非法滞留者信息的。

③ 旅行社接待入境旅游的旅游者非法滞留境内，旅行社未及时报告并协助提供非法滞留者信息的。

(20) 因妨害国(边)境管理受到刑事处罚的，在刑罚执行完毕之日起 5 年内不得从事旅行社业务经营活动；旅行社被吊销旅行社业务经营许可的，其主要负责人在旅行社业务经营许可证被吊销之日起 5 年内不得担任任何旅行社的主要负责人。

(21) 旅行社违反规定，损害旅游者合法权益的，应当承担相应的民事责任；构成犯罪的，依法追究刑事责任。

(22) 违反规定，旅游行政管理部门或者其他有关部门及其工作人员有下列情形之一的，对直接负责的主管人员和其他直接责任人员依法给予处分。

① 发现违法行为不及时予以处理的。

② 未及时公告对旅行社的监督检查情况的。

③ 未及时处理旅游者投诉并将调查处理的有关情况告知旅游者的。

④ 接受旅行社的馈赠的。

⑤ 参加由旅行社支付费用的购物活动或者游览项目的。

⑥ 通过旅行社为自己、亲友或者其他个人、组织牟取私利的。

2) 《旅行社条例实施细则》所规定的行政责任

(1) 违反规定，擅自引进外商投资、设立服务网点未在规定期限内备案，或者旅行社及其分社、服务网点未悬挂旅行社业务经营许可证、备案登记证明的，由县级以上旅游行政管理部门责令改正，并处以 1 万元以下的罚款。

(2) 违反规定，服务网点超出设立社经营范围招徕旅游者、提供旅游咨询服务，或者旅行社的办事处、联络处、代表处等从事旅行社业务经营活动的，由县级以上旅游行政管理部门依照《条例》第 46 条的规定处罚。

(3) 违反规定，旅行社为接待旅游者选择的交通、住宿、餐饮、景区等企业，不具有合法经营资格或者接待服务能力的，由县级以上旅游行政管理部门责令改正，没收违法所得，处违法所得3倍以下但最高不超过3万元的罚款，没有违法所得的，处以1万元以下的罚款。

(4) 违反规定，要求旅游者必须参加旅行社安排的购物活动、需要旅游者另行付费的旅游项目，或者对同一旅游团队的旅游者提出与其他旅游者不同合同事项的，由县级以上旅游行政管理部门责令改正，处以1万元以下的罚款。

(5) 违反规定，旅行社未将旅游目的地接待旅行社的情况告知旅游者的，由县级以上旅游行政管理部门责令改正，处以2万元以上10万元以下的罚款；情节严重的，责令停业整顿1～3个月。

(6) 违反规定，旅行社未经旅游者的同意，将旅游者转交给其他旅行社组织、接待的，由县级以上旅游行政管理部门责令改正，处2万元以上10万元以下的罚款；情节严重的，责令停业整顿1～3个月。

(7) 违反规定，旅行社及其导游人员和领队人员拒绝继续履行合同、提供服务，或者以拒绝继续履行合同、提供服务相威胁的，对旅行社由县级以上旅游行政管理部门责令改正，处以10万元以上50万元以下的罚款；对导游人员、领队人员，由县级以上旅游行政管理部门责令改正，处以1万元以上5万元以下的罚款；情节严重的，吊销旅行社业务经营许可证、导游证或者领队证。

(8) 违反规定，未妥善保存各类旅游合同及相关文件、资料，保存期不够2年，或者泄露旅游者个人信息的，由县级以上旅游行政管理部门责令改正，没收违法所得，处以违法所得3倍以下但最高不超过3万元的罚款；没有违法所得的，处以1万元以下的罚款。

(9) 吊销旅行社业务经营许可证的行政处罚，由原许可的省级以上旅游行政管理部门作出。

对旅行社作出停业整顿行政处罚的，旅行社在停业整顿期间，不得招徕旅游者、签订旅游合同；停业整顿期间，不影响已签订的旅游合同的履行。

4.3 导游人员管理法规制度

案例分析

模范导游文花枝

文花枝同志是湖南省湘潭新天地旅行社的一位23岁女导游员。2005年8月28日下午，文花枝所带的旅游团在途中发生了严重的交通事故。当时，文花枝左腿九处骨折，胫骨断裂，腰部以下被卡在座位里，不能动弹。在这危急时刻，文花枝从容镇定，一边安慰游客，一边对前来施救的人员说："我是导游，后面都是我的游客，请你们先救游客。" 文花枝同志强忍剧痛，直到最后一名游客被送上救护车才接受救援。由于伤势严重，耽误了最佳救治时机，导致文花枝同志左腿高位截肢。文花枝同志舍己为人的壮举，展现了新时期中国工人的良好精神风貌，为全国职工树立了学习的榜样。为了表彰文花枝同志的先进事迹，中华全国总工会决定，授予文花枝同志“全国五一劳动奖章”。全国总工会号召广大职工学习文花枝同志爱岗敬业、恪尽职守、全心全意为人民服务的优秀品质；学习文花枝同志舍己为人、无私无畏、尽职尽责做好本职工作的崇高精神；学习文花枝同志身残志坚、笑对人生、乐观向上的高尚情操。全国广大职工要继承和发扬工人阶级不怕困难、扎实工作、开拓创新、无私奉献的光荣传统，在以胡锦涛同志为总书记的党中央领导下，高举邓小平理论和“三个代表”重要思想伟大旗帜，深入贯彻党的十六届五中全会精神，全面落实科学发展观，为实现国民经济和社会发展第十一个五年规划和全面建设小康社会的宏伟目标而努力奋斗。

(资料来源：2006年2月21日　总工发［2006］12号)

分析说明：导游人员是面向旅游者的直接服务者，是文化与快乐的传播者，是旅游过程中关于旅游者的各类事件的解决者。维护、保障旅游者在旅游过程中的人身与财产安全，是导游人员的职责。文花枝同志在面对严重事故时从容镇定，忠实地履行了导游人员的职责，她舍己为人、无私无畏，更体现出了导游人员的精神品质，是当代导游的楷模。

导游人员是旅游活动中的直接服务人员，是旅游服务活动中旅行社的代理人或代表人。因此，依法管理与保护导游人员是各国发展旅游业的重要制度与内容。我国现行的对导游人员管理与保护的法规、规章主要有：国务院制定的于1999年10月1日起施行的《导游人员管理条例》(以下简称《条例》)；国家旅游局制定的自2002年1月1日起实施的《导游人员管理实施办法》(以下简称《办法》)，包括2005年7月3日开始实施的修订的内容；国家旅游局制定的《导游人员等级考核评定管理办法(试行)》(以下简称《管理办法》)；国家质量监督总局制定的《导游服务质量》(GB/T 15971—1995)(以下简称《国标》)。《条例》、《办法》、《管理办法》、《国标》是以导游人员为主要调整对象的行政法规、行政规章，是导游人员权利、义务、责任的主要来源和依据。

4.3.1 导游人员法规概述

案例分析

全陪、地陪、领队之“三角”关系

导游员小颜是名从事导游工作时间不长的小伙子，一次，旅游旺季的时候，他出任全陪带一个26人的旅游团去黄山。依照计划，该团在黄山住××饭店，客房由黄山地方接待社代订。下了车，进了饭店，小颜把游客安顿在大厅，就随地陪、领队来到总台拿客房。地陪刚报完团号，总台小姐就不好意思地跟地陪、小颜及领队说：“对不起，今晚饭店客房非常紧张，原订13间客房只能给11间客房，有4个游客要睡加床，但明天就可以给13间客房。”山上饭店少，附近没有其他饭店，而此时天色已晚，若下山找饭店，因索道已停开，也无可能。小颜是个急性子，这种情况又是第一次碰到，当确知饭店已不可能提供客房后，

他转过身来对着站在自己后边的地陪，脱口说道："你们社怎么搞的，拿客房能力那么差!"地陪也不是个好捏的软柿子，听了这话，起先还一愣，但马上针尖对麦芒地回了一句："有本事，你们社可以自订，何必委托我们订房呢?"说完，就离开了总台，赌气地在大厅沙发上坐了下来。领队看到小颜、地陪闹意见，也没多说什么，拿了11间客房的钥匙，把游客召集到一起，把情况和大家摊了牌，然后态度诚恳地说："各位，情况就是这样，希望大家能相互体谅，也能帮我的忙。有愿睡加床的客人请举手"。说完，领队自己先举起了手，跟着好几位游客都举起了手。就这样，领队轻而易举地解决了一个让小颜恼火、为难，又让地陪赌气的问题。

分析说明：导游工作集体三成员间的关系说明：全陪、地陪、领队只有"协作共事"，才能摆脱困难，才能完成共同的任务。本案例中，因为组团社委托地方接待社订房，但结果饭店少给了两间客房，责任似乎在于地方接待社。但是，地方接待社作为组团社的合作伙伴恰恰是经过组团社认可的，地方接待社方面出了问题，难道作为"资格审定者"的组团社没有责任吗？小颜作为组团社方派出全陪难道仅仅是责怪、埋怨吗？

正确的做法是：小颜应该和地陪、领队紧密配合，商量出问题的解决方法。应该说，领队的做法是给小颜和地陪上了一课。埋怨、赌气不但无济于事情的解决，反而会加剧双方的矛盾，这种做法是绝对不可取的。

1. 导游人员的概念

《导游人员管理条例》(以下简称《条例》)第2条规定：导游人员是指依照本条例的规定取得导游证，接受旅行社委派，为旅游者提供向导、讲解及相关旅游服务的人员。

对导游人员的法定含义，可从三方面理解。

(1) 导游人员是有导游证的人员。导游是有导游证的人，没有导游证的人不是导游，是假导游。例如：某单位组织职工到某地游览，请熟悉当地情况的人带路并在游览中讲解。此人的讲解妙趣横生，回味无穷。一天游览后，大家佩服地称他为导游。虽然他的向导和讲解比旅行社的导游好，但他也不是导游，因为他没有导游证。

(2) 导游人员是接受旅行社委派，为旅游者提供导游服务的人员。

特别提醒

导游服务不是导游人员的个人行为，是代表旅行社为旅游者提供导游服务，因此，导游人员应当接受旅行社委派，带领旅游者进行旅游活动。

(3) 导游人员的工作是为旅游者提供向导、讲解及相关旅游服务。向导是指引路、带路，即引导旅游者按照合同约定的路线游览；讲解是讲述、说明游览过程中见到的各种自然风光、名胜古迹、民俗风情、宗教圣地、革命遗址、古代建筑等自然景观和人文景观。相关旅游服务的范围是为旅游者代办各种旅行证件、代购交通票据，为旅游者提供旅途生活照料、安全服务、上下站联络及市内交通服务等与旅行游览有关的各种服务。

2. 导游人员的分类

导游人员由于业务范围、使用语言、职业性质等方面不同，可分为不同的类别。依照我国法律规定和旅游业务实践，可对导游人员作以下分类。

(1) 按照导游人员的业务范围分为领队、全陪、地陪、景区(点)导游。

① 领队。领队是海外领队的简称，是指经国家旅游行政主管部门批准、由经营出境旅游业务的旅行社委派、全权代表该旅行社带领旅游团从事旅游活动的导游。

② 全陪。全陪是全程陪同导游人员的简称，是指受组团旅行社委派，代表组团社实施接待计划，为旅游者提供全部旅程服务的导游。

③ 地陪。地陪是地方陪同导游人员的简称，是指受接待旅行社委派，代表接待社实施接待计划，为旅游者在当地旅游提供向导、讲解等服务的导游。

④ 景区(点)导游。景区导游是指受旅行社委派或聘用，在旅游景区(点)为旅游者提供向导、讲解服务的导游。

(2) 按导游人员使用的语言分为中文导游和外语导游。

① 中文导游是指能够使用普通话、地方话、少数民族语言提供导游服务的导游。中文导游有汉语、蒙古语、藏语、闽南语、客家语、粤语等语言导游。

② 外语导游是指用外国语提供导游服务的导游。目前，我国的外语导游有精通英语、法语、日语、俄语、德语、西班牙语、阿拉伯语、朝鲜语等语种的导游。

(3) 按导游人员的职业性质分为专职导游、业余导游、自由职业导游。

① 专职导游是指以导游工作为主要职业，受聘于某家旅行社，为该旅行社在册职工。专职导游是我国导游队伍的主力。

② 业余导游是指不以导游工作为主业，业余时间受旅行社聘用而从事导游工作的导游。

③ 自由职业导游是指以导游职业为主业，但不属于某家旅行社的正式员工，而是通过合同与其服务的旅行社建立权利义务关系的导游。

4.3.2 导游人员资格考试制度

1. 导游人员资格考试报考条件

导游人员资格是指从事导游职业，在导游活动中为旅游者提供向导、讲解及相关服务的人员应具备的条件和身份等。只有取得导游人员资格的人才能申请领取导游证，并进行导游活动。

依据《导游人员管理条例》规定，具备下列条件的人员可以参加导游人员资格考试。

1) 国籍条件

报考人员必须是中华人民共和国公民，即取得中华人民共和国国籍的自然人。

2) 学历条件

报考人员必须具有高级中学、中等专业学校或者以上学历。由于导游职业的特点，要求从事导游职业的人必须具有较好的文化素养，具有广博的文化知识，具有了解祖国的名山大川、历史文化、风土人情、民族习俗等方面的能力。要了解上述知识．就须具备一定程度的文化基础。

3) 健康条件

导游人员必须身体健康。导游工作是集紧张的脑力劳动和繁忙的体力劳动于一体的工作，导游人员只有具备良好的身体素质，才能适应导游工作。报考者必须持有县级以上医疗机构的体检证明。

4) 知识条件

报考人员必须具有适应导游需要的基本知识和语言表达能力。

2．导游人员资格证

同时具备上述报名条件的人可以参加全国统一考试，考试合格的，由国务院旅游行政部门或国务院旅游行政部门委托省、自治区、直辖市人民政府旅游行政部门在考试结束之日 30 个工作日内颁发导游人员资格证。获得导游资格证书 3 年内未从业的，该证书自动失效。导游人员资格证由国家旅游局统一印制，在中华人民共和国范围内使用。

4.3.3　导游证制度

1．导游证的含义

导游证即正式导游证，是指取得导游人员资格证书的人员，经与旅行社订立劳动合同或者在导游服务公司登记，由省、自治区、直辖市人民政府旅游行政管理部门颁发的导游证。导游证的样式规格由国务院旅游行政部门规定。我国自 2003 年 4 月 1 日起在全国实行卡式新版导游证，卡内储存导游的姓名、性别、民族、学历、语种、出生年月、家庭住址、身份证号码、导游证编号、导游资格证等基本情况和违规记分情况。新版导游证以 4 种不同的颜色区分导游等级，灰色为初级、粉米色为中级、淡黄色为高级、金黄色为特级。

2．领取导游证的条件

1) 领取导游证的条件

《导游人员管理条例》规定领取导游证必须具备以下 3 个条件。

(1) 必须取得导游人员资格证书，这是前提条件。

(2) 与旅行社订立劳动合同或在导游服务公司登记。劳动合同是导游人员与旅行社依据《劳动法》签订的合同；导游服务公司是指从事导游人员业务管理、培训，并为旅行社和导游人员提供需求信息等中介服务的企业。

(3) 没有不得颁发导游证的情形。

2) 不得颁发导游证的情形

(1) 无民事行为能力人或者限制民事行为能力人。

无民事行为能力人指不能独立进行民事活动的人，包括不满 10 周岁的未成年人和不能辨认自己行为的精神病人(如痴呆病人)。不能辨认自己行为的精神病人是指完全没有判断能力和自我保护能力，不知其行为后果的人。限制民事行为能力的人是指可以独立进行某些民事活动但不能独立进行全部民事活动的人。在我国，限制民事行为能力人是10周岁以上不满18周岁的未成年人和不能完全辨认自己行为的精神病人。

(2) 患有传染性疾病的人。法定的传染性疾病有肺结核、麻风、天花、伤寒、病毒性肝炎等。对患有传染性疾病的人员不颁发导游证，这是由导游职业特性决定的。导游人员是为旅游者提供向导、讲解及相关旅游服务的人员。在旅游中，导游人员与旅游者生活在一起，如果导游人员患有传染性疾病，就有可能将疾病传染给旅游者，造成交叉传染。一个人是否患有传染性疾病，应当由医疗机构作出诊断证明。

(3) 过失犯罪除外的受过刑事处罚的人。受过刑事处罚的人员是指因犯罪而受到刑罚制裁的人。《条例》对“受过刑事处罚的人不颁发导游证”的规定中有一个例外，即“过失犯罪的除外。”根据我国《刑法》规定，犯罪分为故意犯罪和过失犯罪。故意犯罪是指明知自己的行为会产生危害社会的结果，却希望或者放任这种结果发生。而过失犯罪则是指应当预见自己的行为可能产生危害社会的结果，因为疏忽大意而没有预见，或者已经预见而轻信能够避免，以致发生危害社会结果的犯罪。过失犯罪是由于缺乏必要的谨慎构成的犯罪，不是有意识的犯罪，它同那种希望或放任危害结果发生的有意识的故意犯罪，无论在主观恶意还是社会危害性上，都是有着原则性区别的。因此，对过失犯罪受过刑事处罚的人，可以颁发导游证，对故意犯罪而受刑事处罚的人，不颁发导游证。

(4) 被吊销导游证的人。被吊销导游证的人是指曾经取得导游证的导游人员，因违反导游管理法规，被旅游行政部管理门处以吊销导游证的处罚后，又参加导游人员资格考试并合格、取得导游人员资格证书，向旅游行政部门申请领取导游证的人。这类人员，由于其在导游职业执业中有过不良记录，已经不适合继续从事导游职业，因此《条例》规定，对曾经被吊销过导游证的人员，旅游行政部门不得重新对其颁发导游证。

3. 导游人员资格证与导游证的区别

1) 性质不同

导游人员资格证是标志某人具备从事导游职业资格的证书；导游证则是标志国家准许某人从事导游职业的证书。前者是表明某人具备导游职业的资格，而后者表明某人获准从事导游职业。

2) 颁证机构不同

导游人员资格证是由国务院旅游行政部门或国务院旅游行政部门委托省、自治区、直辖市人民政府旅游部门颁发；而导游证则是由省、自治区、直辖市人民政府旅游行政部门颁发。

3) 领取程序不同

导游人员资格证是导游人员参加资格考试并合格后，向旅游行政部门领取；而导游证则是取得导游人员资格证书，并与旅行社订立劳动合同或者在导游服务公司登记后，向旅游行政部门申请领取。

4) 作用不同

导游人员资格证书仅仅表明持证人具备了从事导游职业的资格，但并不能实际从事导游职业；而导游证则表明持证人可以实际从事导游职业。前者是从业的资格证，后者是从业的许可证。

5) 期限不同

导游人员资格证书的有效期限为 3 年，即取得导游人员资格证书 3 年未从业的，资格证自动失效；导游证的有效期限也是 3 年，但导游证持有人在有效期满后，需要继续从事导游活动的，可以在有效期满前 3 个月，向省、自治区、直辖市人民政府旅游行政部门申请换发导游证。

4.3.4 导游人员等级及评定标准

我国对导游人员实行等级考核制度，由国务院旅游行政部门制定导游人员等级考核标准和考核办法。

1. 导游人员的等级

导游人员分为两个系列、四个等级。两个系列是外语导游员系列和中文导游员系列；四个级别是特级导游员、高级导游员、中级导游员和初级导游员。

2. 导游人员职业等级标准

导游人员职业等级的政治思想、职业道德和身体标准是：拥护中国共产党的领导，热爱祖国，遵纪守法，遵守职业道德，忠于职守，钻研业务，宾客至上，优质服务，身心健康。

导游人员职业等级的知识、技能、业绩、学历、资历标准如下。

1) 初级导游员等级标准

(1) 知识要求

① 了解我国的大政方针和旅游及其有关的政策法规，了解与业务有关的我国政治、经济、历史、地理、宗教和民俗等方面的基本知识，了解我国主要旅游景点和线路的基本知识，掌握当地主要游览点的导游知识。

② 了解有关主要客源市场的概况和习俗。

③ 掌握导游工作规范。

④ 外语导游员基本掌握一门外语，达到外语专业大学 3 年级水平。

⑤ 中文导游员掌握汉语言文学基础知识，达到高中毕业水平。

(2) 技能要求

① 能独立完成导游接待工作，能与有关单位和人员合作共事，能与旅游者建立良好的人际关系。

② 能独立处理旅行中发生的一般问题。

③ 导游语言正确、通顺；外语导游员外语表达基本正确，语音、语调较好，中文导游员的普通话表达清楚、流畅，语音、语调正确、亲切。

④ 导游体态大方得体。

⑤ 能准确填写业务所需的各种票据。

⑥ 能起草情况反映、接待简报等有关应用文。

(3) 业绩要求

完成旅行社要求的工作，无服务质量方面的重大投诉，游客反映良好率不低于 85%。

(4) 学历要求

外语导游员具有外语专业大专或非外语专业本科及其以上学历，中文导游员具有高中及其以上学历。

(5) 资历要求

取得导游员资格证书后工作满1年。

2) 中级导游员等级标准

(1) 知识要求

① 熟悉我国的大政方针，掌握旅游及其有关的政策法规，掌握与业务有关的我国政治、经济、历史、地理、社会、宗教、艺术和民俗等方面的基本知识，全面掌握当地主要游览点的导游知识，了解我国主要旅游景点、线路的有关知识。

② 熟悉有关主要客源市场的概况和特点，熟练掌握导游工作规范。

③ 外语导游员掌握一门外语，达到外语专业本科毕业水平，中文导游员掌握汉语言文学的有关知识，达到大专毕业水平。

(2) 技能要求

① 能接待不同性质、类型和规模的旅行团，有比较娴熟的导游技能。

② 能独立处理旅行中发生的疑难问题，能正确理解旅游者的服务要求，有针对性地进行导游服务。

③ 能与旅游者、有关业务单位和人员密切合作，有较强的公关能力。

④ 导游语言流畅、生动，语音、语调比较优美，讲究修辞；外语导游员的外语表达正确，中文导游员能使用标准的普通话，并能基本听懂一种常用方言(粤语、闽南话或客家话)。

⑤ 能培训和指导初级导游员。

(3) 业绩要求

① 工作成绩明显，为旅行社的业务骨干。

② 无服务质量方面的重大投诉，游客反映良好率不低于90%。

(4) 学历要求

外语导游员的学历与初级导游员的学历要求相同，中文导游员具有大专及其以上学历。

(5) 资历要求

取得初级导游员资格2年以上。

3) 高级导游员等级标准

(1) 知识要求

① 全面掌握我国的大政方针和旅游及其有关的政策法规，熟悉我国有关的旅游线路和景点知识，有比较宽广的知识面，全面、深入地掌握当地游览内容。

② 掌握有关客源市场的重要知识及其接待服务规律。

③ 熟练掌握导游工作规范；外语导游员熟练掌握一门外语，初步掌握一门第二外语，中文导游员熟练掌握汉语言文学的有关知识，初步掌握一种常用方言(粤语、闽南话或客家话)。

(2) 技能要求

有娴熟的导游技能，并有所创新；能预见并妥善处理旅行中发生的特殊疑难问题；有一定的业务研究能力；能创作内容健康、语言优美的导游词；外语导游员能用一门外语自如、准确、生动、优美地表达思想内容，并能胜任一般场合的口译工作，中文导游员能用标准的普通话和一种常用方言(粤语、闽南话或客家话)工作，语言准确、生动、形象；能培训和指导中级导游员。

(3) 业绩要求

工作成绩突出；无服务质量方面的重大投诉；游客反映良好率不低于 95%；在国内外同行和旅行社中有一定影响，通过优质服务能为所在旅行社吸引一定数量的客源；有较高水平的导游工作研究成果(论文、研究报告等)。

(4) 学历要求

与中级导游员的学历要求相同。

(5) 资历要求

取得中级导游员资格 4 年以上。

4) 特级导游员等级标准

(1) 知识要求

① 对有关的方针、政策和法规有全面、深入和准确的理解，全面掌握我国的有关旅游线路的景点的知识，有宽广的知识面，在与业务有关的某一知识领域有较深的造诣，对当地游览内容有精确的认识。

② 掌握有关客源市场的知识，全面、准确、具体地了解其特点和接待服务规律。

③ 熟练掌握导游工作规范；外语导游员精通一门外语，基本掌握一门第二外语，中文导游员掌握汉语言文学知识，基本掌握一种常用方言(粤语、闽南话或客家话)。

(2) 技能要求

① 导游技能超群，导游艺术精湛，形成个人风格。

② 能预见和妥善解决工作中的突发事件；能通过优质服务吸引客源。

③ 有较强的业务研究能力。

④ 有很高的语言表达能力，外语导游员能胜任旅游专业会议及其他重要场合的口译工作，中文导游员能胜任某一专业(如重点寺庙、古建筑或博物馆)的解说；能创作富有思想性、艺术性和立论确凿的导游词。

⑤ 能培训和指导高级导游员。

(3) 业绩要求

职业道德高尚，工作成绩优异，有突出贡献，在国内外同行和旅行社中有较大影响；无服务质量方面的重大投诉，游客反映良好率不低于 98%；有一定数量高水平并正式发表的导游工作研究成果。

(4) 学历要求

学历要求与高级导游员相同。

(5) 资历要求

取得高级导游员资格 5 年以上。

4.3.5　临时导游证

1. 临时导游证的含义

临时导游证是指具有特定语种语言(特定语种语言指英语、法语、日语以外的语种)能力的人员，虽未取得导游人员资格证书，但因旅行社需要聘请其临时从事导游工作，由旅行社向省、自治区、直辖市人民政府旅游行政部门申请领取的导游证。

由此可见，领取临时导游证的必备条件是具有特定语种语言能力和旅行社需要。领取临时导游证的程序是旅行社向省、自治区、直辖市人民政府旅游行政部门申请，省、自治区、直辖市人民政府旅游行政部门审核、颁发导游证。

2．临时导游证与导游证的区别

导游证与临时导游证都是证明持证人已经依法进行导游注册，能够从事导游活动的法定证件。

1) 有无取得导游人员资格证书

导游证持有者是经过导游人员资格考试并合格、取得导游人员资格证书者；临时导游证持有者是没有经过导游人员资格考试、没有取得导游人员资格证书者。

2) 有无语种语言能力限制

正式导游证持有者无语种语言能力的限制，他可以是具有特定语种语言能力的人员，也可以是不具有特定语种语言能力的人员；临时导游证的持有者必须是具有持定语种语言能力的人员，否则便不具备领取临时导游证的条件。

3) 领取导游证的程序不同

申请领取正式导游证是申请领取者个人向旅游行政部门申请领取；临时导游证由旅行社向旅游行政部门申请领取。

4) 有效期限不同

正式导游证的有效期限为 3 年，从发证之日起计算；临时导游证的有效期限为 3 个月。

此外，导游证有效期满后，可以申请换发导游证，而临时导游证有效期满后，不得延期。

知识链接

游客无法辨别“临时”或“正式”导游

日照市旅游协会速成“临时导游”700 余名并集中上岗，而由于这些“临时导游”在接团的时候并不需要出示证件，并且接团收费与具有国家导游资格证书的正式导游一个价位，所以游客分不清给自己服务的是正式导游还是临时导游。由于临时导游的带团水平与正式导游存在一定的差距，一些旅行社出于自己信誉和持久客源考虑，拒绝聘用临时导游。

每年的日照市旅游旺季，一些人手短缺的旅行社就会招用临时导游。而这些临时导游接团带团都不需要出示自己的证件，所以游客根本不知道为自己服务的导游是临时导游还是“正规军”。“临导与国导都是一个价位。”旅行社的张女士表示，临时导游没有接团经验，应变能力和介绍景点时语言的流利性肯定不如正式导游。“这些临时导游如果是学旅游专业的还好一些，如果是非旅游专业，就更不行了。”

一位不愿透露姓名的旅行社负责人表示：由于临时导游的水平无法保证，所以他的旅行社从来不用临时导游。“虽然旅行社给临时导游的报酬相对低一些，但我不能因为一时的方便，不要长久的生意了。”该负责人介绍，他的旅行社回头客比较多，而临时导游的水平与正式导游存在差距，所以他一般不会聘用临时导游。

律师：临导带团不明示属违法

山东某律师事务所的王律师介绍，临时导游与正式导游以同样的价位带团为游客服务，而不明示自己的资质，使游客无法获知为自己服务的导游性质是临时还是正式，这违反了

《消费者权益保护法》。“消费者享有知悉其购买、使用的商品或者接受的服务的真实情况的权利。这就是消费者的知情权，而临时导游与正式导游性质不同，提供的服务也存在差异。如果临时导游带团时不告知游客自己临时导游的性质，就侵犯了消费者的知情权。”

王律师表示，临时导游与正式导游提供的服务水平不同，所以游客有选择为自己服务的两种性质导游的权利。临时导游带团不明示自己资质还侵犯了消费者的自主选择权。

国家旅游局：速成临时导游违规

据国家旅游局政策法规司工作人员介绍，根据《导游人员管理条例》规定，具有特定语种语言能力的人员，虽未取得导游人员资格证书，旅行社需要聘请临时从事导游活动的，由旅行社向省、自治区、直辖市人民政府旅游行政部门申请领取临时导游证。临时导游证的有效期限最长不超过3个月，并不得延期。不符合上述条件的临时导游都是违规的。对于日照市大规模速成临时导游的行为，该工作人员表示，临时导游首先要“具有特定语种语言能力”，显然日照市大规模速成的临时导游不具备这个前提条件。并且临时导游最长期限是3个月，日照市的“临时导游”最长期限却是6个月，这点也是违反现行条例的。临时导游证需根据需要，由旅行社向有关部门申领，而不是由某一组织或单位培训考试获得。

(资料来源：半岛网-半岛都市报，作者：庄会良)

4.3.6 导游人员的权利与义务

知识链接

导游位究竟该不该留？

某日，浙江高速上一辆载着38人的客车追尾货车，事故造成1死2伤，死者为坐在副驾驶座导游位的25岁女导游。

在旅游界，导游坐的位置，与驾驶员并排，行内被称为“导游位”。这场事故发生后，在宁波旅游界也引发了一场争议：导游位究竟该不该留？

旅行社：呼吁撤销“导游位”

4月2日中午12时45分，位于浙江上三高速公路新昌七星街道地段发生一起交通事故。一辆载着38人的旅游客车由南京开往浙江天台县途经该地段时，追尾一辆半挂大货车，大客车的前挡风玻璃全部破裂，车头严重变形。事故造成1死2伤。

在事故中不幸身亡的年轻女导游，今年25岁，南京人，2009年考取导游资格。事发时，女导游坐在通常是由导游乘坐的副驾驶座位上，也就是旅游业界所称的导游位。

此事发生后，业界对目前设在副驾位上的导游位该不该留引起关注。

“普通的小车，副驾驶位就是最危险的，导游位和驾驶员并排，也是高危位置。”浙江飞扬旅游广场的奚挺说，旅游大巴出厂前，就不应该设立导游位。

他告诉记者，目前旅游相关条例没有明文规定，要给导游留座。“我们公司准备出台新政策，以后车子第一排留给导游坐。”

对于撤销导游位，浙仑海外旅行社的汪副总也很认同。“国外有不少国家都规定，旅游大巴的第一排都只能给领队、导游坐。”

在去年，他们曾为此开过会，要求旅游大巴出车前，尽量保证导游的正常留座，比如53座的大巴，游客尽量控制在50人左右。“特别是高速上，如果驾驶员紧急避险，副驾驶的导游位风险就大了，之前已出过好几次事故了。”

宁波市旅游局：导游座可以辅助司机，要保留

不过，在宁波市旅游局行管处听到的却有另外一种说法。

“这个位置肯定要留，本来就是给司机当安全辅助，帮忙看路线、车况，如果司机有疲劳驾驶，还能进行提醒。”行管处的负责人说。

这位负责人表示，提前为导游投保，出发前做好安全检查，这才是治本之策。

不过，他也表示，前几年，旅行社协会等曾经和保险部门共同出台过“统一保险条款”，当时在行内推行，大部分旅行社都会给导游买人身意外险。但后来，因为多种原因，这个条款没有继续推行。现在旅行社购买的人身意外险，一般都是给游客买的，不包括导游在内。

宁波旅游集散中心的陈经理告诉记者：“有营运执照的旅游大巴，都买座位险的，包括了导游位座位险。”

不过，投了保是否就意味着导游位安全了呢？不少业内人士对此表示不认同。

(资料来源：浙江在线)

1. 导游人员的权利

导游人员的权利主要是指导游人员的法律权利。表现为导游人员可以自己作出一定的行为，也可以要求他人作出或不作出一定的行为。导游人员进行导游活动时、其合法权益应当受到尊重和保护。

《导游人员管理条例》规定导游人员的权利主要有以下几个方面。

1) 导游人员享有人格尊严权不受侵犯的权利

导游人员进行导游活动时，其人格尊严应当受到尊重，其人身安全不受侵犯。导游人员有权拒绝旅游者提出的侮辱其人格尊严或者违反其职业道德的不合理要求。

特别提醒

人格权是指与人身密不可分的权利，它主要包括生命权、健康权、姓名权、肖像权、名誉权、隐私权等。

人身安全是指保障人的生命和身体安全的权利，也是法律赋予每个公民的最基本的权利。

在实际工作中，导游和旅游者一样。其人格尊严和人身安全都应受到尊重和保护。导游人员有权拒绝一些游客提出的有辱导游人员人格，或者一些违反职业道德的无理要求。但要讲究方式方法，尽量避免旅游者在众人面前出丑。

2) 导游人员享有调整或变更接待计划权

《导游人员管理条例》规定：“导游人员在引导旅游者旅行、游览过程中，遇有可能危及旅游者人身安全的紧急情形时，经征得多数旅游者的同意，可以调整或变更接待计划，但是应当立即报告旅行社。”

此规定表明导游人员在行使调整或变更接待计划权时，必须同时具备以下条件。

(1) 在引导旅游者旅行、游览过程中是导游调整或变更接待计划的时间条件。它是指旅行、游览活动开始至活动结束期间，在此活动期间之前或之后，导游人员不得行使调整或变更计划权利。如果在旅游合同生效后，旅行、游览活动开始之前，出现不利于旅行、游览活动开展的情形，由旅行社与旅游者协商调整或者变更旅游接待计划，不需导游与旅游者协商调整或变更接待计划。

(2) 必须是遇有可能危及旅游者人身安全的紧急情形时。危险是可能发生的现实危险，不是想象的危险，不是不能发生的危险；紧急是已经到来或即将到来的，是如果不马上预防或逃避就会到来的、会造成游客生命财产损害的状态(如山洪暴发、突降暴雪、瘟疫流行等)。仅仅有危险而不紧急时，不能调整计划，因为危险不紧急，可以等危险消除后继续进行旅游计划，不必调整内容；如果不是危险的紧急，而是某个旅游者个人的时间、愿望、疾病或者财产等方面的紧急情况，则不能调整计划，因为调整计划可能会损害大家利益。此条件要求是既危险又紧急，两者缺一不可。

(3) 必须是征得多数旅游者的同意。旅游接待计划是旅游合同的重要部分，有法律约束力，旅行社和旅游者应当认真遵守，不得随意改变。如果出现影响合同的实现的情形时，一方应当与对方协商改变合同内容，经双方协商一致，可以不执行原来计划。由于旅游团是团体旅游，一个旅游者的同意不能代表团体的同意，多数旅游者的同意才能代表团体的同意。在出现紧急危险时，多数旅游者同意调整计划就代表团体同意调整计划，导游征得多数旅游者同意的调整就属于合法调整，是维护旅游者利益的调整。而且，要求导游征得多数旅游者的同意有助于确定紧急危险的真实性、可靠性，防止导游滥用调整计划权，以紧急危险为借口减少游览项目，谋取个人私利。另外，要求导游征得多数旅游者同意而不是全体旅游者同意有助于当机立断，有助于及时防范和规避风险，不因为个别冒险旅游者的同意而继续执行计划，使大多数旅游者遭受危险和损害。

(4) 必须立即报告旅行社。导游人员是受旅行社委派执行旅游接待计划，没有调整或变更旅游接待计划权。其在执行带团旅游计划过程中，如遇到可能危及旅游者人身安全的紧急情形时，为避免旅游者受到人身伤害，必须征得多数旅游者同意后，在调整或者变更接待计划前或后，立即报告旅行社，以便得到旅行社的授权和认可。这样，导游紧急危险情形下的调整计划才合法有效。

上述 4 个条件必须同时具备，缺一不可，导游只有在此 4 个条件下，才可以调整或变更旅游接待计划。

3) 导游人员的其他权利

导游人员对旅游行政行为不服时，依法享有向上一级旅游行政管理机关申请复议的权利，并享有向人民法院起诉的权利。

2. 导游人员的义务

导游人员的义务是导游人员必须履行的义务，必须履行的职责，是《导游人员管理条例》明确规定的义务，是法定的导游人员作为与不作为。

《条例》规定的导游人员义务包括以下几个方面。

(1) 导游人员应当不断提高自身业务素质和职业技能。

《条例》第7条规定："导游人员应当不断提高自身业务素质和职业技能。"

导游人员自身业务素质的高低，职业技能的优劣，直接影响旅游者的旅游质量，是旅游者能否享受到优质旅游服务，能否顺利完成旅游计划，实现旅游者愿望的关键。旅游者往往是通过导游去认识旅行社、认识一座城市乃至一个国家、一个民族。导游人员的工作质量直接影响着旅行社服务质量与信誉，影响城市甚至国家的形象。而且，导游服务是传播文化、传递信息，促进世界各国、各地区间文化交流的知识密集型服务。尤其是随着现代旅游业的发展和旅游者文化素质的提高，旅游者的参与意识越来越强，对导游人员的要求也越来越高。导游人员必须不断学习新知识，提高业务素质和职业技能，适应旅游者需求，适应旅游业发展的需求，为旅游者提供优质服务，才能胜任导游工作。

(2) 导游人员进行导游活动时，应当佩戴导游证。

《条例》第8条规定："导游人员进行导游活动时，应当佩戴导游证。"

导游证是国家准许从事导游工作的合法证明，是身份和业务能力的证明。导游人员在工作中佩戴导游证，有助于增强导游人员的义务感，为旅游者提供规范化服务，便于旅游者识别导游人员，及时得到导游人员的帮助和服务，便于旅游行政部门对导游人员的监督检查，因此，导游人员进行导游活动时，应当佩戴导游证。

(3) 导游人员进行导游活动，必须经旅行社委派。

《条例》第9条规定："导游人员进行导游活动，必须经旅行社委派。导游人员不得私自承揽或者以其他任何方式直接承揽导游业务，进行导游活动。"

我国实行旅游业务经营许可制度，只允许企业或其他部门从事旅游业务经营，不允许个人从事旅游业务。导游人员个人不能为旅游者提供向导、讲解及相关旅游服务，不能招徕、接待旅游者，不能为旅游者安排食宿。导游人员要发挥自己专业特长，为旅游者服务，在服务中获得报酬就必须经有旅游业务经营权的旅行社委派，这是导游人员从业的合法途径。通过其他途径从事导游活动是违法行为。接受旅行社委派的导游人员为旅游者提供向导、讲解及相关旅游服务是代行旅行社的经营权，是代表旅行社的行为，不是导游个人行为。如果导游人员在旅游活动中未按标准服务，损害了旅游者的合法权益，应由旅行社承担责任，使旅游者的损失得到充分的补偿。导游人员进行导游活动，必须由旅行社委派，规范导游人员的从业渠道，有效地保证旅行社的正常经营秩序，规范旅游市场。例如：赵某参加导游资格考试合格，并办理了登记注册手续被某旅行社聘用。他在一次带团过程中，由于讲解服务质量差，该团旅游者对他的导游讲解服务极其不满。旅游结束后，旅游者向质检所投诉，要求旅行社退还导游服务费用。该旅行社以旅游者投诉给旅行社造成损失为由，要求赵某承担赔偿责任，并不支付赵某带团报酬。赵某对此十分不满，提出此次带团是受旅行社委派，旅行社应对投诉承担责任并按约定支付其带团费用。而旅行社则以"游客是对导游讲解服务不满意而投诉，完全是导游个人原因造成的，与旅行社无关"为由拒绝赵某的要求。本案中，依照《条例》规定，赵某的说法成立，其受旅行社委派从事导游活动，旅行社应向旅游者承担赔偿责任。

(4) 维护国家利益和民族尊严，不得有损害国家利益和民族尊严的言行。

《条例》第 11 条规定：“导游人员进行导游活动时，应当自觉维护国家利益和民族尊严，不得有损害国家利益和民族尊严的言行。”

热爱祖国，拥护社会主义制度，以自己的一言一行来维护国家利益和民族尊严，是每一个公民的义务，更是导游人员必须具备的政治素质和社会要求。导游人员在工作中，特别是在接待海外旅游者时，是国家对外形象的一个“窗口”，其言行不仅代表个人的素质和修养，还代表所在旅行社、所在地及国家的形象。所以，导游人员必须充分认识自己的言行与国家利益和民族尊严的关系，弘扬爱国主义的光荣传统，做“民间大使”，传播祖国壮丽河山和文明古国的灿烂文化，自觉维护国家利益和民族尊严，不能有任何损害国家利益和民族尊严的言行。

(5) 遵守职业道德，着装整洁，礼貌待人，尊重旅游者的宗教信仰、民族习俗和生活习惯。

《条例》第 12 条规定：“导游人员进行导游活动时，应当遵守职业道德，着装整洁、礼貌待人，尊重旅游者的宗教信仰、民族风俗和生活习惯，应当向旅游者讲解旅游地的人文和自然情况，介绍风土人情和习俗。但是，不得迎合个别旅游者的低级趣味，在讲解、介绍中掺杂不健康的内容。”

遵守职业道德，着装整洁、礼貌待人是服务行业的基本道德规范，是从事服务性工作的导游应当遵守的道德规范。将此道德规范作为义务，能更有力地要求导游人员遵守旅游职业道德，树立良好的职业形象，全心全意地为旅游者服务，努力满足旅游者正当而可能实现的需求。在导游活动中营造出相互尊重、和睦相处、轻松愉快的旅游氛围，使旅游者达到休闲、放松并有所收获的旅游目的。

4.3.7 导游人员计分管理制度和年审管理制度

为加强导游队伍建设，维护旅游市场秩序和旅游者的合法权益，适应我国“入世”后旅游业发展的需要，国家旅游局依据《导游人员管理条例》，制定了《导游人员管理实施办法》(以下简称《办法》)，并自 2002 年 1 月 1 日起施行。《办法》规定，旅游行政管理部门对导游人员实行分级管理，旅游行政管理部门对导游人员实行资格考试制度和等级考核制度，旅游行政管理部门对导游人员实行计分管理制度和年度审核制度。

1. 导游人员计分管理制度

《导游人员管理实施办法》第 12 条规定了计分管理部门及其职责、计分办法。

1) 计分管理部门及其职责

国务院旅游行政管理部门、省级旅游行政管理部门以及导游人员所在地旅游行政管理部门是计分管理部门。

国务院旅游行政管理部门负责制定全国导游人员计分管理政策并组织实施、监督检查；省级旅游行政管理部门负责本行政区域内导游人员计分管理的组织实施和监督检查。所在地旅游行政管理部门在本行政区域内负责导游人员计分管理的具体实施。

2) 计分办法

导游人员计分办法实行年度10分制，按照导游人员违规行为性质、情节轻重分别扣减不同分值。

导游人员在导游活动中有下列情形之一的，扣除10分。

(1) 有损害国家利益和民族尊严的言行的。

(2) 诱导或安排旅游者参加黄、赌、毒活动项目的。

(3) 有殴打或谩骂旅游者行为的。

(4) 欺骗、胁迫旅游者消费的。

(5) 未通过年审继续从事导游业务的。

(6) 因自身原因造成旅游团重大危害和损失的。

导游人员在导游活动中有下列情形之一的，扣除8分。

(1) 拒绝、逃避检查，或者欺骗检查人员的。

(2) 擅自增加或者减少旅游项目的。

(3) 擅自中止导游活动。

(4) 讲解中掺杂庸俗、下流、迷信内容的。

(5) 未经旅行社委派私自承揽或者以其他任何方式直接承揽导游业务的。

导游人员在导游活动中有下列情形之一的，扣除6分。

(1) 向旅游者兜售物品或购买旅游者物品的(图4-3)。

图4-3 导游变“导购”，“发财”变重罚

(图片来源：finance.sina.com.cn，作者：杨仕成)

(2) 以明示或者暗示的方式向旅游者索要小费的。

(3) 因自身原因漏接漏送或误接误送旅游团的。

(4) 讲解质量差或不讲解的。

(5) 私自转借导游证供他人使用的。

(6) 发生重大安全事故不积极配合有关部门救助的。

导游人员在导游活动中有下列情形之一的，扣除4分。

(1) 私自带人随团游览的。

(2) 无故不随团活动的。

(3) 在导游活动中未佩戴导游证或未携带计分卡。

(4) 不尊重旅游者宗教信仰和民族风俗。

导游人员在导游活动中有下列情形之一的，扣除 2 分。

(1) 未按规定时间到岗的。

(2) 10 人以上团队未打接待社社旗的。

(3) 未携带正规接待计划的。

(4) 接站未出示旅行社标识的。

(5) 仪表、着装不整洁的。

(6) 讲解中吸烟、吃东西的。

3) 计分管理的其他规定

(1) 对导游人员的违法、违规行为除扣减其相应分值外，还应依据有关法律给予处罚。

(2) 导游人员 10 分分值被扣完后，由最后扣分的旅游行政执法单位暂时保留其导游证，并于 10 日内通报导游人员所在地旅游行政管理部门和登记注册单位。出具保留导游证证明，正在带团过程中的导游人员，可持旅游执法单位出具的保留证明完成团队剩余行程。

(3) 旅游行政执法人员玩忽职守、不按照规定随意进行扣分或处罚的，由上级旅游行政管理部门提出批评和通报，本级旅游行政管理部门给予行政处分。

(4) 导游人员通过年审后，年审单位核销其遗留分值，重新输入初始分值。

2. 导游人员的年审管理制度

《导游人员管理实施办法》第 22 条规定导游人员必须参加年审，规定了年审管理部门及其职责，年审的方式、内容、等级。

1) 年审管理部门及其职责

国务院旅游行政管理部门、省级旅游行政管理部门、导游人员所在地旅游行政管理部门是年审管理部门。

国务院旅游行政管理部门负责制定全国导游人员年审工作政策，组织实施并监督检查。

省级旅游行政管理部门负责组织、指导本行政区域内导游人员年审工作并监督检查。

所在地旅游行政管理部门具体负责组织实施对导游人员的年审工作。

2) 年审的方式、内容、等级

(1) 年审的方式与内容。年审以考评为主，考评的内容包括当年从事导游业务情况、扣分情况、接受行政处罚情况、游客反映情况等。

(2) 考评等级为通过年审、暂缓通过年审和不予通过年审 3 种。导游人员达到考评通过标准的，通过年审；导游人员有违法违规情况，有扣分情况的，根据具体扣分情况确定。一次扣分达到 10 分的，不予通过年审；累计扣分达到 10 分的，暂缓通过年审。暂缓通过年审的，通过培训和整改后，可重新上岗。此外，一次被扣 8 分的，全行业通报；一次被扣 6 分的，警告批评。

3) 年审管理的其他规定

(1) 导游人员必须参加所在地旅游行政管理部门举办的年审培训，培训时间应根据导游业务需要灵活安排，每年累计培训时间不得少于 56 小时。

(2) 旅行社或导游管理服务机构应为注册的导游人员建立档案，对导游人员进行工作培训和指导，建立对导游人员工作情况的检查、考核和奖惩的内部管理机制，接受并处理对导游人员的投诉，负责对导游人员年审的初评。

知识链接

导游薪金体系

据了解，目前国内导游人员的收入主要由基本工资、带团津贴、“回扣”构成。只有少数国有旅行社的专职导游有固定工资；带团津贴在外语导游中较高，但在中文导游中只有部分旅行社发放，大致为每团每天 15 元至 50 元不等；而“回扣”则成了大多数导游人员的主要收入来源。一位年轻女导游透露，回扣并不全都落入她的腰包，全陪、地陪和司机一般按照行规以 4∶4∶2 的比例分配，一般带一个 30 人左右的团队，导游可得到 1 000 元左右。目前，《关于严格禁止在旅游业务中私自收受回扣和收取小费的规定》已被国家旅游局列入“须要修改”的部门规章之列。这一修改被许多人看作是以“回扣”为主体的薪酬体系瓦解的契机，希望购物、自费项目等带来的旅游投诉能得到一揽子解决。

(资料来源：法制日报，记者：邓新建)

4.3.8 导游人员的法律责任

导游人员的法律责任是导游人员对其实施违反旅游法律法规行为，或违反旅游合同约定行为造成的损害所必须承担的赔偿、补偿、接受惩罚的不利后果。由于导游人员违反的法律不同，其所承担的法律责任有民事责任、行政责任、刑事责任。《导游人员管理条例》(以下简称《条例》)是行政法规，导游人员违反《条例》的规定义务是违反行政法规的行为，应承担行政责任。本节主要介绍导游人员违反义务行为及承担的行政责任，旅行社因导游违反义务而承担的行政责任。

1. 导游人员违反义务行为及承担的行政责任

(1) 导游人员进行导游活动时未佩戴导游证的，由旅游行政部门责令改正；拒不改正的，处 500 元以下的罚款。

(2) 导游人员未经旅行社委派，私自承揽或者以其他方式直接承揽导游业务的，由旅游行政部门责令改正，处 1 000 元以上 30 000 元以下的罚款；有违法所得的，并处没收违法所得；情节严重的，由省、自治区、直辖市人民政府旅游行政部门吊销导游证并予以公告。

(3) 导游人员进行导游活动时，有损害国家利益和民族尊严的言行的，由旅游行政部门责令改正；情节严重的，由省、自治区、直辖市人民政府旅游行政部门吊销导游证并予以公告。

(4) 导游人员进行导游活动，向旅游者兜售物品或者购买旅游者的物品的，或者以明示或暗示的方式向旅游者索要小费的，由旅游行政部门责令改正，处 1 000 元以上 30 000 元以下的罚款；有违法所得的，并处没收违法所得；情节严重的，由省、自治区、直辖市人民政府旅游行政部门吊销导游证并予以公告。

(5) 导游人员进行导游活动，欺骗、胁迫旅游者消费或者与经营者串通，欺骗、胁迫旅游者消费的，由旅游行政部门责令改正，处 1 000 元以上 30 000 元以下的罚款；有违法所得的，并处没收违法所得；情节严重的，由省、自治区、直辖市人民政府旅游行政部门吊销导游证并予以公告。

案例分析

游客不选套餐，导游扣房卡

“导游强制我们 15 个游客消费不成，竟拿走房卡不让休息。”3 月 22 日下午，来自河南郑州的游客来电称，海南的地接导游在 4 天行程中，不停地强制他们消费，这让他们很气愤。

据郑州游客李先生介绍，他们 15 个人在郑州一旅行社每人交了 2 500 元，报了海南 4 天阳光纯玩南山游的双飞旅游团，当地的旅行社接洽好海南接待的地团之后，他们于 3 月 17 日到达海口，拼入了一个团，大家都带着愉快的心情准备饱览海南的美景。可是刚坐上旅行的大巴车走在高速路上，一名自称叫龙飞的男导游，就给每个人发了一份精品行程推荐单，上面分为 A 套餐和 B 套餐，每个套餐下罗列的都是自费景点的费用，并称在这几天，每个人都要选 5 个(自费)景点，不能不配合他的工作。游客戴女士说，该导游每次在吃过晚饭的第一句话就是：“想好了没有，明天去哪个(自费)点？如果没想好，继续在这想。”然后，导游就拿着入住酒店的房门钥匙上去先休息，把游客晾在外面，一直不给房卡，直到很晚才给。游客秦女士说，原本行程单上写着的旅游景点，也被导游换成了其他景点。

图 4-6　旅游服务质量属于法律调整范围

(图片来源：news.qbnews.cn)

随后，记者根据游客提供的电话采访了龙导游，龙导游表示其实他也不是不想给房卡，只是游客不配合他的工作，他也没办法，至于旅游途中强制消费的事情，那是因为他们接郑州的这个团亏太多了。

目前，海南省旅游委质监所已介入调查此事(图 4-4)。

(资料来源：第一旅游网)

分析说明：根据《旅游法》及《旅行社条例》规定，导游人员进行导游活动，欺骗、胁迫旅游者消费或者与经营者串通，欺骗、胁迫旅游者消费的，由旅游行政部门责令改正，处 1 000 元以上 30 000 元以下的罚款；有违法所得的，并处没收违法所得；情节严重的，由省、自治区、直辖市人民政府旅游行政部门吊销导游证并予以公告。

2．旅行社因导游违反义务而承担的行政责任

导游人员的行为不仅是个人行为，还是受旅行社委派，代表旅行社履行义务的行为，导游人员违反义务的行为也是旅行社违反义务的行为，旅行社应当承担行政责任。《条例》对旅行社行政责任的规定有 3 条。

(1) 导游人员进行导游活动时，有损害国家利益和民族尊严的言行的，由旅游行政部门对该导游所在的旅行社给予警告直至责令停业整顿。

(2) 导游人员进行导游活动，向旅游者兜售物品或私自购买旅游者的物品的，或以明示或暗示的方式向旅游者索要小费的，由旅游行政部门对委派该导游人员的旅行社给予警告直至责令停业整顿。

(3) 导游人员进行导游活动，欺骗、胁迫旅游者消费或者与经营者串通欺骗、胁迫旅游者消费的，由旅游行政部门对委派该导游人员的旅行社给予警告直至责令停业整顿。

3．无证导游活动的行政处罚

《条例》第 18 条规定：无导游证进行导游活动的，由旅游行政部门责令改正并予以公告，处 1 000 元以上 30 000 元以下的罚款；有违法所得的，并处没收违法所得。

案例分析

旅游行业之“回扣”现象

在参团旅游过程中，游客被导游扣去景点参观时间带去购物，并刻意怂恿游客购买商品，从中取得“回扣”，这在国内外同行业中都被认为是常见的事。

最近，广东省肇庆市端州区人民法院审理了一起因“回扣”引发的商业贿赂诉讼案，打破了旅游业这条潜规则。有关人士认为，该案将对旅游经营商依法经营具有重大参考和借鉴意义。

商店与旅行社“合作”受到行政处罚

2005 年 6 月，肇庆某工商分局经调查核实，该市芳满庭(化名)商店自 2004 年 12 月起，与肇庆、珠海、深圳等地 8 家旅行社签订合作协议，承诺对旅行社及其导游带团到其商店消费购物，按“人头费”每人 2 元和 30%～35%的“购物提成”给予奖励。至案发时止，芳满庭商店通过上述方式，共获得销售收入 95 余万元，累计给予旅行社及其导游“人头费”10 余万元，“购物提成”35 余万元。

工商分局认为，芳满庭商店的行为违反了反不正当竞争法关于“经营者不得采用财物或者其他手段进行贿赂以销售或者购买商品”的规定，构成商业贿赂行为，于是在7月15日作出对其罚款3万元的行政处罚决定。

十天后，芳满庭商店向肇庆市端州区人民法院提起行政诉讼，要求撤销处罚决定，并向其返还罚款3万元。

据了解，芳满庭商店对工商分局认定的基本事实和办案程序没有异议，但对案件定性、规章效力和适用条款争议较大。

原告：回扣费属“合法佣金”

芳满庭商店负责人认为，其给付旅行社及其导游的“人头费”和购物回扣是“合法佣金”，而不是商业贿赂款。

有业内人士也认为，有关规定的条文中是允许旅行社和商店间结算“购物回扣”的。无论是国家旅游局1987年出台的《关于严格禁止在旅游业务中私自收受回扣和收取小费的规定》，或是某省旅游局1992年发布的《关于加强对涉外旅游团队实行定点购物管理的通知》，都能找到不反对、允许或支持在游客旅游购物后，由旅行社和商店间结算“回扣”的内容。如国家旅游局出台的《关于严格禁止在旅游业务中私自收受回扣和收取小费的规定》第3条规定：接待旅游者的商店、餐馆、汽车公司等经营单位，在经营中不得向私人给付回扣。该规定的言下之意就是旅游购物回扣在“公对公”时是合理的，而芳满庭商店与8家旅行社签订的是“公对公”的协议。

原告芳满庭商店主张某认为，旅行社有营业执照，是具有合法经营资格的中间人。按照国家工商总局《关于禁止商业贿赂行为的暂行规定》的规定，经营者销售或者购买商品，可以以明示方式给付中间人佣金。因此，原告给付旅行社及其导游的佣金是合法的。

被告：非中介机构回扣行为属商业贿赂

被告表示，根据《关于禁止商业贿赂行为的暂行规定》，有权取得佣金的中间人是指在市场交易中为经营者提供服务的具有合法经营资格的中间人。本案旅游公司根本不是“中间人”。实质上，旅游公司是对交易双方尤其是游客具有一定支配和影响的非法第三者。

据了解到，根据《经纪人管理办法》和《关于禁止商业贿赂行为的暂行规定》，构成佣金有2个条件：一是接受佣金的人必须是具有从事中介活动经营资格的“中间人”，即经纪人；二是佣金必须由中介合同约定，且不得违反法律法规和政策规定。

该工商分局认为，本案领取“人头费”和“购物提成”的旅游公司根本不具备中介活动经营资格，且原告与旅游公司并未订立中介合同约定佣金事项。芳满庭商店付给旅行社及其导游“人头费”和“购物提成”的行为符合商业贿赂的构成要件。

分析说明：

消协专家：收取佣金有徇私之嫌。

中国消费者协会法律投诉部主任王前虎明确表示：“两个经营主体间以彼此营利为目的的佣金就是回扣，即便属‘公对公’，但它实际上侵害了消费者的知情权和参观旅游的时间，是不合理的。并且就算旅行社在带队购物中付出了‘服务’，旅行社已从旅客交纳的费用中获得了佣金，就不能再从商店处获取，否则就有徇私之嫌。”

工商局官员：不得以贿赂手段销售商品。

国家工商总局反不正当竞争处一位负责人表示，评判某种行为是否属于商业贿赂，关键看是否违反《反不正当竞争法》第 8 条。该条明确规定：经营者不得采用财物或其他手段进行贿赂以销售或购买商品。对方单位或者个人在账外收受回扣的，以受贿论处。而回扣就是指经营者销售商品时在账外以现金、实物或其他方式退给对方单位或者个人一定比例的商品价款。

法院采纳了被告工商分局的意见，认定原告给付旅行社及其导游的“人头费”和购物提成是商业贿赂款，而不是“合法佣金”。因此驳回原告诉讼请求，维持行政处罚决定。收到法院判决后，原告未上诉，表示服判。

知识链接

《旅游法》所确定的导游薪酬体系

1. 基本工资

《旅游法》从法律上保障了导游的归属问题，规定导游人员进行导游活动，必须经旅行社委派。这从法律上明确了导游不能脱离旅行社私自承揽导游服务，应当与旅行社签订劳动合同，才能从事导游服务。旅行社必须为签订劳动合同的导游支付基本工资，导游人员的基本工资应该与导游人员的初级、中级、高级技术职称和从业年限相挂钩，并激励导游人员参与培训和学习，提高自己的专业技能。

2. 带团津贴

《旅游法》规定旅行社与旅游者签订劳动合同时，应当在包价旅游合同中载明导游服务费用，导游人员通过出团，由旅行社根据出团的线路天数、线路沿途基础设施的优劣、旅游团的人数等情况支付导游每天 150～300 元的导游服务费。

3. 佣金

导游变“导购”的利益驱使点是回扣，回扣也是目前导游收入的重要组成部分，《旅游法》规定旅行社与旅游者签订旅游合同和组织旅游活动的过程中，不得指定具体购物场所，导游也不得诱导、欺骗、强迫或者变相强迫旅游者购物，《旅游法》从法律上规范了导游的薪酬体系，杜绝了导游的不合法收入，“回扣”将退出导游的薪酬体系，旅行社与酒店、餐饮之间签订合作协议，施行公对公的佣金制度，旅行社按照导游的出团线路、出团天数、旅游者人数等每月按比例发给导游佣金。

4. 小费

“小费制”是国际服务行业的惯例，《旅游法》规定导游不得向旅游者索要小费，但是在旅游活动中或旅游活动结束时，旅游者自愿根据其对导游服务的满意程度给予导游的物质奖励是导游人员的合法收入，也能激励导游为游客提供优质服务。

5. 绩效奖金

旅行社根据导游的服务质量、出团的天数、游客的满意程度、是否遵守旅行社规章制度等制定导游绩效考评指标，根据导游绩效考评指标每年发放绩效奖金。

6. 福利

旅行社应当给予旅行社签订劳动合同的导游购买“五险一金”，旅行社为了激励和留住优秀导游，还应采用非现金形式的报酬，如培训、体检、交通补贴、通信补贴等。

4.4 旅游饭店管理法律法规制度

导入案例

旅游饭店住宿事故纠纷

何女士在酒店上楼梯时摔伤头部，她随后起诉酒店索赔23万余元。2012年10月11日，上海市徐汇区人民法院一审判决酒店赔偿她15.9万余元。

何女士诉称，2012年7月16日，她来沪旅游并入住徐汇一家酒店。7月17日下午1时左右，她到酒店的2楼用餐，转身下台阶时，因酒店相应设施不符合服务场所安全要求，致使她后脑摔成重伤。事发后，她被酒店工作人员送至医院。经诊断，何女士构成急性重型颅脑损伤、急性硬膜外血肿、颅骨多发骨折。现在，何女士右上侧肢体行动迟缓、丧失部分劳动能力，故起诉要求酒店赔偿医疗费、误工费等共计17.4万余元。

法院认为，何女士在酒店住宿期间受伤，其摔倒原因无法确定，但酒店未依相关规定在楼梯台阶上铺贴警示标志，应承担相应的赔偿责任。同时，何女士上楼时未尽到正常的安全注意义务，亦应承担一定责任。考虑到酒店对何女士采取了及时的救助，法院酌情确定酒店的赔偿比例为30%。

图4-5 客人安全重于热情服务

(图片来源：news.china.com.cn)
(资料来源：京华时报，有改动)

4.4.1 旅游饭店经营与管理法规概述

1．旅游饭店的含义

人们对旅游饭店的理解是多种多样的。旅游饭店经营者也按照自己的愿望对其所属的旅游饭店做出自己的解释。因而，旅游饭店没有一个统一的定义。一般而言，旅游饭店应该具备以下条件。

(1) 它是一座建筑物或由多座建筑物组成的接待设施。

(2) 它能提供住宿设施，也往往提供餐饮或其他综合服务设施。

(3) 它的服务对象是公众，既包括外来的旅游者，也包括当地的社会公众。

(4) 旅游饭店是一种具有商业性、以营利为目的的机构，使用者须支付一定的费用。

因此，旅游饭店可以定义为：为公众提供食宿设施和其他综合服务的商业性机构与建筑设施。

2．旅游饭店法规的调整对象

(1) 纵向关系：国家行政管理部门对旅游饭店的指导、协调、监督、管理的关系；旅游企业内部各部门之间的关系；旅游企业与职工之间的关系。

(2) 横向关系：旅游饭店之间的相互关系；旅游饭店与其他旅游企业之间的相互关系；旅游饭店与旅游者之间的相互关系。

(3) 涉外关系：三资企业的中外双方之间的合资、合作经营关系；外国旅游者在华的法律地位所具有的涉外关系；外国旅游企业与中国旅游饭店企业之间的关系。

我国目前还没有专门的旅游饭店法规来调整各种法律关系，只能用民法、经济法和国际惯例进行调整。因此，为了进一步促进我国旅游饭店业健康发展，必须加快饭店行业立法进程，完善旅游饭店法规。

3．旅游饭店法规的作用

(1) 旅游饭店法规为旅游饭店和旅客提供了行为规范。

旅游饭店和旅客作为旅游活动的主体，都有自己特殊的利益，在一定的条件下还会产生利益冲突。因此，旅游饭店法规既要确认旅游饭店和旅客的主体地位，又要规定双方的权利和义务，使双方在法律规定的范围内活动，只有这样才能减少冲突，促进旅游饭店业的健康发展。

(2) 旅游饭店法规为旅游饭店和旅客合法权益提供了保障。

旅游饭店在经营活动中，要经常与旅客或其他各种主体发生关系，其合法权益有可能受到侵害，因而，必须有相应的法律法规加以保障；同样，旅客在旅游活动中，必然要与旅游饭店发生关系，其合法权益也可能受到来自旅游饭店方面的侵害，因而也需要有相应的法律法规加以保护。旅游饭店法规的作用就在于保障旅游饭店和旅客双方的合法权益、维持双方的利益均衡。

(3) 旅游饭店法规为国家对旅游饭店的管理提供了必要手段。

旅游饭店作为旅游业的重要组成部分，在社会经济生活中的影响和作用越来越突出，国家必须加强对旅游饭店的管理、调节和监督。那么，如何实现这种管理呢？仅仅靠行政手段或仅仅靠经济手段都是不行的，必须运用法律手段，即通过守法的方式，对旅游饭店的行为进行宏观调控和微观管理。使旅游饭店的经济活动、发展方针符合旅游业发展的要求，以促进我国对外开放和国民经济持续、健康、稳定地发展。

4.4.2 旅游饭店星级评定制度

旅游饭店是我国旅游住宿业的主体，对我国旅游业的发展起着至关重要的作用。饭店星级评定标准的建立进一步规范了饭店的服务和提高了饭店管理水平。现行的星级饭店评定标准，将“旅游涉外饭店”改为“旅游饭店”。按照国际惯例，将饭店分为一星、二星、三星、四星、五星(含白金五星)5 个等级，饭店星级标志由国家旅游行政管理机关统一制作，该标志须置于饭店正门入口或总服务台最明显的位置。

1. 旅游饭店星级的评定范围

根据我国饭店星级评定的规定，凡在中华人民共和国境内正式开业 1 年以上的旅游涉外饭店，均可申请参加星级评定。正式开业不足 1 年的饭店可以申报预备星级。

通过饭店星级的评定，既可以提高饭店的硬件、软件水平，也可以使星级旅游饭店在旅游饭店业中起到推动其他旅游住宿、设施向规范化服务发展的作用。

2. 星级饭店评定的依据与划分标准

1) 饭店星级划分的依据

饭店星级划分的依据如下。

① 饭店的建筑、装潢、设备、设施条件；②饭店的设备设施的维修保养状况；③饭店的管理水平；④饭店的服务质量；⑤饭店的服务项目；⑥住店旅客满意程度。

2) 各星级饭店的基本标准

(1) 一星级饭店：布局基本合理，设备较为齐全，具有食宿基本功能，提供基本服务，综合服务项目少，安全、卫生、环境基本符合要求。

(2) 二星级饭店：布局基本合理，设备基本齐全。除具有基本食宿设施与基本接待服务功能外，有部分综合服务设施，安全、卫生、环境符合有关规定。

(3) 三星级饭店：布局合理，外观具有一定的特色或民族风格，设备舒适、齐全，装修美观，有多种综合服务设施，管理水平、服务质量较高，安全、卫生、环境质量较好。

(4) 四星级饭店：布局合理，外观独具风格或有鲜明的民族风格，设备豪华、典雅、完善，服务项目齐全，能提供较全面的服务，管理水平、服务质量高，安全、卫生条件好，环境优雅。

(5) 五星级饭店：布局合理，外观风格特异或有突出的风格，设备十分豪华，食宿及各种服务项目完善，服务质量优秀，管理科学化、现代化、安全、卫生条件很好，环境十分优雅。

3. 星级评定的机构及其分工

在我国，旅游涉外饭店星级评定的领导机构是国家旅游局。国家旅游局设立饭店星级评定机构，负责全国旅游涉外饭店星级评定领导工作，负责与聘任国家级星评定员，组织五星级饭店的评定与复核工作。

省、自治区、直辖市旅游局设立饭店星级评定机构，在国家旅游局领导下，负责本地区旅游涉外饭店星级评定工作，具体负责并督导本省内各级旅游饭店星级评定机构的工作；对本省副省级城市、地级市(地区、州、盟)及下一级星级评定机构违反规定所评定的结果拥有否决权；实施或组织实施本省四星级饭店的星级评定和复核工作；向全国星级评定委员会推荐五星级饭店并严格把关；按照《饭店星评员章程》要求聘任省级星评员；负责副省级城市、地级市(地区、州、盟)星评员的培训工作。

副省级城市、地级市(地区、州、盟)旅游局设地区旅游星级饭店评定委员会(简称“地区星评委”)，贯彻执行并保证质量完成全国星评委和省级星评委布置的各项工作任务；负责本地区星级评定机构的工作；按照《饭店星评员章程》要求聘任地市级星评员，实施或组织实施本地区三星级及以下饭店的星级评定和复核工作；向省级星评委推荐四、五星级饭店。

4. 饭店星级的评定

(1) 旅游饭店星级评定，采取按星级饭店的必备条件与检查评分相结合的方法综合评定。星级饭店的必备条件是指星级饭店的建筑设施设备、维修保养、清洁卫生、服务质量、宾客满意程度等 5 项标准。

(2) 饭店所取得的星级表明该饭店所有建筑物，设备设施及服务均处于同一水准。如果饭店由若干座不同建筑水平或设施设备标准的建筑组成，饭店星级评定机构将按每座建筑物的实际标准评定星级，评定星级后，不同星级的建筑物不得继续使用相同的饭店名称，否则该饭店的星级无效。例如，有一家饭店是由两座不同的建筑物所构成。在星级评定中，该饭店的主楼被评为四星级，而另外一座建筑物被评为二星级。在这种情况下，被评为二星级建筑物不得继续使用这家饭店的名称，否则，该饭店的四星级无效。

旅游饭店取得星级后，如需关闭星级标准规定购置某些服务设施、设备；取消或更改星级标准所规定的某些项目，必须经饭店星级评定机构批准，否则该饭店星级无效。

旅游饭店取得星级后，因进行改造发生建筑标准变化，设施、设备标准变化和服务项目变化，必须向饭店星级评定机构申请重新评定星级，该饭店原评星级无效。

5. 旅游饭店星级检查

旅游饭店星级检查实行星级饭店检查员制度。星级饭店检查员分为国家级检查员和地方级检查员两个等级。国家级检查员负责对全国各星级饭店进行星级评定前后的检查；地方级检查员则负责对本地区各星级饭店进行星级评定前后的检查。

为了保证饭店星级评定和检查的质量，星级饭店检查员必须具有较高的素养。他们必须通过国家统一培训考核，取得国家级或地方级的星级检查员的检查证后才能工作。取得检查证的各级检查员每两年要接受一次复检，如复检不合格，则将被取消检查员资格。对国家级检查员还要求具有技术职称或有较强的饭店行政管理经验和能力。

旅游饭店星级检查员对饭店的检查分为评定前检查和评定后检查两种。评定前的检查是指检查员受星级评定机构的委派，对申请评定星级的饭店，根据《旅游涉外饭店星级的划分及评定》所列的内容进行实地检查。评定后的检查是指检查员受星级评定机构的委派，对已经取得星级的饭店进行定期与不定期的明查和暗访。明查的目的是为了核实饭店在取得星级后，设施设备、服务项目、维修保养、清洁卫生等方面是否保持了原有的水准；而暗访的目的是为了监督、考察饭店在取得星级后服务质量方面是否保持了原有的水准。各级检查员在进行饭店星级评定工作中，要坚持原则，秉公办事，不得接受特殊待遇，不得收受礼品，要严格遵守有关规定。各级星级评定机构，有权对违规违纪、滥用职权、徇私舞弊或玩忽职守的检查员给予批评、警告、取消检查员资格直至追究法律责任的处分。

1) 对经复核达不到星级标准的星级饭店的具体处理方法

对达不到星级标准的星级饭店的具体处理方法如下。

(1) 经复核，星级饭店不能达到规定标准的，饭店星级评定机构则可以根据具体情况签发警告通知、通报批评，降低或取消星级。

(2) 各级检查员根据权限内旅游涉外饭店评定机构委派，随时对饭店进行暗访，如发现被查饭店在任何一项标准中达不到要求，检查员有权根据具体情况建议旅游涉外饭店星级评定机构签发警告通知书、通报批评、降低或取消星级。

(3) 饭店接到警告通知书、通报批评、降低或取消星级的通知后，须认真改进工作，并在规定期限内将改进情况上报发出通知的饭店星级评定机构。

(4) 凡在 1 年内接到警告通知书不超过两次(含两次)的饭店，可继续保持原星级。凡在 1 年内接到两次以上警告通知书的饭店，旅游饭店星级评定机构将降低或取消其星级，并向社会公布。

(5) 凡是被降低或取消其星级的饭店，由降低或取消其星级之日起半年内，不予恢复星级。半年后，方可申请重新评定星级。

2) 旅游饭店星级评定机构对星级饭店作出处理的权限

根据规定，各级旅游涉外饭店星级评定机构对星级饭店签发警告通知书、通报批评、降低或取消星级的处理权限如下。

(1) 一星级、二星级和三星级饭店达不到规定标准，省、自治区、直辖市旅游局饭店星级评定机构有权签发警告通知书、通报批评、降低或取消星级，并报国家旅游局饭店星级评定机构备案。

(2) 四星级、五星级饭店若达不到规定标准，省、自治区、直辖市旅游局饭店星级评定机构有权签发警告通知书、通报批评，并报国家旅游局饭店星级评定机构备案；如降低或取消其星级，须报国家旅游局饭店星级评定机构审批。

(3) 根据对各星级饭店检查发现的问题，国家旅游局饭店星级评定机构有权在通知有关省级饭店星级评定机构的同时，直接签发警告通知书、通报批评，降低或取消星级。

(4) 各县级饭店如发生重大事故、造成恶劣影响，各级旅游涉外饭店星级评定机构可直接降低或取消其星级。

知识链接

旅游星级饭店被取消星级资格

2011 年 1 月 17 日，从新疆维吾尔自治区旅游局获悉，由于企业自身原因不符合旅游星级饭店新标准，新疆乌鲁木齐世纪百盛大酒店、环球大酒店等 15 家旅游星级饭店被取消星级资格。

据了解，新疆维吾尔自治区星评委办公室结合《旅游饭店星级的划分与评定》的标准，以《旅游饭店星级的划分与评定》、《星级饭店访查规范》、《绿色旅游饭店》三项法规为依据，在 2011 年底对全区 438 家旅游星级饭店开展了年度星级复核工作，最终取消了乌鲁木齐地区、伊犁哈萨克自治州、吐鲁番地区、喀什地区 15 家旅游星级饭店的星级资格。其中，四星 3 家、三星 5 家、二星 7 家。今后，这 15 家酒店将不得再以星级标牌招揽业务。

据了解，2011 年 4 月，新疆维吾尔自治区旅游局公布了 2010 版《旅游饭店星级的划分与评定》新标准，新标准更加注重饭店的软实力及人性化服务，同时也对星级评定有了更加严格的规定，以此来推动新疆饭店服务水平的提升。新标准实施以来，各星级酒店都按规定进行了改进。

2012 年是实施新标准的第 2 年，新疆维吾尔自治区星评委办公室将严格按照新标准对星级酒店进行评定，对不符合标准规定的酒店将取消星级资格。

(资料来源：法制网)

4.4.3 旅游饭店与旅客之间的权利与义务

1. 旅游饭店与旅客之间的权利与义务的产生与终止

旅游饭店与旅客之间的法律关系，是平等主体之间的权利义务关系，属于民法的调整范畴。

特别提醒

旅游饭店和旅客之间的合同关系，旅游饭店和旅客之间的侵权关系，是旅游饭店法规重要的调整对象。

1) 旅游饭店与旅客之间权利与义务的产生

旅游饭店与旅客间的权利和义务始于住宿合同的成立。旅游饭店和旅客之间的关系，一般来讲即是提供和接受服务的关系，也就是经过双方合意形成的住宿合同关系。国际司法统一协会《关于旅游合同的协定草案》第 3 章第 1 款规定：“旅游合同在一方明确表示接受另一方提出的要约时即告成立。”实践中，旅游饭店和旅客之间通常不会签订一份合同书来表示合同成立，合同成立有两种情况：一是客人来店亲自登记住房。旅游饭店同意了旅客的要求，并予以登记，自办完住宿登记手续之时起，合同关系成立，于是产生了权利和义务关系。二是旅客向饭店预订客房，饭店接受了旅客的预订。旅客可以通过电话、传真、网上预订等方式进行登记，此时，虽然旅客并未实际入住饭店，但只要饭店接受了旅客的订房要约，饭店与旅客之间的合同关系即告成立，权利和义务随之产生。

2) 旅游饭店与旅客之间权利与义务的终止

饭店与旅客之间的权利和义务终于住宿合同的终止。饭店住宿合同终止的主要原因有如下几方面。

①旅客住宿期间届满。在这种情况下，饭店如约提供了服务，旅客也支付了相应的费用，因为合同被履行而自动终止。②旅游饭店或旅客任何一方违反合同规定的义务，经指出后仍未能达到约定的要求，另一方有权终止合同关系。③因不可抗力致使饭店或旅客不能履行合同义务，如因洪水阻断交通，客人无法按期到达预订好的饭店。④旅客在饭店内实施违法犯罪行为，被国家机关依法拘捕。

此外，旅客经同意延长使用已经居住的饭店房间，旅客和饭店之间原有合同关系终止，自延长使用之时起，新的住宿合同关系成立。同时，旅客结账后到离开旅游饭店通常有一段时间用于运行李、等车的“合理滞留时间”，在此期间，旅客仍具有“潜在客人身份”，应视为旅客与旅游饭店之间的合同关系仍然存在，旅游饭店对旅客仍负有“潜在责任”，直到旅客真正离开。

2. 旅游饭店与旅客之间的权利与义务的内容

旅游饭店的权利与义务同旅客的权利与义务是密切相关、不可分割的。旅客权利往往通过饭店的义务体现出来，旅客的义务则是由饭店的权利加以限定的。因此，一旦双方的权利、义务关系形成，那么，一方享有权利时，另一方则必然负有义务。反之亦然。

1) 旅游饭店的权利

根据饭店住宿合同的约定，旅游饭店在接待旅客的过程中享有的权利包括向旅客收取费用的权利；一定条件下拒绝接待旅客的权利；要求旅客遵守饭店规章的权利；对旅客在店内的违法行为加以制止的权利以及向旅客索赔的权利。

(1) 要求旅客支付合理费用的权利。饭店有要求客人支付饭店合理费用的权利。饭店收取的各种费用应当是合理的，收费标准不能违反国家的有关规定。当旅客无力支付或拒绝支付时，饭店有权留置旅客的财物，从旅客的财物中受偿住宿费用。但旅客被留置的财物价位只能相当于旅客所欠缴的实际费用。饭店的留置权在旅客付清所欠费用时终止。

在计算旅客的住宿费用时，通常采用的规则是从旅客入店至第二天的中午 12 点前，过一夜计一天，以此为标准来计算旅客的住宿费用。

(2) 一定条件下拒绝接待旅客的权利。旅游饭店在接待旅客的过程中，不得因旅客的种族、国籍、肤色、宗教信仰等原因对旅客加以歧视，甚至拒绝接待。但在有正当理由的前提下，饭店可以合理地拒绝接待旅客，即不与旅客签订合同或者终止与旅客的住宿合同。

一般来说，出现下列情况，饭店可以拒绝接待客人：客人已满，无客房可出租的；影响饭店形象的；客人无力或拒绝支付饭店费用的，以及有过逃账记录的；旅客患有精神病而又无人监护或患有传染病的；旅客在饭店内实施违法犯罪行为的；携带危害饭店安全的物品入店的；拒不履行住宿登记手续的；因不可抗力的原因。

旅游饭店在拒绝接待旅客的过程中．应当注意行为的方式。即在适用驱逐权时，要使用足够的谨慎、合理方式，尽量不使旅客受到不必要的强制或不适当的屈辱，在必要时饭店应向公安机关报告，如果旅客认为自己的人身权遭受了饭店的侵害，可以对饭店提起诉讼。

(3) 要求旅客遵守饭店的有关规定的权利。饭店有权要求客人正确使用饭店提供的设施、设备，爱护饭店的公共财物，遵守饭店作息时间，登记时查验旅客身份证明，旅客不得私自留客住宿或转让床位等。

(4) 制止客人在饭店内的违法犯罪行为的权利。饭店有权制止、拒绝住店客人及外来人员在店内从事违法犯罪活动。如饭店严禁卖淫、嫖娼、赌博、吸毒、传播淫秽物品等违法犯罪活动。对于在饭店内进行违法犯罪活动的，饭店有权向公安机关报告并配合有关部门加以制止。

(5) 要求旅客赔偿饭店损失的权利。如果客人损坏了饭店的物品，饭店有权要求客人赔偿。我国《民法通则》规定："损坏国家、集体的财产或者他人财产的，应当恢复原状或者折价赔偿。受害人因此而受其他重大损失的，侵害人应当赔偿损失。"客人无论是过失或故意损坏饭店的物品，都应当承担其赔偿责任。如果损失影响了客房的出租、场地的使用，饭店有权要求侵害人赔偿其相关损失。但是，饭店应当及时采取必要的措施，恢复客房或场所的使用状态，否则，饭店无权要求客人承担扩大的损失，《民法通则》规定："当事人一方因另一方违反合同受到损失的，应当及时采取措施防止损失的扩大；没有及时采取措施致使损失扩大的，无权就扩大的损失要求赔偿。"

2) 旅游饭店的义务

(1) 按照合同约定提供服务的义务。饭店与旅客的住宿合同一经成立，饭店就有义务按照约定向旅客提供客房及相应服务。提供的服务应符合相应的国家行业标准，否则，即视为饭店违约，要承担违约责任。对于提前预订房间的，饭店应当为客人准备好房间，如果因某种客观原因不能向旅客提供预订的房间时，应征得客人同意后，可在本饭店内另换标准相近的房间．或将客人转移到其他饭店，为客人提供相同等级的服务，旅客因此而增加的合理费用饭店承担。

同时，饭店应按照合同约定的客房等级、天数向旅客提供住宿服务。客房的等级与服务应达到国家标准和行业标准。

对于未经预订直接来饭店要求住宿的人，只要饭店有条件接待，客人没有不宜接待的原因，饭店就应热情接待。不得无故拒绝，更不能因种族、民族、性别、国籍、宗教信仰的不同加以拒绝。

(2) 保障旅客人身安全的义务。保证旅客住宿时的人身安全是旅游饭店的一项法律义务，而非合同义务。旅客在饭店里，有多种因素可能影响到自身的人身安全，如火灾、食物中毒、设备故障、房屋倒塌、工作人员疏忽大意、他人的侵权等，这都要求饭店把旅客的人身安全放在十分重要的位置上，排除损害旅客人身安全的各类事故发生，消除旅客的不安全感。

对于旅客在旅游饭店内遭受人身伤害问题，不同国家有不同的规定。为了解决各国法律规定的冲突，国际司法统一协会《关于旅馆合同的协定草案》作出了统一规定，《草案》第 11 条规定："出于发生在旅馆内的事故，或在旅馆控制下的任何其他地方发生的事故而造成旅客受伤、死亡时，旅馆应承担损害赔偿责任。但如果造成损害的事，旅馆对当时情况已采取了谨慎合理的措施而仍不能避免，其后果也不可能防止时，将不承担责任；旅客由于服食旅馆提供的食品、饮料而受伤、死亡时，旅馆除能证明上述食品、饮料确实适于人类服食外，应负损害赔偿责任。旅馆根据本条规定应负责任，但如旅客所受损害系其本人过错造成的，旅馆相应减轻其赔偿责任。旅馆根据本条规定应负责任。但旅客所受损害部分出于旅客以外的另一方的过错时，则旅馆仍应负全部赔偿责任。本条规定不妨碍旅馆向旅客以外的另一方行使追索权。

我国对旅客在饭店内所造成的人身伤害事件的处理，目前尚无专门的法律规定。但一般来说，如果是饭店的责任(故意或过失)造成旅客伤害。饭店应按照我国民法有关侵权的规定来承担相应的民事责任。如果是旅客自身的过失造成的损害，饭店则不承担责任；如果只是因第三人的过错造成旅客人身伤害，则先由饭店承担赔偿责任，然后再由饭店向第三人追偿。

(3) 保障旅客财产安全的义务。旅客在饭店住宿，随身携带一定财物。饭店在保障旅客人身安全的同时，也有保护旅客财产安全的义务。一般认为，一旦旅客进入饭店，在旅客登记处完成住宿登记手续之后，旅客与饭店之间的服务合同即告成立，饭店对旅客的财产安全即负有责任，从而产生合同之责的法律关系。因此，旅客依合同在饭店住宿，要求饭店保护财产安全都属于合同的主要权利。同时饭店对旅客的行李负有寄存保管义务，旅客应把带入饭店的贵重财物交给饭店寄存起来，饭店要设置保险箱、柜、室，指定专人负责保管，还要建立登记、领取、交接制度。

在普通法中，旅游饭店是旅客财物的保管人，旅客财产损失，应按严格责任原则处理，即不论饭店有无过失，均应对旅客财产损失负责。如果旅客财物损失出自本人过失或欺骗，或出于天灾与战争，则不适用这一规则。适用严格责任原则是有条件的，并非发生在饭店的财物损失都适用此原则。客人在财物损失时必须提供 3 个证明：具有饭店客人身份；财物损失是在饭店实际控制范围内；必须提供损失或丢失财物的名称、数量及价值。

国际司法统一协会《关于旅馆合同的协定草案》对财物损失的赔偿作了较为具体的规定。第 12 条规定："旅馆应对旅客带入旅馆的财物或虽在旅馆外面但已出旅馆负责的财物的损伤、毁坏或丢失负赔偿责任，其责任的期限为旅客有权在旅馆住宿的期间以及住宿前后的一段适当的时间。"第 13 条规定："旅馆有责任接受证券、现金和贵重物品的寄存保管；只有对危险品和笨重物品才可以不接受。"该条第 4 款规定："对于应由旅馆保管的财物而旅馆拒绝寄存保管．旅馆不能限制其损害赔偿责任。"第 16 条规定："出于旅馆或旅馆领导下的任何人的过失或故意行为或不作为而造成旅客财物损伤、毁坏、丢失时，旅馆不能适用本协定第 13 条与第 13 条关于赔偿限额的规定。"

我国现行法律并没有对旅客财物在旅游饭店损失，旅馆应承担责任的依据、范围、标准等问题作出明确规定，只能根据《民法通则》的有关规定来处理实际纠纷，这就造成了一定的困难。根据我国《民法通则》的有关规定：当事人一方不履行合同义务或者履行合同义务不符合约定条件的，另一方有权要求履行者采取补救措施，并有权要求赔偿损失。如由于饭店的过错，造成旅客财物毁损、丢失、被盗，则应承担赔偿损失的民事责任。《民法通则》还规定，当事人一方因另一方违反合同受到损失的，应当及时采取措施防止损失扩大，没有及时采取措施致使损失扩大的，无权就扩大的损失要求赔偿。相应地，旅客不将应交给饭店寄存的财物寄存起来，或者可以通过采取一定措施减少损失，而不采取措施致使财物遭受损失或损害扩大，旅游饭店则不负赔偿责任或不就扩大了的损失负赔偿责任。如果是不可抗力造成旅客财产损失，旅游饭店可免除责任。

4.4.4 旅游饭店与其他旅游部门的权利与义务

1. 饭店与旅行社之间的权利和义务关系

现代旅游中，饭店和旅行社的关系非常密切。旅行社招徕的客人需要在饭店住宿消费，饭店也需要与旅行社长期合作以稳定客源。它们一般通过合同约定双方的权利义务关系。它们之间是一种平等、协作的关系，其权利和义务完全通过合同来确定。

旅游饭店享有 3 项权利：①旅游饭店有权要求旅行社按合同向饭店提供客源，并要求旅行社预付定金；②旅行社违约时，旅游饭店有权要求旅行社赔偿因此而造成的经济损失；③旅游饭店有权要求旅行社从包价旅费中按比例向饭店支付客房费和服务费。

旅游饭店的义务：①在接受旅行社的客房预订后，必须保证在预定期内向旅行社提供合同所规定的客房，并向客人提供优质服务，不能超额预订；②应向旅行社支付一定的佣金作为旅行社提供客源的报酬。

2. 饭店与行政管理部门间的权利和义务关系

饭店在经营过程中，要与多个行政部门发生联系，如上级主管部门、旅游行政管理部门、工商行政管理部门、税务部门、卫生监督部门等。饭店与这些部门是领导与被领导、管理与被管理的关系。一方面，这些部门依法对饭店进行审查、批准、监督管理，促使饭店遵守国家有关法律、法规及行业规章。饭店要服从各主管部门的管理监督，依法进行经营活动；另一方面，各主管部门也有义务对饭店的合法经营活动给予保护，尊重饭店的自主经营权，不干涉其正常业务活动，不摊派各种费用等。

3. 饭店与商品供应者之间的权利和义务关系

旅客的需求千差万别，对旅游商品的需求差别很大。饭店不可能独自生产出能够满足旅客所有需求的商品，因而需要与饭店外的商品生产者建立联系，由商品生产者提供相关商品。饭店与商品供应者之间的关系也是一种平等主体间的关系，双方的权利和义务均应通过合同来体现，双方都应遵守平等、自愿、等价有偿、诚实信用的原则，来约定双方的权利与义务。饭店的法律责任即饭店对其违法行为所应承担的法律后果。饭店的法律责任可以是由于饭店方不履行或不适当履行合同产生的违约责任，也可能是饭店方出现侵权行为而产生的侵权责任。

4. 旅游饭店与其内部某个部门承包经营者之间的权利和义务

在旅游饭店的实际经营中，较普遍的一种现象是饭店的某个部门由他人承包经营，常见的是餐饮、娱乐健身、美容美发等服务的外包经营。作为发包方的饭店和作为承包方的实际经营者之间的权利和义务，通常是由双方签订的承包经营合同来体现的。发包方有权向承包方收取管理费、利润等，无权干预具体经营；承办方有权使用饭店原有的设施设备，享有自主经营权。然而，事实证明，承包经营的一大弊端是承包经营者追求短期经营利润的行为与饭店树立品牌的努力往往是相冲突的，这就导致在旅游饭店外包经营的部门中，服务投诉与纠纷相对较多。对这一问题，应特别加以重视。承包人以饭店的名义从事经营活动，同样代表饭店的形象，关系着饭店的利益。

4.4.5 旅游饭店的法律责任

1. 旅游饭店的违约责任

1) 旅游饭店违约责任的产生

违约责任，即违反合同约定而承担的责任。饭店在其经营活动中，经常要以平等主体的身份与其他主体签订合同。如与旅客签订住宿合同、与旅行社签订预订房间合同等。一旦饭店不履行或者不适当履行合同甚至单方面撕毁合同，就会给他人利益造成损害。因而应当承担违约责任。

2) 违约责任的承担

违约责任视其过错，可由饭店单方承担，也可由过错双方分别承担。例如，旅馆要求旅客晚上睡觉时锁好门，但一旅客忘记了锁门，夜间财物被盗。此例中双方都有过失，应由双方共同分担损失。

3) 饭店违约责任的承担方式

依据《合同法》的规定，饭店承担违反合同的责任形式有赔偿损失、支付违约金、继续履行、采取补救措施等。对于旅游饭店已经接受了他人定金而又不履行合同的，则适用“定金罚则”，即要双倍返还定金；反之，旅游饭店交付了定金而又不履行合同的，则无权要求返还。

2. 旅游饭店的侵权责任

1) 饭店的侵权行为

侵权行为是不法侵害他人非合同权利或者受法律保护的利益，因而行为人须承担责任的行为。饭店的侵权行为是指饭店及其工作人员故意或过失，造成旅客的人身伤害或财产损失的行为。饭店侵害了旅客的人身、财产权益，应当向旅客承担赔偿责任，《民法通则》中规定了“侵权的民事责任”，在判定饭店的侵权责任时，要适用《民法通则》的有关规定。

2) 侵权责任的产生

首先，旅客必须出现了实际的损害，有一定的损害结果。饭店承担侵权责任的前提就是：因为饭店的行为，致使旅客的人身、财产权益受到损害。

其次，旅游饭店的行为具有违法性。这里的违法，既包括积极的作为，如饭店的工作人员盗窃了旅客的财物，积极地实施法律禁止的行为；也包括消极的不作为，如饭店不告知某一器具的正确使用方法，而使旅客在使用时受伤的行为。

最后，饭店的侵害行为和旅客遭受的损害之间要有因果关系。也就是说，旅客的实际损害是由饭店违法行为造成的，否则，不能认定饭店的侵权行为成立。最后，饭店在主观上存在过错。过错包括故意和过失两个方面。无论是故意还是过失，依照我国《民法通则》规定均应承担侵权民事责任。

3) 侵权责任承权的方式

饭店因自己的过错致使旅客或其他主体财产或人身权利遭受损害则应当承担侵权民事责任。饭店承担一般侵权责任的方式有停止侵害、排除妨碍、消除危险、返还财产、恢复原状、赔偿损失、消除影响、恢复名誉、赔礼道歉等。

饭店的工作人员在执行职务过程中造成旅客人身或财产的损害，饭店也应承担责任，这种工作人员执行职务的行为，可视为饭店的行为，这种侵权行为属于特殊侵权行为。如果饭店工作人员的损害行为与执行职务无关，则由其个人承担侵权责任。

3. 因违反行政管理行为而产生的法律责任

对于饭店违反旅游行政管理、治安管理、卫生管理、消防管理等方面的行为，国家有关行政机关有权对饭店加以处罚。行政处罚的方式主要有：警告、罚款、没收违法所得、责令停业整顿、吊销营业执照等。此外，饭店的违法行为，如情节恶劣、后果严重、影响极坏、触犯刑律、构成犯罪的，有关人员还应承担刑事责任。

案例分析

旅游饭店的法律责任

任老太去千岛湖旅游，入住当地酒店沐浴时滑倒受伤，向法院起诉，要求该旅行社赔偿各类经济损失14.9万余元(图4-6)。近日，上海静安法院判决剔除部分不被认定的费用后，由旅行社赔偿原告医疗费、护理费、营养费、住院伙食补助及律师费、残疾赔偿金等合理费用计64 527.83元。

今年4月30日，任老太三人与一家旅行社签订旅游合同，参加由旅行社组织的千岛湖东南湖休闲二日游。5月1日晚，酒店客房浴室内较滑，任老太沐浴时跌倒受伤。事发后，她被送往医院治疗。2011年5月，经法院委托司法鉴定中心鉴定后，结论为：被鉴定人跌倒受伤，致左股骨转子间骨折等。该损伤后遗症，相当道路交通事故十级伤残。

任老太诉称，入住由旅行社安排的大酒店，因该酒店提供的是纸质拖鞋，且浴室内无任何防滑设施，她在沐浴时跌倒受伤。她认为旅行社提供的酒店缺乏基本安全审查，未能对可能存在的风险预先告知和采取措施，对自己受伤发生构成了违约，提出了总额近15万元的各类赔偿。

旅行社辩称，任老太等人入住的是资质齐全、合法经营的旅店，浴室内有防滑垫，墙上有明显的“小心地滑”提示。此外，任老太是成年人，应该意识到纸质拖鞋会遇水潮湿容易滑倒，跌倒受伤完全是自己不小心所致，旅行社没有过错不同意原告诉求。

图 4-6 严格执行评星标准，提高安全防范意识

(图片来源：www.gzxw.gov.cn)

分析说明：法院认为，经庭审双方陈述和提供的证据看，任老太入住的酒店设施较简陋，卫生间仅有一淋浴装置，地面系地砖，无扶手等安全设施，容易在有水情况下，地面湿滑使人跌倒，旅行社提供的该服务有瑕疵，对由此造成的损害应承担违约责任。

法院同时认为，卫生间浴室地面湿滑，任老太作为完全民事行为能力人，对浴室地面湿滑应有预见，且浴室内也有小心地滑的警示标志。任老太疏于注意而滑倒受伤，本身亦有过错。法院综合考虑了上述诸多因素，认为可减轻旅行社的赔偿，遂判决旅行社承担 50%赔偿责任。

(新闻来源：上海商报)

4.4.6 旅游住宿业治安管理制度

1987 年 11 月 10 日经国务院批准，由公安部发布了《旅馆业治安管理办法》(以下简称办法)，该《办法》是我国旅游住宿业治安管理的基本行政法规。

1．对申办旅游住宿业的治安管理

为保障旅馆企业能够正常经营，同时也为了保障旅客的生命和财产的安全，《办法》规定，开办旅馆，其房屋建筑、消防设备、出入口和通道等，必须符合《中华人民共和国消防条例》等有关规定，并且要具备必要的防盗安全设施。

《办法》规定，申请开办旅馆，应经主管部门的审查批准。经当地公安机关签署意见，向工商管理行政部门申请登记，领取营业执照后，方准开业。经批准开业的旅馆，如有歇业、转业、合并、迁移和改变名称等情况，应当在工商行政管理部门办理变更登记后 3 日内，向当地的县、市公安局、公安分局备案。

2．对旅馆一般经营中的治安管理

根据《办法》规定，凡经营旅馆，都必须遵守国家的法律，建立各项管理制度，成立

治安保卫组织或者指定安全人员，在经营旅馆过程中，具体应做到如下几方面。

(1) 旅馆接待旅客住宿必须登记。登记时，应当查看旅客的身份证件，按规定的项目如实登记。接待境外旅客住宿，旅馆除履行上述手续外，还应当在24小时内向当地公安机关报送住宿登记表。

(2) 旅馆应当设置旅客财物保管箱、柜或者保管室、保险柜，指定专人负责保管工作。对旅客寄存的财物、要建立登记、领取相交接制度。严格落实这项规定，就可以减少或避免住店客人因丢失财物而与旅馆之间发生纠纷。

(3) 旅馆对旅客遗留的物品，应当妥善保管，设法归还原主或告示招领。经招领3个月后无人认领的，要登记造册，送当地公安机关按拾遗物品处理。旅馆经常会遇到旅客遗留物品情况，这种处理方法既是法规的规定，同时也是社会公德和职业道德的要求。

(4) 严禁旅客将易燃、易爆、剧毒、腐蚀性或放射性等危险物品带入旅馆，对违禁物品和可疑物品，应当及时报公安机关处理。旅客住店期间，会有意无意地将一些危险物品和违禁物品带入旅馆，因此，在经营的过程中，如果发现任何危险物品和违禁物品，必须加以制止并及时报告公安机关处理，以避免安全事故发生。

(5) 旅馆内，严禁卖淫、嫖宿、赌博、吸毒、传播淫秽物品等违法犯罪活动。旅馆作为对社会公众开放的公共场所。任何人只要持有效证件即可在旅馆住宿、就餐和娱乐。这其中难免会有一些犯罪分子混进其中，从事犯罪活动。旅馆应从保护旅客人身财务安全出发，绝不能对在旅馆中从事实淫、嫖宿、赌博、吸毒、传播淫秽物品等违法犯罪活动不闻不问，必须及时向当地公安机关报告。

(6) 旅馆内不得酗酒滋事、大声喧哗，影响他人休息，旅客不得私自留客或转租床位。旅馆必须为住店客人提供一个良好的休息场所，所以对于那些在旅馆中大声喧哗、酗酒滋事、影响他人休息的人必须严加制止。同时旅馆还必须核实每一位客人的住店、离店的时间，向客人作必要的交代说明，防止客人私自留客住宿或转租床位等事件发生。

(7) 旅馆工作人员发现犯罪分子、形迹可疑之人和被公安机关通缉的罪犯，应当立即向公安机关报告，不得知情不报或隐瞒包庇，如果旅馆工作人员发现犯罪分子知情不报或隐瞒包庇，则会对其他旅客的人身安全造成威胁，旅馆工作人员本身将会受到公安机关处罚。

3．公安机关对旅馆治安的管理职员

作为旅游住宿业治安管理的主管部门，公安机关依法行使下列职责：①指导、监督旅馆建立各项安全管理制度和落实安全防范措施。②协助旅馆对工作人员进行安全业务知识培训。③依法惩办侵犯旅馆和旅客合法权益的犯罪分子。

公安人员到旅馆执行公务时，应出示证件，严格依法办事。要文明礼貌待人，维护旅馆的正常经营和旅客的合法权益，旅馆工作人员和旅客应当予以协助，共同搞好旅馆的治安管理工作，为旅游业共同制造稳定的社会环境。

4．对违反旅游住宿业治安管理行为的处罚

开办旅馆未经当地公安机关同意的，公安机关可以酌情给予警告或者处以200元以下

的罚款；未经登记私自开业的，公安机关应当协助工商行政管理部门依法对其处理。

旅馆工作人员发现违法犯罪分子、形迹可疑人员和被公安机关通缉的罪犯，未向当地公安机关报告，知情不报或隐瞒包庇的，公安机关可以酌情给予警告或处以 200 元以下罚款，情节严重构成犯罪的，依法追究其刑事责任。

旅馆人员参与违法犯罪活动，其经营的旅馆已成为犯罪活动场所的，除公安机关依法追究其责任外，还应当会同工商行政管理部门依法处理。

旅馆违反住宿登记制度，违反严禁旅客将易燃、易爆、剧毒、腐蚀性、放射性等危险物品带入饭店的规定的，违反严禁在饭店内卖淫、嫖宿、赌博、吸毒、传播淫秽物品等违法犯罪活动的规定的，依照《中华人民共和国治安管理处罚法》有关规定，处罚相关人员；发生重大事故、造成严重后果，构成犯罪的，依法追究刑事责任。

案例分析

普吉岛饭店发生爆炸，责任由谁来承担？

泰国旅游胜地普吉岛一家饭店的游泳池 2009 年 5 月 18 日发生氯气泄漏，致使 30 多人受伤，多数是外国游客。据调查人员差瓦立·佩西别说，当地时间上午 10 时多，位于卡伦海滩的兰花度假村泳池发生“爆炸”，原因是氯气和其他泳池清洁剂混合产生反应。因受到高浓度氯气“袭击”，超过 30 人受轻伤。伤者被紧急送往当地多家医院。一家医院主管普明·西拉潘说道，“37 人入院，包括 26 名外国人”，多数人皮肤受刺激、眼睛疼痛。一名孕妇出现呼吸困难，“接受吸氧”。普明说，接受救治后，12 人已出院，另外 25 人转往其他更大医院。一名挪威游客正与家人在普吉岛度假。他说道：“我听到大约 3～4 声爆炸”，泳池周边有大约 100 人。”兰花度假村一名工作人员说，这完全是一起意外事件。

分析说明：本案例中，饭店的爆炸事故是一起责任事故。因为酒店在经营管理游泳池期间，尤其在使用清洁剂等化学用品时，忽略了氯气和清洁剂混合会产生反应而发生爆炸，氯气袭击顾客，应承担法律责任。

(资料来源：新华网)

4.5　旅游娱乐管理法律法规制度

娱乐是文化休闲活动的重要组成部分。娱乐虽然不是旅游者的基本需求，但是娱乐活动对旅游者在旅游活动中的身心愉快却起着重要的作用。娱乐活动不但能使旅游者陶冶情操、放松身心、缓解旅游疲劳，而且还能得到极大的精神享受。娱乐活动又是一种特殊的文化活动，但在娱乐场所中一些经营者为了盈利，兜售一些庸俗、下流、黄色的“旅游项目”来迎合极少数旅游者的猎奇心理。因此，为了规范娱乐场所的经营行为，保护旅游者享受健康文化活动的合法权益、丰富人民群众文明、健康的娱乐生活，促进社会主义精神文明建设，1999 年国务院发布了《娱乐场所管理条例》，2006 年 3 月 1 日国务院颁布了新的《娱乐场所管理条例》，原《条例》废止。

4.5.1 《娱乐场所管理条例》的适用范围

《娱乐场所管理条例》的适用范围包括向公众开发的、消费有自娱自乐的营业性歌舞、游艺等场所。

4.5.2 娱乐场所的经营方向

娱乐场所经营单位应当坚持为人民服务、为社会主义服务的方向，开展文明健康的娱乐活动。国家倡导弘扬民族优秀文化，禁止在娱乐场所从事含有下列内容的活动：①违反宪法确定的基本原则的；②危害国家统一、主权或者领土完整的；③危害国家安全，或者损害国家荣誉、利益的；④煽动民族仇恨、民族歧视，伤害民族感情或者侵害民族风俗、习惯，破坏民族团结的；⑤违反国家宗教政策，宣扬邪教、迷信的；⑥宣扬淫秽、赌博、暴力以及与毒品有关的违法犯罪活动，或者教唆犯罪的；⑦违背社会公德或者民族优秀文化传统的；⑧侮辱、诽谤他人，侵害他人合法权益的；⑨法律、行政法规禁止的其他内容。

娱乐场所的治安管理的内容包括：①娱乐场所经营单位应当建立、健全各项安全制度，按照国家有关规定配备保安人员。保安人员须经县级以上地方人民政府公安机关培训，经培训并取得资格证书的，方可上岗。②娱乐场所的从业人员应当持有居民身份证，其中，外地务工人员还应当持有暂住证和务工证明。外国人及其他境外人员在娱乐场所就业的，应当按照国家有关规定，取得外国人就业许可证书。娱乐场所经营单位不得雇佣没有前款所列证件或者证件不齐全的人员就业。③严禁娱乐场所经营单位及其人员组织、强迫、引诱、容留、介绍他人卖淫。严禁开设赌场、赌局，引诱、教唆、欺骗、强迫他人吸食、注射毒品。严禁进行封建迷信活动。严禁贩卖、传播淫秽书刊、影片、录像带、录音带、图片及其他淫秽物品。严禁提供以营利为目的的陪侍，或者为进入娱乐场所的人员从事上述活动提供方便和条件。④任何人不得在娱乐场所内打架斗殴、酗酒、滋事，不得调戏、侮辱妇女。⑤任何人不得非法携带枪支、弹药、管制刀具和爆炸性、易燃性、放射件、毒害性、腐蚀性物品进入娱乐场所。⑥歌舞娱乐场所设置的包厢、包间应当安装展现室内整体环境的透明门窗，并不得有内锁装置。⑦娱乐场所经营单位应当加强防火措施，保证消防设施的正常使用。⑧歌舞娱乐场所容纳的消费者不得超过核定人数。

4.5.3 违反《娱乐场所管理条例》的惩罚

1．对娱乐场所经营者不正当经营行为的惩罚

擅自设立娱乐场所经营单位的，由工商行政管理部门予以取缔，没收违法所得和从事违法经营所使用的器材设备等，违法所得 4 000 元以上的，并处违法所得两倍以上五倍以下的罚款；没有违法所得或者违法所得不足 4 000 元的，并处 4 000 元以上 20 000 元以下的罚款。

娱乐场所经营单位擅自涂改、转借、出租营业执照的，由工商行政管理部门依照有关法律、法规的规定处罚。

娱乐场所经营单位变更娱乐项目，增加或者变更游戏机机型、机种、电路板，未报文

化行政主管部门审核的，由文化行政主管部门责令限期补办审核手续；逾期不办理审核手续的，责令停业整顿，没收非法所得，并处2 000元以上10 000元以下的罚款。

娱乐场所经营单位有下列情形之一的，由文化行政主管部门责令改正，给予警告，责令停业整顿，没收违法所得，违法所得 2 500 元以上的，并处违法所得两倍以上四倍以下的罚款；没有违法所得或者违法所得不足2 500元的，并处2 500元以上10 000元以下的罚款；情节严重的，由工商行政管理部门吊销营业执照。①将娱乐场所转包他人经营的；②歌舞娱乐场所接纳未成年人的，游艺娱乐场所中设置的电子游戏机在国家法定节假日外向未成年人提供的；③使用未经依法批准的音像出版单位出版的或者未经依法批准进口的音像制品或者电子出版物的；④提供利用电子计算机从事的娱乐活动的；⑤提供具有赌博功能的游戏机机型、机种、电路板的。

娱乐场所有下列情形之一的，由文化行政主管部门责令停业整顿，没收非法所得和从事违法经营所使用的器材设备等，并处4 000元以上40 000元以下的罚款；情节严重的，由工商行政管理部门吊销营业执照；构成犯罪的，依法追究刑事责任。①组织的表演活动或者播放的曲目以及演播的屏幕画面含有《娱乐场所管理条例》第4条禁止的内容的；②游戏机内设计、装置的游戏项目中含有条例禁止的内容的。

娱乐场所经营单位有下列情形之一的，有公安机关责令改正，给予警告，责令停业整顿，并处1 000元以上10 000以下的罚款；情节严重的，由工商行政管型部门吊销营业执照。①雇佣的从业人员没有条例规定证件或者证件不齐全的；②未按照国家有关规定配备保安人员或者安排未取得资格证书的保安人员上岗的；③设置的包厢、包间不符合条例规定要求的；④歌舞娱乐场所容纳的消费者超过核定人数的。

娱乐场所经营单位违反消防安全规定的，由公安机关依照有关法律，法规的规定处罚。

娱乐场所经营单位对发生在本单位的卖淫、嫖娼活动放任不管，不采取措施制止的，由公安机关责令停业整顿，并处40 000元以上20 000元以下的罚款；情节严重的，由工商行政管理部门吊销营业执照；对直接负责的主管人员和其他直接责任人员，按照规定给予纪律处分，并由公安机关处1 000以下的罚款。

娱乐场所经营单位有下列情形之一的，由公安机关责令改正，给予警告，责令停业整顿，并处4 000元以上20 000元以下的罚款；情节严重的，由工商行政管理部门吊销营业执照。①进行封建迷信活动的；②提供以营利为目的的陪侍的；③为进入娱乐场所的人员从事封建迷信、提供陪侍等项目而提供方便和条件的。

娱乐场所经营单位的人员有下列情形之一，构成犯罪的，依法追究其刑事责任；尚不构成犯罪的，依照治安管理处理条例的有关规定给予处罚。①利用本单位的条件，组织、强迫、引诱、容留、介绍他人卖淫的；②在公安机关查处卖淫、嫖娼活动时，隐瞒情况或者为违法犯罪分子通风报信的；③利用本单位的条件，开设赌场、赌局的；④利用本单位的条件、引诱、教唆、欺骗、强迫他人吸食、注射毒品的。

2. 对在娱乐场所活动期间严禁行为的惩罚

有下列情形之一的，依照治安管理处理条例的有关规定给予处罚；构成犯罪的，依法追究其刑事责任。①非法携带枪支、弹药、管制刀具或者爆炸性、易燃性、放射性、毒害性、腐蚀性物品进入娱乐场所的；②在娱乐场所内从事卖淫、嫖娼、赌博、吸毒或者封建迷信活动的，贩卖、传播淫秽物品的，或者从事淫秽、色情活动的；③在娱乐场所内打架斗殴、酗酒、滋事，调戏、侮辱妇女或者进行扰乱娱乐场所正常经营秩序活动的。

3. 对文化主管部门、公安机关工作人员违反规定的处罚

文化行政主管部门、公安机关的工作人员开办娱乐场所的，参与或者变相参与娱乐场所经营活动的，依法给予撤职或者开除的行政处分。

文化行政主管部门、公安机关和其他机关行政主管部门的工作人员滥用职权、玩忽职守、徇私舞弊、参与或者包庇违法行为、构成犯罪的，依法追究刑事责任；尚不构成犯罪的、依法给予行政处分。

4.6 旅游交通管理法律法规制度

导入案例

湖北荆州特大旅游交通事故

2008 年 7 月 12 日，湖北荆州天问旅行社组织的长江大学江汉石油学院学生旅游团在宜昌市发生重大交通事故。当天下午 13 时 37 分，旅游团乘坐荆州九州汽车旅游公司客车途经宜昌黄柏河大桥时，一名中年男子突然在桥头强行拦车，驾驶员为避让拦车人，将客车左转，撞毁大桥栏杆后冲入黄柏河。事故共造成 9 人死亡、11 人受伤。

事故发生后，宜昌市政府立即启动紧急预案，主管副市长赶到现场指挥抢救，荆州市政府领导和安监、交通、交警、旅游等部门以及荆州天问旅行社、九州汽车公司的负责人随后也赶到现场，协助做好搜救及善后工作。湖北省旅游局主管领导连夜赶赴事故现场，与宜昌和荆州市事故处理领导小组交换意见，并看望、安抚受伤游客。

经宜昌市交警部门认定，此次事故为“单方交通事故，车主负全责”。事故发生后，荆州市政府筹资近 500 万元协助宜昌市政府做好救治及善后处理有关工作。荆州天问旅行社出团前为每一位游客购买了神州游人身意外伤害险，保险公司拿出 130 万元对游客进行了人身意外伤害险理赔。此外，荆州天问旅行社和承保旅行社责任险的荆州天安保险公司各拿出 10 万元，用于事故善后处置工作。事故善后处理比较顺利，遇难者家属及伤者家属均比较满意。

(资料来源：湖北省旅游局)

4.6.1 旅游交通法的概念

旅游交通法规是指调整发生在旅行过程中各种社会关系的法律制度规范的总称。改革开放以来，我国十分重视旅游交通法制建设。为了加强交通运输的建设和管理，促进交通运输事业的发展，国家先后颁布了一系列调控交通运输关系方面的法律、法规。

特别提醒

在航空运输方面的法律法规，主要有《中华人民共和国民用航空法》、《中国民用航空旅客、行李国内运输规则》、《中国民用航空旅客、行李国际运输规则》、《国内航空运输旅客身体损害赔偿暂行规定》。在铁路运输方面的法律法规，主要有《中华人民共和国铁路法》、《铁路旅客运输损害赔偿规定》、《铁路旅客运输规程》。在公路运输方面，主要有《中华人民共和国公路法》、《高速公路旅客运输管理规定》、《道路旅客运输及客运站管理规定》等。

这些法律法规构成了我国旅游交通运输法律体系，在旅游交通运输和管理中发挥着重要作用。

4.6.2 旅游交通的概念

旅游交通是指旅游业经营者为旅游者在旅行游览过程中提供的各类交通运输服务而产生的一系列社会经济活动和现象的总称。旅游交通运输主要是指交通运输中的旅客运输，旅客运输是现代交通体系的一个重要组成部分。旅客运输的目的是为人们进行经济、文化、休闲等活动提供必要的运行条件，把旅客安全、迅速、便捷、经济地运送到目的地是旅客运输企业的重要责任。目前，我国旅客运输主要包括航空旅客运输、铁路旅客运输、公路旅客运输和水路旅客运输等方式。

4.6.3 我国旅游交通运输法规的基本原则

我国旅游交通运输法规除了规定当事人的权利和义务外，还确立了统一管理与分级负责、安全运输、合理运输和计划运输等 4 个方面的原则，体现了我国旅游交通运输法规的特点。

1．统一管理与分级负责的原则

我国旅游交通运输事业实行统一管理与分级负责的原则。我国有关法律法规规定，我国的旅游交通运输事业内铁道部、民航总局、交通部、国家旅游局实行部门管理，分级负责的管理体制。《中华人民共和国铁路法》规定：“国务院铁路主管部门主管全国铁路工作，对国家铁路实行高度集中、统一指挥的运输管理体制，对地方铁路、专用铁路和铁路专线进行指导、协调、监督和帮助。”《中华人民共和国民用航空法》规定：“国务院民用航空主管部门对全国民用航空活动实施统一监督管理。”它所设立的地区民用航空管理机构依照授权，监督管理各地区的民用航空活动。统一管理、分组负责原则的确立，有利于国家对旅游交通运输业的宏观管理，有利于维护旅游交通运输市场的正常秩序。

2．安全运输原则

交通安全是旅游者在旅游活动中最关心的事项之一，也是旅游交通经营者的一项最基本的义务，因此安全运输原则成为我国各种旅游交通运输法规的一项基本原则。有关法规对安全运输的措施、承运人的责任、旅客的义务以及运输的各个环节等都作了大量具体的规定，对危害旅游交通运输安全的犯罪行为，规定了惩治措施。为了保证交通运输安全，有关法规还规定了飞机长、车辆驾驶员等维护航行、行驶安全的责任。

3．计划运输的原则

计划运输是我国旅游交通运输法规的一项重要原则。它要求旅游交通运输企业根据整个公共交通运输市场的供求关系、旅游接待部门的预测和安排，对旅游交通运输进行统筹安排，均衡地组织运输。

4．合理运输的原则

为了有效地使用各种交通运输工具的运输能力，提高运输效率，交通运输法规对某些对流运输、过远运输、重复运输等作出了某些限定性规定。旅游交通运输部门应当根据这些规定，合理编排线路，使用适当的运输工具、节省运力，提高经济效益。

4.6.4 旅游客运合同

1．旅游客运合同的成立

1) 客运合同的概念及主体

客运合同又称旅客运输合同，是承运人与旅客之间关于旅客运输权利义务的协议。交通主要包括航空、铁路、公路、水运等 4 种基本交通方式。

特别提醒

旅客、托运人、收货人与承运人是旅游客运合同的主体，即运输合同的当事人。旅客、托运人、收货人是享有运送权利并支付运费的人。旅客是乘坐交通工具旅行的自然人。收货人是托运人指定的直接领取货物的人。托运人是要求提供行李、包裹运输服务的人。承运人是提供运输服务的当事人。

2) 客运合同成立的条件

《合同法》规定：“客运合同自承运人向旅客交付客票时成立，但当事人另有约定或者另有交易习惯的除外。”这是对客运合同成立的规定。

客运合同的订立一般是先由购票人向承运人支付票价，后由承运人发售给客票。购票人支付票价的行为为签约，发给客票的行为为承诺。因此，在一般情况下，自承运人向旅客交付客票或者旅客取得客票时起，双方的意思表示一致，客运合同即告成立。

“当事人另有约定或者另有交易习惯的”，主要包括 2 种情形：①在包租运输中，该客运合同一般自客运双方当事人合同签订时成立(并不需要承运人交付客票)；②旅客先乘车(船)再补票，自旅客上车(船)时合同成立。此时当事人之间的合同形式为非书面的，其后旅客补票不过是将合同改为书面合同而已。

在客运合同的订立中，一般情况下，旅客一方提出坐车(飞机、船)要求的意思表示为要约，承运人同意运输的意思表示为承诺，但对于旅客的要约，承运人除有正当理由外，不得拒绝，如果承运人拒载，旅客可以依有关规定向有关部门投诉，有关部门有权依有关规定对拒载的承运人给予处罚。

客运合同应当执行统一规定的票价。承运人收取的票价不得违反国家的规定：承运人各种客票的价款应予公告，并按照公告的价目表收费，而不得加收其他费用。

2．旅游客运合同的主要形式

客运合同的形式主要有客票、行李票和包裹票。

1) 客票

客运合同的基本形式是以客票的方式体现的，它是旅客乘车、乘船、乘机旅行的主要凭据，也是客运合同成立的初步证据。客票包括火车票、汽车票、船票和机票等。

(1) 客票的内容。客票一般包括以下内容。

① 承运人的名称、地址，记名客票上还有旅客姓名。

② 起运地(始发地)、目的地，有的还有中途经停地。

③ 车(船、飞机)班次号、参照价款、编号。

(2) 客票的法律特征。客票具有以下法律特征。

① 客票具有有价证券的性质。它不仅表明旅客乘运的班次、时间，而且还表明了旅客乘运的费用。

② 客票具有旅游合同的性质。它是旅客与承运人双方合同关系的证明。

2) 行李票、包裹票

旅客或者托运人运送行李和包裹，要与承运人签订行李、包裹运输合同。行李、包裹运输合同是指承运人与托运人、收货人之间明确行李和包裹运输权利义务关系的协议。行李、包裹运输合同的基本凭证是行李票、包裹票。

行李票、包裹票主要应当载明：旅客(托运人)、收货人、承运人名称及详细地址；发站(港)、到站(港)；货物名称；货物包装、标志、件数和重量(包括货物包装重量)；承运日期；声明价格；运到期限；运输费用；双方商定的其他事项。

4.6.5 航空运输法律制度

1．民用航空经营准则及禁运规定

1) 经营准则

根据《民用航空法》的规定，公共航空运输企业应当以保证飞行安全和航班正常，提供良好服务为准则，采取有效措施，提高运输服务质量。

公共航空运输企业应当教育和要求本企业职工严格履行职责，以文明礼貌、热情周到的服务态度，认真做好旅客和货物运输的各项服务工作。旅客运输航班延误的，应当在机场内及时通告有关情况。

2) 禁运规定

为了保证航空运输的安全，我国《民用航空法》对运输企业运送物品以及旅客航空运输携带行李、托运物品做出了以下明确规定。

(1) 不得运输法律、行政法规规定的禁运物品。

(2) 禁止旅客随身携带法律、行政法规规定的禁运物品乘坐民用航空器。

(3) 禁止以非危险品品名托运危险品。

(4) 禁止旅客随身携带危险品乘坐民用航空器，除因执行公务并按照国家规定经过批准外，禁止旅客携带枪支、管制刀具乘坐民用航空器。

(5) 禁止将危险品作为行李托运。

所谓禁运物品是指我国法律法规规定的，危害人民群众身体健康、社会公共秩序、社会经济秩序、社会道德水平的物品。禁运物品包括：毒品、黄色淫秽音像制品或书刊、反动宣传品、伪钞等。

所谓危险品是指对运输安全构成危险的易燃、易爆、剧毒、易腐蚀、易污染和放射性物品。

中国民用航空局规定从 2008 年 3 月 14 日起乘坐国内航班的旅客一律禁止随身携带液态物品。2008 年 4 月 7 日中国民用航空局决定，即日起禁止旅客随身携带打火机、火柴乘坐民航飞机。

2．航空承运人与旅客间的权利义务

旅游者购买机票，成为航空公司(又称承运人)的旅客，与航空公司建立起航空运输法律关系，享有和承担航空运输的权利与义务。航空承运人与旅客间权利义务主要源于《民用航空法》、《中国民用航空旅客、行李国内运输规则》。

1) 航空承运人的权利义务

(1) 航空承运人(以下简称承运人)的权利。

① 承运人有安全检查权。在旅客乘机前，公安部门和民航有权对旅客人身及其携带物品进行安全检查；对拒绝检查的乘客，民航可以拒绝运输。《民用航空法》第 102 条规定，民航不得运输拒绝接受安全检查的旅客，也不得运输未经安全检查的行李，可依法处罚携带禁运品和危险品的旅客。

② 承运人有查验机票权。民航可以查验客票，对无票或持无效票乘机的旅客，在始发地发现，可拒绝其乘机，在到达地发现，可加倍收取自始发地至到达地的票款。

③ 索赔权。对因旅客过错造成航空公司损失的，承运人可以要求旅客赔偿损失。

④ 减轻、免除赔偿责任权。承运人如能证明旅客死亡、受伤是不可抗力或旅客本人健康状况造成的，或者是由于旅客本人重大过失或故意行为造成的，可以减轻或免除航空公司责任。

(2) 承运人的义务。

① 出具客票的义务。承运人运送旅客应当出具客票，客票应当包括出发地点、目的地地点、承运人名称、出票人名称、旅客姓名、航班号、舱位等级、离站时间、票价、运输说明事项等，客票是航空运输合同订立和运输合同条件的初步证据。

② 保证飞行安全、航班正常的义务。《航空法》第 15 条规定，公共航空运输企业应当以保证飞机安全和航班正常，提供良好服务为准则，采取有效措施，提高运输服务质量。

③ 告知义务。航班延误或取消时，承运人应迅速及时地将航班延误或取消等信息通知旅客，做好解释工作。

④ 补救义务。航班延误或取消时，承运人应根据旅客要求，优先安排旅客乘坐后续航

班或转签其他承运人的航班，或退票，并不得收取退票费。因承运人自身原因导致航班延误或取消，承运人应当向旅客提供餐食或住宿等服务。

⑤ 赔偿义务。《民用航空法》第124条规定，因发生在民用航空器上或者旅客上、下民用航空器过程中的事件，造成旅客人身伤亡的，承运人应当承担赔偿责任。

2) 旅客的权利义务

调控航空业的《民用航空法》、《规则》调控面广泛，公共航空运输仅是其众多调控面之一，而且，公共航空运输中货物运输比旅客运输量大，涉及的环节多，立法者的立法倾向于保护航空公司利益，对旅客义务有明文规定，对旅客权利没有明文规定的，人们仅能从对承运人义务的规定中，对应归纳旅客的权利。

(1) 旅客的权利。

① 安全权。旅客在乘坐飞机时，其人身及携带物品、行李应得到安全保护，不受侵害。《航空法》第95条规定，公共航空运输企业应当以保证飞行安全和航班正常，提供良好服务为准则。

② 知情权。旅客有了解航班延误、取消、办理登机手续等信息的权利。《民用航空法》第95条规定，旅客运输航班延误的，公共航空运输企业应当在机场内及时通告有关情况。《规则》第32条规定，承运人规定的停止办理乘机手续的时间，应当以适当方式告知旅客。

③ 选择权。旅客在航班延误、取消时，有选择乘坐后续航班、签转其他航班或退票的权利。因承运人原因造成旅客漏乘、误乘航班的，旅客有乘坐后续航班或退票的权利。

④ 索赔权。承运人造成旅客损失的，可要求承运人赔偿损失。《民用航空法》第124条规定：因发生在民用航空器上或者在旅客上、下民用航空器过程中的事件，造成旅客人身伤亡的，承运人应当承担责任；但是，旅客人身伤亡完全是由于旅客本人的健康状况造成的，承运人不承担责任。第125条规定：因发生在民用航空器上或者在旅客上、下民用航空器过程中的事件，造成旅客随身携带的物品毁灭、遗失或者损坏的，承运人应当承担责任；因发生在航空运输期间的事件，造成旅客的托运行李毁灭、遗失、损坏的，承运人应当承担责任。第126条规定，旅客、行李或者货物在航空运输中因延误造成的损失，承运人应当承担责任。但是，承运人证明本人或者其受雇人、代理人为了避免损失的发生，已经采取一切必要措施或者不可能采取此种措施的，不承担责任。

(2) 旅客的义务。

① 按客票指定的日期和航班乘机。旅客应当在承运人规定时限内到达机场，凭客票及本人有效身份证件按时办理客票查验、托运行李、领取登机牌等乘机手续。

② 旅客应接受安全检查，不得携带危险品乘机。旅客乘坐飞机，不得随身携带或在行李中夹带枪支、弹药、管制刀具等法律、行政法规规定的禁运物品或者易燃、易爆、有毒、腐蚀性、放射性等危险物品。如旅客携带上述物品，一经查出，按有关规定严肃处理，情节严重的追究其刑事责任。

③ 在飞行中听从机组人员指挥、安排，配合机组人员维护机内公共秩序。

④ 看管好自己随身携带的物品。属于旅客自身原因造成物品丢失、损坏的，由旅客本人承担责任。

⑤ 按规定办理行李托运手续，交纳有关费用，到达目的地后，按规定及时领取托运行李。

⑥ 由于旅客过错造成承运人或第三者损失的，旅客应承担赔偿责任。

3. 航空承运人违反义务情形及责任

由于航空公司管理严格，飞机安全性能高，飞行员责任心强，飞机带故障飞行和飞行员驾机失误造成的机毁人亡事件很少，严重损害旅客生命安全的违约行为少，大多数违约行为是飞机不准时飞行，延误、取消航班，填错机票等损害旅客权益行为。

1) 航班延误、取消

航班是飞机按规定的航线、日期、时刻定期飞行，飞行应安全和正常。保证航班正常就是保证航班按规定航线、规定时刻起飞、运行、停降，没有按规定时间起降飞行就是延误；航班取消就是停止此次航班飞行。航班延误、取消严重违背旅客乘飞机以求得“快速”之目的，严重扰乱旅客日程安排，不仅造成旅客来往飞机场等费用损失，还造成旅客不能按计划进行随后的经济活动，获得更大的利益等。看似迟发几小时，实则损害大利益，航空承运人应当承担违约责任。航班延误、取消是常见的典型的违约行为，承运人应当承担哪些责任，我国《合同法》《民用航空法》没有规定，但《中国民用航空旅客、行李国内运输规则》有规定。

《中国民用航空旅客、行李国内运输规则》(以下简称《规则》)第58条、第59条分别规定如下。

① 由于机务维护、航班调配、商务、机修等原因造成航班在始发地延误或取消，承运人应当向旅客提供餐食或住宿等服务。

② 由于天气、突发事件、空中管制、安检以及旅客等非承运人原因造成航班在始发地延误或取消，承运人应当协助旅客安排餐食和住宿，费用可由旅客自理。

③ 航班在经停地延误或取消，无论何种原因，承运人均应当负责向经停旅客提供膳宿服务。

《规则》对航班延误、取消所承担的责任是安排膳宿。安排膳宿往往小于旅客实际损失，经常招致旅客不满与投诉。中国民航总局针对旅客的不满与投诉，制定并于2004年7月1日起施行了《民航总局对国内航空公司因自身原因造成航班延误给予旅客经济补偿的指导意见(试行)》。此意见要求航空公司根据航班延误4小时、8小时以上的不同情况，给予旅客以现金、购票折扣等方式的经济补偿。

案例分析

航班因机器故障取消，航空公司的违约责任？

2002年7月16日，北京王某欲乘坐深圳航空公司804航班从北京赴浙江黄岩采访，航班起飞时间为16时30分。当乘客在首都机场一楼20号登机口登机之际，机场广播突然通知，飞往黄岩、深圳的804次航班，因机械故障暂时不能起飞，请乘客在休息室里休息等候。等到23时，广播通知，804次航班因机器故障被取消。航班被取消后，绝大多数乘客被安排到离机场十多公里外的一家饭店。有少数乘客要求退票，改乘其他航空公司的航班，但机场拒绝办理退票手续，并告知，机票从哪儿购买的就到哪儿退票。一位天津乘客激愤地说："我的飞机票是在天津买的，难道还要回天津去退票？"王某因航班延误，取消去黄岩计划，因午夜民航班车停开，只好乘出租车回家。此案例中，机场有哪些违约行为？乘客应依法维护哪些权益？

分析说明：机场的违约行为有：根据《民用航空法》第 95 条、第 126 条，《规则》第 23 条、第 57 条、第 60 条规定，机场有取消航班、不及时向乘客通报和解释误机原因、未安排乘客膳宿，拒绝办理退票手续的违约行为。

乘客可依法维护的权益有：根据《规则》第 19 条、第 23 条、第 57 条、第 60 条规定，乘客可以要求机场优先安排后续航班或转签其他航班，可以要求机场提供免费饮食、住宿等服务，可以要求机场退还全部票款，并且不支付退票费。

本案例中，在天津购票的乘客完全可以要求首都机场退票，王某可以要求机场派车送他回家或报销出租车费，因为出租车费是没有顺利乘机而回家的必须支付。

2) 飞机剧烈颠簸致人伤亡

飞机高空飞行产生剧烈颠簸，导致旅客极端不适应，甚至受伤、死亡，或者剧烈颠簸使摆放不牢物品落下，砸伤乘客。

案例分析

飞机剧烈颠簸之人伤亡的法律责任

沈阳李大妈身体一向很好，喜欢旅游。她在 2003 年 10 月随旅游团乘飞机去桂林旅游，飞机在飞行中突然发生剧烈颠簸，李大妈顿时感到气短、胸闷，摔倒在机舱里，不省人事。虽然医务人员尽力抢救，但她因突发性心脏病，病情急，抢救无效而死亡。李大妈女儿要求航空公司赔偿，航空公司是否有赔偿责任？如果有赔偿责任，应赔偿多少？

分析说明：航空公司承担赔偿责任的关键在于航空公司对李大妈之死是有条件承担责任还是无条件承担责任的法律规定。如果法律规定无条件承担责任，则航空公司应赔偿。如果是有条件承担责任，符合规定条件就赔偿，不符合规定条件就不赔偿。

我国航空法规定的人身伤亡赔偿是旅客自身原因之外的无条件赔偿。根据《民用航空法》第 124 条规定，因发生在民用航空器上或者在旅客上、下民用航空器过程中的事件，造成旅客人身伤亡的，承运人应当承担责任。但是旅客的人身伤亡完全是由于旅客本人的健康状况造成的，承运人不承担责任(图 4-7)。

本案中，李大妈平时身体很好，没有发病症状，以健康的身体参加旅游，其突发心脏病是飞机剧烈颠簸所致。如果没有剧烈颠簸，李大妈是不会死亡的。剧烈颠簸是李大妈死亡的直接原因，航空公司应承担赔偿责任。

国务院颁布的《国内航空运输承运人赔偿责任限额规定》规定："承运人按照本规定应当承担赔偿责任的，对每名旅客的赔偿责任限额为人民币 40 万元；对每名旅客随身携带物品的赔偿责任限额为人民币 3 000 元；对旅客托运的行李和对运输的货物的赔偿责任限额，为每公斤人民币 100 元。行李损坏最多赔偿 4 万元人民币。在此案中，航空公司应当赔偿的数额不高于 40 万元。

图 4-7 游客伤亡责任要分清

(图片来源：news.shangdu.com)

3) 填错机票

由于机票为记名式，乘机时机票名字应当与身份证上的内容一致，国际机票还有更详细的规范要求。填错机票的情形常有填错姓名、填错航空公司等，此时航空公司应当承担责任。

4．旅客违反义务的情形及责任

1) 旅客误机、漏乘、错乘

误机是旅客未按规定时间办妥乘机手续或因旅行证件不符合规定而未能乘机。现实中误机的原因往往是交通堵塞没有按时赶到机场或导游错误通知游客乘机时间等；漏乘是在航班始发站办理乘机手续后或在经停站过站时未能搭乘指定的航班；错乘是乘客乘坐了不是客票上列明的航班。旅客误机、漏乘，可到乘机机场或原购票地点办理改乘航班，退票手续。承运人可以收取适当误机费，但团体旅客误机，客票作废，票款不退。旅客错乘飞机，承运人应安排错乘乘客搭乘最早的航班飞往旅客客票上的目的地，票款不退不补。

2) 旅客携带违禁品登机

飞机的安全要求比火车、汽车严格，禁止携带物品比《合同法》规定的多。如《中国民用航空旅客、行李国际运输规则》第 39 条规定“属于古董或纪念品的剑刀及类似物品，只能作为托运行李运输并符合有关规定。”如《中国民用航空安全检查规则》禁止旅客随身携带可以用于危害航空安全的菜刀、大剪刀、大水果刀、剃刀等生活用刀及手术刀、屠宰刀、雕刻刀等专业刀具，文艺单位表演用的刀、矛、剑、戟等，以及斧、凿、锤、锥、加重或有尖钉的手杖、铁头登山杖和其他可用来危害航空安全的锐器、钝器(图 4-8)。

图 4-8　承运安全，人人有责

(图片来源：news.xkb.com.cn)

特别提醒

航空公司的安全检查权不容侵犯。

4.6.6　铁路运输法律制度

1. 铁路承运人与旅客间的权利义务

旅游者购买火车票后，成为铁路运输部门(以下称铁路承运人)的旅客，与铁路运输部门建立起铁路运输法律关系，双方依法享有和履行铁路运输的权利与义务。铁路与旅客间的权利义务主要由《铁路法》、《铁路旅客运输规程》确定。

1) 承运人的权利义务

(1) 承运人的权利

① 承运人有依照规定收取运输费用的权利。

《铁路法》第 14 条，对无票乘车或者持失效车票乘车的，应当补收票款，并按照规定加收票款，拒不交付的，铁路运输企业可以责令下车。《铁路法》第 19 条，托运人因申报不实而少交的运费和其他费用应当补交，铁路运输企业按照国务院铁路主管部门的规定加收运费和其他费用。

② 承运人有权要求旅客遵守国家法令和保证铁路运输安全。

《铁路法》第 48 条规定，禁止旅客携带危险品进站上车；铁路公安人员和国务院铁路主管部门规定的铁路职工，有权对旅客携带的物品进行运输安全检查。《铁路法》第 56 条规定，在车站和旅客列车内，发生法律规定需要检疫的传染病时，由铁路卫生检疫机构进行检疫；对在列车内寻衅滋事、扰乱公共秩序、危害旅客人身、财产安全的，铁路职工有权制止，铁路公安人员可以予以拘留。

③ 承运人有索赔权。承运人对损害他人利益和铁路设备、设施的行为有权制止，并消除危险和要求赔偿；因旅客、托运人或者收货人的责任给铁路运输企业造成财产损失的，由旅客、托运人或者收货人承担赔偿责任。

(2) 承运人的义务

① 保证旅客运输安全正点。安全正点是运输企业应按照车票载明的车次、时间等要求将旅客安全、准点送达目的地，不能误点或取消车次。

② 采取有效措施做好旅客运输服务工作。列车员对旅客要文明礼貌，热情周到，保持车站和车厢内的清洁卫生，提供饮用开水，做好列车上的饮食供应工作，为旅客提供良好的旅行环境和服务设施，不断提高服务质量(图 4-9)。

图 4-9 车票即权利，承运有义务

(图片来源：news.66wz.com)

③ 对旅客伤害和行李损失的赔偿义务。《铁路法》第 58 条规定，因铁路行车事故及其他铁路运营事故造成人身伤亡的，铁路运输企业应当承担赔偿责任。《铁路货物运输规程》第 10 条规定，因承运人过错造成旅客人身损害或物品损失时应予以赔偿；《铁路法》第 17 条规定，铁路运输企业应当对承运的货物、包裹、行李自接受承运起到交付时为止发生的丢失、短少、变质、污染、损坏，承担赔偿责任。根据《铁路旅客运输损害赔偿规定》，铁路运输企业对旅客人身伤亡、对自带行李损失实行最高限额赔偿，对每名旅客人身伤亡的赔偿责任限额为人民币 4 万元，自带行李损失的赔偿责任限额为人民币 800 元。与此同时，还应明确最高限额赔偿是在承运人没有故意或造成重大过失情况下，才可实行的赔偿限额。如果承运人故意或重大失误造成旅客伤亡，行李损失的，不受限额限制，可按超过限额的实际赔偿损失。

2) 旅客的权利义务

(1) 旅客的权利

① 依照车票票面记载内容乘车。车票是旅客运输合同的基本凭证，车票票面记载的上车车站、车次、乘车期限等内容是合同的内容，是旅客的权利。旅客对承运人未能按车票载明的日期、车次、条件安排乘车时，如火车晚点或取消，软卧安排硬卧等，有权要求承运人退还全部票款或安排改乘到达相同目的站的其他列车(图 4-9)。

② 要求承运人提供与车票等级相适应的服务并保障其旅行安全。火车票等级有软卧、硬卧、软座、硬座，车厢有空调和无空调，车速有特快、普快等，不同等级有不同条件和标准。旅客有权要求承运人提供相应服务，达到旅途舒适。

③ 索赔权。旅客对承运人造成其身体伤害或物品损失的，有权要求承运人赔偿损失；旅客对承运人造成的行李逾期到达、丢失或损毁的，有权要求承运人赔偿损失。旅客包括持有效乘车凭证乘车的人员以及按照国务院铁路主管部门有关规定免费乘车的儿童，经铁路运输企业同意，根据铁路货物运输合同，随车护送货物的人。

(2) 旅客的义务

① 持票乘车。旅客必须购买车票乘车，无票乘车或持无效车票乘车，应当补票，并交付按规定加收的票款。铁路企业一般以身高为买票标准，对学生、军人等特殊人员实行半票或其他优惠政策。

② 遵守铁路法律法规。旅客应当遵守铁路法、铁路运输规章制度，听从铁路车站、列车工作人员的引导，按照车站的引导标志进、出站；应接受铁路工作人员的安全检查，包括查验车票、检查行李、货物等行为。

③ 爱护铁路设备设施，维护公共秩序和运输安全，及时领取托运行李。

④ 托运行李的旅客应当及时领取行李，逾期领取的，按规定交付保管费。

承运人与旅客的权利与义务是《铁路法》、《铁路旅客运输规程》等铁路法律法规规定的，是法定权利义务，是承运人与旅客确定铁路旅客运输合同的基本内容，是各方可行使的基本权利与应履行的基本义务。任何一方损害对方权利，或不履行应尽义务，都是违法行为，都应承担相应责任。

2. 承运人违反义务的行为及责任

承运人是与旅客或托运人签有运输合同的企业。铁路车站、列车及与运营有关人员即车站工作人员、列车员等，在执行职务中的行为代表承运人，他们都视为承运人，他们违反法律规定的行为就是承运人违反义务的行为。铁路运输实践中，承运人违反义务的行为有如下几方面。

(1) 火车晚点。火车晚点是旅客运输中常见现象，尤其在节假日，旅游旺季，更是司空见惯。但火车晚点是承运人没有按照约定时间运送旅客的违约行为，承运人应当承担按照旅客要求，退还全部票款或者安排改乘到达相同目的站的其他列车的责任。

案例分析

火车晚点是违约吗？

2007年1月30日晚21分郝先生夫妇带着两岁孩子，持两张当晚22时43分发车的106次南京至开封的卧铺票，到南京火车站候车大厅候车。大约21:40，显示屏上打出106次晚点，大约23时30分后又连续打出几次。大约至31日凌晨2时40左右，广播通知“此次火车继续晚点，请乘106次列车的旅客改乘202次列车”(图4-10)。当郝先生找到大厅负责人时询问，得知106次过不来，202次已发车。又通过值班人员找到刚好是路过南京的196次列车长协商，改乘196次。上车时，列车长提出票未检，值班人员找来检票员，当着列车长的面检了票。火车开动后，列车长以106次卧铺票(2张110元)被检过为由，宣布作废，要求重新补票。无奈的郝先生又花了155元补了两张卧铺票，郝先生到开封后下车了解到，106次早196次几十分钟到达开封，106次在196次到达南京前就已经过去，是南京站工作人员失职，没有报站。郝先生探亲后回南京，向南京站有关部门投诉，要求车站给予经济赔偿。车站是否给予经济赔偿？应给予哪些经济赔偿？

图 4-10 列车晚点，是否违约？

(图片来源：news.bandao.cn)

分析说明：(1) 车站应给予经济赔偿。106次晚点，是铁路违约，铁路在违约后采取的让106次旅客改乘202次的补救措施因202次已发车没有得到实施，又一次违约。因为承运人违反保证旅客按车票载明的日期车次乘车，并到达目的站的义务，并且在违反正点到达义务后，又违反安排改乘到达相同目的站的202次列车的义务，是严重的违约行为。

(2) 车站应退还郝先生110元卧铺票款。196次列车长宣布106次卧铺票作废，要求重新补票行为是违反铁路规定的行为。根据《铁路旅客运输规程》规定，因承运人责任造成旅客不能按车票载明的日期、车次乘车的，铁路企业应当按照旅客要求退还全部票款或者安排改乘到达目的站的其他列车，退票时不得收取手续费，改乘时只需补收或退还票价差额款。

本案中，郝先生在202次已发车情况下，要求改乘196次是行使权利的行为，且此权利的行使经过了车站值班人员和196次列车长的同意，且又按他们的要求检票上车，没有滥用权利的行为，196次车应当为郝先生夫妇安排卧铺，不能要求旅客重新补票，可以补收或退还票差额；196次列车长出尔反尔，造成郝先生106次卧铺票作废的110元损失，是违反义务的损害行为，因为196次列车长的行为属于承运人行为，南京车站应当退还郝先生110元卧铺票款。

(2) 承运人未尽保护之责，使旅客受伤害和携带物品损坏丢失。承运人有保证旅客和货物运输安全的严格责任。旅客在旅行过程中除非因不可抗力或自身原因造成伤害、自带物品损失之外，无论是承运人自身过错，还是第三人过错造成旅客乘坐火车时的身体伤害、自带物品损坏丢失等损失，承运人都应当承担赔偿责任。这些伤害、损害有乘客被破裂之物或飞来之物扎伤、打伤，火车急刹车使包裹掉下并摔碎包内物品，火车启动摔伤下车乘客等。

案例分析

游客在火车上发生意外，如何处理？

2008年6月，陈先生参加某旅行社组织的旅行团，前往九寨沟。在乘火车途中，火车车窗玻璃突然震碎，将靠窗坐的陈先生扎伤。事后，陈先生向旅行社索赔，旅行社称，游客在火车上发生意外，应由承运部门负责赔偿，铁路部门是否应当承担赔偿责任？应赔偿多少？

分析说明：(1) 铁路部门应当承担赔偿责任。陈先生虽然是随团旅游者，但依照《旅游法》规定“由于公共交通经营者的原因造成旅游者人身损害、财产损失的，由公共交通经营者依法承担赔偿责任”，按《铁路运输旅客损害赔偿规定》第3条“持有效乘车凭证乘车的人员以及按照国务院铁路主管部门有关规定免费乘车的儿童属于旅客”的规定，陈先生持火车票乘车，属于旅客，他与铁路部门有铁路运输合同关系，铁路部门有保证他乘车安全义务，对他自检票进站到达行程终点出站期间的人身安全、自带物品安全有保护责任。《铁路法》第58条规定，因铁路行车事故及其他铁路运营事故造成人身伤亡的，铁路运输企业应当承担赔偿责任。根据最高人民法院《关于审理铁路运输损害赔偿案件若干问题的解释》第14条“在铁路旅客运送期间因第三人责任造成旅客伤亡的，旅客或其继承人要求铁路运输企业先予赔偿的，应予以支持”的规定，铁路部门应承担赔偿责任。

(2) 铁路部门赔偿陈先生的损失数额应当在人民币 4 万元以内。陈先生在乘坐火车途中受伤不是他本人故意或过失造成的，也不是不可抗力造成的，属于铁路部门承担赔偿责任限额的事故。根据《铁路旅客运输损害赔偿规定》第5条“铁路运输企业应当赔偿责任的，对每名旅客人身伤亡的赔偿责任限额为人民币4万元；自带行李损失的赔偿责任限额为人民币800元”的规定，铁路部门可在4万元限额内赔偿陈先生所受的伤害。

(3) 承运人未提供良好的旅行环境和服务设施的行为。旅客有权要求承运人提供与车票等级相适应的服务，承运人有为旅客提供良好的旅行环境和服务设施的义务。但在现实中，列车车厢经常出现冬天暖气不热，夏天电扇不转，空调列车的空调出故障或温度过低、过热，卧铺床单枕头不整洁，开水不开或供应不及时等情况，损害旅客的旅行权益，承运人应承担责任。

案例分析

火车空调故障，乘客要求补偿

2008年7月，王先生一家3口，利用暑假乘兰州至成都的K 855次空调特快列车去旅游，他们乘坐的是11号车的软卧。车开不久，车厢内温度越来越高，乘客要求调低温度，但制冷效果仍不明显。几小时后，乘客被告知，本节车厢空调发生故障，虽经检修工抢修，但始终没有修好。时值酷暑，车厢内温度持续在32℃以上，汪先生一家和其他旅客在车里闷热难熬，被搞得筋疲力尽。下车后，汪先生要求铁路客运部门承担事故责任，并要求退还部分票款。汪先生的要求是否合法？空调特快列车应当承担赔偿责任吗？

分析说明：(1) 汪先生的要求合法。汪先生一家人有享用空调的权利。汪先生一家买空调特快软卧票，与承运人建立运输合同关系，取得享用空调的权利，取得要求承运人提供与车票等级相适应服务的权利，这是铁路出售客票时双方已明确的权利，且在车票中也标明特快、空调等内容。没有享受到空调服务的汪先生一家要求承运人退还旅客客车空调费，退还部分票款的行为是合法的。

(2) 特快空调列车违背提供空调义务，应承担赔偿责任。空调特快列车有提供与车票等级相适应服务的义务，有为旅客提供良好的旅行环境和服务设施，提高服务质量的义务。本案中，11 号车空调故障没有修好，未能提供良好空调设施，未能提供车厢凉爽舒适的环境，是违约行为，承运人应承担赔偿责任。

3. 旅客违反义务的行为及责任

铁路旅客运输实际中，旅客违反义务行为有以下几方面。

(1) 旅客无票或持失效车票乘车。旅客有支付运输费用、持有效客票乘车义务，那些不买票乘车，或者买普通车客票乘坐快速车，不按车票规定时间、车次乘车，持过期车票乘车的人，均属持无效车票乘车，应按铁路规定补交票款和接受经济处罚。

(2) 旅客故意或过失伤害其他旅客或损失他人物品。旅客为争占座位，为抢卧铺，为放物品，或人多拥挤时碰撞引发争吵，激怒伤人，或往窗外乱丢瓶子、废物砸伤后一车厢乘客；旅客故意或过失伤害他人、损坏他人物品应承担侵权损害赔偿责任等。

4.6.7 公路运输法律制度

公路运输是经公路将旅客或货物从一地运送到另一地，以完成旅客或货物位移的陆路运输方式。它运输面积大，比火车、飞机灵活方便，能走到城市、小镇、村落，能够直接将旅客运送到目的地、旅游景区。而且，公路运输价格较低，车的档次多，线路多，能满足旅客多层次要求，是短、中途旅游的主要运输方式，是景区与机场、火车站相连接的运输方式。随着近些年高速公路发展，豪华客运车辆不断增多，公路客运安全性、舒适性、快捷性的增强，公路旅游运输逐步成为广泛选择的方式。公路运输按运输对象分为公路货物运输和公路旅客运输，公路旅客运输又以营业方式分为班车客运、旅游客运、出租车客运和包车客运，旅游客运有豪华中巴旅游、包车旅游、自驾车旅游。我国关于公路运输的法律法规主要有《中华人民共和国道路运输条例》(2004 年 7 月 1 日起施行)、《汽车旅客运输规则》(1998 年 1 月 1 日起施行)、《汽车货物运输规则》(2000 年 1 月 1 日起施行)、《中华人民共和国道路交通安全法》(2004 年 5 月 1 日起施行)。

1. 公路承运人与旅客之间的权利义务

旅游者购买公路客票后，成为公路运输部门(又称公路承运人)的旅客，与公路运输部门建立公路运输法律关系，双方依法享有和履行公路旅客运输权利与义务。客运承运人与旅客间的权利义务主要由《道路运输条例》和《汽车旅客运输规则》确定。

1) 客运承运人(下称承运人)的权利与义务

(1) 承运人的权利

① 承运人有权收取运输费用，有权要求乘客买票，持有效客票乘车。

② 承运人有权禁止旅客携带国家规定的危险物品及其他禁止携带物品乘车。

③ 承运人有不赔偿乘客一定条件下物品损失的权利。运营者在旅客运输过程中，有权对被有关部门查获处理的乘客物品，对行李包包装完整无异，而内部缺损、变质的物品；旅客自行看管物品而非经营者责任造成的损失，对不可抗力造成的乘客物品的损失，可不予赔偿。

④ 承运人有权要求损坏车站设备和设施的乘客按实际损失赔偿。

(2) 承运人的义务

① 承运人应当为旅客提供良好的乘车环境，保持车辆整洁卫生，并采取必要措施防止在运输过程中对旅客人身、财产安全的侵害。

② 班线承运人应当向公众连续提供运输服务，不得擅自暂停、终止或者转让班线运输，不得强迫旅客乘车、甩客、敲诈旅客，不得擅自更换运输车辆。

③ 从事包车客运的承运人应当按照约定的起始地、目的地和线路运输，从事旅游客运的承运人应当在旅游区域按照旅游线路运输。

④ 对旅客误乘、漏乘的赔偿义务。车站在发售客票中填错发车的日期、班次、开车时间，检票、发车、填写路单失误造成旅客误乘、漏乘的，车站应承担责任；车站不按时检票或不及时接车造成班车晚点运行的，车站在保管、装卸、交接过程中造成旅客寄存物品和托运行包损坏，丢失或错运的，车站应当承担责任。

⑤ 承运人应保证客车安全和驾驶员安全驾驶。承运人应当按计划或合同提供安全完好的车辆；因客车技术状况或装备问题；因驾驶员违章行驶或操作造成人身伤害及行包损坏丢失的；因驾驶员擅自改变运行计划，如提前开车，绕道行驶或越站，造成旅客漏乘及直接经济损失的，承运人须承担责任。

2) 旅客的权利与义务

(1) 旅客的权利

① 安全权。旅客在公路客运旅行或旅游过程中，有权要求客运经营者提供符合安全标准的车辆，提供技术熟练的合格司机，要求司机安全驾驶，避让危险车辆和行走危险路段，有权要求客运经营者保障其人身不受他人非法伤害，所带物品不受抢劫、盗窃、破坏等。

② 要求承运人履行义务的权利。旅客与承运人在购买车票时，就确定了公路客运的车辆标准(普通型或豪华型)，行车线路，行车时间，在旅游包车中对标准线路更有细致规定。旅客有权要求承运人按约定提供，不得更换车辆或晚派车辆、改道行驶、晚点运行等。

③ 求偿权。因承运人原因造成旅客人身伤亡或物品损坏丢失的，旅客有权要求承运人赔偿损失。

(2) 旅客的义务

① 旅客或包车方应当向承运人支付运输费用。

② 旅客应接受承运方的安全检查和安全提醒，保证行车安全。旅客自身原因造成自身损失，自己承担。如自理行包和随身携带物品丢失，损坏的，客车中途停靠时，不按时上车造成漏乘错乘的，旅客自己承担责任。

③ 赔偿他人损失的义务。旅客给其他乘客造成人身和财产损害的，应赔偿他人损失。如旅客醉酒呕吐污染他人衣物的、带恶性传染病乘车造成其他乘客得病的、损坏客车设施、设备，打伤同车乘客的，损坏他人物品等行为造成损失的，均应赔偿。

2. 承运人违反义务的行为及责任

承运人是提供运输车辆和运输服务的人员，他们可能是公交公司，也可能是有旅游运营证的单位或个体车主。无论是单位或个人，都应履行承运人的义务。

现实中，承运人违反义务的行为有以下几方面。

(1) 交通肇事，损害旅客人身及财产。交通肇事、车毁人亡、车伤人伤是公路客运常见之事，是旅客最担忧和关注之事，是旅游安全事故中占比例最大的事故。造成车祸的原因有司机疲劳驾驶、违章驾驶、超速驾驶、开赌气车、汽车带故障运行等。这些故意或过失造成的车祸都是承运人违反安全运输旅客义务的行为，应承担赔偿旅客或游客损失的责任。对情节严重，符合行政处罚规定的，应给予行政处罚，对达到犯罪程度的，应给予刑事处罚。

(2) 汽车晚点、旅客漏乘。汽车晚点就是承运人没有按照规定时间在始发站、中途站发车，准时到达终点；漏乘是乘客没有乘上规定的车次。汽车晚点，承运人有告知乘客晚点原因、变更的发车时间、到达时间的义务。因承运人的原因造成旅客漏乘的行为，与汽车晚点一样，都是违反义务的行为，承运人应当承担赔偿责任。

案例分析

汽车晚点、旅游漏乘，谁的责任？

游客宋某等利用假日到龙门石窟旅游。单位来电催其速回，于是他到A县长途汽车站购买了回N市的车票(20元)。候车大厅上的开车时间表写明开车时间为下午3点，宋某等到2点50分时被告知，从M市发往N市的长途车在A县的前一站出了故障，何时到A县无法预料。宋某等到4点30分，车站人员仍不能确定具体时间，宋某便在车站附近小吃部吃饭。4点50分，宋某吃完饭后回到候车室，得知发往N市的长途汽车已于5分钟前出发。宋某去找站方交涉，站方答复，因为当天已无发往N市的车，乘客可以退票，但收退票手续费。宋某因单位要求其当晚到N市，遂退票后乘出租车于当夜返回N市，花出租车费200元。事后，宋某要求该汽车站赔偿其出租车费200元。汽车站应否赔偿宋某出租车费？

分析说明：(1) 县汽车站违背告知义务，造成宋某漏乘，应承担责任。宋某买票乘长途车返回N市，与承运人形成公路旅客运输合同关系，承运人有安全准时发车义务，有误点后告知乘客变更准确时间义务。本案中，A县汽车站没有告知旅客宋某准确发车时间，有过错，宋某在等待一个半小时，且无准确到达时间情况下，在20分钟内吃饭返回，合情合理，造成宋某漏乘的车站应承担责任。根据《汽车旅客运输规则》第73条规定，“因车站原因造成旅客漏乘的，发觉站的最近一次班车将旅客运至原车票指定车站，旅客的其他直接经济损失，由责任方赔偿”。因宋某欲乘的车是最后的班车，宋某乘出租车是由于漏乘造成的直接经济损失，A县汽车站应赔偿宋某出租车费200元。

(2) A县汽车站应退还宋某退票费。根据《汽车旅客运输规则》第36条规定，客运班车晚点、停开、变更，旅客要求退票，应退还全部票款，不收退票费。本案中，A县汽车站，收取退票费是错误的，应退还宋某退票费。

(3) 其他。承运人未尽安全保护义务，使旅客被他人打伤、物品被偷，司机超速驾驶颠伤乘客、颠坏物品等行为。承运人抢客、甩客、擅自更改车辆，以低档冒充高档车，或者取消运输，擅自改变旅游行车线路等行为。承运人的上述行为都是违反义务行为，应承担赔偿责任。

3. 旅客违反义务的行为及责任

旅客在旅行过程中，不遵守法律，违反应尽义务的，应承担民事责任、行政责任以至刑事责任。旅客违反义务的行为有以下几方面。

(1) 旅客在小件物品或行包中藏匿危险品或其他禁运物品上车。

旅客藏匿危险品或其他违禁品上车，未造成危害和损失的，由承运人没收其携带的全部危险品和禁运物品并视情节轻重处以30元以下罚款；已造成危害和损失的，除承担治安行政责任、刑事责任外，应赔偿全部经济损失。

(2) 旅客过错伤害其他乘客及物品，应当承担赔偿责任。

旅客间因争座位、醉酒、泄愤等原因，争吵打斗，伤害其他乘客，损坏他人物品，损坏车站、客车设备设施造成损失的，旅客应赔偿受害人实际损失。

(3) 旅客无票乘车，在中途停靠站不按时上车而造成漏乘、误乘。

旅客无票乘车，应补交从上车站至到达站全部客票价款，并被处以100%罚款；旅客自身原因漏乘、误乘，自负责任。

4.7 反不正当竞争法律法规制度

案例分析

导游不带游客到餐馆要遭“罚款”，旅行社不听话要被“封杀”

举世闻名的大足宝顶石刻风景区竟然出现了为旅行社强行拉客现象，而且导游如果不带游客到指定餐馆要遭“罚款”，旅行社不听话要被“封杀”……这一切，都是一个非法餐饮协会所为(图4-11)。5月18日，大足县法院以强迫交易罪判处该协会会长陆某有期徒刑一年，缓刑一年，并处罚金5 000元。据了解，目前宝顶石刻风景区秩序井然。

图 4-11 要勇于向强制消费“Say No”

(图片来源：www.vcartoon.cn)

举报电话牵出非法协会

去年 12 月底，市内一家企业的员工带客户来大足宝顶石刻风景区游玩。刚下车，他们原想在游客服务中心请个导游，却被一大群人围住，“那些导游都是‘歪’的，要吃回扣……”七嘴八舌让他们一行人不知如何是好，大足之旅也只得草草收场。

随后，这名公司员工向相关管理部门反映此事，大足县立即安排警方介入调查。很快，一个叫宝顶餐饮协会的组织和会长陆某进入警方视线。

据查，2002 年 8 月 1 日，大足县宝顶镇在石刻景区经营的 26 家餐馆自发成立非法组织“宝顶餐饮协会”，陆某任会长。该协会负责协调各餐馆之间的管理和对内对外纠纷调解。2002 年至去年 2 月，在宝顶景区经营的长江、青年、工贸等旅行社与餐饮协会形成了一个不成文的做法：餐饮协会的成员为各旅行社介绍、联系导游，每介绍一场，旅行社向协会支付介绍费 10 元、20 元、30 元不等。游客参观完后，导游还必须把游客带到介绍业务的餐馆吃饭。

未到指定餐馆罚款六百

据介绍，去年 2 月，经大足县旅游局批准，该县旅游协会在宝顶镇停车场附近建成游客服务中心。县旅游协会的七家旅行社入驻该中心后，实行统一管理，就不再向餐饮协会支付介绍费。由此，双方矛盾开始凸现。

去年年初，一名导游接受了餐饮协会一餐馆介绍的导游业务。但是，导游带游客游览后，没在这家餐馆吃饭，餐饮协会负责人找到这名导游和旅行社讨说法，还以此后不给该旅行社介绍业务进行要挟。最终，导游被“罚款”600 余元。

餐饮协会还要求所有的成员不给“不听话”的旅行社拉客，迫使旅行社就范；旅行社自行招揽业务，餐饮协会成员就诋毁、干扰。去年 4 月，游客服务中心的经营由于受到餐饮协会的严重干扰和威胁，被迫与其重新达成协议：餐饮协会成员为旅行社拉一场业务，游客中心向餐饮协会支付 15 元介绍费。

自制规定强迫中心接受

据查，从去年5月1日到12月10日，游客服务中心共向餐饮协会支付介绍费6万多元。这笔钱由陆某统一支取后，分发给介绍人，而他自己每场提成5毛钱。截至案发，他一共提了1 000余元。

餐饮协会并没有满足。去年12月13日，陆某组织餐饮协会的人员开会，重新制定了11条规定，强迫游客服务中心遵守。其中包括把每场介绍费从15元涨成20元、预约团队也要向其支付20元介绍费等。

这些规定遭到各家旅行社的一致反对。去年12月底，那个举报者来到大足宝顶时，正好遇到旅行社抵制这些规定，而餐饮协会的成员就来搅业务。

会长辩称是“好心办坏事”

今年1月25日，陆某被大足警方以涉嫌强迫交易罪逮捕。5月10日，此案在大足县法院开庭审理。庭审中，陆某声称自己“不懂法”、“好心办坏事”。

公诉人指控陆某强迫游客服务中心接受其介绍游客的服务，不接受就去干扰、诋毁其生意，情节严重，符合强迫交易罪的构成要件。对此，陆某称自己也在大足宝顶开了一家餐馆，成立餐饮协会完全出于“好心”，是为了“规范”秩序。他是当地人，又因为出了名的“耿直”，所以被推选为餐饮协会会长。至于每场业务他要提5毛钱，主要是餐饮协会记账号要买笔和本子。陆某说，他所提的1 000余元大多用于协会。

庭审结束后，此案主审法官对陆进行了法庭教育。陆某说此前不了解强迫交易罪，现在感到十分后悔。宣判后，他表示自己为宝顶景区抹了黑，可能考虑离开。

法官说法：大足县法院刑庭副庭长隆昌恒介绍，强迫交易罪就是以暴力、威胁手段强买强卖商品、强迫他人提供服务或者接受服务，情节严重的处3年以下有期徒刑或者拘役，并处或者单处罚金。陆某受利益驱使，指使宝顶餐饮协会成员使用威胁手段，强迫大足县游客服务中心接受其介绍游客的服务，情节严重，其行为已构成强迫交易罪。鉴于他认罪态度好，所收的钱已经上缴，有从轻情节，遂对其适用缓刑。

(资料来源：重庆晚报)

4.7.1 反不正当竞争法概述

为了保障我国社会主义市场经济的健康发展，鼓励和保护公平竞争，制止不正当竞争行为，保护经商者和消费者的合法权益，1993年9月2日第八届全国人大常委会第三次会议通过了《中华人民共和国反不正当竞争法》(以下简称《反不正当竞争法》)，它是一部规范市场竞争行为，保障市场竞争秩序和市场经济健康发展的专门性法律。我国的《反不正当竞争法》虽然对市场竞争行为作出的是一般性规范，但它同样适用于旅游市场竞争，《反不正当竞争法》也是我国旅游市场管理的重要法律。

1. 不正当竞争的特征

《反不正当竞争法》所称的不正当竞争，是指经营者不遵守《反不正当竞争法》的规定，违反市场交易基本原则，损害其他经营者合法权益，扰乱社会经济秩序的行为。不正当竞争的特征如下。

(1) 不正当竞争是经营者的行为。即不正当竞争的可能行为者主要是从事商品经营或者营利性服务的法人、其他经济组织和个人。但在特殊情况下，政府机关也可能成为不正当竞争行为的主体。

(2) 不正当竞争是经营者的违法行为。主要是违反《反不正当竞争法》的规定。

(3) 不正当竞争所侵害的是其他经营者的合法权益和正常的社会经济秩序。

《反不正当竞争法》是调整经营者在市场交易中因不正当竞争行为引起的各种社会关系的法律规范的总称。其立法宗旨是保障社会主义市场经济健康发展，鼓励和保护公平竞争，制止不正当竞争行为，保护经营者和消费者的合法权益。

2. 《反不正当竞争法》的基本原则

(1) 自愿原则。经营者是否参加市场交易，与谁交易，交易的内容、形式，交易关系的变通、终止等由经营者自行决定，不受任何人的限制和干涉。

(2) 平等原则。参与市场交易的经营者在具体交易中，平等地享受权利、承担义务。

(3) 公平原则。参与市场交易的经营者在市场交易中按照共同的交易规则、统一的交易条件，实现公正、合理的经济利益。

(4) 诚实信用的原则。参与市场交易的经营者，在交易中要诚实守信，恪守诺言，不进行任何欺诈活动。

(5) 尊重并遵守公认的商业道德。在市场交易中，经营者要遵守被人们所公认，不宜硬性规定的道德规范，如歌舞厅的经营者要自觉抵制低俗、下流的活动等。

4.7.2 不正当竞争行为的种类与监督检查

1. 不正当竞争行为的种类

《反不正当竞争法》具体规定的不正当竞争行为有以下几种。

(1) 采用假冒、伪造、冒用商标等商品标志的手段从事市场交易的行为。

特别提醒

这些行为包括：假冒他人的注册商标；擅自使用知名商品特有的名称、包装、装潢，或者使用与知名商品近似的名称、包装、装潢，造成和他人的知名商品相混淆，使购买者误以为是该知名商品；擅自使用他人的企业名称或者姓名，使人误以为是他人的商品；在商品上伪造或者冒用认证标志、名优标志等质量标志，伪造产地，对商品质量作引人误解的虚假表示。在旅游市场上，冒用其他旅行社、饭店招牌或标识招徕游客的，同属不正当竞争行为。

(2) 公用企业或者其他依法具有独占地位的经营者强制交易的行为。《反不正当竞争法》第6条规定，公用企业或者其他依法具有独立地位的经营者、不得限定他人购买其指定的经营者的商品，以排挤其他经营者的公平竞争，我国反不正当竞争法具有反垄断法的作用。

(3) 政府及其所属部门滥用行政权力的行为。《反不正当竞争法》第7条规定，政府及其所属部门不得滥用行政权力，从而限定他人购买其指定的经营者商品，限制其他经营者正当的经营活动。政府及其所属部门不得滥用行政权力，限制外地商品进入本地市场或由本地市场流向外地市场。

(4) 商业贿赂行为。《反不正当竞争法》第8条规定，经营者不得采用财物或者其他手段进行贿赂以销售或者购买商品，在账外暗中给予对方单位或者个人回扣的，以行贿论处；对方单位或者个人在账外暗中收受回扣的，以受贿论处。《反不正当竞争法》明确区分了回扣与折扣佣金的区别，该法规定，经营者销售或购买商品，可以以明示方式给对方折扣、可以给中间人佣金，经营者给对方折扣、给中间人佣金的，必须如实入账。接受折扣，佣金的经营者必须如实入账。在旅游业，介绍团队入住饭店或参加旅行社，收取一定的佣金，是合理合法的行为，但以行贿手段拉拢公务团队，以牟取暴利，或利用权力，限定团队到指定的旅游经营单位，且从中取回扣，则属商业贿赂行为，情节严重的，则触犯刑法。

(5) 引人误解的虚假宣传行为。《反不正当竞争法》第9条规定，经营者不得利用广告或其他方法，对商品质量、制作成分、性能、用途、生产者、有效期限、产地等作引人误解的虚假宣传。广告的经营者不得在明知或者应知的情况下代理、设计、制作、发布虚假广告。这里所谓“引人误解的虚假宣传”，应当解释为引人误解的宣传或虚假宣传两种情况。旅游企业一般以格式合同的形式同旅游者签订合同，合同内容虚假或者合同中隐含能产生歧义导致旅游者误解的内容，既有违反《消费者权益保护法》，又有违反《反不正当竞争法》。

(6) 侵犯商业秘密的行为。商业秘密，是指不为公众所知悉、能为权利人带来经济利益，具有使用性并经权利人采取保密措施的技术信息和经营信息。《反不正当竞争法》规定的侵犯商业秘密行为包括：①以盗窃、利诱、威胁或者其他不正当手段获取权利人的商业秘密；②披露、使用或者允许他人使用任何手段获取权利人的商业秘密；③违反约定或者违反权利人有关保守商业秘密的要求，披露、使用或者允许他人使用其所掌握的商业秘密。此外，第三人明知或应知上述违法行为，获取、使用或者披露他人的商业秘密也是属于侵犯商业秘密的行为。

(7) 排挤竞争对手为目的，以低于成本的价格倾销商品的行为。

特别提醒

有下列情形之一的不属于不正当竞争行为：①销售鲜活产品；②处理有效限期将至的商品或者其他积压的商品；③季节性降价；④因清偿债务、转产、歇业降价销售商品。

在旅游业中，也存在低价倾销的不正当竞争行为，出现旅行社组织“零费团”、“负费团”的情况，为弥补损失，旅行社或者以次充好，克减项目变相收费，或者滥用旅游购物点，收取回扣等，这些都严重违反《反不正当竞争法》，是旅游主管部门严格禁止，严厉处罚的行为。

(8) 违背购买者的意愿搭售商品或者附加其他不合理的条件的行为。不合理条件，包括对商品或者服务的价格、销售对象、销售地区进行不合理限制等。

(9) 违反规定的有奖销售行为。有奖销售是指经营者以提供奖励、奖金等手段销售商品的行为。国家认可合法的有奖销售，但下列行为属于违法的有奖销售：①采用谎称有奖或者故意让内定人员中奖的欺骗方式进行有奖销售；②利用有奖销售的手段推销质次价高的商品；③抽奖式的有奖销售，最高奖的金额超过 5 000 元。

(10) 捏造、散布虚假事实，损害竞争对手的商业信誉、商品声誉的行为。所谓商业信誉、商品声誉是从商业角度对经营者的能力、品德及商品、服务的品质的积极的社会评价。

(11) 投标、招标中的不正当竞争行为。《反不正当竞争法》第 15 条规定，投标者不得串通投标，抬高标价或者压低标价。投标者和招标者不得相互勾结，以排挤竞争对手的公平竞争，应当指出的是投标者之间就标价以外的事项相互串通，也可以构成串通投标。

2. 不正当竞争行为的监督检查

1) 监督检查部门

监督检查不正当竞争行为，是市场经济下政府的重要职能和责任。许多国家的政府部门都为此设有专门的机构。我国《反不正当竞争法》规定，县级以上人民政府工商行政管理部门对不正当竞争行为进行监督检查；法律、行政法规规定由其他部门依照其规定进行监督检查。

2) 监督检查部门的职权

(1) 按照规定程序询问被检查的经营者、利害关系人、证明人，并要求提供证明材料或者与不正当竞争行为有关的其他资料。

(2) 查询、复制与不正当竞争行为有关的协议、账册、单据、文件、记录、业务函电和其他资料。

(3) 检查与不正当竞争行为有关的财物，必要时可以责令被检查的经营者说明该商品的来源和数量，暂停销售，听候检查，不得转移、隐匿、销毁该财物。

监督检查部门工作人员监督检查不正当竞争行为时，应当出示检查证件，被检查的经营者、利害关系人和证明人应当如实提供有关资料或者情况。

4.7.3 实施不正当竞争行为的法律责任

《反不正当竞争法》第 21 条、第 22 条、第 24 条、第 26 条、第 27 条规定了不同的不正当竞争行为的法律责任。

(1) 经营者假冒他人的注册商标，擅自使用他人的企业名称或者姓名，伪造或者冒用认证标志、名优标志等质量标志，伪造产地，对商品质量作引人误解的虚假表示的，依照《中华人民共和国商标法》、《中华人民共和国产品质量法》的规定处罚。

(2) 经营者擅自使用知名商品特有的名称、包装、装潢，或者使用与知名商品近似的名称、包装、装潢，造成和他人的知名商品相混淆，使购买者误认为是该知名商品的，监督检查部门应当责令停止违法行为，没收违法所得，可以根据情节处以违法所得一倍以上三倍以下的罚款，情节严重的，可以吊销营业执照。

(3) 经营者采用财物或者其他手段进行贿赂以销售或者购买商品，构成犯罪的，依法追究刑事责任；不构成犯罪的，监督检查部门可以根据情节处以 1 万元以上 20 万元以下的罚款。有违法所得的，予以没收。

(4) 经营者利用广告或者其他方法，对商品作引人误解的虚假宣传的，监督检查部门应当责令停止违法行为，消除影响，可以根据情节处以 1 万元以上 20 万元以下的罚款。

(5) 侵犯商业秘密的，监督检查部门应当责令停止违法行为，可以根据情节处以 1 万元以上 20 万元以下的罚款。

(6) 经营者进行不正当有奖销售的，监督检查部门应当责令停止违法行为，可以根据情节处以 1 万元以上 10 万元以下的罚款。

(7) 投标者串通投标，抬高标价或者压低标价，投标者和招标者相互勾结，以排挤竞争对手的公平竞争的，其中标无效，监督检查部门可以根据情节处以 1 万元以上 20 万元以下的罚款。

本章小结

本章首先阐述了旅行社的含义与设立条件、程序、分类；阐述了旅行社与旅游者、与旅游行政管理机关之间的权利义务，旅行社违反权利义务的法律责任；阐述了适用质量保证金的条件及旅行社责任保险的投保与理赔程序。其次介绍了导游资格证书和导游证取得的条件与程序及导游人员的分类；论述了导游人员依法享有的权利与履行的义务，导游人员违反权利义务应承担的法律责任；介绍了导游人员 4 个等级和等级评定标准，旅游行政管理部门对导游人员的计分管理和年审管理。再者讨论了饭店的含义；介绍了饭店的星级评定制度；讨论了饭店经营中的有关住宿、食品及娱乐场所的法律规定；论述总结了饭店对旅客及非旅客的权利义务关系；分析了饭店的主要法律责任：违约责任和侵权责任。最后论述了运输合同以及航空、铁路、公路旅客运输中承运人与旅客间的权利义务。承运人有收运输费用权、安全检查权、索赔权；旅客有安全权、知情权、求偿权。承运人有保证运输安全准时义务，有采取违约补救措施、限额赔偿或赔偿实际损失的义务，有告知义务；旅客有接受安全检查义务，有服从承运人依法管理的义务，有赔偿承运人或第三人损害的义务。对旅游市场中存在的不正当竞争行为进行了综述，讲解了实施不正当竞争行为应承担的相应的法律责任。

思考与练习

一、单项选择题

1．旅行社是(　　)企业。

A．法人　　B．非法人　　C．合伙　　D．私营

2．质量保证金的所有权属于(　　)。

A．旅行社　　B．旅游局　　C．保险公司　　D．质监所

3．导游人员资格证书的有效期限为(　　)年。

A．2　　B．3　　C．4　　D．5

4．导游人员在导游活动中未佩戴导游证，扣除(　　)分。

A．2　　B．4　　C．6　　D．8

5．无导游证进行导游活动的，由旅游行政部门处以1 000元以上(　　)万元以下的罚款。

A．1　　B．2　　C．3　　D．4

6．负责五星级饭店的评定与复核工作的机构是(　　)。

A．省、自治区、直辖市旅游局　　B．国家旅游局

C．地市级优秀旅游城市　　D．计划单列市、副省级城市旅游局

7．旅馆对旅客遗留的物品，经招领(　　)个月后无人认领的，要登记造册，送当地公安机关按拾遗物品处理。

A．3　　B．2　　C．6　　D．4个

二、多项选择题

1．具有出境旅游经营权的旅行社的经营范围包括(　　)。

A．入境游　　B．出境游　　C．国内游　　D．港澳台游

2．旅行社分支机构包括(　　)。

A．联络处　　B．办事处　　C．非法人分社　　D．门市部

3．《条例》规定(　　)，不得颁发导游证。

A．无民事行为能力的　　B．限制民事行为能力的

C．受过刑事处罚的　　D．被吊销导游证的

4．导游人员在引导旅游者旅行、游览过程中，遇有可能危及旅游者人身财产安全的紧急情况时，(　　)。

A．可以调整和变更接待计划　　B．征得多数旅游者的同意

C．征得领队及部分旅游者的同意　　D．立即报告旅行社

5．导游人员有(　　)等情形的，应受到吊销导游证的处罚。

A．进行导游活动时未佩带导游证

B．私自承揽导游业务且情节严重

C．擅自中止导游活动且情节严重

D．向旅游者兜售物品且情节严重

6．星级划分的依据是(　　)。

A．饭店的设计　　B．管理服务水平

C．设施设备　　D．服务项目

7．(　　)，饭店有权拒绝接待旅客。

A．从事违法经营者　　B．携带危害饭店安全的物品入店者

C．影响饭店形象者　　D．饭店客满

8．交通运输按运输对象可分为(　　)运输。

A．旅客　　B．货物　　C．国内　　D．国际

三、判断题

1．旅行社质量保证金的金额为15万元。　　(　　)

2．旅行社责任保险的投保者是旅游者。（　）

3．导游人员是指依照《条例》的规定取得导游证，接受旅行社委派，为旅游者提供向导及相关旅游服务的人员。（　）

4．根据我国评定旅游涉外饭店星级的规定，凡在中华人民共和国境内正式开业两年以上的旅游涉外饭店，均可申请参加星级评定。（　）

5．《食品卫生法》规定：市级以上地方人民政府卫生行政部门接到食物中毒报告后，应当及时进行调查处理，并采取控制措施。（　）

6．娱乐场所提供的各种娱乐项目、服务项目等收费，必须明码标价。（　）

7．火车票是铁路旅客运输合同的初步凭证。（　）

8．承运人免除赔偿责任的条件是不可抗力和旅客的重大过失。（　）

9．2004年7月1日实施的《中华人民共和国道路运输条例》是法律。（　）

10．中国公民进入中国国境需要办理签证。（　）

四、简答题

1．简述旅行社设立的条件。

2．简述旅行社与旅游者之间的权利义务。

3．简述旅游不正当竞争行为。

4．简述旅游质量保证金的适用范围。

5．什么是导游人员？

6．导游人员有哪些权利和义务？

7．简述航空运输承运人的义务。

8．简述铁路旅客的权利。

9．不正当竞争的行为有哪些？

五、论述题

怎样理解饭店的违约责任和侵权责任？

六、案例分析题

案例一：2003年5月16日，江某等3名旅游者与甘肃某国内旅行社接洽联系，并交纳了去四川九寨沟旅游的单程旅游费1 800元(600元/人)。由于该国内旅行社是与其他旅行社合作组团及火车票等原因，致使该旅游团的出发时间从5月19日推迟到5月20日7时30分，从而使江某等旅游者在兰州滞留了一天。江某等人因为时间的原因，不得不取消了去九寨沟的旅游计划。为弥补延误出发给江某等旅游者造成的损失，该国内旅行社于5月19日租车安排江某等旅游者前去刘家峡炳灵寺游览，收取交通费360元(120/人)，但因水库水位下降使江某等旅游者未能上岸参观游览炳灵寺，只游览了刘家峡水电站。为此，江某等旅游者向旅行社所在地的旅游质量监督管理所投诉，要求该国内旅行社全额退还所交旅行费用并赔偿由此造成的经济损失。

问题：(1) 该国内旅行社是否有违反义务的行为？

(2) 旅行社应当向江某等3人退还哪些费用和赔偿哪些经济损失？

案例二：

天津李先生一家三口 2003 年 8 月 15 随四方旅行社去青岛旅游。旅游期间，导游王某擅自改变原定行程，将第二天游览“石老人”海滨浴场的项目提前到当天下午进行。导游王某在作了简单景区介绍后安排旅游团自由活动，便离开了活动现场。李先生之妻张某换上泳衣，站在海滨浴场的岸边让女儿拍照时，一个浪头打来将其卷入海水中，不幸溺水身亡。导游当时未在现场。事后李先生投诉了该旅行社及导游王某。李先生称，四方旅行社作为专业组织，委派的导游人员应能预见到危险性的存在，及时提醒游客注意安全，却未尽到警示义务，且事发时其导游未在现场采取相应措施，加之擅自改变行程，旅行社及导游应对其妻张某的死亡承担全部责任，赔偿医疗费、误工费、精神损失费、交通费等共计 31 万余元，并返还原告旅游费 960 元。旅行社则认为，改变旅游行程计划及事发时未采取相应措施是导游所为，与旅行社无关；导游王某辩称，改变行程与张某之死无因果关系，且自己已尽到提醒义务，张某死亡完全是自己不注意安全造成的。

问题：(1) 导游员的辩解是否成立？为什么？

(2) 旅行社的辩解是否成立？为什么？旅行社应否承担违约责任？

案例三：

2002 年的一天，李某乘坐某次列车从甲地到乙地探亲，大约 23 时许，他沿扶梯攀爬上铺准备休息时，由于列车高速运行的晃动，使他从扶梯上跌下，经医院诊断证明属压缩性骨折。他在与铁路部门协商未果的情况下，将列车归属的某铁路局告上了法院，请求法院依据侵权的事实和相关的法律法规，判定某铁路局赔偿医疗费、误工费、护理费、精神抚慰金等共计人民币 7 万余元。

问题：(1) 铁路局是否有赔偿责任？

(2) 是否应赔偿 7 万元？

第5章　旅游服务合同法律制度

教学目标

知识目标	技能目标
(1) 掌握包价旅游合同的概念 (2) 掌握《旅游法》对旅游合同的规定 (3) 掌握旅游合同订立的方式 (4) 掌握格式条款的概念、格式条款提供者的责任与格式条款的无效 (5) 掌握旅游合同生效的条件 (6) 了解可变更、可撤销合同的条件与后果 (7) 了解合同的担保和履行 (8) 了解合同的变更、转让、解除和终止 (9) 掌握违约责任的构成、承担与除外情形	(1) 拟定合法有效的旅游合同 (2) 准确判断旅游合同的效力 (3) 准确判断旅游合同中违约责任是否存在以及责任承担的方式

知识结构

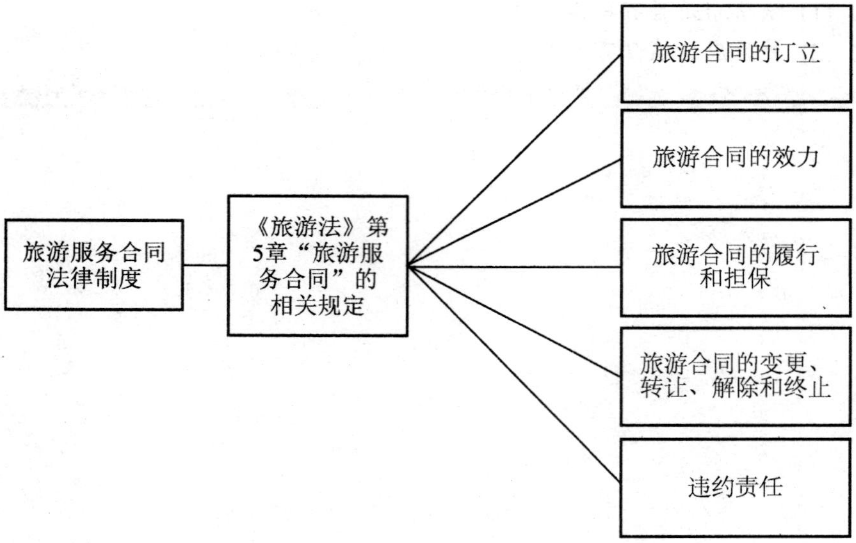

导入案例

泰国旅游遭不测、海滩溺水责在谁

小任和小高是一对80后的小夫妻，为参加泰国8日游，与上海中国青年旅行社签订了一份出境旅游合同。到泰国后的第3天，根据游程安排，游客自费前往小PP岛游览，一名中方随团领队和两名泰方接团导游随同前往。临行，领队及导游告知游客需全程穿戴救生衣。在岛上的玛雅湾景区，游客可领取吸管式潜水面具自行在海滩上游览，下水前，导游召集游客详细介绍了吸管式潜水面具的使用法(图5-1)。

游兴正浓间，小高猛然感觉丈夫不见了身影，四下寻找时却发现有人俯卧水中没有动静，仔细一看正是丈夫小任。小高顿时乱了方寸，大声呼救，随团领队和泰方导游当即将昏迷的小任送至当地医院，终因抢救无效死亡。噩耗传至上海，小任的父母闻讯悲痛欲绝，急忙赶至泰国料理儿子的后事。痛定思痛，一家人都认为是旅游惹的祸。事后，小任的父母及媳妇小高就赔偿事宜与旅行社协商未果，于是共同提起诉讼，向旅行社索赔死亡赔偿金533 500元，其他经济损失513 111元，精神损害抚慰金146 000元。

图5-1　旅游合同为旅游者护航

(图片来源：pic.people.com.cn)

分析说明：法官认为，旅游过程中的自费项目以游客自愿为前提，导游已提示该项目需全程穿戴救生衣。事发海滩水深不足以影响游客正常站立，遇难者自行脱去救生衣，表明其自我保护意识不强。综观这一意外事故的全过程，被告旅行社已尽相关安全保障义务，不存在过错，原告要求被告承担民事侵权赔偿责任，依据不足。据此，依照《民法通则》之规定，判决驳回原告的全部诉讼请求。

旅游者和旅游经营者之间一般都签有合同，双方最基础的法律关系是合同关系。这种合同关系最大的特点在于订立合同的目的，站在旅游者的角度，订立旅游合同的目的更多意义上是一种体验式的精神愉悦，如果旅游者没有达到精神愉悦，就是合同的目的没有实现。于是在打官司的时候就会涉及一个行为产生两种法律后果，即侵权责任和违约责任。违约就是违反合同条款，侵权就是侵犯了财产权和人身权。违约之诉不能主张精神赔偿，而侵权之诉可以主张精神赔偿。追求诉讼利益的最大化是当事人在寻求司法救济时的合理选择，最高法院的规定明确，法院应尊重当事人的选择。

长期以来，旅游合同中关于责任的约定存在着很大的误区，一些旅游经营者把主要的权利义务写得很细，却有意无意地淡化附随义务。在最高法院的规定中，旅游经营者承担的一些附随义务被明确提出，比如安全保障义务、告知、警示义务、救助义务、谨慎选择的义务等。游客面临危难，旅游经营者有救助义务，即便是旅游团队去一个商店购物“被斩”，旅行社也有义务帮助索赔。这些义务虽然都是辅助性的，但如果不履行的话，辅助义务就会上升到法律义务，就要承担责任。因此，在这样的法治背景下，旅游经营者要更加完善服务流程，增加服务内容，完善服务理念，拓展服务方式。

当然，作为成熟的旅游者也有一个理性消费和理性维权的问题。首先要签好合同，选好主体，即选择一个好的旅行社很关键；其次要选好客体，即旅游目的地和行程安排；再次就是要有权利义务对等的意识，如果旅游经营者已经尽到了义务，因旅游者自己的原因涉险遭受损失，那么旅游者责任自负。

(资料来源：法制网法制日报)

5.1　《旅游法》的相关规定

《旅游法》第 111 条规定，包价旅游合同，是指旅行社预先安排行程，提供或者通过履行辅助人提供交通、住宿、餐饮、游览、导游或者领队等两项以上旅游服务，旅游者以总价支付旅游费用的合同。

《旅游法》第 57 至 75 条对旅游服务合同作了专门的规定。

《合同法》未就旅游合同作专门规定，但旅游行业中的合同关系应当适用《合同法》的规定，同时旅游合同存在诸多的特殊之处，《合同法》的规定难以适应旅游合同的特殊之处。《旅游法》对旅游合同进行了专章规定，弥补了法律空白，完善了旅游法律体系。《旅游法》着重于对包价旅游合同，这一旅游活动中的特殊合同进行了规定，其他主体之间的合同应当适用《合同法》的相关规定。

知识链接

包价旅游合同的内容及形式

在各国立法上，包价旅游合同的名称不同。德国、日本称为“旅行契约”、“旅游契约”；欧盟称为“一揽子包价旅游合同”，英、美国家多称为“一揽子旅行、一揽子旅游、一揽子度假”等，以突出旅游由多项给付结合的特征；《关于包价旅游合同的布鲁塞尔公约》则称为“组织包价旅游合同”，突出旅游经营者组织旅游活动的行为特征；我国旅游界习惯上将此种合同称为“包价旅游合同”，侧重强调旅游的总价支付特征。《旅游法》采纳了这一名称，强调的也是招徕、组织、提供多项服务、总价支付的特征。

1. 关于包价旅游合同的注意事项

(1) 安排行程是包价旅游合同的必备要素。行程安排是包价旅游合同区别于委托、居间等合同的根本点。旅行社一些单项或多项代订等经营活动，可以直接适用《合同法》相关规定。

(2) 旅游经营者根据旅游者所定计划来安排行程，虽不是"主动和预先组合旅游服务"，但应该属于包价旅游合同的范畴。

(3) 包价旅游合同没有关于旅游时间的限制。"一日游"通常不会超过24小时，也不涉及过夜问题，但却具备安排旅游行程、提供两项以上服务等特征，实践中也亟须法律规范。

(4) 包价旅游合同中旅游服务既可以是旅行社自己提供，也可以通过履行辅助人提供。

2. 包价旅游合同的内容

《旅游法》对包价旅游合同的内容作了详细列举，这些内容与双方的权利义务直接相关。与《旅行社条例》第28条的规定相比较，《旅游法》在以下3个方面作了相应的调整：①包价旅游合同中不再对"旅行社安排的购物次数、停留时间及购物场所的名称"和"需要旅游者另行付费的游览项目及价格"作出约定，以与《旅游法》第35条的规定相协调。②《旅游法》第65条、第66条、第67条等规定中，对包价旅游合同的解除、变更等作出了明确规定，无须再在合同中对"解除或者变更合同的条件和提前通知的时限"作出约定。③增加了关于旅游团成团的最低人数的内容要求，以与《旅游法》第63条的规定相衔接。

3. 包价旅游合同的形式

合同的形式包括口头形式、书面形式和推定形式3种。《旅游法》规定，包价旅游合同必须采用书面形式。然而，根据《合同法》第36条的规定，法律、行政法规规定或者当事人约定采用书面形式订立合同，当事人未采用书面形式但一方已经履行主要义务，对方接受的，该合同成立。根据该规定，旅行社未与旅游者签订书面包价旅游合同，但已向旅游者提供了旅游服务的，包价旅游合同关系依然成立，双方之间的权利义务关系应当根据《旅游法》的规定予以确定。法律对书面形式的要求，主要目的就在于，保留证据、降低纠纷解决难度，以及提醒当事人慎重对待等。

5.2 旅游合同概述

5.2.1 合同的概念

《合同法》第2条规定，合同是平等主体的自然人、法人及其他组织之间设立、变更、终止民事权利义务关系的协议。合同也称为契约，是反映交易的法律形式。合同具有如下法律特征。

(1) 合同是平等主体的自然人、法人和其他组织所实施的一种民事法律行为。合同作为民事法律行为，在本质上属于合法行为。由于合同是一种民事法律行为，因此民法关于民事法律行为的一般规定，如民事法律行为的生效条件、民事行为的无效和撤销等，均可适用于合同行为。

(2) 合同是平等主体的自然人、法人或其他组织所订立的。也就是说，订立合同的主体在法律上是平等的，任何一方都不得将自己的意志强加给另一方。

(3) 合同以设立、变更或终止民事权利义务关系为目的和宗旨。也就是说，一方面，合同行为必将导致民事法律关系出现某一方面的改变；另一方面，合同不仅导致民事法律关系的产生，而且可以成为民事法律关系变更和终止的原因。

(4) 合同关系具有相对性。所谓合同关系的相对性，是指合同关系只能发生在特定的合同当事人之间，只有合同当事人一方能够向另一方基于合同提出请求或提起诉讼。如旅行社与旅游者之间的合同，旅行社与饭店之间的合同。

5.2.2 合同法的基本原则

1. 当事人法律地位平等原则

平等原则体现了合同关系的本质。平等的含义如下。

(1) 合同是平等主体之间设立、变更、终止债权债务关系的协议。

(2) 合同当事人法律地位平等。

(3) 合同当事人不得将自己的意志强加给另一方。

2. 自愿原则

自愿原则的基本含义如下。

(1) 当事人有订立或不订立合同的自由。

(2) 除国家指令计划合同外，当事人有选择合同另一方的自由。

(3) 合同当事人在遵守法律的前提下，有决定合同内容的自由。

(4) 合同当事人有决定合同形式的自由。

(5) 当合同争议发生时，合同当事人有选择解决争议方式的自由。

特别提醒

合同自愿是合同的一项最重要的基本原则，但是合同自愿也不是绝对的。任何自由都要受到必要的限制，合同也不例外。这些限制表现在：一是缔约的强制，即给一部分当事人施加必须缔结某种合同的义务。主要是对一些从事公共服务行业的当事人提出的要求，如《合同法》第289条规定：“从事公共运输的承运人不得拒绝旅客、托运人通常合理的运输要求。”二是强制性规范的限制，即法律设定一些强制性的规范，任何当事人都不得排斥这些规范的适用。例如限制垄断的规定，合同当事人就不得在合同中约定共同垄断某种物资的价格。

3. 公平原则

公平是法律的基本的价值取向，遵循公平原则就是要求合同双方在权利义务的安排上大致相等；合同一方不得利用自己的优势地位或利用对方没有经验而签订有失公平的合同。

4．诚信原则

诚信原则包括3个方面的含义。

(1) 合同权利人应正当地行使权利。

(2) 合同义务人应当积极地依照诚实信用原则履行义务。

(3) 合同当事人在行使权利、履行义务时禁止欺诈、胁迫、乘人之危，否则将导致合同无效。

案例分析

游客不满安排，擅自终止合同

某旅行社组织了一个庐山4日游的做客旅游团，全团一行由33名游客组成。该旅行社与游客协商签订旅游合同，合同约定：每人旅游费用800元，团队往返乘坐硬卧火车，住宿标准为“二星级饭店、双人标准间独立卫生间”，餐饮标准是“八菜一汤、不含酒水”，安排游览庐山等6个景点。该旅行团到达九江后，当地旅行社派车接送，在前往饭店途中，地陪导游热情地向各位游客介绍了九江市的概况及将要游览的庐山景点，并介绍了此行将要下榻的是评上二星级多年的一家老饭店，希望游客愉快(图5-2)。团队抵达该饭店后，导游安排游客入住，其中有5位客人认为该酒店虽然有双人标准间、独立卫生间，但没有热水，空调无法使用，房间、卫生间内设施破旧老化，不符合二星级饭店的标准，因此拒绝入住。这些客人与导游发生争执，执意要求旅行社更换饭店。地接社经理出面向客人解释，说明节日期间住房紧张，他们已尽全力才订到房间，希望客人谅解，并愿意对饭店未达服务质量标准的部分给予每人50元的补偿，但这些客人仍然拒绝接受旅行社的意见，并决定解除此次旅游合同，自行返回。随后这些客人向旅游质监所投诉，要求组团社退还全部的旅行费用，并要求按约定的金额支付违约金。经调查核实，该团队下榻的饭店确实是二星级饭店。

图5-2　旅游有风险，游客需理性

(图片来源：pic.people.com.cn)

分析说明：在这起投诉中，姑且不论这些客人是否有权单方解除旅游合同，仅就游客对旅行社违约后应尽量防止损失扩大的义务问题进行分析讨论。防止损失扩大义务又称减轻损失义务，是指守约方不应以不合理的方式增加自己的损失，不能就本可以采取合理措施避免的损失获取赔偿。我国《民法通则》第 118 条、《合同法》第 119 条都规定了防止损失扩大的义务。法律之所以对守约方可以减轻损失义务，主要依据是诚实信用原则。诚实信用原则要求民事主体在从事民事活动时，应当诚实守信，以善意的方式履行义务，不得滥用权力及规避法律义务和合同规定的义务。同时它还要求维持当事人之间的利益以及当事人利益与社会利益之间的平衡。减轻损失义务的功能体现在两个方面：从社会角度看，通过设定减轻损失义务、用以激励守约人按促进经济效益的方式去行动，增进社会整体效益；从当事人角度看，减轻损失义务作为限制守约人可获得的赔偿数额的规则，自然会给他带来不便，需在违约方违约后立即行动，否则面临被法院认定其补救措施不当的可能。

本案中，旅行社在提供的住宿服务方面，总体上符合双方当事人的合同约定，只是在饭店部分服务设施方面存在瑕疵，没有完全达到二星级标准。理性旅游者对此问题可以向旅行社反映自己的意见和建议，听取旅行社的答复后作决定，若旅行社拒不接受意见，可注意收集证据，待行程结束后再向旅行社交涉或向质监所投诉或诉请法庭。本案中，在游客反映意见后，旅行社经理出面向客人耐心解释原因，并愿意补偿客人损失每人 50 元。应该说旅行社对其住宿轻微瑕疵作出的补救措施是合理适当的，旅游者当时应当予以积极回应，接受该方案，完成自己预订的旅游目的，这才是一个理性旅游者的举动。但是，这些客人却错误估计了自己的合法权利及行使限度，把别人的轻微违约看成严重违约，拒不接受旅行社的劝解和补偿，擅自解除合同并私自离团，最终无法实现自身的旅游目的，而且造成团费等较大损失。

5. 遵守法律和维护道德原则

《合同法》第 7 条规定：“当事人订立、履行合同，应当遵守法律、行政法规，尊重社会公德，不得扰乱社会经济秩序，损害社会公共利益。”

上述原则是对合同自愿原则的限制和补充。如上所述，合同主要涉及当事人自己的利益，国家一般不予干涉，由当事人自己约定，即“自愿原则”。但是当事人在订立、履行合同时，必须遵守法律、法规，尊重社会公德，也就是说，要受到法律、法规和社会公德的约束。因此，合同活动中的自愿原则是以遵守法律、法规，尊重社会公德、不损害社会公共利益为前提的。

6. 合同对当事人具有法律约束力的原则

《合同法》第 8 条规定：“依法成文的合同，对当事人具有法律约束力。当事人应当按照约定履行自己的义务，不得擅自变更或者解除合同。依法成立的合同，受法律保护。”

上述原则是指合同一旦依法成立，即对合同当事人产生约束力。合同当事人应当严格按照合同约定履行义务，非依法律规定或者未经对方当事人同意，不得随意变更或解除合同。依法成立的合同，受国家法律保护；反之，不是依法订立的合同，则不受国家法律保护。同样，当事人按照依法成立的合同约定行使权利、履行义务的行为，任何单位和个人不得非法干涉。

5.2.3 旅游合同的概念及其法律适用

1. 旅游合同的概念

旅游合同是指平等主体的当事人之间为实现旅行游览的目的，设立、变更、终止民事权利义务关系的协议。由于旅游活动涉及吃、住、行、游、娱、购等方面，因此，使得旅游合同的法律关系复杂，合同内容广泛。旅游合同在保护旅游活动当事人的合法权益，维护正常的旅游经济秩序，促进社会主义旅游经济健康发展方面起着重要作用。

特别提醒

旅游合同是平等主体之间订立的民事权利义务关系的协议，属于民事法律关系。

2. 旅游合同的法律适用

尽管旅游合同没有在《合同法》中列名，但它属于合同，同样适用《合同法》。《合同法》第124条规定："本法分则或者其他法律没有明文规定的合同，适用本法总则的规定，并可以参照本法分则或者其他法律最相类似的规定。"依据此规定，对于在旅游活动中发生的合同法律问题可以适用《合同法》总则的规定，并可以参照《合同法》分则或其他法律最相类似的规定，如《合同法》分则中的"运输合同"、"租赁合同"、"委托合同"、"保管合同"、"居间合同"等都是旅游服务合同可以参照适用的合同法律规定。

《旅游法》对包价旅游合同等，《旅行社条例》对旅行社与旅游者、聘用导游人员和领队人员以及存在委托关系的旅行社之间的合同等作出了规定，这些合同都是旅游合同的一种。依据法律冲突的使用规则，《旅行社条例》是行政法规，当《合同法》、《旅游法》没有相关明确规定的，适用《旅行社条例》，当前两项法律有明确规定的，应当使用法律。《旅游法》相对于《合同法》关于旅游中的合同规定是特别法，应当首先适用，当《旅游法》没有明确规定的，应当使用《合同法》。对于旅游合同的法律适应，应当注意以下几个方面。

1) 特别法优于普通法

《合同法》第123条规定："其他法律对合同另有规定的，依照其规定。"这是关于特别法优于普通法的原则。《合同法》是我国民事方面关于合同问题的基本法律，但在我国其他法律中也有涉及合同规定的，《旅游法》中对于包价旅游合同、《旅行社条例》对于旅行社的合同都有相关规定。《旅游法》、《旅行社条例》相对于《合同法》来说，属于特别法，其对合同的规定应当优先适用。

2) 未列名合同的法律适用

根据《合同法》第124条的规定，在《合同法》中规定了15类合同，即列名合同，但在现实经济活动中，存在着多种多样的合同。例如旅游业中，既有旅行社与旅游者之间的合同、旅游饭店与旅游者之间的合同，也有旅游景区(点)与旅游者之间的合同等，这些合同在《合同法》中均未列名，称之为"未列名合同"。对于未列名合同，依照上述规定，适用《合同法》总则的规定，并可以参照《合同法》分则或者其他法律最相类似的规定。

3) 涉外合同法律适用

涉外合同是指合同中有一方当事人是外国人，或者合同的标的在境外，或者法律事实发生在境外的合同。对于涉外合同的法律适用问题，《合同法》第 126 条规定："涉外合同的当事人可以选择处理合同争议所适用的法律，但法律另有规定的除外。涉外合同的当事人没有选择的，适用与合同有最密切联系的国家的法律。"由此规定可知，涉外合同适用法律有以下两项原则。

(1) 当事人可以选择处理合同争议所运用的法律。这是指合同当事人可以根据合同的性质和内容在合同中规定法律适用条款，或者在合同争议发生后选择适用的法律，可以选择中国法律，也可以选择外国法律，还可以选择适用的某项国际公约。

(2) 当事人没有选择的，适用与合同有最密切联系的国家的法律。即当事人没有选择适用法律时，由仲裁机构或人民法院确定适用与合同有最密切联系的国家的法律。

《合同法》除作了上述规定外，还规定："在中华人民共和国境内履行的中外合资经营企业合同、中外合作经营企业合同、中外合作勘探开发自然资源合同，适用中华人民共和国法律。"即上列 3 种合同不允许选择或约定适用法律，《合同法》明确规定上述 3 种合同必须适用我国法律。

3．旅游合同的监督

《合同法》第 127 条规定："工商行政管理部门和其他有关行政主管部门在各自的职权范围内，依照法律、行政法规的规定，对利用合同危害国家利益、社会公共利益的违法行为，负责监督处理；构成犯罪的，依法追究刑事责任。"根据这一规定，负责合同监督的政府主管部门是县级以上工商行政管理部门和其他在职责范围内对合同负有监督职责的部门。其监督工作的内容是：依据法律、法规的规定，对利用合同进行的违法活动负责监督处理。这是法律规定的各有关行政主管部门的职责。

4．旅游合同争议的解决途径

《合同法》第 128 条规定："当事人可以通过和解或者调解解决合同争议。当事人不愿和解、调解或者和解、调解不成的，可以根据仲裁协议向仲裁机构申请仲裁。涉外合同的当事人可以根据仲裁协议向中国仲裁机构或者其他仲裁机构申请仲裁。当事人没有订立仲裁协议或仲裁协议无效的，可以向人民法院起诉。当事人应当履行发生法律效力的判决、仲裁裁决、调解书；拒不履行的，对方可以请求人民法院执行。"由上述规定可见，对合同争议纠纷主要有以下几种解决途径。

1) 当事人和解或调解

当事人通过和解解决争议，是由当事人在自愿互谅的基础上，遵循公平和诚实信用的原则，按照法律、法规的规定，对争议的纠纷通过协商达成一致意见，从而解决争议的方法。当事人通过调解解决争议，是由当事人共同选定的第三人充当调解人，通过第三人的沟通，遵循公平和诚实信用的原则，依照法律、法规的规定，对争议的问题达成一致意见，从而解决争议的方法。

2) 通过仲裁解决争议

仲裁是指由合同当事人共同选定的仲裁机构，对合同争议依法作出的有约束力的裁决的一种解决争议的方法。合同争议提交仲裁的前提和依据是当事人在合同中预先订立的仲裁条款，或者是在合同争议发生之后达成的仲裁协议。当事人必须通过仲裁协议的方式选择仲裁机构，仲裁机构方可受理当事人提交的合同争议。根据我国《仲裁法》的规定，除非有法律规定的根据以及有法院撤销的仲裁裁决外，仲裁裁决是终局的，当事人必须执行。

3) 通过诉讼解决合同争议

《合同法》规定，如果当事人没有订立仲裁协议或者仲裁协议是无效的，当事人解决合同争议的最后途径是向人民法院起诉。

5.3 旅游合同的订立

5.3.1 订立旅游合同主体的资格

1. 合同当事人

合同当事人可以是自然人，也可以是法人或非法人组织。合同当事人应当具有相应的民事权利能力和民事行为能力。对自然人而言，无民事行为能力的自然人不具有订立合同的行为能力，限制民事行为能力的人，具有订立与其能力相适应的合同的能力。法人及非法人组织具有民事权利能力和民事行为能力，他们亦具有订立合同的主体资格，可在其核准登记的范围内订立合同或在其目的范围内订立合同。

特别提醒

合同当事人可以委托代理人订立合同。代理人只有在授权范围内以委托人的名义订立合同，才对委托人产生权利和义务。

《合同法》第 9 条规定：“当事人订立合同，应当具有相应的民事权利能力和民事行为能力。当事人依法可以委托代理人订立合同。”这是《合同法》关于订约资格的规定。由此规定可见，民事主体从事民事活动，必须符合法律关于民事主体资格的规定，即必须具有相应的民事权利能力和民事行为能力。

2. 代订合同

当事人依法可以委托代理人订立合同。委托代理人订立合同，是指当事人委托他人以自己的名义与第三人签订合同，并承担由此产生的法律后果的行为。代订合同具有以下几个法律特征。

(1) 代订合同是由代理人以当事人的名义进行签订合同的活动。

(2) 代理合同由代理人向第三人作出意思表示或者接受意思表示。

(3) 代理人必须在委托授权的范围内进行代订合同的活动。

依照我国法律规定，当事人委托代理人订立合同的，应当签署授权委托书，写明代理人的姓名或者名称、代理事项、代理权限、代理期限等内容，并签名或者盖章，以明确有关的权利义务关系。

(4) 代理人代订的合同由当事人承担。即由当审人享受合同中约定的权利，并承担合同中约定的义务。

案例分析

导游该怎么做呢？

2009 年 9 月月初，南昌游客王某等 39 人报名参加当地某旅行社组织的北京 8 日游，支付了费用，双方签订了合同。但在北京旅游期间，旅行社并未按约定提供服务，为此，该旅游团十分不满，遂与导游交涉后达成协议，由旅行社退给旅游团每人部分费用。回南昌后，当旅游团向旅行社要退款时，旅行社法定代表人对退款协议不予认可，申明退款协议无效。

分析说明：旅行社违约是肯定的，在此不谈。旅行社法定代表人的申明能否成立，这就要看导游是否取得签订退款协议的授权。导游本职工作是从事向导、讲解及相关服务的，旅游者签订退款协议不是他范围内的工作，如果导游取得了签订退款协议的授权，则协议成立；如果未取得，则协议不成立。

5.3.2　旅游合同订立的方式

1. 合同订立的概念和要件

合同的订立，是指订约当事人就合同的主要条款达成合意。合同的成立意味着各方当事人的意思表示一致，合同的成立必须具备如下条件。

(1) 存在双方或多方当事人。合同必须具有双方当事人，只有一方当事人不可能成立合同。订约当事人既可以是自然人，也可以是法人或其他组织。

(2) 合同当事人对主要条款达成协议。合同成立的根本标志在于，合同当事人就合同的主要条款达成合意。《合同法》第 12 条规定："合同的内容由当事人约定，一般包括以下条款：①当事人的名称或者姓名和住所；②标的；③数量；④质量；⑤价款或者报酬；⑥履行期限、地点和方式；⑦违约责任；⑧解决争议的方法。"

2. 合同的成立应具备要约和承诺阶段

1) 订立合同采取要约、承诺方式

《合同法》第 13 条规定："当事人订立合同，采取要约、承诺方式。"要约和承诺是合同成立的基本规则，也是合同成立必须经过的两个阶段。如果合同没有经过承诺，而只是停留在要约阶段，则合同根本未成立。合同的成立应经过要约、承诺阶段，同时也意味着当事人应具有明确的订立合同的目的。因为要约和承诺是就订立合同问题提出建议和接受建议的，如果没有明确的订约目的就不可能形成要约和承诺。

2) 要约的概念

要约是一方当事人以缔结合同为目的，向对方当事人所作的意思表示。发出要约的人称为要约人，接受要约的人称为受要约人。一项要约发生法律效力，必须具有特定的有效条件，不具备这些条件，合约便不能成立，也不能产生法律效力。要约必须同时具备的条件如下。

(1) 要约必须具有订立合同的意图。由于要约具有订约意图，因此要约应当表明要约一经承诺，就可以产生合同，要约人要受到要约的约束。

(2) 要约必须向要约人希望与其缔结合同的受约人发出。要约原则上应向一个或数个特定人发出，即受约人原则上应当特定。

(3) 要约的内容必须具体确定。“具体”，是指要约的内容必须具有足以使合同成立的主要条款；“确定”，是指要约的内容必须明确，不能含糊不清，使受要约人不能理解要约人的真实含义。

(4) 表明经受要约人承诺，要约人接受该意思表示的约束。要约作为表达希望与他人订立合同的一种意思，其内容已经包含了可以得到履行的合同成立所需要具备的基本条件。在此情况下，如果受要约人表示接受此要约，则双方达成了订立合同的合意，合同也即告成立。例如，旅行社为招徕游客，向某公司发出一份线路说明书，如果这份旅游线路说明书中包含了旅游行程(包括乘坐的交通工具、游览的景点、住宿的标准、餐饮的标准等)安排、旅游价格、违约责任等，则应视为要约，即其内容是具体确定的，如果某公司表示接受该要约，双方即可达成订立合同的合意，而旅行社就要受该要约的约束。

只有具备上述 4 个要件，才能构成一个有效的要约的法律意义，即要约一经发生，即具有法律上的意义，一旦得到受要约人的承诺，就会产生法律效果。

3) 要约邀请的概念及其特点

要约邀请，又称要约引诱，是指希望他人向自己发出要约的意思表示。由此可见，要约邀请具有以下两个特点。

(1) 要约邀请是一种意思表示，即通过要约邀请将自己内在的希望他人向自己发出要约的意思表达出来。

(2) 要约邀请是希望他人向自己发出要约的意思表示。要约邀请作为一种意思表示，表达的内容是希望他人向自己发出要约。这是要约邀请与要约的本质区别。

由于要约和要约邀请都是发生在订立合同过程中的一种意思，表示两者之间在法律上具有不同的意义，所以区分要约和要约邀请的界限、要约邀请的范围和种类，对于合同实践具有重要意义。

4) 承诺的概念

承诺，是指受要约人同意要约的意思表示。承诺一旦生效，将导致合同的成立，因此，承诺必须符合一定的条件。承诺必须具备如下条件，才能产生法律效力。

(1) 承诺必须由受要约人向要约人作出。由于要约原则上是向特定人发出的，因此，只有接受要约的特定人，即受要约人才有权作出承诺。承诺必须向要约人作出，才能导致合同成立。如果向要约人以外的其他人作出承诺，不能产生承诺效力。

(2) 承诺必须在规定的期限内到达要约人。承诺只有到达要约人时才能生效，而到达也必须具有一定的期限限制。《合同法》第 23 条规定：“承诺应当在要约确定的期限内到达要约人。”

(3) 承诺的内容必须与要约的内容一致。受要约人必须同意要约的实质内容，不得对要约的内容作出实质性的更改，否则不构成承诺，应视为对原要约的拒绝并作出一项新的要约，或称为反要约。

(4) 承诺应符合要约的要求。根据《合同法》的规定，承诺应当以通知的方式作出。这就是说，受要约人必须将承诺的内容通知要约人，至于受要约人应采取何种通知方式，应根据要约的要求确定。如某旅行社向另一旅行社发出要约、希望从该旅行社以某价格接待旅游团，如果该旅行社同意即可发团，团到付款。在此种情形下，受要约的旅行社即可不再向要约旅行社发出承诺通知而直接发团。受要约旅行社的发团行为就是承诺的表示方式。

5.3.3 合同的内容

案例分析

旅游者拒绝乘航班返回，导致误机事件发生

2011 年 8 月，张某等 20 名旅游者参加了某国际旅行社组织的黄山 4 日游，双方签订的旅游合同规定：该旅游团的交通为双飞，即从北京飞黄山，游程结束后乘汽车赴芜湖再飞回北京。但合同中没有约定乘哪家航空公司、何种机型的飞机。

旅游团游完黄山下来，还有充裕时间，导游在征得旅游者同意后，又带旅游者浏览了翡翠谷西古民居和蛇馆及水晶馆，每人交此段车费，门票费和导游服务费 120 元。第 4 天早晨，赴芜湖乘联航飞机返京。张某等个别旅游者以联航飞机不安全且飞机降落在南苑机场，回家的交通不方便，而部分客人已通知家人在首都机场接机为由，拒绝退房返京，要求从黄山乘国航飞机返京。黄山接待旅行社反复向客人解释，地接社是按合同行程操作，如旅游者对此行程有异议应回北京向组团社交涉，并答应如果旅游者从南苑机场回家交通不方便，旅行社可租车到机场去接。经过协商，只有两名旅游者乘大轿车赴芜湖，其他旅游者滞留在黄山的宾馆，导致误机。

当日下午，张某等旅游者到黄山市旅游局投诉，诉称导游擅自减少“老街”计划内景点，又违反规定增加游览项目，收费过高，而且旅行社从芜湖返京安排不合理，要求从南京或者杭州飞北京，并赔偿损失费 1 万元，黄山旅游局及旅游质监所负责人到宾馆处理此旅游纠纷，认定加游的景点收费不合理，退赔所收的全部费用，并对导游做出停团 3 个月、罚款 1 200 元的处罚，并责成旅行社重新购买芜湖飞北京的机票，待旅游者回到北京后，再由有管辖权的旅游质监所认定误机责任，旅游者坚持不从芜湖返京，这一处理方案未果。滞留的第 2 天上午，张某等 10 名旅游者又到黄山市政府上诉，在市政府有关人员的协调下，旅行社支付了旅游者从芜湖至北京的返程机票款 4 330 元(旅行社承担了误机损失费 590 元)，滞留两晚住宿费 1 200 元，由旅行社代订黄山至杭州的汽车并支付部分费用 200 元。旅游者滞留 3 天后离开黄山。回京后，张某等 10 名旅游者向国家旅游局质监所书面投诉，

要求旅行社赔偿旅游费、误工费和年终奖、在杭州的住宿和交通费、精神补偿费共计 23 210 元，国家旅游局质监所经过审理，认为张某等人投诉缺乏事实和法律依据，对其提出的赔偿请求不予支持，决定撤销立案，不予受理。

(资料来源：法制网)

分析说明：通过这起旅游纠纷，旅行社和旅游者都应该从中吸取一定的教训。

旅行社应该加强内部管理，规范经营。作为旅行社的导游，应该严格按照旅游合同安排游览活动，不得擅自变更。在保证完成计划内景点游览的前提下，如果旅游者提出增加游览项目的要求，应征得所在旅行社的领导的同意，并与旅游者签订书面协议后，方可实施。

旅行社提供的格式旅游合同，应尽可能地做到详尽。本案中，如果旅行社对返京航空公司的飞机，在何机场降落等事先作出明示，就不会发生认识和理解上的争议。

作为本案的旅游者，在签订旅游合同时必须慎重，应认真审查每一项条款，如果对返京航空公司或机场有特殊要求，应及时提出来，加以协商，并一定要用文字予以表述。合同一旦签订生效，就必须受其约束，双方均应自觉遵守，否则就要承担违约责任。“从芜湖乘机返京”，合同规定是明确的，旅游者拒绝从芜湖乘机，显然是违约行为，不应该得到支持。旅游者以旅行社安排返京机场不合理及游览减少一个景点，多收费为由，滞留不归，是十分不理智的行为，由此而导致双方都遭受了更大的损失。《民法通则》第 113 条规定：“当事人双方都违反合同的，应分别承担各自应付的民事责任。”第 114 条规定：“当事人一方因另一方违反合同受到损失的，应当及时采取措施防止损失的扩大；没有及时采取措施致使损失扩大的，无权就扩大的损失要求赔偿。”本案中，双方当事人都存在违约行为，应由双方各自承担因违约而造成的损失。旅行社增加景点的收费不合理，黄山市旅游局已作出退赔决定，不再审理。旅行社违反合同遗漏景点，应当承担赔偿责任，但鉴于旅行社已支付旅游者滞留期间的住宿费，故不再予以赔偿。旅游者违反由芜湖乘机返京的合同规定，由此而造成的损失应该自负。

合同的内容，就是合同当事人的权利与义务，具体体现为合同的各项条款。根据《合同法》第 12 条规定，在不违反法律强制性规定的情况下，合同的内容由当事人约定，一般包括以下条款：①当事人的名称或者姓名和住所；②标的，即合同双方当事人权利义务所共同指向的对象；③数量；④质量；⑤价款或者报酬；⑥履行期限、地点和方式；⑦违约责任；⑧解决争议的方法。

《旅游法》第 58 条规定，包价旅游合同应当包括下列内容：①旅行社、旅游者的基本信息；②旅游行程安排；③旅游团成团的最低人数；④交通、住宿、餐饮等旅游服务安排和标准；⑤游览、娱乐等项目的具体内容和时间；⑥自由活动时间安排；⑦旅游费用及其交纳的期限和方式；⑧违约责任和解决纠纷的方式；⑨法律、法规规定和双方约定的其他事项。订立包价旅游合同时，旅行社应当向旅游者详细说明前款第 2 项至第 8 项所载内容。

《旅游法》第 59 条进一步规定，旅游行程单是包价旅游合同的组成部分。第 60 条规定，如存在委托关系，包价旅游合同应载明委托社和代理社、地接社的基本信息，还应载明导游服务费用。

特别提醒

(1) 按照规则对人们行为规定和限定的范围或程度的不同，可以把法律规则分为强行性规则和任意性规则。强行性规则，是指内容规定具有强制性质，不允许人们随便加以更改的法律规则。任意性规则，是指规定在一定范围内，允许人们自行选择或协商确定为与不为、为的方式以及法律关系中的权利义务内容的法律规则。

《合同法》对合同内容的规定是“一般包括以下条款”，是非常典型的任意性规则，其作用在于指引主体的行为。《旅游法》对旅游合同的规定是“应当”包括，是强制性规则，是旅游合同中必须包括的内容，如不完善或不明确，则可要求其补充。

(2) 《旅游法》第 60 条规定包价旅游合同应载明导游服务费用，即“小费”等所有的导游服务费用都应在包价旅游合同中载明。

知识链接

合同中可能出现的陷阱

为实现质价相符的旅游目标，江西省旅游质量监督管理所发布维权提醒，游客在与旅行社签订旅游合同时，应留意合同中可能出现的 6 大陷阱，以防中招。

旅游部门提醒需警惕的 6 大陷阱分别是：参观、游览、娱乐项目要明确时间、主要内容和门票费是否含在团款中，不接受“远观”“远眺”某景点；住宿应注明饭店名称、标准或星级、价格，不接受“相当于三星”“准四星”“待评五星”等表述；旅游价格应尽可能细化，自费项目及价格必须在合同中标明且坚持自愿参加原则；违约责任中应明确游客与旅行社各自承担的责任及赔偿标准、纠纷处理方式、投诉机构等；签完合同后，需看清合同是否加盖旅行社公章，以确认合同真实有效；游客支付旅游费用后，应向旅行社索要发票和参团须知。

同时，江西省旅游质监所还提醒，游客若感觉旅游权益受侵害，可采取多种方式维权：一是与旅游经营者协商和解；二是请求消费者协会调解；三是向有关行政部门申诉；四是根据与经营者达成的仲裁协议提请仲裁机构仲裁；五是向人民法院提起诉讼。

(资料来源：新华社)

5.3.4 合同的形式

1. 口头形式

口头形式，是指当事人只用口头语言为意思表示订立合同，而不用文字表达协议内容的合同形式。凡当事人无约定、法律未规定须采用特定形式的合同，均可采用口头形式，但发生争议时当事人必须举证证明合同的存在及合同关系的内容。口头形式优点是简便易行。缺点是发生合同纠纷时难以取证，不易分清责任。所以，对于不能及时清结的合同和标的数额较大的合同，不宜采用这种形式。

2. 书面形式

书面形式，是指以文字表现当事人所订合同的形式。《合同法》第11条规定：“书面形式是指合同书、信件以及数据电文(包括电报、电传、传真、电子数据交换和电子邮件)等可以有形地表现所载内容的形式。”

书面形式的最大优点是合同有据可查，发生纠纷时容易举证，便于分清责任。因此，对于关系复杂的、重要的合同，最好采用书面形式。

3. 其他形式

其他形式，是指口头形式、书面形式以外的合同形式。其他形式是指行为推定形式和默示。当事人以语言、文字表达或某种行为向对方发出要约，对方接受该要约的方式是做出一定或不做出某种行为作为承诺，合同成立。行为推定或默示的合同形式只适用于交易习惯许可时或要约表明时，而不能普遍适用。

特别提醒

(1) 一般情况下，合同双方可以选择合同的形式。但在法律法规有明确规定的情况下，应当依据相关的规定。《旅游法》明确规定“包价旅游合同应当采用书面形式”，“因未达到约定人数不能出团的，组团社经征得旅游者书面同意，可以委托其他旅行社履行合同”，“旅行社将包价旅游合同中的接待业务委托给其他具有相应资质的地接社履行的，应当与地接社订立书面委托合同”，因此对这些合同内容而言，必须采取书面形式。

(2) 其他形式的合同情形如：甲旅行社与乙饭店在以往的业务合作中，通常都是一方旅行社发出要约后，另一方在规定的时间内没有作出意思表示，就认为另一方旅行社已经承诺。这次甲旅行社又向乙饭店发出了在某日以某价格发团的要约，乙饭店没有作出意思表示，则应当认定乙旅行社已经承诺。

案例分析

其他形式的合同

2008年9月23日下午5时许，甲市质监所工作人员正准备下班，乙市某旅行社紧急来电称：经我社与甲市旅行社多次电话、传真联系并协商一致，由我社组团交甲市旅行社接待一个约20人的旅行团已在来甲市的火车上，将于明晨6时抵达。但是甲市旅行社在这天下午4时突然变化，给他们去电传称不能接这个团。为此，请质监所予以协调。甲市质监所紧急与甲市旅行社联系，该旅行社称，我社表示愿意接这个团，但在结算方式、结算时间及该旅行团返程购票事宜上，我社提出了新的要求。而对我社提出的新要求，乙市旅行社至今未答复，故我社决定不接这个团。乙市旅行社则称甲市旅行社曾同意接这个团，虽然在结算方式、结算时间等问题上提出了新要求，但这些并不影响合同的成立。因此，甲市旅行社应当承担不履行合同的责任，并赔偿由此造成的经济损失。

分析说明：本案中甲市旅行社与乙市旅行社之间的合同是成立的。因为合同是当事人之间意见表示一致的结果，合同当事人依法就合同的主要条款达成一致，该合同应成立。本案中甲、乙两市旅行社已经多次电话、传真，对接团也达成一致意见，所以他们之间的合同是成立的。甲市旅行社应承担不履行合同的责任。

5.3.5 合同的成立时间、方式和地点

1．合同的成立时间

(1) 对话方式订立的合同，以承诺人表示承诺的时间为合同成立的时间。

(2) 当事人采用书面形式订立合同的，合同的成立时间为合同双方最后签字或盖章的时间。

(3) 当事人采用信件、数据电文形式订立合同，在合同成立前要求签订确认书的，以签订确认书的时间为合同成立时间。

(4) 法律、法规规定采用书面形式或当事人约定应采用书面形式订立合同，当事人未采用书面形式，但当事人一方已履行了合同主要义务，对方接受的，合同成立，对方接受履行的时间为合同成立时间。

(5) 签订正式合同，以法律、法规规定的特殊形式要求完成的时间为合同成立时间。

2．合同的成立方式

(1) 协议成立。合同当事人就合同的主要条款达成协议，合同即成立。

(2) 确认成立。通过数据电文方式签订合同，一方当事人要求签订确认书的，只有签订了确认书，合同才成立。如果当事人都不要求签订确认书的，在承诺生效时合同成立。

(3) 批准成立。法律或行政法规规定由国家批准的合同，只有经过有关国家机关批准，合同才成立。

(4) 公证成立。当事人约定需经公证的合同或法律规定需要公证的合同，只有经过公证机关的公证，合同才成立。

(5) 签证成立。当事人约定应经签证的合同，只有经过签证机构的签证，合同才成立。

(6) 登记成立。依法律规定或依当事人约定，只有经过登记成立的合同，必须办理登记，合同才成立。

3．合同的成立地点

(1) 承诺生效的地点为合同成立的地点。如果采用数据电文形式订立合同的，收件人的主营业地为合同成立的地点；没有主营业地的，其经常居住地为合同成立的地点。

(2) 采用合同书包括确认书形式订立合同的，双方当事人签字盖章地点为合同的成立地点，签字盖章不在同一地点的，最后签字盖章的地点为合同成立的地点。

(3) 合同需要完成特殊的约定或法律形式才能成立的，以完成合同的约定形式或法定形式的地点为合同的成立地点。

(4) 合同当事人对合同成立地点有特别约定的，其约定的地点为合同成立的地点。

5.3.6 格式条款

1．格式条款的概念和利弊

1) 格式条款的概念

格式条款是指当事人为了重复使用而预先拟定并在订立合同时未与对方协商的条款。目前，在旅游业中，旅游业经营者与旅游者之间普遍使用格式条款订立合同，而这种格式条款都是旅游业经营者为了重复使用而预先拟定并未与旅游者协商的条款。

2) 格式条款的利弊

采用格式条款订立合同，既有有利的一面，又有不利的一面。有利的一面是，采用格式条款订立合同，有利于减少交易成本。采用格式条款订立合同，对于提供商品或者服务的一方当事人来说，可以将类似的交易行为用相同的标准订立合同，而不必与每—个订约者进行磋商并拟定合同条款，节省了大量的人力、物力和时间；不利的方面主要是，格式条款的提供者在拟定格式条款时，更多地考虑了自己的利益，尽可能地将自己的权利在格式条款中加以陈述，并尽量减轻自己的责任，而对另一方的权利考虑较少或附加种种限制条件，尽量加重对方的责任。

2．格式条款提供者的责任

《合同法》第 39 条第 1 款规定："采用格式条款订立合同的，提供格式条款的一方应当遵循公平原则确定当事人之间的权利和义务，并采取合理的方式提请对方注意免除或者限制其责任的条款，按照对方的要求，对该条款予以说明"。由此可见，格式条款的提供者具有如下 2 项责任。

1) 遵循公平原则确定当事人之间的权利和义务

所谓公平原则，是指格式条款的提供者在拟定格式条款时，应当将双方的权利义务确定得相互对等，双方当事人享有的权利和承担的义务大体相当，而不能一方只享有权利不承担义务，或者享有的权利明显大于承担的义务。如果格式条款的提供者在拟定格式条款时，确定自己享有大量的权利而只承担极少的义务，或者确定对方承担大量的义务而只享有少量的权利，这种格式条款违反公平原则，是"有失公平"的合同条款。

2) 遵循诚信原则履行提示或者说明的义务

按照《合同法》的规定，格式条款的提供者应当采取合理的方式提请对方注意免除或限制其责任的条款，按照对方的要求，对该条款加以说明。所谓免除或者限制责任的条款，是指规定免除或者限制格式条款提供者责任的各种条件的条文。所谓合理的方式，就是指以能使对方当事人引起注意的方式提请对方当事人考虑这些条款。当对方当事人对免责条款存有疑虑时，格式条款的提供者应当予以说明。如果格式条款的提供者不尽早提请对方注意和说明的义务，将有利于自己而不利于对方的免责条款夹塞到合同中去，违背了订立合同应当遵守的诚实信用的原则。

3. 格式条款无效

1) 格式条款无效的概念

格式条款无效是指由于格式条款中含有法律所禁止的内容而导致格式条款无效的情况。

2) 格式条款无效的条件

《合同法》第40条规定："格式条款具有本法第52条和第53条规定情形的，或者提供格式条款一方免除其责任、加重对方责任、排除对方主要权利的，该条款无效。"由此可见，格式条款中含有下列内容的，该条款无效。

(1) 具有《合同法》第52条规定情形之一的，合同无效。这些情形有："一方以欺诈、胁迫的手段订立合同，损害国家利益；恶意串通，损害国家、集体或者第三人利益；以合法形式掩盖非法目的；损害社会公共利益；违反法律、行政法规的强制性规定。"

(2) 具有《合同法》第53条规定情形之一的，合同中的条款无效。这些情形有："造成对方人身伤害的；因故意或者重大过失造成对方财产损失的。"

对于(1)、(2)这两种情况，所有的合同都是无效的。

(3) 提供格式条款一方当事人免除自己责任。所谓免除责任，是指格式条款中含有免除格式条款提供者按照通常情形应当承担的主要义务，一般与合同标的、数量、质量、履行期限、履行地点等有关。

(4) 加重对方责任。即指格式条款中含有在通常情况下对方当事人不应当承担的义务。

(5) 排除对方当事人主要权利。所谓排除对方当事人主要权利，是指格式条款中含有排除对方当事人按照通常情形应当享有的主要权利。例如，旅游者依法享有选择并接受服务的权利，如果旅游业经营者在格式合同中规定旅游者必须接受某项服务，就是排除了旅游者的主要权利，因为"选择权"是旅游消费者享有的一项重要权利。

4. 格式条款的解释

1) 格式条款的解释的含义

格式条款的解释，是指当事人采用格式条款订立合同后，在履行过程中因对有关条款的含义有不同的理解，应当采取何种原则进行解释。

《合同法》第41条规定："对格式条款的理解发生争议的，应当按照通常理解予以解释。对格式条款有两种以上解释的，应当作出不利于提供格式条款一方的解释。"按此规定，格式条款争议的解释原则为不利于格式条款的提供者。所谓不利于格式条款提供者的解释，是指当事人双方对格式条款含义的理解发生争议时，应当作出不利于格式条款提供者的解释。

2) 格式条款和非格式条款不一致时的采用

《合同法》第41条规定："格式条款和非格式条款不一致的，应当采用非格式条款。"当事人在采用格式条款订立合同时，如果在格式条款中未能将双方合意全部表达清楚，还可以另行签订书面协议，或者对格式条款进行修改，以其他的文字代替格式条款。在这种情况下，一份合同就具有了格式条款和非格式条款两部分，即由格式条款和非格式条款构成一份完整的合同。当事人在履行合同的过程中，如果发现格式条款和非格式条款存在不一致的地方，应当采用非格式条款。因为非格式条款不是当事人一方事先拟定的，而是双方当事人在经过协商之后确定的，因而更能充分反映和表达双方当事人的意愿，所以应当采用非格式条款。

案例分析

云南出境书药费如何解读？

2008 年 1 月 20 日，刘某报名参加某旅行社组织的云南 8 日游，并在旅行社提供的《旅游协议书》上签字，按合同规定缴纳旅游费 4 900 元。旅游至第 3 日，在中缅边境办理出境手续时，旅行社让刘某交付“边境通行证费”和“出境书药费”(缅方入境须知和免疫药品费)共计 112 元。刘某则认为，按合同规定，只应支付“出境书药费”12 元，而“边境通行证费”100 元包括在旅游费中，应由旅行社支付。旅行社解释，合同中标明的“云南出境书药费”由两部分组成，即“出境费”和“书药费”。刘某对此解释虽然尚有异议，但为能完成全部游览项目，还是暂时作了妥协，支付了这笔费用。游览结束返回北京后，刘某找旅行社交涉，认为双方既然签订了合同，就应该遵守，不得再变更，而在这次旅游中，旅行社违反约定，加收了 100 元，要求旅行社退赔加收的这笔费用。

分析说明：100 元边境通行证费应由旅行社承担。因为对格式条款的理解发生争议的，应当按照通常理解予以解释，即以词语的语文含义为标准，对格式条款有两种以上解释的，应当作出不利于提供格式条款一方的解释。本案中，参加“中缅一日游”需支付两笔费用，出境费(出境通行证费)和出境书药费，而旅行社提供的旅游格式合同写明“云南出境书药费不包在旅游费用中，由旅游者支付”，“出境书药费”之间并无任何标点符号，从词语的语文含义中也不能得出是两笔费用的理解。旅行社对此词语所作出的解释，只能认定其是故意或者过失地制造了该词语含义的不确定性，按照“对格式条款有两种以上解释的应当作出不利于提供格式合同一方的解释”，也应由旅行社承担该笔费用。

知识链接

作为全面贯彻落实旅游法的关键措施之一，2014 年版旅游合同示范文本 2014 年 4 月 17 日由国家旅游局和国家工商行政管理总局联合发布。

此次发布的旅游合同示范文本，包括 2014 年版《团队境内旅游合同(示范文本)》、《团队出境旅游合同(示范文本)》、《大陆居民赴台湾地区旅游合同(示范文本)》和《境内旅游组团社与地接社合同(示范文本)》，即日起在全国范围内推行使用。新版旅游合同示范文本的突出特征包括对安排购物活动、另行付费旅游项目在原则和方式上设定了约束性条款；全面修改了合同解除的内容；增加了惩罚性赔偿责任。国家旅游局与国家工商总局要求各地结合旅游行业管理实际，将推行示范文本作为贯彻落实旅游法的重要举措，认真做好示范文本的推广、宣传工作，充分发挥示范文本在规范旅游交易行为、保护旅游者合法权益、提升旅游服务质量等方面的作用。

5.4 旅游合同的效力

5.4.1 旅游合同的效力和生效

1. 旅游合同的效力和生效的概念

(1) 旅游合同的效力，又称旅游合同的法律效力，是指法律赋予依法成立的旅游合同具有约束当事人各方的强制力。

(2) 旅游合同生效，是指已经成立的旅游合同在当事人之间产生了一定的法律约束力，也就是通常所说的产生法律效力。《合同法》第 8 条规定："依法成立的合同，对当事人具有法律约束力。当事人应当按照约定履行自己的义务，不得擅自变更或者解除合同。"

2. 合同生效的条件

1) 行为人具有相应的行为能力

就自然人而言，完全民事行为人可以以自己的行为订立合同，取得民事权利、履行民事义务。企业法人从事经营活动的民事行为能力，受到经营范围的限制。因此，对于企业法人超越经营范围所订立的合同，在法人办理经营范围变更登记之前，不能生效。

2) 当事人的意思表示真实

意思表示真实作为民事行为的有效要件，是为了贯彻民法的意思自治原则。

3) 不违反法律或社会公共利益

合同不违反法律，是指合同不得违反法律的强行性规定。所谓强行性规定，是指这些规定，当事人必须遵守，不得通过协议加以变更。合同不得违反法律规定，而且在内容上不得违反社会公共利益。将不违反社会公共利益作为合同生效要件，可以弥补法律规定的不足。

特别提醒

一般情况下，合同具备一般有效要件，即产生法律效力。但在特殊情况下，还须具备特别有效要件，才能产生法律效力，如法律、行政法规规定，合同应当办理批准、登记等手续才生效的，应依照其规定。这里的批准、登记等手续即是合同生效的特别要件。

5.4.2 无效的旅游合同及其确认

无效合同是指当事人之间已成立，由于违反法定事由而导致法律不予认可其效力的合同。根据所欠缺的有效要件的不同，可将无效合同作如下分类。

(1) 一方以欺诈、胁迫的手段订立合同，损害国家利益的。欺诈是指当事人一方故意制造假象、隐瞒真相，致使对方当事人产生错误的认识而同意与其订立合同。合同是双方意思表示一致的法律行为，只有根据平等互利的原则，经过双方当事人充分协商达成一致意见，合同才能成立。在一方当事人欺诈或者胁迫的情况下，另一方当事人是难以表示自己的真实意思的，采用欺诈或者胁迫手段订立的合同是无效的。

(2) 恶意串通，损害国家、集体或第三者利益的。这是指双方当事人非法串通在一起，共同订立某种合同，造成国家、集体或第三者利益的损害。

(3) 以合法形式掩盖非法目的的。以合法形式掩盖非法目的是指当事人通过实施合法的行为来掩盖其非法的目的或其从事的行为在形式上是合法的，但在内容上是非法的。这种行为又称为隐匿行为。在实施这种行为中，当事人故意表现出来的形式或故意实施的行为并不是其要达到的目的，也不是其真实意图，而只是希望通过这种形式和行为掩盖和达到非法的目的。

(4) 损害社会公共利益。不得损害社会公共利益，这是订立合同的基本原则之一。因为社会公共利益是国家和人民群众的长远利益和根本利益，当事人双方订立合同都必须遵守这一准则。凡是扰乱社会经济秩序或者损害人民健康、毒害人民心灵、坑害消费者利益达到一定程度的格式条款，都属于损害社会公共利益的行为，即使合同当事人双方同意，也属于无效合同。

(5) 违反法律、行政法规中的强制性规定的。违反法律法规的规定包括当事人的订约目的、合同内容和形式违反了法律法规规定。此处所说的法律法规主要包括两类：一是全国人大及其常委会颁布的法律；二是由国务院颁布的行政法规。

另外，合同中的下列免责条款无效。

(1) 造成对方人身伤害的。

(2) 因故意或者重大过失造成对方财产损失的。

《合同法》还规定，提供格式条款一方免除其责任、加重对方责任、排除对方主要权利的，该条款无效。

无效合同的确认权依法由人民法院或仲裁机构行使，合同被确认无效后，视为自始至终没有法律效力；如果部分条款无效力不影响其他条款效力的，其他部分仍然有效。

案例分析

旅行社业务内部承包，旅行社不承担责任？

2008 年 2 月，旅游者向某等 5 人向旅游行政管理部门投诉称：2008 年 1 月，他们与某旅行社商定并签订了一份东南亚 8 日游旅游合同，且交纳了出境旅游的全部费用。该份合同书上加盖了该旅行社海外部的印章。不料，时至预定出国的日期，该旅行社海外部却借故一推再推。最后，该旅行社海外部电话无人接听，旅游者向某等人寻至该旅行社海外部，只见铁将军把门，已是人去楼空。为此，旅游者向某等人联名向旅游行政管理部门投诉，要求追回所交旅行费用，并给予经济赔偿。经查，该旅行社海外部已由该社职工李某承包，属企业内部承包，该海外部无独立法人资格，该旅行社无出境旅游经营权。该旅行社负责人至旅游行政管理部门说明情况时称，该海外部已由辛某承包，且在承包书中明确说明，承包期间产生的债权债务与社里无关，均由承包人承受。因此，根据承包协议书，该社负责人认为，旅游者遭受的经济损失应由承包人承担。

分析说明：该旅行社海外部与旅游者所签订的合同是无效的。因为，第一，根据《合同法》等有关法律、法规规定，合同生效的条件之一是订立合同的主体要具有相应的民事行为能力。本案中，该旅行社海外部并不具有独立的法人地位，即无民事行为能力。第二，根据《旅行社条例》的规定，未经国家旅游局批准，任何旅行社不得经管出境旅游业务，该旅行社未经批准，擅自经营出境旅游业务，属超范围经营。根据《合同法》规定，违反法律法规的合同为无效合同。因此，本案中的合同属无效合同。该旅行社负责人的说法不成立。因为，根据《合同法》及《民法通则》规定，企业法人对他的法定代理人和其他工作人员的经营活动，承担民事责任。因此本案中，旅行社不得以内部承包为由不承担责任。旅行社应承担旅游者遭受的经济损失。

5.4.3 可变更或者可撤销的合同

《合同法》第 54 条规定："下列合同，当事人一方有权请求人民法院或者仲裁机构变更或者撤销：(一)因重大误解订立的；(二)在订立合同时显失公平的。一方以欺诈、胁迫的手段或者乘人之危，使对方在违背真实意思的情况下订立的合同，受损害方有权请求人民法院或者仲裁机构变更或者撤销。当事人请求变更的，人民法院或者仲裁机构不得撤销。"

1．可变更或者可撤销的合同的概念和条件

由上述规定可见，所谓可变更或者可撤销的合同，是指合同成立以后，存在法定事由，根据一方当事人的申请，人民法院或者仲裁机构在审理后可根据具体情况准许变更或者撤销有关内容的合同。具体来讲，可变更或者可撤销的合同必须具备下列条件。

1) 必须具有法定事由

法定事由是由法律规定的，即存在重大误解，订立合同时显失公平，一方以欺诈、胁迫的手段或者乘人之危，使对方在违背真实意思的情况下订立的合同的事由。所谓因重大误解订立的合同，是指行为人因对行为的性质，对方当事人，标的物的品种、质量、规格和数量等的错误认识，使行为的后果与自己的意思相悖而订立的合同；"显失公平"的合同，是指一方当事人利用优势或者利用对方没有经验，致使双方订立的合同所规定的权利与义务明显违反公平、等价有偿原则的合同；"一方以欺诈、胁迫的手段或者乘人之危，使对方在违背真实意思的情况下订立的合同"中的"乘人之危"，是指一方当事人乘对方处于危难之际，为牟取不正当利益，迫使对方作出不真实的意思表示，严重损害对方利益的行为。

应当说明的是，《合同法》第 52 条规定的"一方以欺诈、胁迫的手段订立合同，损害国家利益"的合同与《合同法》第 54 条第 2 款规定的"一方以欺诈、胁迫的手段或者乘人之危，使对方在违背真实意思的情况下订立的合同，受损害方有权请求人民法院或者仲裁机构变更或者撤销"的合同是不同的。前者是一方以欺诈、胁迫的手段订立合同，损害了国家利益，因此这类合同从开始就属于无效合同；而后者虽然也是以欺诈、胁迫的手段或者乘人之危订立的合同，但是并没有损害国家利益，而是损害对方当事人的利益，在这种情形下，根据当事人意思自治原则，由受损害方请求人民法院或者仲裁机构变更或者撤销，并非从一开始就是无效的。

2) 必须由有权一方当事人请求变更或者撤销

根据当事人意思自治原则，对于可变更或者撤销的合同，必须要有一方当事人即受损害方请求，没有一方当事人的请求，就不会产生“变更或者撤销”的结果。根据《合同法》第 55 条规定，具有撤销权的当事人自知道或者应当知道撤销事由之日起一年内没有行使撤销权及具有撤销权的当事人知道撤销事由后明确表示或者以自己的行为放弃撤销权的，该撤销权消灭。

3) 必须走由人民法院或者仲裁机构来行使变更或者撤销权

根据《合同法》规定，对于可变更或者可撤销的合同，必须是由人民法院或仲裁机构来作出变更或者撤销的裁决，其他任何机关均无权作出此类裁决，当事人也无权作出此类决定。

2. 变更或者撤销的效力

经人民法院或者仲裁机构予以变更的合同具有法律效力，双方当事人必须履行，否则应承担违约责任；而被撤销的合同如同无效的合同，自始就没有法律约束力。合同部分无效，不影响其他部分效力的，其他部分仍然有效。

应当说明的是，《合同法》贯彻了当事人意思自治原则，对于可变更或者可撤销的合同，如果当事人请求变更而没有请求撤销的，人民法院或者仲裁机构就不得撤销，而只能就当事人的变更请求进行审理。

此外，合同无效、被撤销或者终止的，不影响合同中独立存在的有关解决争议方法的条款的效力，即如果该合同中有关于解决争议方法的条款，虽然该合同被确认无效，被撤销或者终止，但该解决争议条款仍然有效。

5.4.4 无效合同、被撤销合同的法律后果

《合同法》第 58 条规定：“合同无效或者被撤销后，因该合同取得的财产，应当予以返还；不能返还或者没有必要退还的，应当折价补偿。有过错的一方应当赔偿对方因此所受到的损失，双方都有过错的，应当各自承担相应的责任。”由此规定可见，无效合同、被撤销合同的法律后果可分为以下 3 种。

(1) 返还该合同取得的财产。如果双方均从对方取得了财产，合同无效或被撤销后，双方应退还已经得到的财产；如果仅仅一方取得了财产，则应当将取得的财产返还另一方。

(2) 折价补偿。合同无效或被撤销后，如果不能返还或者没有必要返还从另一方取得的财产，就应当折价补偿。这一规定对双方当事人都是适用的。

(3) 赔偿损失。合同无效或者被撤销后，谁有过错并给对方造成损失的，谁就承担因过错并给对方造成损失的责任。双方均存在过错的，双方都承担因自己的过错给对方造成损失的责任。如果由于双方共同过错造成的损失，应当根据各自的过错程度，承担和自己的过错相当或者相适应的责任。

案例分析

旅行社超范围经营，旅游合同是否无效？

2008 年 7 月，教师刘某等一行 5 人到旅游质监所投诉，诉称他们于 2008 年 6 月参加甲旅行社组织的泰国及中国香港、澳门特别行政区 10 日游旅游团，按照双方签订的旅游合同，刘某等共支付了旅行费用 33 950 元。但是，甲旅行社在履行合同过程中，却违反了国家法律、法规和合同的约定，给刘某等旅游者造成了损害。主要包括：一是甲旅行社根本无组织中国公民出境旅游的经营权，却大登广告欺骗旅游者；二是刘某等旅游者在登上飞机离境时，甲旅行社将合同一方擅自变更为乙旅行社，旅行游程均以乙旅行社的名义出现；三是由于旅行社安排不周，致使刘某等旅游者在机场耽误行程 4 个多小时，造成就餐损失；四是旅行社擅自增加一天旅程，增加购物次数及自费旅游项目。为此刘某等旅游者要求甲旅行社退还旅行费用，赔偿经济损失、精神损失费并支付违约金共计 26 393 元。

甲旅行社辩称：此次旅游是经乙社全权委托组织，乙社是具有出境旅游经营权的旅行社，此旅游团增加在我国香港地区自由活动 1 天，在出团通知书中已明示，且没有增收旅游者费用。从泰国到我国香港地区的飞机票由泰国方面安排，且时间不能提前确定，当天因飞机临时有变动，造成游客在机场等候时间过长，对此投诉者亦应予理解。关于增加购物次数及自费旅游项目的，均属当事人自愿。经查，甲旅行社所称属实。

分析说明：甲旅行社与刘某等旅游者签订的合同应属无效合同。依据我国《合同法》规定，当事人订立合同，应当具有相应的民事权利能力和民事行为能力。因甲社是没有资格经营出境旅游业务的旅行社，不能从事出境业务，所以，它与刘某等旅游者签订的旅游合同应为无效合同。如果它是受乙社的授权委托签订合同的，那么，它只能以乙社的名义与旅游者签订合同。但是，在本案中，甲社是以自己的名义与旅游者签订的合同，因此，该旅游合同是无效的。对于无效合同，《合同法》规定，有过错的一方应当赔偿对方因此所受到的损失，双方都有过错的，应当各自承担相应的责任。就本案而言，鉴于合同已履行完毕，且甲社在履行合同中并无违约行为，故刘某等旅游者要求甲社退还旅游全部费用不能成立。因为要求甲社退还旅游费用，则刘某等旅游者也应将其在旅游中的费用支付给甲社，即各自退还财产。此外，在本案中，没有证据证明甲社违反合同约定，因此，也不存在支付违约金的问题。

5.5 旅游合同的履行和担保

合同的履行，是指债务人全面地、适当地完成其合同义务，债权人的债权合同得到完全实现。从合同效力方面观察，合同的履行是依法成立的合同所必然发生的法律效果，并且是构成合同法律效力的主要内容。合同的订立是前提，合同的履行是关键。

5.5.1 合同履行的原则

合同履行的原则，是指当事人在履行合同义务时所应遵循的基本准则。它包括以下方面。

1．全面履行的原则

《合同法》第60条第1款规定："当事人应当按照约定全面履行自己的义务。"这就是全面履行的原则。全面履行的原则是判定合同当事人是否全面履行了合同义务，当事人是否存在违约事实以及是否承担违约责任的重要法律准则。

2．诚实信用履行原则

《合同法》第60条第2款规定："当事人应当遵循诚实信用原则，根据合同的性质、目的和交易习惯履行通知、协助、保密等义务。"这就是诚实信用履行原则。按照这一原则，当事人除了应当按照约定全面履行合同义务外，更重要的是强调当事人应当履行依据诚实信用原则所产生的附属义务，即《合同法》所规定的通知、协助、保密等义务。履行这些附属义务时，应当根据合同的性质、目的和交易习惯来进行。

3．实际履行原则

实际履行原则是指合同当事人必须严格按照合同规定的标的履行自己的义务，未经权利人同意，不得以其他标的代替履行或者以支付违约金和赔偿金来免除合同规定的义务。

债务人不能自己履行而委托他人履行合同的，应当征得债务人的同意，并满足法律规定的其他条件。《旅游法》对组团社不能自己履行旅游服务合同，而可以委托他人履行合同的情形有两项。一是因未达到约定人数不能出团的可以委托其他旅行社履行合同，其条件是：①未达到约定人数；②组团社经征得旅游者书面同意。二是组团社委托地接社履行合同，其条件是：①经旅游者书面同意，其委托内容应当在书面订立的旅游服务合同中；②被委托旅行社具有相应资质；③委托与被委托旅行社应当订立书面委托合同；④组团社向被委托旅行社提供与旅游者订立的包价旅游合同的副本；⑤地接社支付不低于接待和服务成本的费用。地接社应当按照包价旅游合同和委托合同提供服务。

特别提醒

《旅游法》明确规定：地接社支付不低于接待和服务成本的费用，地接社应当按照包价旅游合同和委托合同提供服务。其明确了"零团费"、"负团费"旅游的不合法。

5.5.2 合同履行的规则

1．协议补充履行规则

《合同法》第61条规定："合同生效后，当事人就质量、价款或者报酬、履行地点等内容没有约定或者约定不明确的，可以协议补充；不能达成补充协议的，按照合同有关条款或者交易习惯确定。”由此规定可见，当事人依照合同订立的目的就没有约定或者约定不够明确的条款进行协商，补充协议。这种补充协议和原协议一样反映了各方当事人的共同愿望，依据法律具有约束力，是当事人履行合同的依据。

2. 合同约定不明确的有关履行规则

1) 质量要求不明确的履行规则

质量是指标的物的具体特征，即标的物的内在素质和外显形态的综合。质量条款是合同的必备条款。《合同法》规定：“质量要求不明确的，按照国家标准、行业标准；没有国家标准、行业标准的，按照通常标准或者符合合同目的的特定标准履行。”

2) 价款或者报酬不明确的履行规则

价款或者报酬是合同的必备条款。当合同在价款或者报酬约定不明确时，按照《合同法》规定，应当按照订立合同时履行地的市场价格履行；依法应当执行政府定价或者政府指导价的，按照规定履行。

3) 履行地点不明确的履行规则

履行地点是当事人按照合同约定履行义务的地点。当合同约定的履行地点不明确时，《合同法》规定，给付货币的，在接受货币一方所在地履行；交付不动产的，在不动产所在地履行；其他标的，在履行义务一方所在地履行。

4) 履行期限不明确的履行规则

履行期限是履行合同义务的时间界限和依据。当合同履行期限约定不明确时，《合同法》规定，债务人可以随时履行，债权人也可以随时要求履行，但应当给对方必要的准备时间。这是因为债权人请求履行往往直接影响到债务人的利益，所以从公平角度考虑，应当给予债务人以必要的准备履行时间。

5) 履行方式不明确的履行规则

履行方式是指当事人完成合同义务的方法。合同对履行方式约定不明确时，《合同法》规定，按照有利于实现合同目的的方式履行。

6) 履行费用的负担不明确的履行规则

履行往往会产生一些费用，当合同对履行费用的负担的约定不明确时，《合同法》规定，由承担履行一方负担。

3. 合同履行过程中价格发生变动时的履行规则

合同在履行过程中价格发生变动是比较普遍的事情，特别是履行期限较长的合同，更容易遇到价格变化的问题。对此《合同法》规定如下。

(1) 执行政府定价或者政府指导价的，在合同的交付期限内政府价格调整时，按照交付时的价格计价。即执行政府定价或者政府指导价的合同，在合同约定的交付期限内政府价格发生变动时，按照政府调整后的价格执行。这体现了法律保护守约方的利益。

(2) 执行政府定价或者政府指导价的，逾期交付标的物的，遇价格上涨时，按照原价格执行；价格下降时，按照新价格执行。逾期提取标的物或者逾期付款的，遇价格上涨时，按照新价格执行；价格下降时，按原价格执行。在合同交付期限内没有履行合同，表明当事人存在违约行为。根据严格责任原则，谁有违约行为，谁就应该承担相应的利益损失。

因此上述合同规则体现了惩罚违约方、保护守约方，即谁违约谁受损、谁守约谁受益的法律价值取向。

案例分析

飞机票价格依法执行政府定价

1999年1月22日，王某报名参加某旅行社组织的云南7日游，并在旅行社提供的《旅游协议书》上签字，按合同规定缴纳了旅游费5 000元。旅游协议规定3月20日组团出游。1999年1月月底，国家计委和民航总局联合发文规定各航空公司国内票价不得以任何名义和形式折扣销售，团体优惠票价不得低于90%。旅行社原计划预订的折扣票已无法购到。鉴于飞机票涨价的情况，即与刘某协商解决方案：一是按计划继续出游，补齐机票票款420元；二是取消此次旅游，退还全部旅游费。刘某考虑已临近春节，再安排其他旅游线路可能来不及，就勉强同意补交机票款，按原计划赴云南旅游。

游览结束返回北京后，刘某找旅行社交涉，认为双方既然签订了合同，就应该遵守，不得再变更，而这次旅游中，旅行社违反约定，又额外加收了420元，要求旅行社退还加收的这笔费用。

分析说明：机票款420元应由刘某支付，因为我国价格除市场调节价外，还包括政府定价和政府指导价。飞机票价格依法执行政府定价。《合同法》规定："执行国家定价的，在合同规定的交付期限内国家价格调整时、按交付时的价格计价，逾期交付的，遇价格上涨时，按原价格执行，价格下降时，按新价格执行。"上述规定体现出惩罚违约方，保护守约方，即谁违约谁受损，谁守约谁受益的价值取向。本案中，旅行社在合同交付期限内履行合同，表明旅行社依照约定履行了合同义务，并没有违约行为。此时，出于政府定价的机票价格发生了调整，使合同存在的基础或环境发生了不以当事人意志为转移的变化，旅行社依据变化的情势履行合同，要求刘某按交付当时的价格计价、补足机票要求是合法的。

4．债务人向第三人履行债务的规则

《合同法》第64条规定："当事人约定由债务人向第三人履行债务的，债务人未向第三人履行债务或者履行债务不符合约定，应当向债权人承担违约责任。"合同是特定主体间的权利义务关系，合同的履行应当贯彻亲自并自愿的原则，即由债务人和债权人履行合同，这是合同履行的一般规则。但是，在一定的前提下，《合同法》允许债务人向第三人履行。由于第三人不是合同当事人，所以债务人向第三人履行债务，必须注意以下要点。

(1) 债务人向第三人履行债务必须由合同当事人约定。合同是当事人之间的合意，当事人在订立合同的时候，有权就合同的具体履行问题包括履行对象达成合意，并使其成为合同的重要组成部分。这是合同当事人意思自治原则的体现，因此，债务人向第三人履行债务，必须由合同双方当事人约定。

(2) 债务人未向第三人履行债务或者履行债务不符合约定，应当向债权人承担违约责任。因为债权人和债务人是合同法律关系的当事人，第三人不是合同当事人，所以当债务

人未向第三人履行债务或者向第三人履行债务不符合约定，债务人应当向债权人承担违约责任。

案例分析

旅行社团款纠纷殃及旅游者

刘某等20名旅游者报名参加某国际旅行社组织的北京—成都—云南—广西旅游团，双方签订了《旅游合同》。在旅游过程中，因组团社与地接社之间发生业务纠纷，耽误了旅游行程，造成云南部分景点的游览项目被迫取消。旅游结束后，刘某等旅游者向旅游质量监督管理部门投诉，诉称组团社与地接社的纠纷，殃及无辜的旅游者，旅行社应当承担违约责任，要求赔偿全部旅游费，被投诉旅行社辩称，此次旅游景点的遗漏，完全是地接社的原因造成的，组团社并没有过错，不应该承担责任，但考虑到旅游者的实际利益，同意先退赔遗漏景点门票费每人58元。如果旅游者还有其他赔偿要求，应向有过错的地接社提出。

分析说明：本案中，被投诉组团社所辩称的理由不能成立，旅游者要求组团社承担违约责任是合法的，但所提出的赔偿全部旅游费的请求缺乏事实和法律依据，不应该支持。

(1) 组团社应承担违约责任。《合同法》第121条规定“当事人一方同第三人的原因造成违约的，应当向对方承担违约责任。当事人一方和第三人之间的纠纷，依照法律规定按照约定解决。”合同关系是一种相对的法律关系，仅在当事人双方之间发生法律效力。对于旅游者来说，组团社因地接社的行为不能完全履行合同时，合同的当事人组团社应对地接社的履行行为负责，向旅游者承担违约责任，然后再就其因此受到的损失向地接社追偿。

(2) 旅游损失赔偿的问题比较复杂。国家旅游局依据有关法律法规制定了《旅行社质量保证金赔偿试行标准》，具体规定了对“损失赔偿额的计算方法”，其中第8条第1项规定：“导游擅自改变活动日程，减少或变更参观项目，旅行社应退赔景点门票，导游服务费并赔偿同额违约金。”本案中，旅行社只退赔遗漏景点门票款显然是大大低于规定的数额，应该按法定要求进行核算，以使旅游者的损失得到合理合法的赔偿。

(3) 赔偿全部旅游费用的请求缺乏依据。旅游提供的是一种特殊的组合产品，旅游的费用是吃、住、行、游、购、娱和提供服务等多方面的综合价格。要求赔偿全部旅游费必须以对方“根本性违约”为前提，根本性违约是指导致合同履行不必要或不可能，即订立合同所期望的经济利益不能实现，或者说主要合同意图不能实现。本案中，旅行社按合同约定履行了绝大部分义务，旅游者也享受了旅行社提供的各项服务。个别景点遗漏，不应该赔偿全部旅游费用。

5. 第三人向债权人履行债务的规则

《合同法》第65条规定：“当事人约定由第三人向债权人履行债务的，第三人不履行或者履行债务不符合约定，债务人应当向债权人承担违约责任。”第三人向债权人履行债务，也称第三人替代履行，是指在某些情况下由合同当事人以外的第三人替代债务人向债权人履行债务的行为。一般来说，合同的履行应当贯彻亲身履行规则，即由债务人本人或其代理人向债权人本人或其代理人履行，这是合同履行的一般规则。但根据合同当事人意思自治原则，上述一般规则并不一概排除第三人替代履行。第三人替代履行是在特殊情况下履行规则，应注意以下要点。

(1) 第三人替代履行必须由合同当事人约定，即经债权人与债务人协商约定，在一定条件下，债务人的履行债务义务由第三人替代履行。从债权人的角度来看，只要债务得到了履行，其债权也就得到了实现；从债务人的角度来看，不管是自己亲自履行，还是由第三人替代履行，都使债务得到了清偿；从合同履行的意义来讲，债务人已经履行了合同。当然，在这种情形下，必须是由合同当事人约定，才能由第三人替代债务人履行债务。

(2) 第三人履行债务不当时，债务人向债权人承担违约责任。第三人向债权人履行债务不当，包括第三人未向债权人履行或者履行债务不符合约定，表明债权人的利益没有得到实现，债务人也就存在相应的违约行为。

由于只有债权人和债务人是合同法律关系的当事人，所以债务人应当向债权人承担责任。

6. 当事人不得因变动而违反合同履行规则

《合同法》第 76 条规定："合同生效后，当事人不得因姓名、名称的变更或法定代表人、负责人、承办人的变动而不履行合同义务。"

合同是当事人之间设立、变更、终止民事权利义务关系的协议。当事人姓名、名称的变更，并未使当事人的权利能力和行为能力有所变化，因此当事人的姓名、名称发生变动时，其承担的履约义务不发生变化，当事人必须继续履行合同义务，不履行合同义务必须承担违约责任。同样，当事人的法定代表人、负责人、承办人，均不是合同的当事人，其订立合同是代表法人进行的，不是个人行为，法人应当承担责任，不能因法定代表人、负责人、承办人的变化而影响合同当事人义务的履行，合同当事人应当全面履行合同所规定的义务。

5.6 旅游合同的变更、转让、终止和解除

5.6.1 旅游合同的变更

1. 合同变更的概念

《合同法》第 77 条规定："当事人协商一致，可以变更合同。"变更合同，是指合同成立以后，尚未履行完毕之前由合同当事人双方依法对原合同的内容所进行的修改。从这一概念中可见，合同变更包括下述含义。

(1) 合同变更发生在合同成立之后到合同没有完全履行之前。这里的没有完全履行之前包括合同订立之后根本没有履行和没有完全履行以前的期间，如果合同没有成立或者合同已经履行完毕，就不会发生合同变更的情形。

(2) 合同变更是对已经成立的合同部分内容的变动或者修改，如果是对合同的全部内容进行变动或修改，就不属于合同的变更，而是重新协商订立合同。

(3) 合同变更须经当事人协商一致。根据当事人意思自治原则，合同是双方当事人协商一致的结果，合同成立并生效后，任何一方当事人均不能随意变更。

(4) 有些合同的变更须经批准。《合同法》第 77 条第 2 款规定：“法律、行政法规规定变更合同应当办理批准、登记等手续的，依照其规定。”这就是说，经过当事人协商一致可以变更合同，但是依照法律、行政法规规定，变更合同应当办理批准、登记手续的，还应当依据法律、行政法规的规定办理手续。这一方面体现了合同当事人意思自愿原则，同时又体现了对某些合同实行必要的国家干预原则。

2. 当事人对合同变更的内容约定不明确的处理

《合同法》第 78 条规定：“当事人对合同变更的内容约定不明确的，推定为未变更。”因为只有对变更后的合同权利义务明确，才能履行并产生法律上的约束力。如果对变更后的合同权利义务不明确，则无法履行，不利于法律保护当事人的权益。对此，《合同法》规定“推定为未变更”，也就是说，法律不予认可双方当事人内容不明确的变更，对双方当事人不产生法律上的约束力。

案例分析

合同已变更，责任谁来担？

2008 年 9 月，某公司一行 20 人参加某旅行社组织的新加坡、马来西亚、我国香港特别行政区 8 日游。双方签订的旅游合同规定，出游日期为同年 12 月 28 日，每人费用 5 700 元人民币。2008 年 12 月 28 日，该旅游团在旅行社领队的带领下，乘车准时抵达上海机场准备出境时，发现因新加坡使馆工作人员的失误，将签证的有效期错写为 12 月 29 日，而旅行社未能及时审核，致使该旅游团无法按期出境。为此，经双方紧急协商，变更了行程。旅行社重新办理出境手续，应旅游者的要求乘飞机到广东，改由南海出关先到香港特区，然后再去新加坡、马来西亚。旅行社按新行程安排完成了旅游活动，整个行程比原合同延期两日，旅行社为此全额承担了因重新签证、变更行程等所支出的费用合计人民币 76 000 元。旅游结束后，旅游者要求旅行社承担违约赔偿责任，旅行社多次派人与旅游者协商解决纠纷并发函致歉，但未能达成共识。2009 年 3 月，旅游质监部门主持调解，提出由旅行社补偿全额旅游费的 10%的调解意见，旅行社为表示解决纠纷的诚意，同意补偿全额旅游费的 20%，旅游者仍不予接受。旅游者遂于同年 4 月诉至人民法院，要求旅行社赔偿全额旅游费 114 000 元及误工费 28 000 元。

分析说明：第一，双方协商行程变更是合同的变更。因为合同变更是指合同成立以后，尚未履行完毕之前由合同当事人依法对原合同的内容所进行的修改。本案中旅行社与旅游者已签订了旅游合同，因旅行社工作上的失误而无法按期履行，但事后旅行社与旅游者双方协商，变更了原定行程，旅游者按变更了的行程完成了旅游内容的行为应视为对合同变更内容的认可。因此双方行程变更是合同的变更。

第二，旅行社不应承担违约赔偿责任。因为旅行社已按变更后的合同履行了义务并承担了因变更合同而产生的相应费用，旅游者再提出要求旅行社赔偿全额旅游费用于法无据。

5.6.2 旅游合同的转让

1. 合同转让的概念

合同转让，是指合同当事人依法将合同的全部或者部分权利义务转让给他人的合法行为。其含义如下：合同转让是合同当事人将其享有的权利或者承担的义务全部或者部分转让给他人，即转让给合同当事人以外的人，也称为第三人。例如，旅行社将其根据旅游合同享有的权利或承担的义务全部或部分转让给另一家旅行社。

合同转让不是合同内容的改变，即在合同转让中并不改变合同中所约定的权利和义务，而是权利享有主体将其权利全部或部分转让给他人，或者是义务承担主体将其应承担的义务转让给他人，而作为合同内容的权利义务并不因转让而改变。例如，旅行社将其应当履行的为旅游者代订机票的义务转让给另一家旅行社，在此情形下，订机票这一义务仍然应当履行，只不过履行订机票义务的履行者因转让而发生了改变。

合同转让属于一种合法行为，即合同转让属于《合同法》认可的行为。合同当事人只要符合《合同法》及其他有关法律、法规的规定进行转让，就不受他人干涉，其行为就受法律的保护。例如，旅行社将其依据旅游合同取得的权利或承担的义务转让给另一旅行社，只要该行为符合《旅行社条例》规定，即为合法行为并受法律保护。

合同转让应当经过对方同意或者通知对方方可产生法律效力。具体讲，根据《合同法》第 80 条的规定："债权人转让权利的，应当通知债务人。未经通知，该转让对债务人不发生效力。"第 84 条规定："债务人将合同的义务全部或者部分转移给第三人的，应当经债权人同意。"例如，某旅社依据成立并生效的旅游合同取得了向旅游者收取旅行费用的权利，但因招徕的人数不足，该旅行社可将已签约的旅游者转让给另一旅行社，由另一旅行社向旅游者收取旅行费用，但该转让权利的行为，应当通知旅游者，未经通知，该转让对旅游者不发生效力。如果某旅行社将承担的组织、安排旅游者游览的义务全部或者部分转移给另一旅行社，必须要得到旅游者的同意。

合同转让涉及审批手续的，还须办理有关手续，见《合同法》第 77 条第 2 款的规定；否则，转让不会得到法律上的认可。

2. 合同权利转让

合同权利转让的概念：合同权利的转让是指合同中享有权利的一方当事人通过协议将自己的债权全部或部分转让给第三人的行为。

1) 合同权利转让的限制

根据《合同法》第 79 条的规定，合同转让并不是任意进行的，在一定情况下其转让是受一定限制的。合同权利的转让应当受到下列限制。

(1) 根据合同性质不得转让的，合同权利不得转让，这主要是指具有人身性质的权利不得转让。所谓具有人身性质的权利，属于非财产性的权利，是指债权人基于自己的人格和身份而享有的权利，包括人格权和身份权，属于这种性质的合同权利是不能转让的。

(2) 按照当事人约定不得转让的，合同权利不得转让。合同是双方当事人意思表示一致的结果，如果双方当事人在合同中作了合同权利不得转让的约定，债权人就不得违反该约定进行转让，否则应承担违约责任。

(3) 依照法律规定不得转让的，合同权利不得转让。例如，根据法律规定转让合同必须经过批准的合同，必须经过批准方可转让，如果批准机关不予批准，债权人就不能擅自进行转让。

2) 债权人转让债权必须履行的义务

(1) 通知义务。根据《合同法》第 80 条的规定，债权人转让权利应当通知债务人，如果没有通知债务人，则该转让对债务人不发生效力。从合同的有效性和不致引起争议来说，债权人的通知应以书面为宜，并应让债务人出具收到通知的字据，以免产生争议。《合同法》第 80 条第 2 款规定："债权人转让权利的通知不得撤销，但经受让人同意的除外。"这一规定也体现了必要的国家干预原则和当事人意思自治原则。

(2) 债权人转让主债权应承担转让从债权的义务。《合同法》第 81 条规定："债权人转让权利的，受让人取得与债权有关的从权利，但该从权利专属于债权人自身的除外。"从权利，是指与主权利有关的、与主权利存在从属关系的权利。例如，与债权有关的抵押权、利息债权、违约金债权、损害赔偿的请求权等。从权利一般是随主权利的转让而转让的，但属于具有人身权利的权利是不能转让的，例如，人格权、身份权等是不能转让的。

(3) 债权人转让权利需要办理登记的应进行登记。即根据法律、法规规定，转让权利应当办理登记、批准手续的，债权人必须履行批准、登记的义务。

特别提醒

除开特定的合同外，债权转让无须对方当事人统一，旅游合同不属于不得转让债务的特殊合同，《旅游法》规定："旅游行程开始前，旅游者可以将包价旅游合同中自身的权利义务转让给第三人，旅行社没有正当理由的不得拒绝，因此增加的费用由旅游者和第三人承担"。

3．合同义务转让

1) 合同义务转让的概念

合同义务转让，是指合同中的债务人自己应当履行的义务转让给第三人的行为。

2) 债务人转让义务须遵守的规则

(1) 必须经债权人同意。《合同法》第 84 条规定："债务人将合同的义务全部或者部分转移给第三人的，应当经债权人同意。"这一规定是为了保护债权人的权利。应当说明的是，债务人转移债务不同于债权人转让债权，前者必须经另一方当事人即债权人的同意，而后者则只要债权人对债务人履行了通知义务即可，不必经债务人同意。

(2) 新债务人应承担从债务。《合同法》第 86 条规定："债务人转移义务的，新债务人应当承担与主债务有关的从债务，但该从债务专属于原债务人自身的除外。"即从债务是随着主债务转移的，例如担保债务就是主债务的从债务，但是属于原债务人人身性质的从债务则不能转移。

(3) 应依法办理有关手续。即根据《合同法》第 87 条的规定，债务人转移义务，法律、法规规定应当办理批准、登记等手续的，应当办理批准、登记手续。

特别提醒

《旅游法》第 63 条规定：因未达到约定人数不能出团的，组团社经征得旅游者书面同意，可以委托其他旅行社履行合同。该规定不是合同的转让，而是在征得旅游者同意的条件下的债务委托履行，在该情况下“组团社对旅游者承担责任，受委托的旅行社对组团社承担责任”。

4. 当事人合并或分立时的履行

《合同法》第 90 条规定：“当事人订立合同后合并的，由合并后的法人或者其他组织行使合同权利，履行合同义务。当事人订立合同后分立的，除债权人和债务人另有约定的以外，由分立的法人或者其他组织对合同的权利和义务享有连带债权，承担连带债务。”合并，一般是指两个或者两个以上的法人或者组织通过一定的程序组成一个新的法人或者组织的行为；分立，一般是指法人或其他组织依照一定的程序分为两个或者两个以上的法人或者其他组织的行为。当事人在订立合同之后发生合并或者分立时，对于合同约定的权利、义务的行使、履行，上述法律条文已有明确规定。这里应该明确的是“连带债权”和“连带债务”的概念。

(1) “连带债权”，是指分立后的两个或者两个以上的法人或者其他组织中的任何一个都有权请求债务人履行全部债务，而且债务一经全部履行就归于消灭的债权。比如，分立后的法人或者其他组织中的一个债权人要求债务人全部履行其义务后，分立后的其他法人或者组织就无权再要求债务人履行债务。

(2) “连带债务”，是指分立后的两个或者两个以上的法人或者其他组织在承担分立前的债务上都有清偿全部债务的责任，该责任因一次全部清偿而归于消灭的债务。关于连带责任，《民法通则》第 87 条规定：“负有连带义务的每个债务人，都负有清偿全部债务的义务，履行了义务的人，有权要求其他负有连带义务的人偿付他应承担的份额。”无论连带债权还是连带债务，其中最重要的是“连带关系”。“连带关系”是指多数债权人或者多数债务人中的一人发生的效力对债权人或者债务人也产生同样的效力。

5.6.3 旅游合同的终止

1. 旅游合同的终止概念

1) 旅游合同终止的概念

旅游合同的终止，也就是旅游合同权利义务的终止，是指当事人双方终止合同关系，合同确定的当事人之间的权利、义务关系消灭。

2) 合同终止的法律规定

《合同法》第 91 条规定了合同的权利义务终止的情形。

(1) 债务已经按照约定履行。即债务人已经按照合同约定全部履行债务，债权人的权利已经全部得到了实现。

(2) 合同解除。即经过合同当事人协议或由于出现法定事由，合同终止，亦即合同当事人的权利义务因解除而终止。

(3) 债务相互抵消。即当事人互负到期债务，只要该债务的标的物种类、品质相同，任何一方都可以将自己的债务与对方的债务抵消。但是，依照法律规定或者按照合同性质不得抵消的，则不能相互抵消。根据当事人意思自治原则、当事人互负债务，即使标的物种类、品质不相同，但经双方协商，也可以抵消。依照《合同法》规定，前者属于法定抵消，后者属于协议抵消。

(4) 债务人依法将标的物提存。即指由于债权人的原因而无法向其交付合同标的物品时，债务人将标的物交给提存机关而使合同权利义务关系终止。

(5) 债权人免除债务。根据当事人意思自治原则，债权人可以免除债务人部分或者全部债务。债务一经免除，合同的权利义务即告终止。

(6) 债权、债务同归于一人。即由于债权、债务同时归于一人，这时一方当事人既是债权人，又是债务人，自己向自己清偿债务是毫无意义的，因此合同的权利义务终止。

(7) 法律规定或者当事人约定终止的其他情形。例如《保险法》规定：除保险法另有规定或者保险合同另有约定的以外，投保人可以任意解除合同。此外，当事人也可以约定各种终止合同的条件从而使合同终止。《合同法》作上述规定是当事人意思自治原则的体现。

2. 合同终止后的法定义务

《合同法》第 92 条规定：“合同的权利义务终止后，当事人应当遵循诚实信用原则，根据交易习惯履行通知、协助、保密等义务。”

《合同法》第 98 条规定：“合同的权利义务终止，不影响合同中结算和清理条款的效力。”即结算和清理的条款仍然必须执行。

以上都是合同终止后合同当事人应当履行的义务。

5.6.4 旅游合同的解除

1. 旅游合同解除的概念

旅游合同解除是指在旅游合同成立以后，当解除的条件具备时，因当事人一方或双方的意思表示，使基于合同发生的民事权利、义务关系归于消灭的行为。合同解除也是一种法律制度。在适用情势变更原则时，则指履行合同确有困难，若履行则显失公平。大陆法系和英美法系关于合同解除的概念上的区别具体如下。

1) 大陆法系的合同解除

大陆法系的学说一般认为，合同解除是指合同成立后根据当事人一方的意思表示使合同关系发生溯及既往的消灭，尚未履行的给付不再履行，已经履行的给付应当返还、当事人之间法律关系终止的一种行为。据此可将合同解除的性质归结为以下几点。

(1) 合同的解除是以已经有效成立的合同为对象，这与合同无效有明显的区别。

(2) 大陆法系将合同解除作为对违约的一种补救办法，视为一种特殊的合同责任，与此相应便赋予守约方一种解除合同的权利。合同的解除意味着行使解除权，以解除权的存在为必要。由于协议解除不以解除权的存在为前提，不是行使解除权的结果，而是双方的合意行为，故不属于合同解除的范围。此外，不可归责于对方的原因，如不可抗力因素造成合同不能履行或自动消灭，也不属于合同解除。

(3) 合同的解除使双方当事人之间的法律关系发生溯及既往的消灭。

2) 在英美法系国家，合同解除有广义和狭义之分

狭义的合同解除相当于大陆法系的合同解除，也是指当事人在“违反条件”(英国术语)或“重大违约”(美国术语)时，对方当事人行使解除权，使之消灭；而广义的合同解除，不仅包括因违约而解除，还包括由双方当事人协议而解除、因不可抗力而解除、因履行而解除以及因合同落空而解除。

2．合同解除的分类

1) 单方解除和协议解除

单方解除，是指解除权人行使解除权将合同解除的行为。它不必经过对方当事人的同意，只要解除权人将解除合同的意思表示直接通知对方，或经过人民法院或仲裁机构向对方主张，即可发生合同解除的效力。

协议解除，是指当事人双方通过协商同意将合同解除的行为。协议解除不以解除权的存在为必要，解除行为也不是解除权的行使。我国法律把协议解除作为合同解除的一种类型加以规定，认为协议解除仍具有与一般解除相同的属性，但要求解除的条件为双方当事人协商同意，并且不因此损害国家利益和社会公共利益。

2) 法定解除和约定解除

合同解除的条件由法律直接加以规定者，其解除为法定解除。我国法律普遍承认法定解除，不但有关于一般法定解除的规定，而且有关于特别法定解除的规定。

约定解除，是指当事人以合同形式，约定为一方或双方保留解除权的解除。保留解除权，可以在当事人订立合同时约定，也可以在以后另订立保留解除权的合同。《合同法》第93条规定：“当事人协商一致，可以解除合同。”法律规定约定解除，实际上反映了合同自愿的原则。

特别提醒

《旅游法》第63条规定，对旅行社招徕旅游者组团旅游，因未达到约定人数不能出团的，组团社可以解除合同。该条款适应的条件是未达到“约定”人数，即应当存在事前的约定，否则不能成为解除合同的理由。

3．合同的法定解除

合同的法定解除，是指合同成立后，在没有履行或者履行过程中，当事人一方行使法定解除权而终止。法定解除是一种单方的法律行为，即当事人一方在法定解除条件出现时，即可以通过行使解除权而使合同终止。

法定解除与协议解除的主要区别在于，法定解除是当事人一方行使法定解除权的结果。在法定解除条件出现时，有解除权的一方可以直接行使解除权，单方解除合同，而不必经过对方的同意，而协议解除则是双方的法律行为，解除合同须经双方当事人的协商一致。

《合同法》第94条规定了5种法定解除合同的情形。

(1) 由不可抗力致使不能实现合同目的的，一方当事人可以解除合同。不可抗力，是指不能预见、不能避免并且不能克服的客观情况。

(2) 在履行期限届满之前，当事人一方明确表示或者以自己的行为表明不履行主要债务，另一方当事人可以解除合同。明确表示不履行主要债务，是指当事人以清楚的意思表示或向对方当事人传达了不履行主要债务的信息。以自己的行为表明不履行主要债务，是指一方当事人以明确的行为表明其不履行主要债务，而且这种情形是发生在履行期限届满之前。

(3) 当事人一方迟延履行主要债务，经催告后在合理期限内仍未履行的，另一方当事人可以解除合同。迟延履行主要债务，即不按约定的时间履行主要债务，经债权人催告后在合理期限内仍未履行，债权人即可据此得出债务人不具备履约能力或者根本不愿意履行的结论，在此情形下，债权人可以解除合同。

(4) 当事人一方迟延履行债务或者有其他违约行为致使不能实现合同目的的，另一方当事人可以解除合同。即由于一方当事人迟延履行债务使合同目的不能实现，或者由于一方当事人的违约行为，使合同的实现已成为不可能，在这种情形下，另一方当事人可以解除合同。

(5) 法律规定的其他情形。

《合同法》规定：合同当事人一方按照合同约定的条件解除合同，或者按照法定的情形解除合同的，应当通知对方。合同自通知到达对方解除时，对方有异议的，可以请求人民法院或者仲裁机构确认解除合同的效力。此外，法律、法规规定解除合同应当办理批准、登记等手续的，还应当依法办理有关手续。由上述规定可见，合同一方当事人主张解除合同的，应当履行通知对方的义务，或者有依法办理有关手续的义务，否则视一方解除合同的行为无效。

《旅游法》也明确规定了旅行社解除旅游服务合同的法定情形，包括：①患有传染病等疾病，可能危害其他旅游者健康和安全的；②携带危害公共安全的物品且不同意交有关部门处理的；③从事违法或者违反社会公德的活动的；④从事严重影响其他旅游者权益的活动，且不听劝阻、不能制止的；⑤法律规定的其他情形。

4. 合同解除的法律后果

《合同法》第97条规定："合同解除后，尚未履行的，终止履行；已经履行的，根据履行情况和合同性质，当事人可以要求恢复原状、采取其他补救措施，并有权要求赔偿损失。"恢复原状，就是指恢复到合同订立以前的状态。对于不能恢复原状的，则可以采取其他补救措施，还可以要求赔偿损失。

在旅游活动中，当一方解除合同时，应当履行通知的义务。《旅游法》规定，在旅行社组团旅游，因未达到约定人数而解除合同的情形下，“境内旅游应当至少提前七日通知旅游者，出境旅游应当至少提前三十日通知旅游者”。

《旅游法》以实际发生费用的承担或补偿作为恢复原状的方式。《旅游法》第63条、第65条、第68条作出了相关规定。

5.7 违约责任

违约责任属于民事责任的一种，民事责任包括违约责任，违约责任是一种法律责任。了解这一点，对于促进合同的全面履行、弥补违约造成的损失，对于合同当事人以及整个社会的民事、经济活动都具有重要的意义。违约责任也称违反合同的民事责任，是指当事人不履行合同义务或者履行合同义务不符合约定所承担的民事责任。

5.7.1 违约责任的特点

1. 违约责任的产生是以合同的有效存在为前提的

合同生效以后，将在当事人之间产生法律约束力，当事人应当按照合同约定，全面、严格地履行合同义务，任何一方当事人因违反有效合同所规定的义务均应承担违约责任。所以违约责任是违反有效合同所规定的义务的后果。

知识链接

如何正确选择侵权责任?

如没有有效合同的情况下，一方行为造成他方损害，不能要求承担违约责任，但可以要求承担侵权责任。《最高人民法院关于审理旅游纠纷案件适用法律若干问题的规定》第14条明确规定，因旅游辅助服务者的原因造成旅游者人身损害、财产损失，旅游者选择请求旅游辅助服务者承担侵权责任的，人民法院应予支持。旅游经营者对旅游辅助服务者未尽谨慎选择义务，旅游者请求旅游经营者承担相应补充责任的，人民法院应予支持。如在包价旅游中，旅游者与景区景点企业、住宿餐饮企业等辅助经营者之间由于没有合同关系，不能直接要求其承担违约责任，但在法定条件下，可以要求其承担侵权责任。

特别提醒

公共交通合同的主体是公共交通经营者与旅游者，因此《旅游法》规定：由于公共交通经营者的原因造成旅游者人身损害、财产损失的，由公共交通经营者依法承担赔偿责任，旅行社应当协助旅游者向公共交通经营者索赔。所谓公共交通，是向不特定人群开放的交通工具，比如正常航班、铁路等交通工具，只要乘客凭借身份证明，都可以向民航、铁路售票处购买所需的机票或者火车票，对于购买交通客票的乘客，没有特别的限制。旅游活动中为什么包机、专列不属于公共交通，它们是旅行社事先通过约定，向民航、铁路等部门整体购买该交通工具的承运权，然后由旅行社再次向旅游者销售。

案例分析

旅游者途中遭遇车祸，索赔无门

南京小伙李某报团准备到杭州游玩，却在途中出了车祸。当李某向旅行社要求赔偿时，被几方踢起了皮球：旅行社称，车不是他们开的，而且旅游团已经转包给了地接社，不应赔偿；地接社称，李某并未与他们签订合同，损失不该由他们承担；客运公司称，伤者是在旅游时出的事，应该找旅行社索赔。李某索赔无门，只能将两家旅行社都告上了法庭。

分析说明：《旅游法》第 71 条规定：由于地接社、履行辅助人的原因导致违约的，由组团社承担责任；组团社承担责任后可以向地接社、履行辅助人追偿。由于地接社、履行辅助人的原因造成旅游者人身损害、财产损失的，旅游者可以要求地接社、履行辅助人承担赔偿责任，也可以要求组团社承担赔偿责任；组团社承担责任后可以向地接社、履行辅助人追偿。但是，由于公共交通经营者的原因造成旅游者人身损害、财产损失的，由公共交通经营者依法承担赔偿责任，旅行社应当协助旅游者向公共交通经营者索赔。本案的关键是客运公司是否是公共交通经营者。如客运公司是公共交通经营者，则小李只能向客运公司提出赔偿要求。如客运公司不是公共交通经营者，即他与旅行社之间有租赁或委托合同关系，则小李既可向客运公司也可向组团旅行社要求损害赔偿。

2．违约责任是当事人不履行合同义务或者履行合同义务不符合约定所应承担的责任

此处的债务是一个广义的概念，既包括合同约定的义务，也包括一些法律规定的义务。因为合同当事人除了应当全面履行合同约定的义务外，还应当遵循诚实信用原则，根据合同的性质、目的和交易习惯，履行法定义务，不履行这些法定义务，同样构成违约，从而应当承担违约责任。如果按照合同约定和法律规定，不存在违约行为，则自然不存在违约责任的承担。

3．违约责任只能在合同当事人之间产生

违约责任具有相对性和特定性，债务人只向债权人承担违约责任而不需向合同关系以外的任何其他人承担违约责任。

4．违约责任可以由合同当事人自行约定

当事人可以在法律规定的范围内对违约责任预先作出安排，例如可以约定损害赔偿的计算方法或者违约金的数额，设定免责条款或者限制责任条款等。

5.7.2　违约责任的严格责任原则

在民事法律中，严格责任原则是确定行为人的民事责任的根据和标准之一。严格责任原则的确定，对于违约责任的构成要件、损害赔偿的范围、举证责任的承担等具有重要的意义。在违约责任实行何种责任问题上，我国立法有一个发展过程。《经济合同法》采取的是过错责任原则，即确定行为人要承担违约责任，必须要求证明行为人在主观上要具备过错。如果双方均有过错，则由双方分别承担各自的过错责任。我国现行《合同法》中关于违约责任采取严格责任原则，只有不可抗力才可以免除违约责任。

《合同法》第 107 条规定："当事人一方不履行合同义务或者履行合同义务不符合约定的，应当承担继续履行、采取补救措施或者赔偿损失等违约责任。"由此规定可见，《合同法》规定的违约责任不要求证明行为人在主观上是否存在过错，而只要行为人没有履行合同或者履行合同不符合约定，就应当承担违约责任。在这里需要说明的是，行为人违约，即不履行合同义务或者履行合同义务不符合约定，在其主观上一般也存在着过错，但《合同法》不要求证明其是否存在过错，也不要求证明是故意还是过失，只要有违约情形发生，就须承担违约责任。

《合同法》采取严格责任原则，一是有利于促使合同当事人认真履行合同义务，以避免违约情形发生后，违约方总是千方百计寻找理由，证明自己主观上不存在过错。采取严格责任原则后，不论何种原因，只要行为人没有全面履行合同，存在违约情形，就应当承担违约责任。二是有利于保护守约方的合法权益。过去在合同违约上采取过错责任原则，对于违约方的过错，守约方作为原告要承担大量的举证责任，不利于保护受害人的合法权益。若采取严格责任原则，守约方则无须举证违约方具有主观"过错"。

案例分析

旅游团出师不利，旅游者郁闷透顶

2002 年 2 月 5 日，邹某报名参加了深圳某旅行社组织的春节黄金周由深圳至昆明、大理、丽江的 6 日双飞旅游团，在签署该社提供的格式合同后依约缴纳了 3 780 元的费用。2002 年 2 月 12 日(大年初一)，邹某等 25 名游客兴冲冲地从深圳出发，开始了此次旅行。然而，第 2 天他们就遇到了扫兴的事，由于旅行社"安排不当"，原定于 13 日的昆明"新华民族村"游览项目被迫取消。这一变故引起的不快尚未消除，更扫兴的事又接连而至。2002 年 2 月 15 日，旅游团乘坐的空调旅游车坏了，团员们只好换乘由旅行社安排的地接社"丽江某旅行社"临时租用的一辆车未达到合同约定的空调旅游车标准的中巴前往丽江。当晚，由于地接社没安排好住宿，团员们在寒风中等候了近 8 个小时，直至 16 日凌晨 4 点，才分别入住均低于"三星级"合同标准的 5 家酒店。根据行程安排，16 日晚团员们应返回昆明住宿。但当晚 8 时，导游通知团员们，乘飞机回昆明的计划因没有机票而取消，同时由于在丽江没找到酒店，只能连夜乘车到楚雄或昆明。团员们均不同意，理由是：这样的安排，意味着大家要在 0℃气温和在没有暖气的汽车里过夜 7～10 个小时，尤其是司机当天只睡了 4 个小时，要他再继续长时间开车，大家的生命安全恐怕都没法保障。

团员们在与导游协商无果的情况下，只好向当地旅游局投诉。等候了 3 个小时后，经丽江地区旅游质量监督所协调，团员们才在晚上 11 时 30 分入住低于合同标准的酒店。第二天早上一起床，团员们又被通知早餐后即乘车前往昆明，乘坐当晚 7 时 40 分的飞机返回深圳，同时取消原定于 17 日游览"路南石林"和"翠湖公园"两个景点的计划。团员们再次表示异议，向导游提出继续按计划游完全部景点，推迟返回日期的要求。导游在请示了旅行社后答复说，由于春节期间机票紧张，故无法推迟，必须返回。并承诺返深后由组团社给团员们一个合理的说法和善后处理方案。在这种情况下，团员们服从了导游安排，按计划返回了深圳。

令邹某等团友感到遗憾的是，组团社最后虽然承认这次旅游合同违约事件的责任完全在于旅行社，也同意赔偿，但答应的赔偿金额仅仅是每人200多元。因为无法接受旅行社答应的赔偿金额，邹某和另一位团友罗某聘请了律师，向深圳市福田区人民法院起诉该旅行社，要求该被告继续履行合同或返回全部旅游费用，并向原告赔礼道歉。

2002年8月8日和29日，福田区法院两次公开开庭审理了此案。最后作出了包含如下内容的一审判决：某旅行社违约事实成立，应承担违约责任，判令按旅游行业规定赔偿每人276元；但对原告要求被告继续履行合同的诉讼请求"不予支持"，理由是："原告诉请被告继续履行合同，支付继续履行合同的费用，是要求被告承担继续履行的违约责任，即要求被告承担违约的补救措施。本案被告承担义务是履行非金钱债务，如被告承担继续履行的违约责任，履行费用过高，存在经济上的不合理性，且有失公平法律原则。本院认为通过损害补偿能够充分保护原告利益，故原告该项诉求本院不予支持。"

分析说明：本案中旅行社违约，应承担违约责任。法院依据《合同法》中违约责任承担方式的规定，判令旅行社赔偿旅游者的损失，同时对旅游者要求旅行社继续履行合同的请求不予支持。作为旅游者，为保护自己的合法权益，应在与旅行社签订合同时，明确规定旅行社违约责任，并具体约定违约赔偿办法。

5.7.3 违约责任的承担

1. 违约责任的承担

1) 一方违约时违约责任的承担

《合同法》第107条的规定表明，在合同履行中，无论是哪一方，只要其没有履行合同或者履行合同不符合约定，即应承担违约责任。

2) 双方违约时违约责任的承担

《合同法》第120条规定："当事人双方都违反合同的，应当各自承担相应的责任。"由此规定可见，双方当事人在履行合同中都没有按照合同约定履行义务，则双方当事人都应当承担相应的违约责任。

案例分析

当事人都违约，各打五十大板

2008年10月10日，郭某等12名北京旅游者参加了某旅行社组织的杭州4日游。双方签订合同规定：该旅游团交通为双飞，即从北京飞杭州，游程结束后乘汽车赴上海再飞回北京，但合同中没有约定乘那家航空公司何种机型的飞机。在游览过程中，导游擅自减少了一个计划内景点，同时也违反合同规定增加了游览项目。第4天早晨，旅游团赴上海乘联航飞机返京。郭某等旅游者以飞机降落在南苑机场回来交通不方便，而部分客人已通知家人在首都机场接机为由，拒绝退房返京，要求从杭州乘国航飞机返京。经反复协商未果，结果旅游者滞留在宾馆，导致误机。旅游者向质监所投诉。

分析说明：第一，旅行社违约，应承担违约责任。根据《合同法》规定，当事人一方不履行合同义务或者履行合同义务不符合约定的，就应承担违约责任。本案中，旅行社擅自增加、减少游览项目，都属违反合同约定的行为，应承担违约责任。

第二，旅游者违约，应承担违约责任。《合同法》规定同上，该案中合同规定“从上海乘机返京”是明确的，旅游者拒绝从上海乘机，显然是违约行为。

第三，本案中，旅行社和旅游者双方违约。根据《合同法》规定，当事人双方都有违反合同的，应当各自承担相应责任。本案中旅行社擅自增加、减少景点，应当承担赔偿损失的责任(如相应的门票费等)，旅游者违反由上海乘机返京的合同规定，由此而造成的损失应自负。

3) 由于第三人的原因造成违约时违约责任的承担

《合同法》第121条规定：“当事人一方因第三人的原因造成违约的，应当向对方承担违约责任。当事人一方和第三人之间的纠纷，依照法律规定或者按照约定解决。”由此规定可见，只要合同一方当事人没有履行合同规定的合同义务，或者履行合同义务不符合合同约定，就要承担相应的违约责任，而对于是否是由于自己还是第三方引起的不予过问。也就是说，违约问题属于该合同当事人之间的问题，合同当事人一方有违约情形，就应承担相应的责任。合同当事人一方的违约行为即使是由于第三人的原因造成的，违约人也应当承担违约责任。至于由于第三人的行为给违约方造成的损失，则属于另外的法律关系。合同责任的问题旨在平衡合同当事人之间的法律关系。

特别提醒

当事人一方与第三人之间的关系属于另一种法律关系。当事人一方向另一方合同当事人承担违约责任，因此所遭受的损失是第三人的行为造成的，根据公平原则，该损失理应由第三人承担。根据《合同法》的规定，当事人一方与第三人之间的纠纷，依照法律规定或者按照约定解决。

2. 违约责任的承担方式

《合同法》第107条规定，违约责任的承担方式主要有以下几种。

1) 继续履行

继续履行是指当事人一方不履行合同或者履行合同义务不符合约定时，另一方当事人可以要求其在合同履行期限届满后继续按照合同所约定的主要条件继续完成合同义务的行为。继续履行作为承担违反合同的民事责任的方式之一，历来为我国合同立法所认同。继续履行，按照《合同法》规定，具体可分为如下两类。

(1) 金钱债务的继续履行。《合同法》第109条规定：“当事人一方未支付价款或者报酬的，对方可以要求其支付价款或者报酬。”即合同一方当事人未按合同约定支付价款或者报酬以及支付价款或者报酬不符合合同约定的，另一方当事人可以要求其继续支付价款或报酬，或者按照合同要求支付约定价款或报酬。

(2) 非金钱债务的继续履行。《合同法》第 110 条规定：“当事人一方不履行非金钱债务或者履行非金钱债务不符合约定的，对方可以要求履行，但有下列情形之一的除外：第一，法律上或者事实上不能履行；第二，债务的标的不适于强制履行或者履行费用过高；第三，债权人在合理期限内未要求履行。”

《合同法》的上述规定表明：在非金钱债务的履行上，如提供货物、提供服务等，合同一方当事人未履行上述义务或履行上述义务不符合合同约定，另一方当事人可以要求继续履行。但是，由于非金钱债务不同于金钱债务，其往往具有特定性，因此《合同法》在非金钱债务的履行上作出了例外规定，即：第一，法律上或者事实上不能履行。法律上不能履行的债务，通常是指标的物已被司法机关或行政机关查封、扣押的债务；而事实上不能履行的债务，则是指履行标的物已经丢失、损毁，也就是说，由于上述原因，该非金钱债务已不可能履行。第二，债务的标的不适于强制履行或者履行费用过高的。由于这些实际原因，要求继续履行已无实际意义，因此没有必要继续履行。第三，债权人在合理期限内未请求履行的。既然债权人未请求履行，那么就说明该债权人对该债务的履行不甚关心，这就失去了要求债务人继续履行的义务。

2) 采取补救措施

采取补救措施，是指违约方采取的除继续履行、支付赔偿金、支付违约金、支付定金方式以外的其他补救措施，其目的在于消除、减轻因违约给对方当事人造成的损失。《合同法》第 111 条规定：“质量不符合约定的，应当按照当事人的约定承担违约责任。对违约责任没有约定或者约定不明确，依照本法第 61 条的规定仍不能确定的，受损害方根据标准的性质以及损失的大小，可以合理选择要求对方承担修理、更换、重作、退货、减少价款或者报酬等违约责任。”这就是《合同法》所要求违约方采取的补救措施。

3) 赔偿损失

《合同法》第 112 条规定：“当事人一方不履行合同义务或者履行合同义务不符合约定的，在履行义务或者采取补救措施后，对方还有其他损失的，应当赔偿损失。”赔偿损失作为合同当事人承担违约责任的一种方式一直为我国法律所认同。赔偿损失，是指违约方因不履行或者不完全履行合同义务给对方造成损失时，依法或者根据合同约定应赔偿对方当事人所受损失的行为。

采取赔偿损失的方式，需要具备一定的条件，这些条件在民法理论上称为构成要件，根据归责原则，构成违约赔偿损失的要件如下。

(1) 必须要有损害事实。损害事实的存在是承担赔偿责任的首要构成要件，不存在损害事实，也就无所谓赔偿损失了。

(2) 必须有违约行为。如果仅有损害事实存在而无违约行为，即损害事实的发生是由于其他行为造成的，则合同一方当事人也不承担赔偿损失责任。

(3) 违约行为和损害事实之间存在因果关系，即损害事实的发生是由于损害行为所必然造成的。

以上 3 个条件是在适用严格责任原则下采取赔偿损失方式所必须具备的。在适用过错责任原则时，构成赔偿损失责任除上述 3 个条件外，还要求行为人在主观上要具有过错，如果行为人主观上不存在过错，则不承担责任。而在适用严格责任原则时，则不要求证明行为人主观是否有过错，只要行为人有违约行为，且该违约行为造成了损害事实，即违约行为与损害事实之间存在必然的因果关系，则行为人就应当承担赔偿损失的责任。

案例分析

我去不了，能全额退款吗？

近日，北京市东城区人民法院对原告王女士诉中青旅要求退还旅游费一案进行了宣判，判决中青旅退还王女士余款 2 100 元。

原告王女士准备参加"埃及 10 日豪华游轮游"活动，却在临行前 10 天犯了腰伤，根本无法起身，王女士每天盼望着自己赶快好起来，能够参加旅行，却天不遂人愿，王女士苦撑到临行前两天时，未见好转的病情让王女士彻底丧失了信心，躺在病床上，王女士无奈中只好放弃了这次"出境游"的机会。她联系到自己签约的中青旅控股股份有限公司，告知了自己无法参团的情况，旅行未成，给王女士留下了深深的遗憾，考虑到价格不菲 11 900 元的旅游费用，王女士认为自己并未参团，旅行社应将未发生的大部分款项退还给自己，但中青旅答复王女士只能退还 1 200 元。这让本来就心存遗憾的王女士无法接受，王女士诉至法院，要求中青旅退还 8 160 元。

(资料来源：中国法院网)

分析说明：法院认为，原告于旅行前身患疾病因而无法继续履行合同，该情形非原告所能预料及避免，故不属于原告恶意违约。被告作为旅游服务提供者，其主要义务即为游客安排行程，并在行程开始前为游客代办相关手续、预定交通工具并安排食宿等。原告向被告交纳的旅游费中，包含被告为原告预交的上述费用。因此，在被告如约履行合同义务的情况下，根据合同约定，原告因自身原因提前解除旅游合同，其理应自行承担已发生的损失。被告在庭审中已提交了埃及航空公司及埃及维恩斯之旅假日酒店有限公司出具的信函。被告于行程开始前预订机票及支付境外地接社费用的做法符合旅游行业惯例，原告于出行前两天才提出退团，相关行业不予退费或只退还部分费用的做法亦属合理，故法院判定对已经预定支出的费用不予退还，在经过核算后，判决最终被告退还王女士 2 100 元。

3. 赔偿损失规则

赔偿损失规则是指赔偿损失数额的确定规则。依据《合同法》规定赔偿损失规则主要有下列 4 种。

1) 等额赔偿规则

赔偿损失是一种补偿性的违约责任，即赔偿损失是通过补偿使受害人的损失恢复到合同订立前的状态或者合同履行后受害人可以获得的利益的状态。《合同法》第 113 条规定："当事人一方不履行合同义务或者履行合同义务不符合约定，给对方造成损失的，损失赔偿额应当相当于因违约所造成的损失，包括合同履行后可以获得的利益。"上述规定表明，赔偿损失是赔偿实际损失，即为等额赔偿。

案例分析

旅行社违约，按等额赔偿

黄某等20名旅游者报名参加某旅行社组织的北京—宜昌—三峡—成都旅游团，双方签订了旅游合同。在旅游过程中，因组团社与地接社之间发生了团款纠纷，耽误了旅游行程，造成重庆红岩村景点的游览项目被迫取消。旅游结束后，黄某等旅游者向旅游质量监督管理部门投诉，诉称组团社与地接社的纠纷殃及无辜的旅游者，旅行社应当承担违约责任，要求赔偿全部旅游费；被投诉旅行社辩称，此次旅游景点的遗漏，完全是地接社的原因造成的，组团社并没有过错，不应该承担责任，但是考虑到旅游者的实际利益，同意先退赔遗漏景点门票每人32元，如旅游者还有其他赔偿要求，应向有过错的地接社提出。

分析说明：第一，本案中组团社应承担违约责任。《合同法》的第121条规定"当事人一方因第三人的原因造成违约的，应当向对方承担违约责任。当事人一方和第三人之间的纠纷，依照法律规定按照约定解决。"合同关系是一种相对的法律关系，仅在当事人双方之间发生法律效力。对于旅游者来说，组团社因地接社的行为不能完全履行合同时，合同的当事人组团社应对地接社的履行行为负责，向旅游者承担违约责任，然后再就其因此受到的损失向地接社追偿。第二，旅行者赔偿全部旅游费用的请求缺乏依据。根据《合同法》中赔偿损失规则规定：当事人一方不履行合同义务或者履行合同义务不符合约定，给对方造成损失的，损失赔偿额应当相当于因违约所造成的损失，即是等额赔偿。本案中，旅行社已按合同履行了绝大部分义务，旅游者也享受了旅行社提供的各项服务。个别景点遗漏，只需赔偿因此项违约而造成的旅游者的损失，不应赔偿全部旅游费用。

2) 赔偿限制规则

《合同法》第113条规定："赔偿损失额应当相当于因违约所造成的损失，包括合同履行后可以获得的利益，但不得超过违反合同一方订立合同时预见到或者应当预见到的因违反合同可能造成的损失。"这一规定就是对赔偿予以必要的限制。之所以作出这种限制，是为了体现"公平"原则，保护合同当事人双方的权利及利益。可预见规则就是赔偿限制规则之一，该规则包括以下内容。

(1) 法律要求预见的是合同的违约方，因为违约方承担赔偿损失责任。

(2) 预见是在合同订立时就应当预见到。

(3) 预见的内容是由于其违约所可能造成的财产损失。

(4) 是否预见到的判断标准采取主客观相结合的方法，即一般人所能见到的，可推定该违约方也应当预见到。总之，这一规则的要求是违约方承担的赔偿损失数额不得超过违反合同方订立合同时预见到或者应当预见到的因违反合同可能造成的损失。

3) 经营欺诈惩罚赔偿规则

如上所述，赔偿金是补偿性的，不具有惩罚性。如果合同一方当事人采取欺诈的方法给另一方当事人造成了损失，则赔偿就具有了惩罚性。《合同法》第113条第2款规定："经营者对消费者提供商品或者服务有欺诈行为的，依照《中华人民共和国消费者权益保护法》的规定承担损害赔偿责任。"即该法第49条规定：经营者提供商品或者服务有欺诈行为的，应当按照消费者的要求增加赔偿其受到的损失，增加赔偿的金额为消费者购买商品的价款或者接受服务的费用的一倍。

特别提醒

《旅游法》对在违约中的欺诈行为作出了更为严格的规定，其 70 条规定：旅行社具备履行条件，经旅游者要求仍拒绝履行合同，造成旅游者人身损害、滞留等严重后果的，旅游者还可以要求旅行社支付旅游费用一倍以上三倍以下的赔偿金。

4) 减少损失规则

《合同法》第 119 条规定：“当事人一方违约后，对方应当采取适当措施防止损失的扩大；没有采取适当措施致使损失扩大的，不得就扩大的损失要求赔偿。”这一规定体现了“公平”的原则。当事人有违约行为时，应当承担相应的违约责任，但这并不意味着没有违约的一方当事人在明知对方违约时，故意或放任损失的扩大，以致违约方承担更重的赔偿责任。为了体现法律的公平原则，法律要求没有违约的一方当事人在损失发生时要采取适当的措施去防止损失的扩大。如果没有违约的一方当事人没有采取适当的措施，造成损失扩大，那么，他就无权就扩大的损失要求赔偿。《合同法》第 119 条第 2 款规定：“当事人因防止损失扩大而支出的合理费用，由违约方承担。”即当事人为防止损失的扩大而采取了适当的措施，可能会发生些费用，这些费用应当由违约方承担。《合同法》这一规定也体现了“公平”的原则。

4. 违约金

1) 违约金的概念

违约金是指违约当事人在合同中依约定的或者法律所规定的向对方支付一定数量的货币。

2) 违约金的性质

《合同法》第 114 条规定违约金的性质：“当事人可以约定一方违约时应当根据违约情况向对方支付一定数额的违约金，也可以约定因违约产生的损失赔偿额的计算方法。约定的违约金低于造成的损失的，当事人可以请求人民法院或者仲裁机构予以增加；约定的违约金过分高于造成的损失的，当事人可以请求人民法院或者仲裁机构予以适当减少。当事人就迟延履行约定违约金的，违约方支付违约金后，还应当履行债务。”从以上规定可见，违约金就其性质而言，是属于承担违约责任的一种形式。它是一种以补偿性为主、惩罚性为辅的违约责任承担形式，即违约金主要是补偿因违约造成的损失。对于违约金低于或过分高于造成的损失的，人民法院或仲裁机构可予以增加或适当减少，但没有要求必须相等。由此可见，违约金具有以补偿性为主、惩罚性为辅的性质。

5. 定金

1) 定金与押金

定金，是指合同当事人为了确保合同的履行，依据法律规定或者当事人双方的约定，由当事人一方在合同订立时或者订立后履行前，按照合同标的额的一定比例，预先给付对方当事人的金钱。

《合同法》第 115 条规定："当事人可以依照《中华人民共和国担保法》约定一方向对方给付定金作为债权的担保。债务人履行债务后，定金应当抵作价款或者收回。给付定金的一方不履行约定的债务的，无权要求返还定金；收受定金的一方不履行约定的债务的，应当双倍返还定金。"定金作为一项合同法律制度，既有履行担保功能，也有违约救济功能。一般来说，定金应当以书面约定，即定金应当由合同双方当事人以书面的形式来约定。

在现实生活中，还存在"押金"。定金与押金都属于金钱担保的范畴，都是合同一方当事人按照约定向对方当事人交付的金钱，在合同履行以后，都发生返还的法律效果，且都有证明合同成立和担保合同履行的功能。但是，定金与押金并不完全等同，两者的区别如下。

(1) 定金除了具有履行担保功能、证明功能以外，还具有违约救济功能，而押金往往不具备违约救济功能。

(2) 定金一般是按照合同标的额的一定比例支付的，也即定金不能超过合同标的额；而押金通常是超过或者等于合同标的额的。

(3) 发生违约时，定金适用定金罚则，即给付定金的一方不履行约定的债务的，无权要求返还定金；收受定金的一方不履行合同约定的债务的，应当双倍返还定金。而押金则没有这样的罚则。

2) 定金与预收款

预收款，是指在消费活动中，消费者在得到所需某项商品或接受某项服务以前，先向经营者支付一笔货款，然后，经营者在一定期限内向消费者提供商品或者服务的情形。这一款项，对经营者来说是预收款，对消费者来说是预付款。

定金与预收款(预付款)都是后于预先给付金钱的范畴，都是合同当事人一方按照约定向对方当事人交付的金钱，且在合同履行后，都发生抵作价款的功能。因此，在实际经济活动中，有的人将预收款(预付款)视为定金。但是，严格地说，定金与预收款(预付款)是不一样的，两者的区别主要如下。

(1) 定金是合同担保的一种方式；而预收款(预付款)则无担保的性质。

(2) 定金只是价款或服务费的一部分，是按照合同标的额的一定比例支付的，一般不能超过合同标的额，《担保法》第 91 条明确规定："定金的数额由当事人约定，但不得超过主合同标的额的百分之二十"；而预收款(预付款)可以是价款的部分，也可以是价款的大部分或更多，即所谓"多退少补"。

(3) 当发生违约时，预收款(预付款)只要如数退还并承担该事项的利息即可；而定金则或者是加倍返还，或者是无权要求返还。即两者的法律后果是不同的。

按照《合同法》和《消费者权益保护法》的规定，在一般情况下合同双方当事人在合同约定中没有明确是定金的，应视为预收款(预付款)。

案例分析

定金、押金、预付款，如何按法律来处理？

2008年8月25日，田某同某旅行社签订东南亚6日游合同。合同规定：2008年9月30日出发，旅客离京直飞泰国。旅游费用每人共计4 750元，先交纳定金3 800元，用于办理护照、签证和订机票等费用支出，余款取机票时付清。合同订立之后，田某交付3 800元，旅行社开“定金”发票。

同年9月8日，田某所在单位突然委派其到外地出差一个月，不可能按原计划参团出游，他提出解除签订的旅游合同，并要求退还已交付的费用3 800元。旅行社称其交付的费用已用于办理护照、签证和机票的支付。田某要求旅行社提供有关凭证，如果确实已花费，同意合理扣除，但应退还余款。旅行社则认为，田某交付的3 800元是定金，双方的合同已标明，按照《合同法》第115条：“给付定金的一方不履行约定的债务的，无权要求退还定金”的规定，田某的要求是不合理不合法的。

分析说明：第一，本案的焦点涉及田某已交付的3 800元到底是定金，还是预付款。定金与预付款有相似之处，都是先行给付对方的一定款项，实践中常易混淆，但两者在性质上是不同的。第二，从本案看，由于合同订立者缺乏法律知识，将定金与预付款混为一谈，因此，不能单从合同中的面上来定性。实际上，旅行社收取的这笔款项，是旅游费价款的分期支付，属于给付债务的一部分；从旅行社对不履行合同时的处理来看，这笔费用也不符合定金的特征，如果出现旅行社原因取消出团，旅行社绝不可能承担定金双倍返还的罚则；另外，依照《担保法》第91条的规定，定金的数额不得超过合同标额的20%，而这笔费用已是全部旅游费的80%，大大超过了法定的比例，因此，就算是定金也是无效的。

综上所述，对这笔款项应该按预付款来处理，依照有关法律，旅游者应承担违约的相应责任，旅行社在扣除已发生的费用(如护照、签证费用)后，应退还田某剩余款。

3) 定金与违约金的选用

《合同法》第116条规定：“当事人既约定违约金、又约定定金的，一方违约时，对方可以选择适用违约金或者定金条款。”

上述规定表明，当合同当事人在合同约定中既约定有违约金又约定有定金时，一旦发生违约，就不能既适用违约金条款，同时又适用定金条款，而只能适用其中一项条款。

5.7.4 不可抗力

1. 不可抗拒力的概念

《合同法》第117条第2款规定：“本法所称不可抗力，是指不能预见、不能避免并不能克服的客观情况。”不可抗力通常分为自然现象和社会现象。自然现象有地震、水涝、洪灾等；社会现象有政治骚乱、罢工等(图5-3)。

图 5-3 不可抗力与法律责任

(图片来源：www.ts.cn)

2. 不可抗力的条件

不可抗力具有严格的构成条件。根据《合同法》的规定，不可抗力的构成条件如下。

1) 不可预见性

不可预见性，是指合同当事人在订立合同时不可抗力事件是否会发生是不可能预见的。应当指出的是，所谓不可预见，是指在当时的客观、主观条件下，该当事人是不可能预见到的。

2) 不可避免性

不可避免性，是指合同当事人对于可能出现的意外情况尽管采取了及时合理的措施，但是在客观上并不能阻止这一意外情况的发生。即尽管当事人在主观上做了很大的努力，但在客观上并不能阻止这一意外情况的发生。

3) 不可克服性

不可克服性，是指合同的当事人对于意外事件所造成的损失是不能克服的。如果意外事件造成的结果可以通过当事人的努力而得到克服，则该事件即不属于不可抗力事件。

3. 不可抗力的法律后果

《合同法》第 117 条规定："因不可抗力不能履行合同的，根据不可抗力的影响，部分或者全部免除责任，但法律另有规定的除外。当事人迟延履行后发生不可抗力的，不能免除责任。"

由上述规定可见，不可抗力是法定的违约责任的免除条件或免除事由之一。因为，如果让当事人对自己主观上无法预见，客观上不能避免、不能克服的事件造成的损失承担法律责任，是不符合"公平"原则的。不可抗力作为免责事由是有时间限制的，即它只有发生在合同订立之后、履行完毕之前。如果不可抗力发生在合同订立之前或者履行之后，都不能构成不可抗力事件。此外，如果当事人迟延履行义务后发生不可抗力的，也不能成为免责事由。

案例分析

不可抗力与法律责任

2008年2月，某旅行社接待香港特区某旅行社组织的内地观光团。按照合同的约定，该旅游团在北京游览4天，安排2月11日是游览长城。该旅行社委派导游关某担任该团陪同。关某未经旅行社同意，擅自将游览长城的日期改为2月14日即离京的前一天，而将2月11日改为购物。观光团的团员对此变更曾表示异议，但关某称此变更是旅行社的安排。不料，2月13日晚天降大雪，2月14日该观光团赴长城时，积雪封路，只得返回。翌日，该观光团离京返港后，书面向旅游行政管理部门投诉，称该旅行社委派的导游未征得旅游者同意，擅自改变旅游行程，违反了合同约定，造成旅游观光团未能游览长城，旅行社应承担赔偿责任。该旅行社则辩称，改变旅游行程，属导游个人行为，与旅行社无关而导游关某则辩称，造成长城未能游览，是由于大雪封路的原因，属不可抗力，依据法律规定不承担赔偿责任。

分析说明：在本案中，造成该观光团未能游览长城的原因，并非不可抗力，而是导游人员独自改变旅游行程，也就是说，如果不改变约定的旅游行程，游览长城这一项目是能够实现的。旅行社违约行为在先。此外，也必须明确，并非只要不可抗力发生，就可以不承担赔偿责任，见《合同法》第117条的规定。由此规定，在本案中，旅行社不得以不可抗力为理由，推卸赔偿责任。

《旅游法》第67条对旅游服务合同中不可抗力的法律后果也作出了专门的规定，该条规定因不可抗力或者旅行社、履行辅助人已尽合理注意义务仍不能避免的事件，影响旅游行程的，其法律后果是：可以并且双方都愿意变更的则变更；不能继续履行并不愿变更的，双方可以解除合同。合同解除已花费用依照实际发生原则负担，组团社应当在扣除已向地接社或者履行辅助人支付且不可退还的费用后，将余款退还旅游者；合同变更的，因此增加的费用由旅游者承担，减少的费用退还旅游者。对不可抗力导致的增加费用，则依公平原则负担，即危及旅游者人身、财产安全的，旅行社应当采取相应的安全措施，因此支出的费用，由旅行社与旅游者分担。造成旅游者滞留的，旅行社应当采取相应的安置措施，因此增加的食宿费用，由旅游者承担；增加的返程费用，由旅行社与旅游者分担。

特别提醒

对于不可抗力的法律性质，《合同法》与《旅游法》似乎不一致，《合同法》将其作为违约后违约责任承担的抗辩理由，而《旅游法》将其作为合同法定解除的理由，但是其导致的实质法律后果是一样的，即不实际履行合同一方不承担违约的法律后果。

4. 遭遇不可抗力一方当事人的义务

《合同法》第118条规定："当事人一方因不可抗力不能履行合同的，应当及时通知对方，以减轻可能给对方造成的损失，并应当在合理期限内提供证明。"由此规定可知，遭遇不可抗力一方当事人具有下列义务。

(1) 及时通知义务。不可抗力发生后，遭遇不可抗力的一方应当及时通知对方，向对方通报自己不能履行或者不能完全履行或者延期履行合同的情况和理由，以期得到对方的协助，共同采取措施，防止和减少损失。遭遇不可抗力的一方若不及时履行通知义务，则不能部分或者全部免除责任。

(2) 提供证明义务。不可抗力发生后，遭遇不可抗力的一方当事人应当在合理期限内提供有关机构的证明，以证明不可抗力事件发生及影响当事人履行合同的具体情况。依据合同实践及《合同法》的规定，证明一般应当采用书面形式，而且应当在合理的期限内提供。

总之，当一方当事人遭遇不可抗力时，必须及时通知对方，并在合理的期限内提供证明，这是法定的义务，如果当事人没有履行这两项义务，则不能部分或全部免除违约责任。

案例分析

旅行社违约，但不承担责任

2009 年 1 月 30 日至 2 月 4 日，刘某等 6 名旅游者参加兰州某旅行社组织的“云南双飞 6 日游”。按合同约定应于 2 月 3 日乘飞机从西双版纳回昆明。由于大雾和雷电天气，预订航班被迫取消。旅行社为了确保 2 月 4 日准时乘上昆明至兰州的航班，决定改乘大巴赶回昆明。经与旅游者协商未达成一致，旅游者坚持按原约定乘机至昆明，由此滞留西双版纳 4 天，直到 2 月 8 日，旅行社设法买到机票后才返程。刘某等旅游者为此投诉旅行社，要求旅行社承担违约责任，并支付他们滞留西双版纳期间的住宿费用及误工费。

分析说明：第一，该旅行社违约。《合同法》规定，当事人一方不履行合同义务或履行合同义务不符合约定的，就是违约行为。本案中，旅行社没有按约定提供从西双版纳至昆明的原定服务，就是违反了原合同的规定。第二，旅行社不承担违约责任。《合同法》规定，只要有违约情形发生，就必须承担违约责任，发生了不可抗力的除外。本案中，旅行社的违约是由于大雾和雷电天气不可抗力所致，且旅行社及时向旅游者作了说明，并采取了补救措施，依据《合同法》规定，可以免除违约责任。因此，旅游者的投诉要求不合理。

5.7.5 侵权与违约责任的竞合

《合同法》第 122 条规定：“因当事人一方的违约行为，侵害对方人身、财产权益的，受损害方有权选择依照本法要求其承担违约责任或者依照其他法律要求其承担侵权责任。”

上述规定是指当事人一方的同一行为既是违约行为又是侵权行为时，受损害方不能既要求违约赔偿，又要求侵权赔偿，因为受损害方不能提出双重请求，只能二者择一。这样规定，对损害方也是公平的，不能对其同一行为承担两种责任，否则是不公平的。

案例分析

旅游者与旅行社签订《旅游合同》后的纠纷案例

原告李某诉称，2013 年 5 月 8 日，原告所在单位组织员工与被告北京市某国际旅行社有限公司签订了一份集体旅游合同，共计 55 人参团旅游。2013 年 5 月 24 日，张某、李某作为参团人员按照通知要求出游。当旅游进行到第 3 天的下午，原告乘坐被告安排的旅游大客车在广州市某高架桥上因违反车辆安全操作规范，撞车后失控翻车，车上的乘客受到不同程度的损伤。经广州市公安局交通警察总队认定，被告安排的大客车因违反操作规程造成交通事故，负交通事故全部责任。

原告李某系重伤者之一，其 3/4～6/7 椎间盘突出致残，身体和腿部留下大面积的创伤性疤痕，丧失了劳动能力 15%，经司法鉴定，李某的伤残等级为十级伤残。为此，李某请求法院判令被告：①合同违约，并承担违约赔偿责任；②支付残疾赔偿金；③支付被抚养人生活费；④支付后续治疗费；⑤支付精神抚慰金；⑥支付误工费；⑦支付住院伙食补贴费。

被告辩称，被告全面履行了合同义务，不存在违约行为。被告签订旅游合同后，依照旅游业管理规定委托广州某旅行社有限公司承担地接义务，地接社则租用专业旅游车队即中山市某旅游汽车有限公司的旅游大客车承担交通运输任务。原告乘坐的上述车辆发生交通意外后，被告及时采取措施，安排救治、后续治疗、交通事故的处理及有关保险理赔措施，先后多次往返广州等地，但终因原告认为赔偿标准的适用问题而拒绝向保险公司理赔。原告的伤害结果虽然是由于交通意外事故造成的，但是被告对此既无过错也无违约，本案属交通事故损害赔偿，应当按道路交通安全法规处理，原告的诉求不符合法律规定，据此，请求法院驳回原告的诉讼请求。

审判结果：2013 年 9 月 22 日，北京市西城区人民法院对该案作出民事判决，认为：一、二位原告所在单位与被告签订了《广东省国内旅游组团合同》，判决由被告北京市某国际旅行社有限公司向原告成某支付残疾赔偿金、误工费、住院伙食补助费；二、驳回原告成某的其他诉讼请求。

(资料来源：江苏省金坛市人民法院，有改动)

分析说明：本案是在旅游过程中发生的一起特殊交通事故，其特殊性表现在，本案的受害者(原告)没有沿用人们以往的习惯思维与做法将肇事车辆所在单位作为肇事者告上法院，而是将与其所在单位签订旅游合同的旅行社作为被告诉至法院。本案是涉及数个法律关系的新类型案件。本案从原告的诉求看，涉及合同之诉、侵权之诉两个完全不同之诉的法律关系。鉴于本案的特殊性，在人们的生活中又经常遇到，因此，有必要对该案进行认真的研习，以寻求既符合法律规定，又符合客观实际的解决途径，同时，探讨该案的判决结果对处理同类型的民事案件具有一定的影响和指导、借鉴意义。

1. 本案争议的焦点是违约之诉还是侵权之诉

本案在审理过程中，就案件如何处理存在着不同的看法。从原、被告的诉求和辩称看，双方争议的焦点是在于这个案件是违约之诉还是侵权之诉。

一种意见认为，本案的被告违约，现有证据可以证明，原告(所在单位)与被告之间，依照双方签订的书面已经形成事实上的旅游合同关系，原、被告双方都应当依照合同享有权利并履行义务，由于被告没有保证旅游者的人身安全，违反了合同约定，造成原告人身受到伤害的事实，而伤害事实发生在被告安排的交通工具内。公安机关出具的交通事故责任认定书足以认定，被告雇请的旅游车辆违反操作规程造成交通事故，肇事车辆应当承担全部责任。原告与肇事者及车辆所在单位没有签订任何合同关系，原告系乘坐被告安排的车辆而发生损伤已是不争的事实。因此，原告是在与被告签订合同后因被告的违约行为造成了违约事实，被告应当承担由违约行为造成的全部违约责任。

另一种意见认为，原告虽然与被告签订了旅游合同，但是运输车辆是广州的旅行社安排的，且车辆是在行驶过程中发生的交通肇事，这是被告无法预见的行为和结果，同时依照《旅游组团合同》(以下简称《合同》)第 3 条规定了违约行为以及被告不承担违约责任的具体情况。《合同》第 3 条规定，旅游公司因故意或过失未达到本合同规定的内容和标准，而造成甲方直接经济损失，则服务未达到国家或行业规定的标准(增加免责条款)。从本案的实际发生的具体情况看，原告的人身伤害事实确系交通肇事引起，且与被告没有直接的因果关系，即被告无过错。因此，本案为交通事故损害赔偿案件，属侵权之诉，应当适用《道路交通安全法》。由于《合同法》是普通法，而《道路交通安全法》属特别法，根据我国法律适用的原则，特别法优于普通法，本案被告不是交通事故的当事人，而原告的诉讼请求，既不符合合同约定，也不符合现行的法律规定，因此，应当驳回原告的诉讼请求，另寻法律途径解决。

笔者认为，本案原告可以选择合同之诉或者侵权之诉。其理由如下。

(1) 原告有权选择诉求。由于本案是基于同一事实发生的违约与侵权之诉，至于原告选择违约之诉，还是选择侵权之诉，是原告的权利。本案的原告选择旅行社作为被告提起违约之诉，而不选择交通事故的实际加害人中山市某旅游汽车公司提起侵权之诉，这是现行民事法律赋予原告诉讼权利自由的体现。同时，《合同》第 3 条第 3 项约定的旅游公司不承担违约责任的情形与现行的法律规定不符，因此，合同中关于约定人身安全的免责条款属格式合同中的“霸王条款”，不能免责，被告应当承担原告的赔偿责任。

(2) 合同依法成立、有效。原告所在单位与被告签订合同是双方当事人的真实意思表示，合同内容不违反现行的法律规定，且合法有效。本案虽然合同签订一方是原告所在单位，但是，从实际出游人数看却是个人组成的群体而不是单位，这一点从原告、被告出具的合同约定的 55 人可以证实。同时，从被告向原告所在单位发出的《旅游出团通知书》内容也可以证实，通知书内容表明被告的旅游服务对象是包括原告在内的旅游团体，因此，该合同效力当然及于原告。

(3) 被告违约，原告有权要求赔偿。笔者理解：原告与被告签订的合同内容应当由多个运输行为共同组成，这里既有空中运输，也有地面运输。旅游合同作为一种特殊的服务合同，游客的人身安全应当属于旅游公司的服务和质量标准，同时保障游客的人身安全也是合理、合法的约定，也是一种交易习惯。被告负有将原告等所有参加旅游的人员安全运送到目的地的法定义务，这是旅游合同中的一种特殊服务和质量要求。原告在被告安排的车辆运输过程中发生交通事故，虽然旅游公司本身没有侵权，但是其没有将原告安全送达目的地，没有履行完毕法定的义务，因此，被告必须承担由此产生的违约责任。因此，原告有权要求被告赔偿损失。

2. 本案的争议焦点是否包括精神损害赔偿和赔偿范围

(1) 赔偿标准是否包括精神损害赔偿。由于本案的原告选择了违约之诉，而从目前人民法院审理案件的实际情况而言，通常是处理因一方违约产生的实际损失，没有将精神损害纳入到赔偿的范围之内；侵权之诉则更多地涉及实际损失和精神损害赔偿的范围。根据

《合同法》第122条的规定，在违约之诉中，原告不能同时提出人身损害赔偿和精神损害赔偿两种诉求，也就是说，原告不能在违约之诉中提出精神损害赔偿，因此，本案赔偿的标准不能包括精神损害赔偿，只能是交通事故发生时给原告造成的实际损失。原告精神损害赔偿的诉讼请求不能支持。反言之，本案原告如果选择侵权，则按照我国现行法律规定，可以主张精神损害赔偿。

(2) 赔偿的范围。依照《最高人民法院关于审理人身损害赔偿案件使用法律若干问题的解释》规定，本案原告发生交通事故后，分别住院治疗，且原告为单位与旅游公司签订合同，同时经司法鉴定伤情为十级伤残等级，因此，应当支持原告残疾赔偿金、误工费、住院伙食费的诉讼请求。

3. 原告后续治疗费等费用是否应当支持

《合同法》规定了损害赔偿的可预见性赔偿原则，通常这是指双方在履行合同过程中对一方或双方可预期的财产或利益造成损害(损失)。就本案而言，一方面，原告伤残的后续治疗费具有相当成分的不特定性，需要治疗多长时间、需要从哪些方面治疗，需要花费多少才能完成治疗，达到原告的满意，诸多不确定的因素决定了治疗本身无法确定赔偿的数额；另一方面，对法官而言，究竟赔偿多少才能达到合情、合理、合法，且以今天的损伤现实设定明日的赔偿数额不论是在法律层面上还是在操作层面上都存在一定的困难。因为本案是违约之诉，原、被告在合同条款中对上述可预见的事实没有明确的约定，当然在这种特殊的服务性合同条款中不能也不可能设定这样的内容，而要以预见性的损失来赔偿原告，则只能是沿用或参照侵权之诉的标准，这在某种意义上讲，又违背了合同法的立法精神，鉴于此，只有在受害一方当事人向法院提出明确、具体的证据，证明其治疗的期限、治疗的手段或方法、治疗的具体金额，否则不应支持原告的后续治疗的费用。

综上，依照合同法的有关规定，法院支持原告的残疾赔偿金、误工费、住院伙食费的诉讼请求，因原告的证据不足而驳回原告提出的精神损害赔偿、后续治疗费用是合理、合法的。

本章小结

本章以我国的《旅游法》、《合同法》为依据，主要介绍了旅游服务合同的相关知识。介绍了旅游合同的订立要求与过程，旅游合同的生效的要件，无效以及可变更、可撤销合同的情形；说明了旅游合同的履行规则和担保事项；介绍了旅游合同的变更、转让、终止和解除的情形；重点阐述了合同责任承担的要件、承担的方式以及免责的情形，违约责任制度。

思考与练习

一、单项选择题

1. 定金指依据法律规定或当事人双方的约定，由当事人在合同订立时或者订立后履行前按照合同标的额的一定比例，预先给付给对方当事人的货币。如果发生违约情形，支付定金的一方(　　)。

A．有权要求返还全部定金　　B．有权要求返还部分定金

C．无权要求返还定金　　D．其他

2．旅游合同未被列入《中华人民共和国合同法》中，在旅游实务和司法实践中，只能参照适用其他列名合同。下列各项中，旅游合同可以参照适用的合同是(　　)。

A．赠予合同　　B．融资租赁合同

C．行纪合同　　D．租赁合同

3．下列中属于合同基本原则的有(　　)。

A．公平原则　　B．无过错责任原则

C．自愿原则　　D．诚实信用原则

4．某旅行社组织省内 3 日游旅游团，由导游员田某担任导游。行程第 2 天，田某因擅自减少旅游景点，致使原订合同中 2 个景点未能游览。根据《旅行社条例》，以下说法正确的有(　　)。

A．由导游田某赔偿旅游者的损失

B．由旅行社赔偿旅游者的损失

C．退还景点门票、导游费、并赔偿全部旅游费用 30%的违约金

D．退还景点门票、导游费、并赔偿同额违约金

二、判断题

1．《合同法》规定的违约责任只有在证明行为人在主观上存在过错的情况下才承担违约责任。　　(　　)

2．监护协议不适用《合同法》第 2 条第 2 款规定的协议。　　(　　)

三、简答题

1．什么是合同？它有哪些法律特征？

2．合同的订立要经过哪些程序？

3．怎样认定合同的成立时间、方式？

4．如何认定无效合同？

5．哪几种合同可以撤销？

6．合同法定解除的条件是什么？

7．合同解除后效力如何？

8．违约责任的承担有哪些形式？

9．不可抗力的法律规定有哪些？

第6章　旅游安全管理

教学目标

知识目标	技能目标
(1) 掌握《旅游法》对旅游安全管理的规定 (2) 掌握旅游安全事故的分类与处理 (3) 了解食品安全管理法律制度 (4) 了解旅游消防安全法律制度 (5) 了解旅游安全生产法律制度 (6) 掌握常见的旅游保险	(1) 熟悉旅游安全事故的处理程序，并能够在实践中依规行为 (2) 掌握常见的旅游保险，并能够在实践中合理的为自己并为他人推荐购买

知识结构

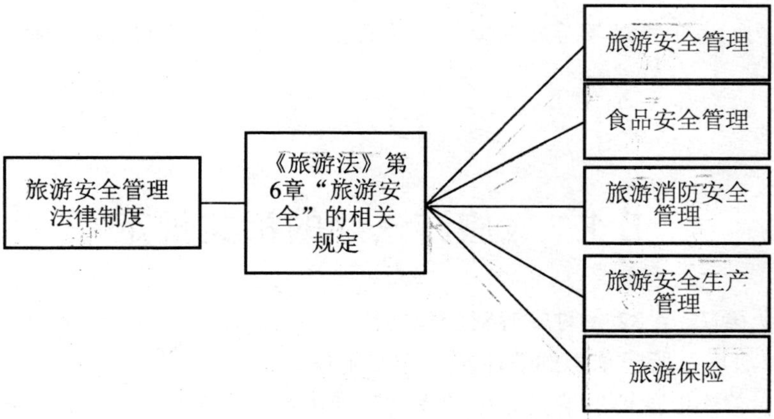

导入案例

旅游监督管理主体统一组织，各负其责

2008 年 7 月 12 日，湖北荆州天问旅行社组织的长江大学江汉石油学院学生旅游团在宜昌市发生重大交通事故。当天下午 13 时 37 分，旅游团乘坐荆州九州汽车旅游公司客车途经宜昌黄柏河大桥时，一名中年男子突然在桥头强行拦车，驾驶员为避让拦车人，将客车左转，撞毁大桥栏杆后冲入黄柏河。事故共造成 9 人死亡、11 人受伤。

事故发生后，宜昌市政府立即启动紧急预案，主管副市长赶到现场指挥抢救，荆州市政府领导和安监、交通、交警、旅游等部门以及荆州天问旅行社、九州汽车公司的负责人随后也赶到现场，协助做好搜救及善后工作。湖北省旅游局主管领导连夜赶赴事故现场，与宜昌和荆州市事故处理领导小组交换意见，并看望、安抚受伤游客。

经宜昌市交警部门认定，此次事故为“单方交通事故，车主负全责”。事故发生后，荆州市政府筹资近 500 万元协助宜昌市政府做好救治及善后处理的有关工作。荆州天问旅行社出团前为每一位游客购买了神州游人身意外伤害险，保险公司拿出 130 万元对游客进行了人身意外伤害险理赔。此外，荆州天问旅行社和承保旅行社责任险的荆州天安保险公司各拿出 10 万元，用于事故善后处置工作。事故善后处理比较顺利，遇难者家属及伤者家属均比较满意。

(资料来源：湖北省旅游局)

6.1 《旅游法》的相关规定

《旅游法》第 76 至 82 条对旅游安全管理作了专门的规定，第 107 条对旅游经营者违反相关安全法律法规，所应承担的法律责任作出了规定。

《旅游法》首次以法律的形式对旅游安全管理进行了规定。该法确定了政府和旅游经营者对旅游安全管理的责任，建立了围绕两类主体的事前、事中、事后的安全管理体系。《旅游法》明确了旅游安全工作统一负责主体是县级以上人民政府，旅游安全涉及饮食、卫生、消防、治安、交通、设施设备、游览场所、大型旅游活动等多个领域，按照目前的安全管理体制，其安全监管责任分属多个部门，同时，需要由政府承担统筹监管责任，协调各方面的力量，共同抓好安全工作。《旅游法》规定国家建立旅游目的地安全风险提示制度，将安全管理重点由事后救助向事前风险预防延伸，完善了旅游安全管理体系。《旅游法》将旅游应急管理纳入政府应急管理体系，明确了旅游应急管理的责任，强化了旅游应急管理的能力。《旅游法》也对旅游经营者在事前、事中、事后的安全责任进行了规定。

6.2 旅游安全法律制度

为了使我国旅游安全管理工作规范化和制度化，《旅游法》专章规定了旅游安全的相关内容，国家旅游局也自1990年以来，先后制定了《旅游安全管理暂行办法》、《旅游安全管理暂行办法实施细则》以及《重大旅游安全事故报告制度试行办法》、《重大旅游安全事故处理程序试行办法》等一系列旅游安全规章制度，从而将我国的旅游安全管理工作初步纳入规范化和法制化的轨道，使旅游安全管理工作有法可依，有章可循。1998年国家旅游局又发布了《漂流旅游安全管理暂行办法》，使我国的安全管理工作从一般性管理走向了具体化管理。2001年1月国务院召开了全国旅游发展工作会议，会议要求：加强社会环境综合治理，创造一个安全、文明、健康的社会环境，为旅游业发展提供良好的外部条件；加强旅游安全保障，特别要做好旅游高峰期重点旅游景区和旅游城市的社会治安、交通疏导、卫生防疫和紧急救援工作。

6.2.1 旅游安全管理概述

1. 旅游安全管理工作的方针

根据《旅游安全管理暂行办法》的规定，旅游安全管理工作实行“安全第一，预防为主”的方针。

“安全第一”，指在旅游活动中，无论是旅游行政管理部门，还是旅游经营单位，或是旅游从业人员，都必须自始至终把安全工作放在首位，丝毫不得懈怠。对旅游业来说，安全问题，是一个十分敏感的问题，不仅影响到旅游业的形象和信誉，也关系到旅游业的生存与发展。没有安全，就没有旅游业的发展，也就没有对外开放、经济繁荣和社会稳定。

“预防为主”，指对于旅游活动中可能发生的安全事故，一定要把预防工作做在前面，切不可等到安全事故发生后再去强调。这就要求各级旅游行政管理部门、旅游企业和旅游从业人员切实增加旅游安全责任心，建立健全各项旅游安全的规章制度，在实际工作中严格按照旅游安全规章制度去做，增强风险防范意识，切实做到“预防为主”。

2. 政府的旅游安全监管职责

《旅游法》明确规定：县级以上人民政府统一负责旅游安全工作，县级以上人民政府有关部门依照法律、法规履行旅游安全监管职责；县级以上人民政府应当依法将旅游应急管理纳入政府应急管理体系，制定应急预案，建立旅游突发事件应对机制，突发事件发生后，当地人民政府及其有关部门和机构应当采取措施开展救援，并协助旅游者返回出发地或者旅游者指定的合理地点。《旅游法》明确了政府的职责，为旅游安全管理的明确、统一、协调提供了法律保障。

3. 旅游行政管理部门的安全管理职责

依据《旅游安全管理暂行办法》规定，旅游行政管理部门的旅游安全管理工作实行“统一领导，分级管理，以基层为主”的原则。即对旅游安全管理工作实行在国家旅游局的统一领导下，地方各级旅游行政管理部门分级管理的体制。

1) 国家旅游局在旅游安全管理工作上的主要职责

(1) 制定国家旅游局安全管理规章，并组织实施。

(2) 会同国家有关部门对旅游安全实行综合治理，协调处理旅游安全事故和其他安全问题。

(3) 指导、检查和监督各级旅游行政管理部门和旅游企事业单位的旅游安全管理工作。

(4) 负责全国旅游安全管理的宣传、教育工作，组织旅游安全管理人员的培训工作。

(5) 协调重大旅游安全事故的处理工作。

(6) 负责全国旅游安全管理方面的其他有关事项。

2) 地方各级旅游行政管理部门在旅游安全管理工作上的职责

(1) 贯彻执行国家旅游局旅游安全法规。

(2) 制定本地区旅游安全管理的规章制度，并组织实施。

(3) 协同工商、公安、卫生等有关部门，对新开业的旅游企事业单位的安全管理机构、规章制度及其消防、卫生防疫等安全设施、设备进行检查，参加开业前的验收工作。

(4) 协同公安、卫生、园林及有关部门，开展对旅游安全环境的综合治理工作，防止向旅游者敲诈、勒索、围堵等不法行为的发生。

(5) 组织和实施对旅游安全管理人员的宣传、教育和培训工作。

(6) 参与旅游安全事故的处理工作。

(7) 受理本地区涉及旅游安全问题的投诉。

(8) 负责本地区旅游安全管理的其他事项。

3) 旅游经营企业的安全管理职责

旅游安全管理工作重点要以“基层为主”，即旅游安全工作成效如何关键在基层，也就是在于旅游企业。作为旅游企业的旅行社、旅游饭店、旅游汽车和游船公司、旅游购物商店、旅游娱乐场所和其他旅游经营企业，是旅游安全管理工作的基层单位。只有这些单位切实做好旅游安全管理工作，旅游安全工作才能收到实效。旅游企业安全管理工作的职责如下。

(1) 设立安全管理机构，配备安全管理人员。

(2) 建立安全规章制度，并组织实施。

(3) 建立安全管理责任制，将安全管理的责任落实到每个岗位、每个职工。

(4) 接受当地旅游行政管理部门对旅游安全管理工作的行政管理和检查、监督。

(5) 把安全教育、职工培训制度化、经常化。培养职工的安全意识，普及安全常识，提高安全技能。对新招聘的职工，必须经过安全培训，合格后才能上岗。

(6) 新开业的旅游企事业单位，在开业前必须向当地旅游行政管理部门申请安全设施设备、安全管理机构、安全规章制度的检查验收，检查验收不合格者，不得开业。

(7) 坚持日常的安全检查工作，重点检查安全规章制度的落实情况和安全管理漏洞，及时消除安全隐患。

(8) 对用于接待旅游者的汽车、游船和设施，要定期进行维修和保养，使其始终处于良好的安全技术状态，在运营前进行全面的检查，严禁带故障运行。

(9) 对旅游者的行李要有完备的交接手续，明确责任，防止损坏或丢失。

(10) 在安排旅游团队的游览活动时，要认真考虑可能影响安全的诸项因素，制订周密的行程计划，并注意避免司机处于过度疲劳状态。

(11) 负责为旅游者投保。

(12) 直接参与处理涉及本单位的旅游安全事故，包括事故处理、善后处理及赔偿事项等。

(13) 开展登山、汽车、狩猎、探险等特殊旅游项目时，要事先制定周密的安全保护预案和急救措施，重要团队需按规定报有关部门审批。

6.2.2 旅游安全事故

1. 旅游安全事故的概念

旅游安全事故指在旅游活动的过程中，涉及旅游者人身、财物安全的事故。

2. 旅游安全事故的分类

旅游安全事故分为轻微、一般、重大和特大事故 4 个等级。

(1) 轻微事故指一次事故造成旅游者轻伤，或经济损失在 1 万元人民币以下者。

(2) 一般事故指一次事故造成旅游者重伤，或经济损失在 1 万元至 10 万元(含 1 万)元人民币者。

(3) 重大事故指一次事故造成旅游者死亡或旅游者重伤致残，或经济损失在 10 万至 100 万(含 10 万)元人民币者。

(4) 特大事故指一次事故造成旅游者死亡多名，或经济损失在 100 万元以上，或者性质特别严重，产生重大影响者。

案例分析

境外游出现意外、死于归途谁担责？

年届五十的赵先生是一家卧室用品有限公司的员工。2010 年 3 月，赵先生所在的公司委托东美旅行社组织员工赴柬埔寨旅游，并与之签订了出境旅游合同。赵先生是一名哮喘病患者，在柬埔寨旅游期间，因当地气温较高，身体出现不适，有中暑现象。旅游结束时，在回国的飞机上赵先生忽然呼吸困难，虽然机务人员实施了抢救措施，但飞机在海南三亚机场紧急降落时，赵先生已无生命体征，医院回天乏术。事后，赵先生的妻子和女儿因赔偿事宜交涉无果，遂将东美旅行社列为被告，相关的保险公司列为第三人，向徐汇区法院提起诉讼，要求被告及第三人支付死亡赔偿金 411 040 元，精神抚慰金 5 万元。

庭审中，两原告诉称，被告旅行社未说明出发地与目的地的气候差异可能导致游客的健康风险，致使原告的亲人在旅游第 2 天即诱发相关疾病，随身药物也使用完毕。回国前，在已有不适合乘坐飞机症状的情况下，被告旅行社未尽必要的告知、提醒及有效的帮助等义务，致原告的亲人在飞机上死亡，被告旅行社存在着明显的过错，应承担赔偿责任。由于第三人保险公司承保了旅行社责任险，因此应承担连带责任。

分析说明：经查，被告东美旅行社在与卧室用品公司签订出境旅游合同中约定，凡因自身疾病及个人过错导致人身意外或财产损失的，不属于旅行社理赔责任范围，建议旅游者购买旅游个人人身意外保险。同时还较为详尽地告知了相关事项和旅游风险。法官认为，作为群体性活动的经营者，确实应承担一定范围内的安全保障义务，但这种义务并非没有限度。对于游客的身体状况，旅行社导游承担的仅是一般的关注义务，而不能苛求其具备专业的医学知识。本案所涉及的意外事件，属于游客自身的健康原因，原告要求被告及第三人承担赔偿责任，缺乏依据，依照民法通则和《最高人民法院关于审理旅游纠纷案件适用法律若干问题的规定》，判决驳回原告的诉讼请求。

这是徐汇区法院首次适用《最高人民法院关于审理旅游纠纷案件适用法律若干问题的规定》判决的旅游纠纷。随着旅游业的飞速发展，旅游纠纷的日益增多，业界对旅游法的制定和出台呼声日高。由于旅游纠纷涉及的面非常宽，适用的法律如《民法通则》、《合同法》、《消费者权益保护法》、《侵权责任法》等相关条款，不但分散，而且不便正确解读、准确裁判，为此，最高法院出台了这一规定。这一填补性的司法解释被视为迄今为止最高级别的旅游活动专门民事规范。

(资料来源：法制网法制日报)

6.2.3 旅游安全事故的处理

1. 旅游安全事故的一般处理程序

旅游安全事故一旦发生后，应当严格按照规定的程序处理。依照《旅游安全管理暂行办法》的规定，事故发生单位在旅游安全事故发生后，应按下列程序处理。

(1) 陪同人员应当立即上报主管部门，主管部门应当及时报告对口管理部门。

导游人员在带团游览中，如果发生了旅游安全事故，导游人员应当立即向其所属旅行社和当地旅游行政管理部门报告。当地旅游行政管理部门在接到一般、重大、特别重大旅游安全事故报告后，要尽快向当地人民政府报告。对重大、特大旅游安全事故，要同时向国家旅游行政管理部门报告。

(2) 会同事故发生地的有关单位严格保护现场。

因为事故现场直接涉及能否准确地确定事故性质，寻找破案线索，也关系到安全事故的妥善处理。所以，一旦发生旅游安全事故后，现场有关人员一定要配合公安或其他有关方面，严格保护事故发生地现场。

(3) 协同有关部门进行抢救、侦查。

当旅游安全事故发生后，地方旅游行政管理部门和有关旅游经营单位及人员要积极配合公安、交通、救护等有关方面，组织对旅游者进行紧急救援，并采取有效措施，妥善处理善后事宜。

(4) 有关单位负责人应及时赶赴现场处理。

这是对有关单位负责人的要求。当安全事故发生后，有关旅游经管单位和当地旅游行政管理部门的负责人应及时赶赴现场，以便于现场组织指挥，采取适当的处理措施。

(5) 特别重大事故的特别处理。

对特别重大事故，应当严格按照国务院《特别重大事故调查程序暂行规定》进行处理。

案例分析

摩天轮风车无窗户，学生头颅被夹致死

西安某高校组织学生到西安某游乐园活动，某男生乘坐摩天轮风车。当时该男生所乘的风车窗户玻璃缺失，在风车转动时，该男生把头伸出窗外，当风车与铁架交错时，该生的头颅被夹致死。事后，该男生家人和学校要求游乐园承担全部责任。

分析说明：法院认为游乐园在游乐器械出现危害游客人身安全情况时，没有向游客提出警告，也没有采取防范危害发生的措施，没有尽到安全职责，判决游乐园承担全部责任。

2．重大安全事故的处理

重大旅游安全事故指一次事故造成旅游者死亡或者旅游者重伤致残，或经济损失在10万至100万(含10万)元人民币。具体地讲，重大旅游安全事故包括造成海外旅游者重伤、死亡的事故；涉外旅游安全住宿、交通、游览、餐饮、娱乐、购物场所的重大火灾及其他恶性事故；其他经济损失严重的事故。

对于重大安全事故的处理原则是由事故发生地人民政府负责处理，牵头协调有关部门、事故责任方及其主管部门，必要时可成立事故处理领导小组。

1) 报告单位职责

在重大旅游安全事故发生后，报告单位应当立即派人赶赴现场，组织抢救工作，保护事故现场，并及时报告当地公安部门。报告单位如不属事故方或责任方的主管部门，应按照事故处理领导小组的部署做好有关工作。在旅游安全事故发生后，公安部门人员尚未进入事故现场前，如因现场抢救工作需要移动物证时，应作出标记，尽量保护事故现场的客观完整。如有伤亡情况的，应立即组织医护人员进行抢救，并及时报告当地卫生部门。在此同时，事故报告单位应当检查伤亡人员的团队名称、国籍、姓名、性别、年龄、护照号码以及在国内外的保险情况，并进行登记。有伤亡事故的，应注意保护好遇难者的遗骸、遗体。对事故现场的行李和物品，要认真清理和保护，并逐项登记造册。

2) 涉及海外旅游者的报告

如果伤亡者中有来自海外的旅游者，责任方和报告单位在对伤亡人员核实清查后，要及时报告当地外事部门及国家旅游局，由当地外事部门或国家旅游局负责通知外方。有关组团旅行社应及时抚慰伤亡者家属。

3) 出具有关证明

在伤亡事故的处理过程中，责任方及主管部门负责联系有关部门为伤残者或伤亡者家属提供以下证明文件。

(1) 为伤残人员提供医疗部门出具的“伤残证明书”。

(2) 为骨灰遣返者提供法医出具的“死亡鉴定书”、丧葬部门出具的“火化证明书”。

(3) 为遗体遣返者提供法医出具的“死亡鉴定书”、医院出具的“尸体防腐证明书”、防疫部门检疫后出具的“棺柩出境许可证”。

3．特大旅游安全事故处理的程序

旅游重大事故是指造成特别重大人身伤亡或者巨大经济损失，以及性质特别严重、产生重大影响的事故。从旅游业来说，特别重大旅游安全事故指一次事故造成旅游者死亡多名，或经济损失在 100 万元人民币以上，或者性质特别严重、产生重大影响的事件。根据《旅游安全管理暂行办法》规定，对特别重大的旅游安全事故的调查处理适用国务院发布的《特别重大事故调查程序暂行规定》。依据这一规定，当特别重大的旅游安全事故发生后，处理过程应注意下列问题。

1) 报告

特大事故发生单位应立即将所发生特大事故的情况报告上级对口管理部门和所在地地方人民政府，并报告所在地的省、自治区、直辖市人民政府和国务院对口管理部门。在 24 小时内写出书面事故报告，报送上述部门。如涉及军民两个方面的特大事故，特大事故发生单位在事故发生后，必须立即将所发生特大事故的情况报告当地警备司令部或最高军事机关，并应当在 24 小时内写出事故报告，报上述单位。省、自治区、直辖市人民政府和国务院对口管理部门在接到特大事故报告后，应当立即向国务院作出报告。

按照《特别重大事故调查程序暂行规定》的规定，特大事故报告应当包括以下内容。

(1) 事故发生的时间、地点、单位。

(2) 事故的简要经历、伤亡人数、直接经济损失的初步估计。

(3) 事故发生原因的初步判断。

(4) 事故发生后采取的措施及事故控制情况。

(5) 事故报告单位。

2) 现场保护

特大事故发生地公安部门得知发生特大事故后，应当立即派人赶赴现场，负责事故现场的保护和证据收集工作。对于特大事故现场的勘查工作，由特大事故发生单位所在地的地方人民政府负责组织有关部门进行。

3) 事故调查

根据《特别重大事故调查程序暂行规定》，特大事故发生后，按照事故发生单位的隶属关系，由省、自治区、直辖市人民政府或国务院对口管理部门组织成立特大事故调查组，负责特大事故调查工作。对于某些特大事故，国务院认为应当由国务院调查的，则可以决定由国务院或者国务院授权的部门组织成立特大事故调查组进行调查。

特大事故调查组有权向事故发生单位、有关部门及有关人员了解事故的相关情况并搜集有关资料，任何单位和个人都必须予以协助，不得拒绝。同时，任何单位和个人也不得阻碍和干涉事故调查组的正常工作。经过调查，特别重大事故调查组在写出事故调查报告后，应当迅速报送组织调查的部门。经组织调查部门同意，调查工作即告结束。

在重大和特别重大旅游安全事故中，经常会发生外国旅游者伤亡的情况，对于外国旅游者伤亡事故的处理，应当特别注意下列事宜。

(1) 立即通过外事管理部门通知有关国家驻华使馆和组团单位。

(2) 为前来了解、处理事故的外国使领馆人员和组团单位及伤亡者家属提供方便。

(3) 与有关部门协调，为国际急救组织前来参与对在国外投保的旅游者(团)的伤亡处理提供方便。

(4) 对在华死亡的外国旅游者严格按照外交部《外国人在华死亡后的处理程序》办理。《外国人在华死亡后的处理程序》的主要内容如下。

第一，死亡性质的确定。死亡可分正常死亡和非正常死亡。因年迈或其他疾病而自然死亡的，属于正常死亡；因意外交通事故死亡的，属于非正常死亡。在旅游活动中，外国旅游者在华旅游期间的死亡情况也可分为正常死亡和非正常死亡。

一经发现外国人在华死亡，发现人(包括个人或单位)应当立即报告当地公安局、外办，并经上述部门同意后通知死者所属的旅游团(组)负责人。如属正常死亡，善后处理工作由接待单位负责；没有接待单位的(包括零散旅客)，由公安机关会同有关部门共同处理。如属非正常死亡，应保护好现场，由公安机关进行取证并处理。一般尸体在处理前应妥善保存(如防腐、冷冻)。

第二，通知外国使领馆及死者家属。一经确定死亡后，根据《维也纳领事关系公约》或双边领事条约的规定，以及国际惯例，外国人在华死亡应尽快通知死者家属及其所属国家驻华使领馆。

凡属正常死亡的外国人，在通报公安部门和地方外办后，由接待或聘用单位负责通知死者家属及其所属国在华使领馆；如死者在华无接待单位，由公安部门负责通知。如果死者所属国同我国签订的领事条约有通知时限规定的，按条约规定办；如无此类条约规定，应按《维也纳领事关系公约》的规定和国际惯例尽快通知。

第三，尸体解剖。正常死亡者或者死因明确的非正常死亡者，一般不需做尸体解剖。若死者家属或其所属驻华使领馆要求解剖，我方可同意，但必须要有死者家属或使领馆有关官员签字的书面请求。对于非正常死亡者，为查明死因，需要进行解剖时，由公安、司法机关按有关规定办理。

第四，出具证明。正常死亡，由县级或县级以上医院出具“死亡证明书”。如死者死前曾往医院治疗或抢救，应其家属要求，医院可提供“诊断书”或“病历摘要”。非正常死亡，由公安机关或司法机关的法医出具“死亡鉴定书”。县级或县级以上的医院出具的“死亡证明”，公安机关或司法机关的法医出具的“死亡鉴定书”，如死者家属要求办理认证手续(按规定这两种证书无须办理公证)，可尽快办理认证和有关外国驻华使领馆认证。

第五，对尸体的处理。对在华死亡的外国人尸体的处理，可在当地火化，亦可将尸体运回其本国。究竟如何处理，应尊重死者家属或所属使领馆的意愿。如果死者家属要求火化尸体，必须由死者家属或所属使领馆提出书面请求并签字后进行，骨灰由他们带回或运送回国。如外方不愿在中国火化，可同意将尸体运送回国，但是，运输手续和费用原则上由外方处理。如果办理手续有困难，接待单位或有关部门可给予必要的协助。

为了做好外方工作和从礼节上的考虑，对受聘或有接待单位的死者，在火化或尸体运送回国前，可由聘用接待单位为死者举行一次简单的追悼仪式。如外方要求举行宗教仪式，应视当地条件而定，可安排举行一个简单的宗教仪式。

如外方要求将死者在中国土葬，可以用我国“殡葬改革，提倡火葬”为由，予以婉拒。如果外方要求将骨灰埋在中国或撒在中国的土地上，一般予以婉拒。但如死者是对中国作出特殊贡献的友好知名人士，应报请省级或国家民政部门决定。

第六，骨灰和尸体运输出境。中国民航国内运输一般不办理尸体的运输业务。特殊情况需要向当地民航管理局提出申请。而且，应按照民航运输的规定包装，并提供必需的证明文件。

第七，死者遗物的清点处理。清点死者遗物应有死者随行人员、所属使领馆人员和我方人员在场。如无随行人员，使领馆人员又不能到场时，可请公证处公证人员到场。遗物必须清点造册，列出清单，清点人要逐一签字。接收遗物者要开出收据，注明接收时间、地点、在场人等，签字后办理公证手续。如死者有遗嘱，应将遗嘱拍照或复制，原件交死者家属或所属使领馆。

第八，写出《死亡善后处理情况提告》。死者善后事宜处理结束后，聘用或接待单位应写出《死亡善后处理情况报告》，报主管领导单位、外办、公安厅(局)、外交部。内容应包括死亡原因、抢救措施、诊断结果、善后处理情况及外方反应等。

(5) 对于外国旅游者的赔偿，按照国家有关保险规定妥善处理。

4. 旅游安全管理的奖惩规定

1) 奖励

对于在旅游安全工作中作出显著成绩或有突出贡献的单位和个人予以表彰或奖励。

(1) 受奖单位应具备的条件

① 旅游安全管理制度健全，预防措施落实，安全教育普及，安全宣传和培训工作扎实，在防范旅游安全事故中成绩突出，一年内未发生一般性事故的。

② 协助事故发生单位进行紧急救助，避免重大损失，成绩突出的。

③ 在旅游安全其他方面作出突出贡献的。

(2) 受奖个人应具备的条件

① 热爱旅游安全工作，在防范和杜绝本单位发生安全事故方面成绩突出的。

② 见义勇为，救助旅游者或保护旅游者财物安全不受重大损失的。

③ 及时发现事故隐患，避免重大事故发生的。

④ 在旅游安全其他方面作出突出贡献的。

2) 处罚

(1) 应予以处罚的情况

① 严重违反旅游安全法规，发生一般、重大、特大安全事故者。

② 对可能引发安全事故的隐患，长期不能发现和消除，导致重大、特大安全事故发生者。

③ 旅游安全设施、设备不符合标准和技术要求整改的。

④ 旅游安全管理工作混乱，造成恶劣影响者。

(2) 处罚的种类

对违反有关安全法规而造成旅游者伤亡事故和不履行《旅游安全管理暂行办法》的，由旅游行政管理部门会同有关部门分别给予直接责任人和责任单位以下处罚：警告、罚款、限期整改、停业整顿、吊销营业执照。触犯刑律者，由司法机关依法追究刑事责任。

6.3 食品安全管理法律制度

我国食品安全管理法律制度的主要依据是自2009年6月1日起实施的《中华人民共和国食品安全法》(以下简称《食品安全法》)。

6.3.1 《中华人民共和国食品安全法》总则

1. 《食品安全法》的宗旨

为保证食品安全，保障公众身体健康和生命安全，为《食品安全法》的立法宗旨。

知识链接

关于做好2012年旅游景区餐饮服务食品安全治理工作的通知

食药监办食〔2012〕42号

各省、自治区、直辖市及新疆生产建设兵团食品药品监督管理局、旅游局(委)，北京市卫生局、福建省卫生厅:

为贯彻落实国家食品药品监管局和国家旅游局《关于进一步加强旅游景区餐饮服务食品安全监管工作的意见》(国食药监食〔2010〕353号)要求，全面加强旅游景区餐饮服务安全监管与治理，不断提升旅游景区餐饮服务食品安全水平，现将做好2012年旅游景区餐饮服务食品安全治理有关工作通知如下。

一、严格落实旅游景区餐饮服务食品安全责任

各地食品药品监管部门和旅游行政管理部门要在地方政府的统一领导下，密切沟通协作，加强对旅游景区餐饮服务单位监督检查，督促旅游景区餐饮服务单位、景区经营者落实食品安全责任。旅游景区经营者要加强对景区内餐饮服务单位的日常管理，及时向当地食品药品监管部门、旅游行政管理部门报告景区餐饮服务单位季节性开业或歇业情况，及时公布餐饮服务单位量化分级管理评定结果，严禁无证餐饮服务单位进驻景区；旅游景区餐饮服务单位要认真落实餐饮服务食品安全主体责任，严格执行《餐饮服务食品安全操作规范》等食品安全管理制度；旅行社要倡导健康饮食习惯，提高广大游客食品安全意识和自我保护能力，引导游客到持有《餐饮服务许可证》、量化等级较高的餐饮服务单位就餐。

二、加快推进旅游景区餐饮服务单位监督量化分级管理

各地食品药品监管部门和旅游行政管理部门要认真落实《关于实施餐饮服务食品安全监督量化分级管理工作的指导意见》(国食药监食〔2012〕5号)的要求，按照属地管理原则，在强化日常监督检查的基础上，加快推进旅游景区餐饮服务单位监督量化分级管理工作，力争年底前完成红色旅游经典景区餐饮服务单位监督量化分级管理工作。

三、积极开展旅游景区餐饮服务食品安全示范工程建设

各地食品药品监管部门和旅游行政管理部门要按照《关于印发餐饮服务食品安全百千万示范工程建设指导意见的通知》(国食药监食〔2010〕235号)要求，在推进旅游景区餐饮

服务单位监督量化分级管理的基础上，遴选旅游景区量化等级较高的餐饮服务单位开展示范工程建设，发挥旅游景区餐饮服务食品安全示范店的引领和辐射作用，带动旅游景区餐饮业健康发展。

四、严厉查处旅游景区餐饮消费违法违规行为

各地食品药品监管部门要严格按照《食品安全法》及其实施条例、《餐饮服务食品安全监督管理办法》的规定，强化对旅游景区餐饮服务单位日常监督检查，严厉查处违法违规行为。重点查处无证经营、擅自改变经营地址、许可类别、备注项目，转让、涂改、出借、倒卖、出租《餐饮服务许可证》等违法行为；采购和使用病死、毒死或者死因不明的禽、畜肉类及其制品，以及超过保质期的食品等违法行为；从业人员未经健康检查、使用未经清洗消毒餐具等违法行为。

请各地食品药品监管部门和旅游行政管理部门于2012年10月31日前将治理工作总结分别报送国家食品药品监督管理局和国家旅游局。国家食品药品监督管理局和国家旅游局将适时对各地旅游景区餐饮服务单位食品安全治理工作情况进行联合督查。

国家食品药品监督管理局　国家旅游局办公室

二〇一二年三月三十一日

(资料来源：食品药品监管局网站)

2. 《食品安全法》的适用范围及监督管理部门

1) 适用范围

在中华人民共和国境内从事下列活动，应当遵守《食品安全法》。

(1) 食品生产和加工(以下称食品生产)，食品流通和餐饮服务(以下称食品经营)。

(2) 食品添加剂的生产经营。

(3) 用于食品的包装材料、容器、洗涤剂、消毒剂和用于食品生产经营的工具、设备(以下称食品相关产品)的生产经营。

(4) 食品生产经营者使用食品添加剂、食品相关产品。

(5) 对食品、食品添加剂和食品相关产品的安全管理。

供食用的源于农业的初级产品(以下称食用农产品)的质量安全管理，遵守《中华人民共和国农产品质量安全法》的规定。但是，制定有关食用农产品的质量安全标准、公布食用农产品安全有关信息，应当遵守本法的有关规定。

2) 食品卫生监督管理部门

(1) 国务院设立食品安全委员会，其工作职责由国务院规定。

国务院卫生行政部门承担食品安全综合协调职责，负责食品安全风险评估、食品安全标准制定、食品安全信息公布、食品检验机构的资质认定条件和检验规范的制定，组织查处食品安全重大事故。

(2) 县级以上地方人民政府统一负责、领导、组织、协调本行政区域的食品安全监督管理工作，建立健全食品安全全程监督管理的工作机制；统一领导、指挥食品安全突发事件应对工作；完善、落实食品安全监督管理责任制，对食品安全监督管理部门进行评议、考核。

县级以上地方人民政府依照本法和国务院的规定确定本级卫生行政、农业行政、质量监督、工商行政管理、食品药品监督管理部门的食品安全监督管理职责。有关部门在各自职责范围内负责本行政区域的食品安全监督管理工作。

上级人民政府所属部门在下级行政区域设置的机构应当在所在地人民政府的统一组织、协调下，依法做好食品安全监督管理工作。

(3) 县级以上卫生行政、农业行政、质量监督、工商行政管理、食品药品监督管理部门应当加强沟通、密切配合，按照各自职责分工，依法行使职权，承担责任。

(4) 食品行业协会应当加强行业自律，引导食品生产经营者依法生产经营，推动行业诚信建设，宣传、普及食品安全知识。

(5) 国家鼓励社会团体、基层群众性自治组织开展食品安全法律、法规以及食品安全标准和知识的普及工作，倡导健康的饮食方式，增强消费者食品安全意识和自我保护能力。

新闻媒体应当开展食品安全法律、法规以及食品安全标准和知识的公益宣传，并对违反本法的行为进行舆论监督。

(6) 国家鼓励和支持开展与食品安全有关的基础研究和应用研究，鼓励和支持食品生产经营者为提高食品安全水平采用先进技术和先进管理规范。

(7) 任何组织或者个人有权举报食品生产经营中违反本法的行为，有权向有关部门了解食品安全信息，对食品安全监督管理工作提出意见和建议。

6.3.2 食品安全风险监测和评估

(1) 国家建立食品安全风险监测制度，对食源性疾病、食品污染以及食品中的有害因素进行监测。

(2) 国务院农业行政、质量监督、工商行政管理和国家食品药品监督管理等有关部门获知有关食品安全风险信息后，应当立即向国务院卫生行政部门通报。国务院卫生行政部门会同有关部门对信息核实后，应当及时调整食品安全风险监测计划。

(3) 国家建立食品安全风险评估制度，对食品、食品添加剂中生物性、化学性和物理性危害进行风险评估。

国务院卫生行政部门负责组织食品安全风险评估工作，成立由医学、农业、食品、营养等方面的专家组成的食品安全风险评估专家委员会进行食品安全风险评估。

对农药、肥料、生长调节剂、兽药、饲料和饲料添加剂等的安全性评估，应当有食品安全风险评估专家委员会的专家参加。

食品安全风险评估应当运用科学方法，根据食品安全风险监测信息、科学数据以及其他有关信息进行。

(4) 国务院卫生行政部门通过食品安全风险监测或者接到举报发现食品可能存在安全隐患的，应当立即组织进行检验和食品安全风险评估。

(5) 国务院农业行政、质量监督、工商行政管理和国家食品药品监督管理等有关部门应当向国务院卫生行政部门提出食品安全风险评估的建议，并提供有关信息和资料。

国务院卫生行政部门应当及时向国务院有关部门通报食品安全风险评估的结果。

(6) 食品安全风险评估结果是制定、修订食品安全标准和对食品安全实施监督管理的科学依据。

食品安全风险评估结果得出食品不安全结论的，国务院质量监督、工商行政管理和国家食品药品监督管理部门应当依据各自职责立即采取相应措施，确保该食品停止生产经营，并告知消费者停止食用；需要制定、修订相关食品安全国家标准的，国务院卫生行政部门应当立即制定、修订。

(7) 国务院卫生行政部门应当会同国务院有关部门，根据食品安全风险评估结果、食品安全监督管理信息，对食品安全状况进行综合分析。对经综合分析表明可能具有较高程度安全风险的食品，国务院卫生行政部门应当及时提出食品安全风险警示，并予以公布。

6.3.3 食品安全标准

(1) 制定食品安全标准，应当以保障公众身体健康为宗旨，做到科学合理、安全可靠。

(2) 食品安全标准是强制执行的标准。除食品安全标准外，不得制定其他的食品强制性标准。

(3) 食品安全标准应当包括下列内容。

① 食品、食品相关产品中的致病性微生物、农药残留、兽药残留、重金属、污染物质以及其他危害人体健康物质的限量规定。

② 食品添加剂的品种、使用范围、用量。

③ 专供婴幼儿和其他特定人群的主、辅食品的营养成分要求。

④ 对与食品安全、营养有关的标签、标识、说明书的要求。

⑤ 食品生产经营过程的卫生要求。

⑥ 与食品安全有关的质量要求。

⑦ 食品检验方法与规程。

⑧ 其他需要制定为食品安全标准的内容。

(4) 食品安全国家标准由国务院卫生行政部门负责制定、公布，国务院标准化行政部门提供国家标准编号。

食品中农药残留、兽药残留的限量规定及其检验方法与规程由国务院卫生行政部门、国务院农业行政部门制定。

屠宰畜、禽的检验规程由国务院有关主管部门会同国务院卫生行政部门制定。

有关产品国家标准涉及食品安全国家标准规定内容的，应当与食品安全国家标准相一致。

(5) 国务院卫生行政部门应当对现行的食用农产品质量安全标准、食品卫生标准、食品质量标准和有关食品的行业标准中强制执行的标准予以整合，统一公布为食品安全国家标准。

《食品安全法》规定的在食品安全国家标准公布前，食品生产经营者应当按照现行食用农产品质量安全标准、食品卫生标准、食品质量标准和有关食品的行业标准生产经营食品。

(6) 食品安全国家标准应当经食品安全国家标准审评委员会审查通过。食品安全国家标准审评委员会由医学、农业、食品、营养等方面的专家以及国务院有关部门的代表组成。

制定食品安全国家标准，应当依据食品安全风险评估结果并充分考虑食用农产品质量安全风险评估结果，参照相关的国际标准和国际食品安全风险评估结果，并广泛听取食品生产经营者和消费者的意见。

(7) 没有食品安全国家标准的，可以制定食品安全地方标准。

省、自治区、直辖市人民政府卫生行政部门组织制定食品安全地方标准，应当参照执行本法有关食品安全国家标准制定的规定，并报国务院卫生行政部门备案。

(8) 企业生产的食品没有食品安全国家标准或者地方标准的，应当制定企业标准，作为组织生产的依据。国家鼓励食品生产企业制定严于食品安全国家标准或者地方标准的企业标准。企业标准应当报省级卫生行政部门备案，在本企业内部适用。

(9) 食品安全标准应当供公众免费查阅。

6.3.4 食品生产经营

(1) 食品生产经营应当符合食品安全标准，并符合下列要求。

① 具有与生产经营的食品品种、数量相适应的食品原料处理和食品加工、包装、贮存等场所，保持该场所环境整洁，并与有毒、有害场所以及其他污染源保持规定的距离。

② 具有与生产经营的食品品种、数量相适应的生产经营设备或者设施，有相应的消毒、更衣、盥洗、采光、照明、通风、防腐、防尘、防蝇、防鼠、防虫、洗涤以及处理废水、存放垃圾和废弃物的设备或者设施。

③ 有食品安全专业技术人员、管理人员和保证食品安全的规章制度。

④ 具有合理的设备布局和工艺流程，防止待加工食品与直接入口食品、原料与成品交叉污染，避免食品接触有毒物、不洁物。

⑤ 餐具、饮具和盛放直接入口食品的容器，使用前应当洗净、消毒，炊具、用具用后应当洗净，保持清洁。

⑥ 贮存、运输和装卸食品的容器、工具和设备应当安全、无害，保持清洁，防止食品污染，并符合保证食品安全所需的温度等特殊要求，不得将食品与有毒、有害物品一同运输。

⑦ 直接入口的食品应当有小包装或者使用无毒、清洁的包装材料、餐具。

⑧ 食品生产经营人员应当保持个人卫生，生产经营食品时，应当将手洗净，穿戴清洁的工作衣、帽；销售无包装的直接入口食品时，应当使用无毒、清洁的售货工具。

⑨ 用水应当符合国家规定的生活饮用水卫生标准。

⑩ 使用的洗涤剂、消毒剂应当对人体安全、无害。

⑪ 法律、法规规定的其他要求。

(2) 禁止生产经营下列食品。

① 用非食品原料生产的食品或者添加食品添加剂以外的化学物质和其他可能危害人体健康物质的食品，或者用回收食品作为原料生产的食品。

② 致病性微生物、农药残留、兽药残留、重金属、污染物质以及其他危害人体健康的物质含量超过食品安全标准限量的食品。

③ 营养成分不符合食品安全标准的专供婴幼儿和其他特定人群的主、辅食品。

④ 腐败变质、油脂酸败、霉变生虫、污秽不洁、混有异物、掺假掺杂或者感官性状异常的食品。

⑤ 病死、毒死或者死因不明的禽、畜、兽、水产动物肉类及其制品。

⑥ 未经动物卫生监督机构检疫、检疫不合格的肉类，或者未经检验、检验不合格的肉类制品。

⑦ 被包装材料、容器、运输工具等污染的食品。

⑧ 超过保质期的食品。

⑨ 无标签的预包装食品。

⑩ 国家为防病等特殊需要明令禁止生产经营的食品。

⑪ 其他不符合食品安全标准或者要求的食品。

(3) 国家对食品生产经营实行许可制度。从事食品生产、食品流通、餐饮服务，应当依法取得食品生产许可、食品流通许可、餐饮服务许可。

取得食品生产许可的食品生产者在其生产场所销售其生产的食品，不需要取得食品流通的许可；取得餐饮服务许可的餐饮服务提供者在其餐饮服务场所出售其制作加工的食品，不需要取得食品生产和流通的许可；农民个人销售其自产的食用农产品，不需要取得食品流通的许可。

食品生产加工小作坊和食品摊贩从事食品生产经营活动，应当符合本法规定的与其生产经营规模、条件等相适应的食品安全要求，保证所生产经营的食品卫生、无毒、无害。有关部门应当对其加强监督管理，具体管理办法由省、自治区、直辖市人民代表大会常务委员会依照本法制定。

(4) 县级以上地方人民政府鼓励食品生产加工小作坊改进生产条件；鼓励食品摊贩进入集中交易市场、店铺等固定场所经营。

(5) 县级以上质量监督、工商行政管理、食品药品监督管理部门应当依照《中华人民共和国行政许可法》的规定，审核申请人提交的本法第 27 条第 1 项至第 4 项规定要求的相关资料，必要时对申请人的生产经营场所进行现场核查；对符合规定条件的，决定准予许可；对不符合规定条件的，决定不予许可并书面说明理由。

(6) 食品生产经营企业应当建立健全本单位的食品安全管理制度，加强对职工食品安全知识的培训，配备专职或者兼职食品安全管理人员，做好对所生产经营食品的检验工作，依法从事食品生产经营活动。

(7) 国家鼓励食品生产经营企业符合良好生产规范要求，实施危害分析与关键控制点体系，提高食品安全管理水平。

对通过良好生产规范、危害分析与关键控制点体系认证的食品生产经营企业，认证机构应当依法实施跟踪调查；对不再符合认证要求的企业，应当依法撤销认证，及时向有关质量监督、工商行政管理、食品药品监督管理部门通报，并向社会公布。认证机构实施跟踪调查不收取任何费用。

(8) 食品生产经营者应当建立并执行从业人员健康管理制度。患有痢疾、伤寒、病毒性肝炎等消化道传染病的人员，以及患有活动性肺结核、化脓性或者渗出性皮肤病等有碍食品安全的疾病的人员，不得从事接触直接入口食品的工作。

食品生产经营人员每年应当进行健康检查，取得健康证明后方可参加工作。

(9) 食用农产品生产者应当依照食品安全标准和国家有关规定使用农药、肥料、生长调节剂、兽药、饲料和饲料添加剂等农业投入品。食用农产品的生产企业和农民专业合作经济组织应当建立食用农产品生产记录制度。

县级以上农业行政部门应当加强对农业投入品使用的管理和指导，建立健全农业投入品的安全使用制度。

(10) 食品生产者采购食品原料、食品添加剂、食品相关产品，应当查验供货者的许可证和产品合格证明文件；对无法提供合格证明文件的食品原料，应当依照食品安全标准进行检验。不得采购或者使用不符合食品安全标准的食品原料、食品添加剂、食品相关产品。

特别提醒

食品生产企业应当建立食品原料、食品添加剂、食品相关产品进货查验记录制度，如实记录食品原料、食品添加剂、食品相关产品的名称、规格、数量、供货者名称及联系方式、进货日期等内容。

食品原料、食品添加剂、食品相关产品进货查验记录应当真实，保存期限不得少于两年。

(11) 食品生产企业应当建立食品出厂检验记录制度，查验出厂食品的检验合格证和安全状况，并如实记录食品的名称、规格、数量、生产日期、生产批号、检验合格证号、购货者名称及联系方式、销售日期等内容。

特别提醒

食品出厂检验记录应当真实，保存期限不得少于两年。

(12) 食品、食品添加剂和食品相关产品的生产者，应当依照食品安全标准对所生产的食品、食品添加剂和食品相关产品进行检验，检验合格后方可出厂或者销售。

(13) 食品经营者采购食品，应当查验供货者的许可证和食品合格的证明文件。

食品经营企业应当建立食品进货查验记录制度，如实记录食品的名称、规格、数量、生产批号、保质期、供货者名称及联系方式、进货日期等内容。

(14) 食品进货查验记录应当真实，保存期限不得少于2年。

实行统一配送经营方式的食品经营企业，可以由企业总部统一查验供货者的许可证和食品合格的证明文件，进行食品进货查验记录。

(15) 食品经营者应当按照保证食品安全的要求贮存食品，定期检查库存食品，及时清理变质或者超过保质期的食品。

(16) 食品经营者贮存散装食品，应当在贮存位置标明食品的名称、生产日期、保质期、生产者名称及联系方式等内容。

食品经营者销售散装食品，应当在散装食品的容器、外包装上标明食品的名称、生产日期、保质期、生产经营者名称及联系方式等内容。

(17) 预包装食品的包装上应当有标签。标签应当标明下列事项。

① 名称、规格、净含量、生产日期。

② 成分或者配料表。

③ 生产者的名称、地址、联系方式。

④ 保质期。

⑤ 产品标准代号。

⑥ 贮存条件。

⑦ 所使用的食品添加剂在国家标准中的通用名称。

⑧ 生产许可证编号。

⑨ 法律、法规或者食品安全标准规定必须标明的其他事项。

专供婴幼儿和其他特定人群的主、辅食品，其标签还应当标明主要营养成分及其含量。

(18) 国家对食品添加剂的生产实行许可制度。申请食品添加剂生产许可的条件、程序，按照国家有关工业产品生产许可证管理的规定执行。

(19) 申请利用新的食品原料从事食品生产或者从事食品添加剂新品种、食品相关产品新品种生产活动的单位或者个人，应当向国务院卫生行政部门提交相关产品的安全性评估材料。国务院卫生行政部门应当自收到申请之日起 60 日内组织对相关产品的安全性评估材料进行审查。对符合食品安全要求的，依法决定准予许可并予以公布；对不符合食品安全要求的，决定不予许可并书面说明理由。

(20) 食品添加剂应当在技术上确有必要且经过风险评估证明安全可靠，方可列入允许使用的范围。国务院卫生行政部门应当根据技术必要性和食品安全风险评估结果，及时对食品添加剂的品种、使用范围、用量的标准进行修订。

(21) 食品生产者应当依照食品安全标准关于食品添加剂的品种、使用范围、用量的规定使用食品添加剂。不得在食品生产中使用食品添加剂以外的化学物质和其他可能危害人体健康的物质。

(22) 食品添加剂应当有标签、说明书和包装。标签、说明书应当载明本法第 42 条第 1 款第 1 项至第 6 项、第 8 项、第 9 项规定的事项，以及食品添加剂的使用范围、用量、使用方法，并在标签上载明“食品添加剂”字样。

(23) 食品和食品添加剂的标签、说明书，不得含有虚假、夸大的内容，不得涉及疾病预防、治疗功能。生产者对标签、说明书上所载明的内容负责。

食品和食品添加剂的标签、说明书应当清楚、明显，容易辨识。

食品和食品添加剂与其标签、说明书所载明的内容不符的，不得上市销售。

(24) 食品经营者应当按照食品标签标示的警示内容、警示说明或者注意事项的要求，销售预包装食品。

(25) 生产经营的食品中不得添加药品，但是可以添加按照传统既是食品又是中药材的物质。按照传统既是食品又是中药材的物质的目录由国务院卫生行政部门制定、公布。

(26) 国家对声称具有特定保健功能的食品实行严格监管。有关监督管理部门应当依法履职，承担责任。具体管理办法由国务院规定。

声称具有特定保健功能的食品不得对人体产生急性、亚急性或者慢性危害，其标签、说明书不得涉及疾病预防、治疗功能，内容必须真实，应当载明适宜人群、不适宜人群、功效成分或者标志性成分及其含量等；产品的功能和成分必须与标签、说明书相一致。

(27) 集中交易市场的开办者、柜台出租者和展销会举办者，应当审查入场食品经营者的许可证，明确入场食品经营者的食品安全管理责任，定期对入场食品经营者的经营环境和条件进行检查，发现食品经营者有违反本法规定行为的，应当及时制止并立即报告所在地县级工商行政管理部门或者食品药品监督管理部门。

集中交易市场的开办者、柜台出租者和展销会举办者未履行前款规定义务，本市场发生食品安全事故的，应当承担连带责任。

(28) 国家建立食品召回制度。食品生产者发现其生产的食品不符合食品安全标准，应当立即停止生产，召回已经上市销售的食品，通知相关生产经营者和消费者，并记录召回和通知情况。

食品经营者发现其经营的食品不符合食品安全标准，应当立即停止经营，通知相关生产经营者和消费者，并记录停止经营和通知情况。食品生产者认为应当召回的，应当立即召回。

(29) 食品生产者应当对召回的食品采取补救、无害化处理、销毁等措施，并将食品召回和处理情况向县级以上质量监督部门报告。

食品生产经营者未依照本条规定召回或者停止经营不符合食品安全标准的食品的，县级以上质量监督、工商行政管理、食品药品监督管理部门可以责令其召回或者停止经营。

(30) 食品广告的内容应当真实合法，不得含有虚假、夸大的内容，不得涉及疾病预防、治疗功能。

食品安全监督管理部门或者承担食品检验职责的机构、食品行业协会、消费者协会不得以广告或者其他形式向消费者推荐食品。

(31) 社会团体或者其他组织、个人在虚假广告中向消费者推荐食品，使消费者的合法权益受到损害的，与食品生产经营者承担连带责任。

(32) 地方各级人民政府鼓励食品规模化生产和连锁经营、配送。

6.3.5 食品检验

(1) 食品检验机构按照国家有关认证认可的规定取得资质认定后，方可从事食品检验活动。但是，法律另有规定的除外。

食品检验机构的资质认定条件和检验规范，由国务院卫生行政部门规定。

本法施行前经国务院有关主管部门批准设立或者经依法认定的食品检验机构，可以依照本法继续从事食品检验活动。

(2) 食品检验由食品检验机构指定的检验人独立进行。

检验人应当依照有关法律、法规的规定，并依照食品安全标准和检验规范对食品进行检验，要尊重科学，恪守职业道德，保证出具的检验数据和结论客观、公正，不得出具虚假的检验报告。

(3) 食品检验实行食品检验机构与检验人负责制。食品检验报告应当加盖食品检验机构公章，并有检验人的签名或者盖章。食品检验机构和检验人对出具的食品检验报告负责。

(4) 食品安全监督管理部门对食品不得实施免检。

县级以上质量监督、工商行政管理、食品药品监督管理部门应当对食品进行定期或者不定期的抽样检验。进行抽样检验，应当购买抽取的样品，不收取检验费和其他任何费用。

县级以上质量监督、工商行政管理、食品药品监督管理部门在执法工作中需要对食品进行检验的，应当委托符合本法规定的食品检验机构进行，并支付相关费用。对检验结论有异议的，可以依法进行复检。

(5) 食品生产经营企业可以自行对所生产的食品进行检验，也可以委托符合本法规定的食品检验机构进行检验。

食品行业协会等组织、消费者需要委托食品检验机构对食品进行检验的，应当委托符合本法规定的食品检验机构进行。

6.3.6 食品进出口

(1) 进口的食品、食品添加剂以及食品相关产品应当符合我国食品安全国家标准。

进口的食品应当经出入境检验检疫机构检验合格后，海关凭出入境检验检疫机构签发的通关证明放行。

(2) 进口尚无食品安全国家标准的食品，或者首次进口食品添加剂新品种、食品相关产品新品种，进口商应当向国务院卫生行政部门提出申请并提交相关的安全性评估材料。国务院卫生行政部门依照本法第 44 条的规定作出是否准予许可的决定，并及时制定相应的食品安全国家标准。

(3) 境外发生的食品安全事件可能会对我国境内造成影响，或者在进口食品中发现严重食品安全问题的，国家出入境检验检疫部门应当及时采取风险预警或者控制措施，并向国务院卫生行政、农业行政、工商行政管理和国家食品药品监督管理部门通报。接到通报的部门应当及时采取相应措施。

(4) 向我国境内出口食品的出口商或者代理商应当向国家出入境检验检疫部门备案，向我国境内出口食品的境外食品生产企业应当经国家出入境检验检疫部门注册。

国家出入境检验检疫部门应当定期公布已经备案的出口商、代理商和已经注册的境外食品生产企业名单。

(5) 进口的预包装食品应当有中文标签、中文说明书。标签、说明书应当符合本法以及我国其他有关法律、行政法规的规定和食品安全国家标准的要求，载明食品的原产地以及境内代理商的名称、地址、联系方式。预包装食品没有中文标签、中文说明书或者标签、说明书不符合本条规定的，不得进口。

(6) 进口商应当建立食品进口和销售记录制度，如实记录食品的名称、规格、数量、生产日期、生产或者进口批号、保质期、出口商和购货者名称及联系方式、交货日期等内容。

食品进口和销售记录应当真实，保存期限不得少于两年。

(7) 出口的食品应由出入境检验检疫机构进行监督、抽检，海关凭出入境检验检疫机构签发的通关证明放行。

出口食品生产企业和出口食品原料种植、养殖场应当向国家出入境检验检疫部门备案。

(8) 国家出入境检验检疫部门应当收集、汇总进出口食品安全信息，并及时通报相关部门、机构和企业。

国家出入境检验检疫部门应当建立进出口食品的进口商、出口商和出口食品生产企业的信誉记录，并予以公布。对有不良记录的进口商、出口商和出口食品生产企业，应当加强对其进出口食品的检验检疫。

6.3.7 食品安全事故处置

(1) 国务院组织制定国家食品安全事故应急预案。

县级以上地方人民政府应当根据有关法律、法规的规定和上级人民政府的食品安全事故应急预案以及本地区的实际情况，制定本行政区域的食品安全事故应急预案，并报上一级人民政府备案。

食品生产经营企业应当制定食品安全事故处置方案，定期检查本企业各项食品安全防范措施的落实情况，及时消除食品安全事故隐患。

(2) 发生食品安全事故的单位应当立即予以处置，防止事故扩大。事故发生单位和接收病人进行治疗的单位应当及时向事故发生地的县级卫生行政部门报告。

农业行政、质量监督、工商行政管理、食品药品监督管理部门在日常监督管理中发现食品安全事故，或者接到有关食品安全事故的举报，应当立即向卫生行政部门通报。

发生重大食品安全事故的，接到报告的县级卫生行政部门应当按照规定向本级人民政府和上级人民政府卫生行政部门报告。县级人民政府和上级人民政府卫生行政部门应当按照规定上报。

特别提醒

任何单位或者个人不得对食品安全事故隐瞒、谎报、缓报，不得毁灭有关证据。

(3) 县级以上卫生行政部门接到食品安全事故的报告后，应当立即会同有关农业行政、质量监督、工商行政管理、食品药品监督管理部门进行调查处理，并采取下列措施，防止或者减轻社会危害。

① 开展应急救援工作，对因食品安全事故导致人身伤害的人员，卫生行政部门应当立即组织救治。

② 封存可能导致食品安全事故的食品及其原料，并立即进行检验。对确认属于被污染的食品及其原料，责令食品生产经营者依照本法第53条的规定予以召回、停止经营并销毁。

③ 封存被污染的食品用工具及用具，并责令进行清洗消毒。

④ 做好信息发布工作，依法对食品安全事故及其处理情况进行发布，并对可能产生的危害加以解释、说明。

发生重大食品安全事故的，县级以上人民政府应当立即成立食品安全事故处置指挥机构，启动应急预案，依照前款规定进行处置。

(4) 发生重大食品安全事故，设区的市级以上人民政府卫生行政部门应当立即会同有关部门进行事故责任调查，督促有关部门履行职责，向本级人民政府提出事故责任调查处理报告。

重大食品安全事故涉及两个以上省、自治区、直辖市的，由国务院卫生行政部门依照前款规定组织事故责任调查。

(5) 发生食品安全事故，县级以上疾病预防控制机构应当协助卫生行政部门和有关部门对事故现场进行卫生处理，并对与食品安全事故有关的因素开展流行病学调查。

(6) 调查食品安全事故，除了查明事故单位的责任，还应当查明负有监督管理和认证职责的监督管理部门、认证机构的工作人员失职、渎职情况。

6.3.8 监督管理

(1) 县级以上地方人民政府组织本级卫生行政、农业行政、质量监督、工商行政管理、食品药品监督管理部门制定本行政区域的食品安全年度监督管理计划，并按照年度计划组织开展工作。

(2) 县级以上质量监督、工商行政管理、食品药品监督管理部门履行各自食品安全监督管理职责，有权采取下列措施。

① 进入生产经营场所实施现场检查。

② 对生产经营的食品进行抽样检验。

③ 查阅、复制有关合同、票据、账簿以及其他有关资料。

④ 查封、扣押有证据证明不符合食品安全标准的食品，违法使用的食品原料、食品添加剂、食品相关产品，以及用于违法生产经营或者被污染的工具、设备。

⑤ 查封违法从事食品生产经营活动的场所。

县级以上农业行政部门应当依照《中华人民共和国农产品质量安全法》规定的职责，对食用农产品进行监督管理。

(3) 县级以上质量监督、工商行政管理、食品药品监督管理部门对食品生产经营者进行监督检查，应当记录监督检查的情况和处理结果。监督检查记录经监督检查人员和食品生产经营者签字后归档。

(4) 县级以上质量监督、工商行政管理、食品药品监督管理部门应当建立食品生产经营者食品安全信用档案，记录许可颁发、日常监督检查结果、违法行为查处等情况；根据食品安全信用档案的记录，对有不良信用记录的食品生产经营者增加监督检查频次。

(5) 县级以上卫生行政、质量监督、工商行政管理、食品药品监督管理部门接到咨询、投诉、举报，对属于本部门职责的，应当受理，并及时进行答复、核实、处理；对不属于本部门职责的，应当书面通知并移交有权处理的部门处理。有权处理的部门应当及时处理，不得推诿，属于食品安全事故的，依照本法第7章有关规定进行处置。

(6) 县级以上卫生行政、质量监督、工商行政管理、食品药品监督管理部门应当按照法定权限和程序履行食品安全监督管理职责；对生产经营者的同一违法行为，不得给予两次以上罚款的行政处罚；涉嫌犯罪的，应当依法向公安机关移送。

(7) 国家建立食品安全信息统一公布制度。下列信息由国务院卫生行政部门统一公布。

① 国家食品安全总体情况。

② 食品安全风险评估信息和食品安全风险警示信息。

③ 重大食品安全事故及其处理信息。

④ 其他重要的食品安全信息和国务院确定的需要统一公布的信息。

以上第2项、第3项规定的信息，其影响限于特定区域的，也可以由有关省、自治区、直辖市人民政府卫生行政部门公布。县级以上农业行政、质量监督、工商行政管理、食品药品监督管理部门依据各自职责公布食品安全日常监督管理信息。

食品安全监督管理部门公布信息，应当做到准确、及时、客观。

(8) 县级以上地方卫生行政、农业行政、质量监督、工商行政管理、食品药品监督管理部门获知本法第 82 条第 1 款规定的需要统一公布的信息，应当向上级主管部门报告，由上级主管部门立即报告国务院卫生行政部门。必要时，可以直接向国务院卫生行政部门报告。

县级以上卫生行政、农业行政、质量监督、工商行政管理、食品药品监督管理部门应当相互通报获知的食品安全信息。

6.3.9 法律责任

(1) 违反本法规定，未经许可从事食品生产经营活动，或者未经许可生产食品添加剂的，由有关主管部门按照各自职责分工，没收违法所得、违法生产经营的食品、食品添加剂和用于违法生产经营的工具、设备、原料等物品。违法生产经营的食品、食品添加剂货值金额不足 1 万元的，并处 2 000 元以上 50 000 元以下罚款；货值金额 1 万元以上的，并处货值金额五倍以上十倍以下罚款。

(2) 违反本法规定，如有下列情形之一的，由有关主管部门按照各自职责分工，没收违法所得、违法生产经营的食品和用于违法生产经营的工具、设备、原料等物品：违法生产经营的食品货值金额不足 1 万元的，并处 2 000 元以上 50 000 元以下罚款；货值金额 1 万元以上的，并处货值金额五倍以上十倍以下罚款；情节严重的，则吊销许可证。

① 用非食品原料生产食品或者在食品中添加食品添加剂以外的化学物质和其他可能危害人体健康的物质，或者用回收食品作为原料生产食品。

② 生产经营致病性微生物、农药残留、兽药残留、重金属、污染物质以及其他危害人体健康的物质含量超过食品安全标准限量的食品。

③ 生产经营营养成分不符合食品安全标准的专供婴幼儿和其他特定人群的主、辅食品。

④ 经营腐败变质、油脂酸败、霉变生虫、污秽不洁、混有异物、掺假掺杂或者感官性状异常的食品。

⑤ 经营病死、毒死或者死因不明的禽、畜、兽、水产动物肉类，或者生产经营病死、毒死或者死因不明的禽、畜、兽、水产动物肉类的制品。

⑥ 经营未经动物卫生监督机构检疫、检疫不合格的肉类，或者生产经营未经检验、检验不合格的肉类制品。

⑦ 经营超过保质期的食品。

⑧ 生产经营国家为防病等特殊需要明令禁止生产经营的食品。

⑨ 利用新的食品原料从事食品生产或者从事食品添加剂新品种、食品相关产品新品种生产，未经过安全性评估。

⑩ 食品生产经营者在有关主管部门责令其召回或者停止经营不符合食品安全标准的食品后，仍拒不召回或者停止经营的。

(3) 违反本法规定，有下列情形之一的，由有关主管部门按照各自职责分工，没收违法所得、违法生产经营的食品和用于违法生产经营的工具、设备、原料等物品：违法生产经营的食品货值金额不足1万元的，并处2 000元以上50 000元以下罚款；货值金额1万元以上的，并处货值金额两倍以上五倍以下罚款；情节严重的，责令停产停业，直至吊销许可证。

① 经营被包装材料、容器、运输工具等污染的食品。

② 生产经营无标签的预包装食品、食品添加剂或者标签、说明书不符合本法规定的食品、食品添加剂。

③ 食品生产者采购、使用不符合食品安全标准的食品原料、食品添加剂、食品相关产品。

④ 食品生产经营者在食品中添加药品。

(4) 违反本法规定，如有下列情形之一的，由有关主管部门按照各自职责分工，责令改正，给予警告；拒不改正的，处2 000元以上20 000元以下罚款；情节严重的，责令停产停业，直至吊销许可证。

① 未对采购的食品原料和生产的食品、食品添加剂、食品相关产品进行检验。

② 未建立或遵守查验记录制度、出厂检验记录制度。

③ 制定食品安全企业标准未依照本法规定备案。

④ 未按规定要求贮存、销售食品或者清理库存食品。

⑤ 进货时未查验许可证和相关证明文件。

⑥ 生产的食品、食品添加剂的标签、说明书需涉及疾病预防、治疗功能。

⑦ 安排患有本法第34条所列疾病的人员从事接触直接入口食品的工作。

(5) 违反本法规定，事故单位在发生食品安全事故后未进行处置、报告的，由有关主管部门按照各自职责分工，责令改正，给予警告；毁灭有关证据的，责令停产停业，并处2 000元以上100 000元以下罚款；造成严重后果的，由原发证部门吊销许可证。

(6) 违反本法规定，有下列情形之一的，依照本法第85条的规定给予处罚。

① 进口不符合我国食品安全国家标准的食品。

② 进口尚无食品安全国家标准的食品，或者首次进口食品添加剂新品种、食品相关产品新品种，未经过安全性评估。

③ 出口商未遵守本法的规定出口食品。

(7) 违反本法规定，进口商未建立并遵守食品进口和销售记录制度的，依照本法第87条的规定给予处罚。

(8) 违反本法规定，集中交易市场的开办者、柜台出租者、展销会的举办者允许未取得许可的食品经营者进入市场销售食品，或者未履行检查、报告等义务的，由有关主管部门按照各自职责分工，处2 000元以上50 000元以下罚款；造成严重后果的，责令停业，由原发证部门吊销许可证。

(9) 违反本法规定，未按照要求进行食品运输的，由有关主管部门按照各自职责分工，责令改正，给予警告；拒不改正的，责令停产停业，并处2 000元以上50 000元以下罚款；情节严重的，由原发证部门吊销许可证。

(10) 被吊销食品生产、流通或者餐饮服务许可证的单位，其直接负责的主管人员自处罚决定作出之日起5年内不得从事食品生产经营管理工作。

食品生产经营者聘用不得从事食品生产经营管理工作的人员从事管理工作的，由原发证部门吊销许可证。

(11) 违反本法规定，食品检验机构、食品检验人员出具虚假检验报告的，由授予其资质的主管部门或者机构撤销该检验机构的检验资格，依法对检验机构直接负责的主管人员和食品检验人员给予撤职或者开除的处分。

(12) 违反本法规定，受到刑事处罚或者开除处分的食品检验机构人员，自刑罚执行完毕或者处分决定作出之日起 10 年内不得从事食品检验工作。食品检验机构聘用不得从事食品检验工作的人员的，由授予其资质的主管部门或者机构撤销该检验机构的检验资格。

(13) 违反本法规定，在广告中对食品质量作虚假宣传，欺骗消费者的，依照《中华人民共和国广告法》的规定给予处罚。

(14) 违反本法规定，食品安全监督管理部门或者承担食品检验职责的机构、食品行业协会、消费者协会以广告或者其他形式向消费者推荐食品的，由有关主管部门没收违法所得，依法对直接负责的主管人员和其他直接责任人员给予记大过、降级或者撤职的处分。

(15) 违反本法规定，县级以上地方人民政府在食品安全监督管理中未履行职责，本行政区域出现重大食品安全事故、造成严重社会影响的，依法对直接负责的主管人员和其他直接责任人员给予记大过、降级、撤职或者开除的处分。

(16) 违反本法规定，县级以上卫生行政、农业行政、质量监督、工商行政管理、食品药品监督管理部门或者其他有关行政部门不履行本法规定的职责或者滥用职权、玩忽职守、徇私舞弊的，依法对直接负责的主管人员和其他直接责任人员给予记大过或者降级的处分；造成严重后果的，给予撤职或者开除的处分。其主要负责人应当引咎辞职。

(17) 违反本法规定，造成人身、财产或者其他损害的，依法承担赔偿责任。

生产不符合食品安全标准的食品或者销售明知是不符合食品安全标准的食品，消费者除要求赔偿损失外，还可以向生产者或者销售者要求支付价款十倍的赔偿金。

(18) 违反本法规定，应当承担民事赔偿责任和缴纳罚款、罚金，其财产不足以同时支付时，先承担民事赔偿责任。

(19) 违反本法规定，构成犯罪的，依法追究刑事责任。

6.4 旅游消防安全法律制度

消防安全是旅游安全的重要组成部分。《中华人民共和国消防法》是从我国消防工作实际出发，认真总结了消防工作经验并借鉴国外成熟做法，深入贯彻科学发展观，坚持以人为本、安全发展的原则，以消防工作社会化为主线，进一步明确了消防安全责任制，加强和改革了消防监督管理制度，建立健全了防范火灾风险的市场调节和社会服务机制，进一步完善了消防执法和应急救援工作规定，健全完善了消防执法监督机制，着力保障和改善民生，促进和谐社会建设。

6.4.1 消防法律体系

消防法律，是指由国家制定的，并由国家强制力保证实施的，通过规定人们在消防安全方面的权利和义务，以实现保障消防安全目的的规范性文件总称。按照调整对象的不同，分为消防管理法规和消防技术法规两大类。

1. 消防管理法规

消防管理法规是通过规定消防管理活动的组织原则、管理内容和要求、管理方法及程序等，调整各种社会组织和公民个人在消防安全方面的权利和义务关系的法律规范性文件的总称。按照制定机关和效力的不同，分为以下几个层次。

1) 消防法律

消防法律是由国家最高权力机关制定的关于消防工作的规范性文件。现行的消防法律是 1998 年 4 月 29 日第九届全国人民代表大会常务委员会第二次会议通过，并于 1998 年 9 月 1 日起施行的《中华人民共和国消防法》。该法全面、科学、准确地规定社会各方面的消防工作，是我国消防法规体系中的“根本大法”，具有最高的法律效力，不仅对全国消防工作的开展具有普遍的指导意义，而且也是制定其他消防法规的主要依据。

2) 消防行政法规

消防行政法规是国务院制定发布的有关消防管理工作的各种规范性文件，如《森林防火条例》、《草原防火条例》等。消防行政法规是消防法律体系的重要内容，在全国范围内适用，其法律效力仅次于消防法律。

3) 地方性消防法规

地方性消防法规是地方国家权力机关根据消防法律和行政法规，结合本地区消防工作的实际需要而制定的地方性规范文件。是由省、自治区、直辖市或省、自治区人民政府所在地或经国务院批准的较大的市的人民代表大会及其常务委员会制定，适用范围限于本行政区域之内。如《甘肃省消防条例》、《上海市消防条例》、《苏州市消防条例》等。

4) 消防规章

消防规章分为部门规章和地方规章。部门规章是由国务院所属主管行政部门(如公安部等)在本部门权限范围内，根据国家法律法规制定的适用于某行业或某系统之内的规范文件，如目前实施的《消防监督检查规定》(公安部 73 号令)等。地方规章是由省、自治区、直辖市或省、自治区人民政府所在地或经国务院批准的较大的市的人民政府制定，适用于本行政区域内，如江苏省政府颁布的《江苏省农村消防管理办法》、无锡市政府颁布的《无锡市建设工程施工现场消防安全管理办法》等。

2. 消防技术法规

消防技术法规是规定社会生产、生活中保障消防安全的技术要求和安全极限的各类技术规范、标准的总和。分为两大体系：一是消防产品的标准体系，如《钢质防火门通用技术条件》等；二是工程建筑消防技术规范，如《建筑设计防火规范》、《高层民用建筑设计防火规范》等。消防技术标准按照规范、标准等级的高低，分为以下 3 层次。

1) 国家标准

国家标准是国务院标准化行政主管部门为了在全国范围内统一有关技术要求而制定的，是消防技术法规的主要组成部分。在全国范围内适用。

2) 行业标准

行业标准是国务院有关行政主管部门在没有国家标准的情况下，为了在全国某个行业范围内统一有关技术要求而制定的，在本行业范围内适用。

3) 地方标准

地方标准是省、自治区、直辖市标准化行政主管部门在没有国家标准和行业标准的情况下，为了在本地区范围内统一有关技术要求而制定的，在本地区适用。

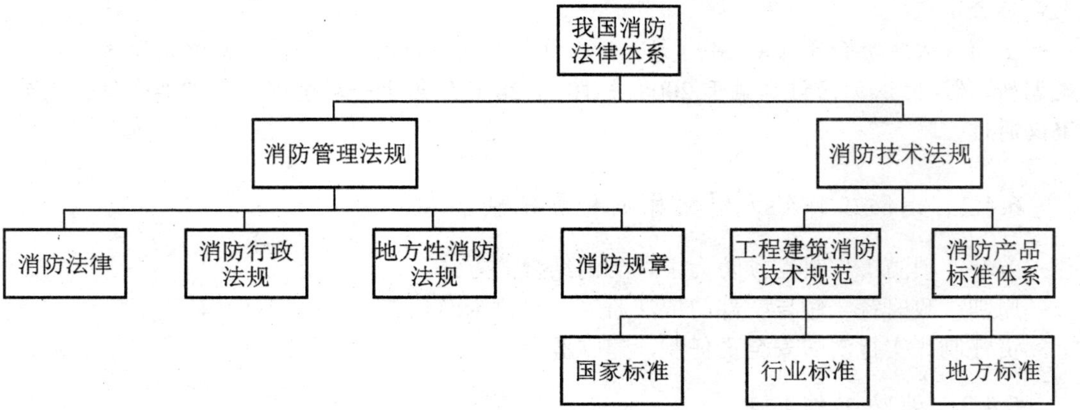

图 6-1　我国消防法律体系

知识链接

中华人民共和国消防法的制定背景和过程

修订后的《中华人民共和国消防法》(以下简称《消防法》)已于 2008 年 10 月 28 日经第 11 届全国人大常委会第 5 次会议审议通过，并将自 2009 年 5 月 1 日起施行。《消防法》是预防火灾和减少火灾危害，加强应急救援工作，维护公共安全的重要法律。《消防法》的修订和颁布实施，对加强我国消防法治建设，推进消防事业科学发展，维护公共安全，促进社会和谐，具有十分重要的意义。

1.《消防法》修订的背景

现行的《消防法》自 1998 年 9 月 1 日施行以来，有力地推动了我国消防法治建设、社会化消防管理、公共消防设施建设以及消防监督执法规范化、提升政府应急救援能力、火灾隐患整改等工作，对预防和减少火灾危害，保护人身、财产安全，维护公共安全，发挥了重要作用。

近年来，随着我国经济社会的发展和政府职能的转变，特别是在贯彻落实党的十七大精神的新阶段，面临着社会和广大人民群众对消防安全的新需求、新期待，面对着以人为本、保障和改善民生、强化社会管理和公共服务的新要求，现行《消防法》的一些规定已经难以适应新时期消防工作的需要。

2.《消防法》修订的简要过程

2002 年 6 月，全国人大常委会对现行《消防法》实施情况进行执法检查后，提出了“修改《消防法》，进一步完善与社会主义市场经济体制相适应的消防法律体系”的建议。2002 年 10 月，公安部正式启动《消防法》修订工作。在深入调研，广泛征求地方政府、有关职能部门、企事业单位、专家学者及各级公安机关意见的基础上，反复修改，数易其稿，2006年4月，形成了《中华人民共和国消防法(修订草案送审稿)》，报请国务院审议。

国务院法制办收到修订草案送审稿后，在广泛征求意见的基础上，经进一步修改后，2008年3月，《中华人民共和国消防法(修订草案)》经国务院常务会议讨论通过，报全国人大常委会审议。

全国人大常委会于2008年4月、6月两次审议、修改了《消防法》修订草案。经过广泛调研，《消防法》修订草案于2008年10月28日经第十一届全国人大常委会第五次会议审议通过。

6.4.2 消防工作的方针、原则和责任制

方针：消防工作贯彻预防为主、防消结合的方针。

原则：政府统一领导、部门依法监管、单位全面负责、公民积极参与。

责任制：实行消防安全责任制，建立健全社会化的消防工作网络。

6.4.3 消防工作职责

1. 政府的消防工作职责

《消防法》第3条规定，国务院领导全国的消防工作，地方各级人民政府负责本行政区域内的消防工作。《消防法》关于政府具体消防工作责任的规定主要如下。

(1) 在宏观规划方面。规定各级人民政府应当将消防工作纳入国民经济和社会发展计划，保障消防工作与经济社会发展相适应；地方各级人民政府应当将包括消防安全布局、消防站、消防供水、消防通信、消防车通道、消防装备等内容的消防规划纳入城乡规划，并负责组织实施。

(2) 在火灾预防方面。规定各级人民政府应当组织开展经常性的消防宣传教育，提高公民的消防安全意识；对已经设置的生产、储存和装卸易燃易爆危险品的工厂、仓库和专用车站、码头，易燃易爆气体和液体的充装站、供应站、调压站，不再符合消防法规定的，组织、协调有关部门、单位限期解决，消除安全隐患；在农业收获季节、森林和草原防火期间、重大节假日期间以及火灾多发季节，应当组织开展有针对性的消防宣传教育，采取防火措施，进行消防安全检查。

(3) 在农村消防工作方面。规定地方各级人民政府应当加强对农村消防工作的领导，采取措施加强公共消防设施建设，组织建立和督促落实消防安全责任制。乡镇人民政府、城市街道办事处应当指导、支持和帮助村民委员会、居民委员会开展群众性的消防工作。

(4) 在消防组织建设方面。规定各级人民政府应当根据经济和社会发展的需要，建立多种形式的消防组织，加强消防技术人才培养，增强火灾预防、扑救和应急救援的能力；组织有关部门制定应急预案，建立应急反应和处置机制，为火灾扑救和应急救援工作提供人员、装备等保障。

(5) 在灭火救援方面。规定公安消防队、专职消防队参加火灾以外的其他重大灾害或者事故的应急救援工作，由县级以上人民政府统一领导；根据扑救火灾的紧急需要，有关

地方人民政府应当组织有关人员、调集所需物资支援灭火；对单位专职消防队、志愿消防队参加扑救外单位火灾所损耗的燃料、灭火剂和器材、装备等，火灾发生地的人民政府应当给予补偿。

(6) 在执法监督方面。规定地方各级人民政府应当落实消防工作责任制，对本级人民政府有关部门履行消防安全职责的情况进行监督检查；对公安机关报告的城乡消防安全布局、公共消防设施不符合消防安全要求，或者本地区存在影响公共安全的重大火灾隐患情况，及时核实并组织或者责令有关部门、单位采取措施，予以整改；对公安机关报请的对经济和社会生活影响较大的责令停产停业意见，依法决定并组织有关部门实施。

2．公安机关及其消防机构的消防工作职责

《消防法》第4条规定，国务院公安部门对全国的消防工作实施监督管理，县级以上地方人民政府公安机关对本行政区域内的消防工作实施监督管理，并由本级人民政府公安机关消防机构负责实施。这是关于公安机关及其消防机构的消防工作职责的规定。《消防法》关于公安机关及其消防机构的具体消防工作职责的规定主要如下。

(1) 宣传教育方面。规定公安机关及其消防机构应当加强消防法律、法规的宣传，并督促、指导、协助有关单位做好消防宣传教育工作。

(2) 监督执法方面。规定公安机关消防机构应当依法确定消防安全重点单位，实施建设工程消防设计审核、消防验收、公众聚集场所投入使用(营业)前消防安全检查、消防产品监督检查、消防监督检查、火灾事故调查、消防行政处罚，并依法实施临时查封、传唤等措施，依法实施强制执行；对经济和社会生活影响较大的责令停产停业，提出意见并由公安机关报请当地人民政府依法决定。

(3) 灭火救援方面。规定公安消防队承担火灾扑救工作，依照国家规定承担重大灾害事故和其他以抢救人员生命为主的应急救援工作；统一组织和指挥火灾现场扑救，优先保障遇险人员的生命安全；根据扑救火灾的需要，调动指挥专职消防队参加火灾扑救工作。

(4) 队伍建设方面。规定公安消防队应当按照国家规定，组织实施专业技能训练，配备并维护保养装备器材，提高火灾扑救和应急救援实战能力；对新建立的专职消防队予以验收，对专职消防队、志愿消防队等消防组织进行业务指导。

(5) 廉政建设方面。《消防法》规定，公安机关消防机构及其工作人员应当按照法定的职权和程序进行消防设计审核、消防验收和消防安全检查，做到公正、严格、文明、高效；不得收取费用，不得利用消防设计审核、消防验收和消防安全检查谋取利益，不得利用职务为用户、建设单位指定或者变相指定消防产品的销售单位、品牌或者消防技术服务机构、消防设施施工单位。

3．关于消防监督管理主体的例外规定

修订后的《消防法》总则第4条第1款规定，“军事设施的消防工作，由其主管单位监督管理，公安机关消防机构协助；矿井地下部分、核电厂、海上石油天然气设施的消防工作，由其主管单位监督管理”。同时，针对森林、草原消防工作的特殊性，《消防法》规定“法律、行政法规对森林、草原的消防工作另有规定的，从其规定”。

4. 关于有关行政主管部门的消防工作职责

修订后的《消防法》第4条第2款规定，“县级以上人民政府及其他有关部门在各自的职责范围内，依照本法和其他相关法律、法规的规定做好消防安全工作”。这是《消防法》关于有关行政主管部门消防工作职责的原则规定。修订后的《消防法》关于其他有关部门的具体消防工作职责的规定主要如下。

(1) 规定了教育、人力资源行政主管部门和学校、有关职业培训机构应当将消防知识纳入教育、教学、培训的内容。

(2) 明确了建设工程的消防设计未经依法审核或者审核不合格的，负责审批该工程施工许可的部门不得给予施工许可。

(3) 规定了产品质量监督部门、工商行政管理部门应当按照职责加强对消防产品质量的监督检查；对生产、销售不合格的消防产品或者国家明令淘汰的消防产品的，由产品质量监督部门或者工商行政管理部门依照《中华人民共和国产品质量法》的规定从重处罚。

(4) 规定了县级以上地方人民政府有关部门应当根据本系统的特点，有针对性地开展消防安全检查，及时督促整改火灾隐患。

同时，《消防法》规定，“建设、产品质量监督、工商行政管理等其他有关行政主管部门的工作人员在消防工作中滥用职权、玩忽职守、徇私舞弊，尚不构成犯罪的，依法给予处分。”

6.4.4 单位消防安全责任

单位是社会消防管理的基本单元，单位对消防安全和致灾因素的管理能力，反映了社会消防安全管理水平，在很大程度上决定了一个城市、一个地区的消防安全形势。修订后的《消防法》进一步强化了机关、团体、企业、事业等单位在保障消防安全方面的消防安全职责，明确单位的主要负责人是本单位的消防安全责任人。

《消防法》关于单位的消防安全责任的规定主要如下。

(1) 在总则中规定，任何单位都有维护消防安全、保护消防设施、预防火灾、报告火警的义务；任何单位都有参加有组织的灭火工作的义务；机关、团体、企业、事业等单位应当加强对本单位人员的消防宣传教育。

(2) 规定了机关、团体、企业、事业等单位的消防安全职责。

① 落实消防安全责任制，制定本单位的消防安全制度、消防安全操作规程，制定灭火和应急疏散预案。

② 按照国家标准、行业标准配置消防设施、器材，设置消防安全标志，并定期组织检验、维修，确保完好有效。

③ 对建筑消防设施每年至少进行一次全面检测，确保完好有效，检测记录应当完整准确，存档备查。

④ 保障疏散通道、安全出口、消防车通道畅通，保证防火防烟分区、防火间距符合消防技术标准。

⑤ 组织防火检查，及时消除火灾隐患。

⑥ 组织进行有针对性的消防演练。

⑦ 法律、法规规定的其他消防安全职责。

(3) 消防安全重点单位除履行单位消防安全职责外，还应当履行下列特殊的消防安全职责。

① 确定消防安全管理人，组织实施本单位的消防安全管理工作。

② 建立消防档案，确定消防安全重点部位，设置防火标志，实行严格管理。

③ 实行每日防火巡查，并建立巡查记录。

④ 对职工进行岗前消防安全培训，定期组织消防安全培训和消防演练。

(4) 同一建筑物由两个以上单位管理或者使用的，应当明确各方的消防安全责任，并确定责任人对共用的疏散通道、安全出口、建筑消防设施和消防车通道进行统一管理。

(5) 任何单位不得损坏、挪用或者擅自拆除、停用消防设施、器材，不得埋压、圈占、遮挡消火栓或者占用防火间距，不得占用、堵塞、封闭疏散通道、安全出口、消防车通道。

(6) 任何单位都应当无偿为报警提供便利，不得阻拦报警，严禁谎报火警；发生火灾，必须立即组织力量扑救，邻近单位应当给予支援；火灾扑灭后，发生火灾的单位和相关人员应当按照公安机关消防机构的要求保护现场，接受事故调查，如实提供与火灾有关的情况。

(7) 是规定被责令停止施工、停止使用、停产停业的单位，应当在整改后向公安机关消防机构报告，经公安机关消防机构检查合格，方可恢复施工、使用、生产、经营。

同时，《消防法》还规定，任何单位都有权对公安机关消防机构及其工作人员在执法中的违法行为进行检举、控告。

6.4.5 公民在消防工作中的权利和义务

(1) 任何人都有维护消防安全、保护消防设施、预防火灾、报告火警的义务；任何成年人都有参加有组织的灭火工作的义务。

(2) 任何人不得损坏、挪用或者擅自拆除、停用消防设施、器材，不得埋压、圈占、遮挡消火栓或者占用防火间距，不得占用、堵塞、封闭疏散通道、安全出口、消防车通道。

(3) 任何人发现火灾都应当立即报警；任何人都应当无偿为报警提供便利，不得阻拦报警；严禁谎报火警。

(4) 火灾扑灭后，相关人员应当按照公安机关消防机构的要求保护现场，接受事故调查，如实提供与火灾有关的情况。

(5) 任何人都有权对公安机关消防机构及其工作人员在执法中的违法行为进行检举、控告。

(6) 火灾公众责任保险

火灾公众责任保险对于利用市场手段平抑火灾风险、辅助社会管理具有积极作用，也是国外消防与保险工作的成熟做法。为进一步发挥保险在火灾防范、风险管理和灾后补偿方面的作用，修订后的《消防法》充分考虑我国国情，借鉴国外的通行做法，第一次将火灾公众责任保险写入法律，规定国家鼓励、引导公众聚集场所和生产、储存、运输、销售易燃易爆危险品的企业投保火灾公众责任保险；鼓励保险公司承保火灾公众责任保险。

公众聚集场所和生产、储存、运输、销售易燃易爆危险品的企业，应当积极投保火灾公众责任保险，充分运用市场手段化解火灾风险。保险公司应当积极发展、完善火灾公众责任保险业务，拓展保险在社会消防管理方面的作用，完善社会保障机制，进一步提高公共消防安全水平。

6.4.6 新《消防法》修订的重大变化

1．确定了新的消防工作原则

其原则是“政府统一领导、部门依法监管、单位全面负责、公民积极参与”。

2．进一步明确了消防安全责任

《消防法》进一步明确了各消防安全主体的法定责任，主要包括以下方面。

(1) 明确和完善了各级人民政府在消防规划及公共消防设施、消防装备建设，消防宣传教育，消除重大火灾隐患，发展多种形式的消防力量，建立火灾应急救援体系等方面的法定职责。

(2) 明确了政府有关部门在各自的职责范围内，及时督促整改火灾隐患、做好消防工作的职责。

(3) 明确和完善了机关、团体、企业、事业等单位消防安全的具体职责，明确了单位的主要负责人是本单位的消防安全责任人。

(4) 明确了建设、设计、施工、工程监理等单位依法对建设工程的消防设计、施工质量负责。

(5) 明确了产品质量监督部门、工商行政管理部门和公安机关消防机构对消防产品的质量监管职责。

3．改革消防监督管理制度

根据转变政府职能的要求和市场经济条件下消防工作的规律、特点，修订后的《消防法》对消防监督管理制度进行了改革。

(1) 改革了建设工程消防监督管理制度，规定对国务院公安部门规定的大型人员密集场所和特殊建设工程，由公安机关消防机构实行消防设计审核和消防验收制度，对其他建设工程的消防设计和消防验收实行备案、抽查制度。

(2) 加强了消防监督检查制度，规定公安机关消防机构对机关、团体、企业、事业等单位遵守消防法律、法规的情况依法进行监督检查；明确了公安派出所日常消防监督检查和消防宣传教育的职责。

(3) 明确了消防产品监督管理制度，规定国家对消防产品实行强制性产品认证制度，对新研制的尚未制定国家标准、行业标准的消防产品，按照规定进行技术鉴定；产品质量监督部门、工商行政管理部门、公安机关消防机构依法加强对消防产品质量的监督检查。

(4) 在明确规定举办大型群众性活动的消防安全要求的同时，取消了举办大型群众性活动的消防行政许可。

4. 加强农村消防工作

地方各级人民政府应当加强对农村消防工作的领导，加强公共消防设施建设，组织建立和督促落实消防安全责任制。同时，对乡镇消防规划、消防力量建设、农村消防宣传教育等工作提出了明确要求。

5. 完善社会消防技术服务机制

规定消防产品质量认证、消防设施检测、消防安全监测等消防技术服务机构和执业人员，应当依法获得相应的资质、资格，依照法律、行政法规、国家标准、行业标准和执业准则，接受委托提供消防安全技术服务，并对服务质量负责；明确了消防技术服务机构出具虚假、失实文件，给他人造成损失的，依法承担赔偿责任。

6. 加强应急救援工作

修订后的《消防法》在总则中明确消防法立法目的之一是“加强应急救援工作”。地方人民政府应当针对本行政区域内的特点制定应急预案，建立应急反应和处置机制，并为火灾扑救和应急救援工作提供人员、装备等保障；规定了公安消防队、专职消防队承担重大灾害事故和其他以抢救人员生命为主的应急救援工作。

7. 加大对危害公共消防安全行为的查处力度

为切实保障《消防法》的顺利实施，《消防法》取消了一些行政处罚限期改正的前置条件，调整了处罚种类，明确了罚款数额，对一些严重违反消防法规的行为特别是危害公共安全的行为设定了拘留处罚。

8. 加强对消防执法工作的监督

修订后的《消防法》专门增加了“监督检查”一章，规定县级以上政府应当对有关部门履行消防安全职责的情况进行监督检查；公安消防机构及工作人员应当按照法定的职权和程序进行消防设计审核、验收和安全检查，不得收取费用；不得为用户、建设单位指定或者变相指定消防产品的销售单位、品牌或者消防技术服务机构、消防设施施工单位。

6.5 旅游安全生产法律制度

《旅游法》第79条对旅游经营者的安全生产要求进行了专门规定。

《中华人民共和国安全生产法》由中华人民共和国第九届全国人民代表大会常务委员会第28次会议于2002年6月29日通过，自2002年11月1日起施行。

6.5.1 《安全生产法》的立法宗旨、地位、适用范围

1. 立法宗旨

(1) 规范生产经营单位的安全生产行为，明确生产经营单位主要负责人的安全生产责

任，建立安全生产管理制度。

(2) 明确从业人员在安全生产方面的权利和义务，规范从业人员安全作业行为，保护从业人员的合法权益，保障人民群众的人身安全和健康。

(3) 明确各级人民政府的安全生产责任，加强安全生产监管，减少和防止生产安全事故。

(4) 规范从事安全评价、咨询、检测、检验中介机构的行为，加强安全生产社会舆论、媒体监督。

(5) 建立生产安全事故应急救援体系，强化责任追究。

2．地位

(1) 它是我国第一部全面规范安全生产的专门法律。

(2) 它是我国安全生产法律体系的主体法。

(3) 它是安全生产法制建设的一个里程碑。

(4) 它是各类生产经营单位及其从业人员实现安全生产所必须遵循的行为准则，是各级人民政府及其有关部门进行监督管理和行政执法的法律依据。

3．适用范围

(1) 在中华人民共和国领域内从事生产经营活动单位的安全生产。

(2) 有关法律、行政法规对消防安全和道路交通安全、铁路交通安全、水上交通安全、民用航空安全另有规定的，适用其规定。

6.5.2 《安全生产法》确立的基本法律制度

1．安全生产监督管理制度

(1) 安全生产监督管理体制。

(2) 各级人民政府和安全生产监督管理部门以及其他有关部门各自的安全监督管理职责。

(3) 安全监督检查人员职责。

(4) 社区基层组织和新闻媒体进行安全生产监督的权利和义务等。

2．生产经营单位安全保障制度

(1) 生产经营单位的安全生产条件。

(2) 安全管理机构及其人员配置。

(3) 安全投入。

(4) 从业人员安全资质。

(5) 安全条件论证和安全评价。

(6) 建设工程“三同时”。

(7) 安全设施的设计审查和竣工验收。

(8) 安全技术装备管理。
(9) 生产经营场所安全管理。
(10) 社会工伤保险等。

3. 生产经营单位负责人安全责任制度

生产经营单位主要负责人和其他负责人、安全生产管理人员的资质及其在安全生产工作中的主要职责。

4. 从业人员安全生产权利义务制度

生产经营单位的从业人员在生产经营活动中的基本权利和义务，以及应当承担的法律责任。

5. 安全中介服务制度

从事安全评价、评估、检测、检验、咨询服务等工作的安全中介机构和安全专业技术人员的法律地位、任务和责任。

6. 安全生产责任追究制度

(1) 安全生产的责任主体。
(2) 安全生产责任的确定和责任形式。
(3) 追究安全责任的机关、依据、程序和安全生产法律责任。

7. 事故应急救援和处理制度

(1) 事故应急预案的制定。
(2) 事故应急体系的建立。
(3) 事故报告、调查处理的原则和程序。
(4) 事故责任的追究。
(5) 事故信息发布等。

6.5.3 生产经营单位的安全生产保障

1. 生产经营单位的主要负责人的职责

(1) 建立、健全安全生产责任制。
(2) 组织制定安全生产规章制度和操作规程。保证安全生产投入的有效实施。
(3) 督促、检查安全生产工作，及时消除生产安全事故隐患。组织制定并实施生产安全事故应急救援预案。
(4) 及时、如实报告生产安全事故。

2．具备安全生产条件

(1) 生产经营单位应当具备本法和有关法律、行政法规和国家标准或者行业标准规定的安全生产条件。

(2) 不具备安全生产条件的，不得从事生产经营活动。

3．安全生产必需资金的保证主体

生产经营单位的决策机构、主要负责人或者个人经营的投资人应保证本单位具备安全生产条件所必需的资金投入，并对于后果承担责任。

4．机构设置与人员配备

(1) 矿山、建筑施工单位和危险物品的生产、经营、储存单位：设安全生产管理机构或配备专职安全管理人员。

(2) 其他生产经营单位。

① 从业人员超过 300 人的——设安全生产管理机构或配专职安全管理人员。

② 从业人员在 300 人以下的——配专职或兼职的安全管理人员，或委托具有国家规定的相关专业技术资格的工程技术人员提供安全生产管理服务。

(3) 生产经营单位委托工程技术人员提供安全生产管理服务的，保证安全生产的责任仍由本单位负责。

5．安全培训与资格认证

(1) 对一般生产经营单位的主要负责人和安全生产管理人员的要求如下。

必须具备与本单位所从事的生产经营活动相应的安全生产知识和管理能力。

(2) 对危险物品的生产、经营、储存单位以及矿山、建筑施工单位的主要负责人和安全生产管理人员的要求。

由有关主管部门对其安全生产知识和管理能力考核合格后方可任职。

(3) 关于生产经营单位对从业人员进行安全生产教育和培训的规定如下。

① 保证从业人员具备必要的安全生产知识，熟悉有关的安全生产规章制度和安全操作规程，掌握本岗位的安全操作技能。

② 未经安全生产教育和培训合格的从业人员，不得上岗作业。

(4) 关于生产经营单位采用新工艺、新技术、新材料或者使用新设备时确保安全的规定：必须了解、掌握其安全技术特性，采取有效的安全防护措施，并对从业人员进行专门的安全生产教育和培训。

(5) 关于生产经营单位的特种作业人员上岗资格的规定如下。

必须按照国家有关规定经专门的安全作业培训，取得特种作业操作资格证书，方可上岗作业。

特种作业人员的范围由国务院负责安全生产监督管理的部门会同国务院有关部门确定。

6.5.4 从业人员的权利和义务

1．对劳动合同的规定

(1) 生产经营单位与从业人员订立的劳动合同，应当载明以下方面。

① 有关保障从业人员劳动安全、防止职业危害的事项。

② 依法为从业人员办理工伤社会保险的事项。

(2) 生产经营单位不得以任何形式与从业人员订立协议，免除或者减轻其对从业人员因生产安全事故伤亡依法应承担的责任。

2．从业人员的权利

1) 知情权

从业人员有权了解其作业场所和工作岗位存在的危险因素、防范措施及事故应急措施。

2) 建议权

有权对本单位的安全生产工作提出建议。

3) 批评、控告权

从业人员有权对本单位安全生产工作中存在的问题提出批评、检举、控告。

4) 拒绝违章权

有权拒绝违章指挥和强令冒险作业。生产经营单位不得因从业人员对本单位安全生产工作提出批评、检举、控告或者拒绝违章指挥、强令冒险作业而降低其工资、福利等待遇或者解除与其订立的劳动合同。

5) 停止作业权

从业人员发现直接危及人身安全的紧急情况时，有权停止作业或者在采取可能的应急措施后撤离作业场所。不得因从业人员在紧急情况下停止作业或者采取紧急撤离措施而降低其工资、福利等待遇或者解除与其订立的劳动合同。

6) 索赔权

因生产安全事故受到损害的从业人员，除依法享有工伤社会保险外，依照有关民事法律尚有获得赔偿的权利的，有权向本单位提出赔偿要求。

3．从业人员的义务

(1) 在作业过程中从业人员义务如下。

① 应严格遵守本单位的安全生产规章制度和操作规程。

② 服从管理。

③ 正确佩戴和使用劳动防护用品。

(2) 接受安全教育和培训，掌握安全生产知识，提高安全生产技能，增强事故预防和应急处理能力。

(3) 发现事故隐患或者其他不安全因素时，应立即向现场安全生产管理人员或者本单位负责人报告；接到报告的人员应当及时予以处理。

4．工会的职权

(1) 有权对建设项目的“三同时”进行监督，提出意见。

(2) 对生产经营单位违反安全生产法律、法规，侵犯从业人员合法权益的行为，有权要求纠正；发现生产经营单位违章指挥、强令冒险作业或者发现事故隐患时，有权提出解决的建议，生产经营单位应当及时研究答复；发现危及从业人员生命安全的情况时，有权向生产经营单位建议组织从业人员撤离危险场所，生产经营单位必须立即作出处理。

(3) 有权依法参加事故调查，向有关部门提出处理意见，并要求追究有关人员的责任。

6.5.5　安全生产事故的应急救援与调查处理

1．事故的报告与救援

1) 政府的责任

(1) 建立应急救援体系。县级以上各级政府应组织有关部门制定本行政区域内特大生产安全事故应急救援预案，建立应急救援体系。

(2) 按规定上报事故。安监部门接到事故报告后，应立即按照国家有关规定上报事故情况。安监部门和地方政府对事故情况不得隐瞒不报、谎报或者拖延不报。

(3) 组织事故抢救。地方政府和安监部门的负责人接到重大生产安全事故报告后，应当立即赶到事故现场，组织事故抢救。

任何单位和个人都应当支持、配合事故抢救，并提供一切便利条件。

2) 企业的责任

(1) 建立应急救援组织、指定应急救援人员、配备必要的应急救援器材危险物品的生产、经营、储存单位以及矿山、建筑施工单位。

① 应建立应急救援组织。

② 生产经营规模较小，可以不建立应急救援组织的，应当指定兼职的应急救援人员。

③ 应配备必要的应急救援器材、设备，并进行经常性维护、保养，保证正常运转。

(2) 报告事故、组织抢救。生产经营单位发生事故后，事故现场有关人员应立即报告本单位负责人。单位负责人接到事故报告后，应迅速采取有效措施，组织抢救，防止事故扩大，减少人员伤亡和财产损失，并按照规定立即如实报告当地安监部门，不得隐瞒不报、谎报或者拖延不报，不得故意破坏事故现场、毁灭有关证据。

2．事故的调查与处理

1) 事故调查

(1) 遵循的原则：实事求是、尊重科学。

(2) 查清事故原因。

(3) 查明事故性质和责任。

(4) 总结事故教训，提出整改措施。

(5) 对事故责任者提出处理意见。

事故调查和处理的具体办法由国务院制定。

2) 事故处理

(1) 生产经营单位发生生产安全事故，经调查确定为责任事故的应处理如下。

① 应查明事故单位的责任并依法予以追究。

② 还应查明负有审批和监督职责的行政部门的责任，对有失职、渎职行为的，依法追究法律责任。

(2) 任何单位和个人不得阻挠和干涉对事故的依法调查处理。

(3) 县级以上安监部门定期统计分析安全生产事故的情况，并定期向社会公布。

6.6 旅游保险法律制度

导入案例

旅行社未购买旅游意外保险费，旅游者找谁理赔？

海外甲旅行社将一旅游团队在大陆的旅游接待任务委托给大陆乙旅行社，旅游团要求海外甲旅行社为其另购旅游意外保险并支付了保险费。但在旅游途中，所乘交通工具不幸失事，而甲旅行社此时还没有将保险费用在内的任何费用支付给乙旅行社，致使乙旅行社没有为游客投保旅游意外保险，使得游客只能得到旅行社责任保险赔偿费和运输公司支付的少量交通意外事故赔偿费，从而引起遇难家属的强烈不满，直至发生诉讼(图 6-2)。

图 6-2 购买旅游保险，减少意外损失

(图片来源：www.huizhou.cn，作者：张建辉)

说说对此有何看法？理由是什么？

(1) 旅游保险是对于补偿旅游活动中的损失，分担旅游活动风险，促进旅游活动发展具有重要的意义。

(2) 和游客构成合同关系的甲旅行社(乙旅行社只是代甲旅行社履行责任)，游客生命财产损害只能向合同当事人提出，因而游客只能向甲旅行社索赔。乙旅行社只能作为甲旅行社的追诉人提起诉讼。

(3) 由于文中“委托”只能认定为口头协议，而该活动的复杂性、重要性已经超出口头协议的特征，加之甲旅行社没有将必需的费用给乙旅行社，因而没有形成事实上的合同关系，根据法律规定乙旅行社可以不承担责任。

6.6.1 旅游保险概述

1．保险概述

1) 保险概念

广义保险是指集合具有同类风险的众多单位和个人，以合理计算风险分担金的形式，向少数因该风险事故发生而受到经济损失的成员提供经济保障的一种行为。

狭义保险(商业保险)指投保人根据合同的约定，向保险人支付保险费；保险人对于合同约定的可能发生的事故因其发生所造成的财产损失承担赔偿保险金责任，或当保险人死亡、伤残、患病或达到合同约定年龄、期限时承担给付保险金责任的商业保险行为。

2) 保险的一般原则

(1) 可保利益原则：是投保人或被保险人对其所投保的保险标的所具有的被法律所承认的经济利益，亦即投保人要求保险人保障保险标的完好存在或运行并因保险事故的发生而受损的经济利益。

(2) 诚信原则：指当事人真诚地向对方充分而准确的告知有关保险的所有重要事实，不允许存在任何虚伪、欺瞒、隐瞒行为。

(3) 损失补偿原则：指当保险事故发生并导致被保险人的经济损失时，保险人给予被保险人的补偿以恢复被保险人在遭受保险事故前的经济状况为准。

(4) 代位追偿原则：指当保险标的发生保险责任范围内的由第三者责任造成的损失时，保险人向被保险人履行损失赔偿责任后，有权在其已经赔付金额的限度内取得被保险人在该项损失中向第三人责任方要求赔偿的权利。

(5) 分摊原则：指根据保险补偿原则，在发生重复保险赔付责任时，将保险标的的损失赔偿责任在各保险人之间进行分摊，以避免被保险人获得超过实际损失的赔偿的法律原则。

(6) 近因原则：保险人对于承保范围的保险事故作为直接的、最接近的原因所引起的损失，承担保险责任，而对于承保范围以外的原因造成的损失，不负赔偿责任。

3) 保险的职能

(1) 筹措保险基金。

(2) 分散风险。

(3) 组织经济补偿。

4) 保险的分类

(1) 按保险分类对象划分：财产保险、人身保险。

(2) 按保险实施方式划分：强制保险、自愿保险。

(3) 按保险保障范围划分：财产保险、人身保险、责任保险、保证保险。

5) 保险的形式

(1) 公营保险与民营保险(保险经营的主体分类)。

① 公营保险又分为国家经营的保险和地方政府或自治团体经营的保险。

② 民营保险是由私人投资经营的保险。

(2) 赢利保险与非赢利保险(保险经营的性质分类)。

① 赢利保险又称之为商业保险，即保险业者以赢利为目的保险。

② 非赢利保险指出于某种特定的目的，由政府资助营运，以保证经济的协调发展和安定社会秩序为目标而实施的保险保障计划。

(3) 原保险、再保险、重复保险和共同保险。

① 原保险：指保险人与投保人之间直接签订保险合同而建立保险关系的一种保险。在原保险关系中，保险需求者将其风险转嫁给保险人，当保险标的遭受保险责任范围内的损失时，保险人直接对被保险人承担赔偿责任。

② 再保险：指保险人通过订立合同，将自己已经承保的风险，转移给另一个或几个保险人，以降低自己所面临的风险的保险行为。简单地说，再保险即“保险人的保险”。

③ 重复保险：指投保人对同一保险标的、同一保险利益、同一保险事故与数个保险人分别订立数个保险合同的行为，且各保险合同约定的保险金额总和超出保险标的价额。

④ 共同保险：又称“共保”，指两个或两个以上保险人共同承保同一标的的同一危险、同一保险事故，而且保险金额不超过保险标的的价值。

(4) 定额保险与损失保险(保险赔付形式分类)。

① 定额保险：指保险事故发生，不问实际损失大小都依据合同签订时双方预先约定的保险金额支付保险金的保险。

② 损失保险：指投保人根据合同约定，向保险人交付保险费，保险人按保险合同的约定对所承保的财产及其有关利益因自然灾害或意外事故造成的损失承担赔偿责任的保险，又称“财产保险”。

(5) 自愿保险与法定保险、社会保险与商业保险、普通保险与政策保险。

保险政策分类如下。

① 法定保险又称强制保险，指根据国家的有关法律法规，某些特殊的群体或行业，不管当事人愿意与否，都必须参加规定的保险。

② 社会保险是一种为丧失劳动能力、暂时失去劳动岗位或因健康原因造成损失的人口提供收入或补偿的一种社会和经济制度。

③ 商业保险指通过订立保险合同运营，以营利为目的的保险形式，由专门的保险企业经营。

④ 政策保险指政府为了实现某项政策目的，对于商业保险公司难以经营的某些险种予以一定政府补贴而实施的保险。

2. 旅游保险的概念与特征

1) 旅游保险的概念

旅游保险，就是保险人对被保险人在旅游过程中发生了保险合同约定的事故而造成人身伤亡或财产损失时承担赔偿保险金的商业保险行为。

2) 旅游保险的特征

(1) 旅游保险具有保证性。保证性，是指保险人对被保险人在旅游中的安全负责，包括对被保险人在旅游中的人身安全和财产安全负责。

(2) 旅游保险具有补偿性。补偿性，是指被保险人所得的赔偿费，具有补助救济的性质。

(3) 旅游保险具有短期性。短期性，是指与其他保险相比，旅游保险的有效性是比较短暂的，其中有的是以旅行的旅程计算的；有的是以游览点或游览趟数计算的；不论哪种形式的旅行或游览，保险的有效期都是比较短的。

3. 常见旅游保险

1) 旅游意外伤害保险

这类保险主要为游客在乘坐交通工具出行时提供风险防范服务，比较适合乘坐汽车、飞机、轮船等交通工具进行出游的游客(图 6-3)。

图 6-3 意外伤害险，旅游“保护伞”

(资料来源：http://www.rzlife.com/live)

2) 旅游人身意外伤害保险

这一险种是对在旅行游玩过程中发生的意外事故进行的赔付。这种保险非常适合户外旅行者，参加一些探险游、生态游、惊险游或者极限运动时，旅客可以选择购买旅游人身意外伤害保险。

特别提醒

旅行社应当提示参加团队旅游的旅游者按照规定投保人身意外伤害保险。即旅行社的义务是“提示”，而不是代为购买，但这种义务则是“应当”即必须的。

3) 旅游救助保险

及时救助是旅游救助保险的最大特色，将传统保险公司的一般事后理赔向前延伸，变为事故发生时提供及时有效的救助。因此，非常适合长假期间和亲朋好友自驾游旅行。遇到车子抛锚或者交通事故，就可以尽快通知保险公司进行处理，一点也不会耽误旅行日程和安排。

4) 旅游求援保险

这种保险对于出国旅游十分合适。有了它的保障，旅游者一旦发生意外事故或者由于不谙当地习俗法规引起了法律纠纷，只要拨打电话，就会获得无偿的救助。

5) 住宿旅客人身保险

这一险种适合在酒店或旅馆进行投宿的游客。旅客因遭意外事故，外来袭击或随身携带物品遭盗窃、抢劫等而丢失的，保险公司按不同标准支付保险金。

6.6.2 旅游保险合同

1．旅游保险合同的概念和特征

1) 旅游保险合同的概念

旅游保险合同，是投保人与保险人约定在旅游活动中的保险权利和义务关系的协议，是指旅游保险关系双方当事人之间签订的一方缴纳保险费，另一方在保险标的遭受法律规定或者当事人约定的保险事故时，承担经济补偿责任或者旅行给付义务的一种协议。

2) 旅游保险合同的特征

(1) 旅游保险合同是双务性补偿合同。

投保人有缴纳保险费的义务，当旅游保险事故发生时，享有请求赔偿的权利；而保险人则有收取保险费的权利，当旅游保险事故出现时，有按合同的约定履行补偿或给付的义务。

(2) 旅游保险合同是具有保险利益的合同。

保险利益是指投保人对保险标的具有法律承认的利益。依据我国《保险法》的有关规定，保险利益的存在是旅游保险合同成立的前提，没有保险利益的人不能与保险人订立旅游保险合同。

(3) 旅游保险合同是要式合同。

所谓要式合同，是指以履行一定方式为合同成立的要件。

根据我国有关法律、法规规定，旅游保险合同应采取书面形式，合同的主要内容即主要条款由保险人一方确定，投保方即旅游企业法人或旅游者只有在保险人设立的不同险种的条件中进行选择的自由，而不像其他合同，任何一方都可以草拟合同文本。

(4) 旅游保险合同是射幸合同。

旅游保险合同是合同当事人在法律规定的范围内实现转嫁风险目的的一种手段。在合同有效期限内，投保方以较少的保险费的支出，换取遇到旅游保险事故时取得较大保险金的保障。

(5) 旅游保险合同是最大的诚信合同。

诚实信用是指任何一方当事人对另一方当事人不得隐瞒、欺骗，都必须善意地、全面地履行自己的义务。而旅游保险合同的诚实信用程度远远大于其他合同，因为当事人在投保前后，其保险标的均在投保人的控制之下，保险人主要是依据投保人对标的告知和保证来决定是否承保和保险费的大小，如果投保人欺骗或隐瞒，就可能导致保险人的判断失误和上当受骗，所以说保险合同是最大的诚实信用合同。

(6) 保险合同具有短期性。

任何类型的保险合同都具有时间限制，旅游保险合同与其他保险合同相比较，其期限更短暂。

2. 旅游保险合同的常见形式与主要条款

1) 旅游保险合同的常见形式

旅游保险合同的常见形式包括保险单和保险凭证等。

(1) 保险单是由投保人与保险人共同签订的有关旅游保险事项的书面协议。

其主要特点是，协议双方当事人必须在同一张保险合同单上签名盖章，方才有效。

保险单上的条款包括 3 种内容：一是保险单上印定的条款，即在原保险单上印成的基本条款。二是附贴的条款，即在原保险单上用粘贴的方法附加的条款。三是书写的条款，即在原保险单上用书写或打字的方法附加的条款。

这几种条款都有同样的效力。但是，当这些条款出现矛盾时，首先要依据书写的附加条款，其次依据打字的附加条款，其三依据粘贴的附加条款，最后依据基本条款。

(2) 保险凭证是一种简单化的保险单。

火车站出售的火车票、汽车客运站出售的汽车票、民航局出售的飞机票以及航运公司出售的轮船票等，既是旅客乘车乘船乘机的凭证，又是旅客参加旅行保险的凭证。

在旅游合同中，旅游保险合同的当事人采用记名与不记名两种形式。

一般来说，双方共同签署的合同和保险单形式的保险合同都采用记名的形式，记有保险公司的名称和投保人、被保险人和受益人的姓名。

票证形式的保险合同，除飞机票需要记载旅客姓名外，其他票证都不记被保险人的姓名。

受益人依法律规定确定。在旅游保险合同中，记名的与不记名的合同都具有同样的效力。

2) 旅游保险合同的主要条款

(1) 保险人的名称和住所。

(2) 投保人、被保险人名称和住所，以及人身保险的受益人的名称和住所。

(3) 保险标的。

(4) 保险责任和责任免除。

(5) 保险期间和保险责任开始时间。

(6) 保险价值。

(7) 保险金额。

(8) 保险费以及支付办法。

(9) 保险金赔偿或者给付办法。

(10) 违约责任和争议处理；订立合同的年、月、日。

3. 旅游保险合同中双方当事人的权利与义务关系

1) 投保人的权利和义务

投保人应该根据旅游保险合同约定的数额和期限交纳保险费。如果投保人不缴纳保险费，保险人可终止保险合同，若延期缴纳保险费，保险人有权要求补交，并加收延期部分的利息。

在发生旅游保险事故时，投保人有义务尽力保护，抢救保险标的，对于因此而支付的合理费用，有权要求保险人进行赔偿，否则，对于扩大的损失部分保险人不承担赔偿责任。

当旅游保险事故是由第三人的行为造成时，若旅游保险标的是旅游者的行李物品，投保人应当向第三人要求赔偿。如果没有约定，先予赔偿。但是，投保人必须将向第三人追偿的权利转让给保险人，并有义务协助保险人向第三人追偿；若旅游保险标的是旅游者的生命、健康，当投保人从保险人处取得保险金后，仍然有向第三人要求返还赔偿的权利。同时，保险人也不得因支付保险金而取得代位请求权。

2) 保险人的权利和义务

除非法律，合同中事先另有规定或约定，否则保险人不得在保险期内擅自解除旅游保险合同。

保险人有权按照法律的规定或合同的约定，收取保险费，当发生旅游保险事故时，保险人有义务及时支付保险金，逾期未偿付应承担违约责任。

6.6.3 旅行社责任保险

知识链接

旅行社责任保险全国统保工作开始实施

酝酿3年之久的旅行社责任保险全国统保工作于2010年全面展开，旅游交通事故、食物中毒等以往界定困难的责任被明确列入保障范围，每人赔偿限额从原来的9万元提高到现在的最低20万元。

全国旅游保险工作会议于2010年11月9日在武汉举行，国家旅游局公布了2010年度旅行社责任险全国统保示范项目。统保产品责任范围更广，采取“一切险加列明”的方式确定保障范围，旅游交通事故、食物中毒等以往界定困难的责任被明确列入保障范围；保障额度高，每人赔偿限额从原来的9万元提高到现在的最低为20万元人民币。统保产品还设计了从20万元至80万元的限额，供旅行社自由选择。基本责任险之外，还设置了可供选择的附加险，满足旅行社的多样化需求。

旅行社责任险全国统保示范项目共保体由中国人民财产保险股份有限公司、中国太平洋财产保险股份有限公司、中国平安财产保险股份有限公司、中国大地财产保险股份有限公司、中国人寿财产保险股份有限公司、太平财产保险有限公司等 6 家组成，共保体将为所有自愿参与统保示范项目的旅行社提供保险服务。其中，中国人民财产保险股份有限公司中选首席承保人，获得 45%的共保份额，中国太平洋财产保险股份有限公司获得 15%共保份额，其余 4 家保险公司分别获得 10%份额。国家旅游局有关负责人表示，实施旅行社责任保险全国统保，将更好地保证游客利益，提升旅游管理水平。

(来源：法制网，记者：蔡岩红)

1．旅行社责任保险的含义与投保范围

1) 旅行社责任保险

旅行社责任保险是旅行社根据保险合同的约定，向保险公司支付保险费。保险公司对旅行社在从事旅游业务经营活动中，致使旅游者人身、财产遭受侵害应由旅行社承担的责任，承担赔偿保险金责任的行为。通过旅行社责任保险使旅行社应承担的损害赔偿责任转由保险公司承担，减轻旅行社负担，增强旅游者获得赔偿的力度，维护旅游者权益。

2) 旅行社责任保险的投保范围

旅行社应当对其依法承担的下列责任投保旅行社责任保险：①旅游者人身伤亡赔偿责任；②旅游者因治疗支出的交通、医药费赔偿责任；③旅游者死亡处理和遗体遣返费用赔偿责任；④对旅游者必要的施救费用赔偿责任，它包括必要时近亲属探望须支出的合理的交通、食宿费用、随行未合理费用等；⑤旅游者行李物品的丢失、损坏被盗赔偿责任；⑥由于旅行社责任争议引起的诉讼费用；⑦旅行社与保险公司约定的其他赔偿责任。

2．旅行责任保险的性质、期限、保险金额

1) 旅行社责任保险的性质与期限

旅行社责任保险是商业保险，但它不同于一般商业保险的自愿投保，而是旅行社必须投保的强制保险，投保旅行社责任保险是旅行社的义务。旅行社责任保险的保险期限为一年。

2) 旅行社责任保险的保险金额

旅行社责任保险金额实行最低限额制。

特别提醒

旅行社办理旅行责任保险的保险金额不得低于下列标准：①国内旅游每人责任赔偿限额人民币 8 万元。入境旅游、出境旅游每人责任赔偿限额人民币 16 万元。②国内旅行社每次事故和每年累计责任赔偿限额人民币 200 万元。国际旅行社每次事故和每年累计责任赔偿限额人民币 400 万元。

知识链接

新的旅行社责任险出台了

由国内 6 家主要财产保险公司组成的旅行社责任险全国统保示范项目共保体参与的新旅行社责任险，从 2010 年元旦起实施，游客最高赔付额提高到 80 万元，这是记者日前从

旅游部门获悉的。

2010年1月1日起，游客跟团旅游，如果发生食物中毒、交通事故、飞机航班延误等事故，都将通过最新的旅行社责任险获得合理赔偿。其中，个人最高赔付额度高达80万元。

据有关人士介绍，新的旅行社责任险是借鉴国外旅行社责任险产品经验，在国家旅游局的主持倡导下，针对旅行社的实际需求和游客利益保障量身定做的。不仅如此，新的旅行社责任险保险范围扩大，旅程航班延误、旅行社取消旅程等都可纳入保险范围，游客可获得合理赔偿。根据新的统保方案，每人赔偿保额将从原来的最低9万元提高到最低20万元，最高赔偿额明确为80万元，旅行社可以自由选择20万元至80万元的额度进行投保。旅行社责任险全国统保的基本险中，旅游交通事故、食物中毒等目前比较难界定的责任，皆被明确列入了保障范围。此外，索赔流程的统一化也让游客今后旅游出现问题时索赔更为简易。实行旅行社责任险全国统保后，将专门成立保险纠纷调解处理中心和事故鉴定委员会。鉴定委员会是由旅行社代表、保险公司、保险经纪公司、旅游行业专家、法律专家和医学专家共同组成的机构，改变了以往保险公司一言堂的局面，解决了定责难的问题。

有关专家提醒游客：以往游客出游的两大保障，一是旅行社责任险；二是旅游意外险。责任险如同“交强险”，是强制性保险，由旅行社购买。意外险则由旅行社代游客购买。虽然新的旅行社责任险对旅行社各项行为有了详细规定，但如果因游客个人原因造成的意外事故，如不听导游劝阻强行前往危险区域，团队自由活动时间发生意外等，则不属于旅行社责任险赔付范围内。因此游客最好另外购买一份意外险。

(资料来源：太阳日报，温玉星)

3. 旅行社责任保险的投保和索赔

1) 旅行社投保

(1) 旅行社向中国境内经营责任保险的保险公司投保。

旅行社必须向中国境内经营责任保险的保险公司投保，旅行社投保的保险公司应当是保险业务信誉良好，服务网络面广，无不良经营记录的保险公司。

(2) 旅行社与保险公司签订书面合同。

旅行社应当按照《中华人民共和国保险法》规定的保险合同内容，与承保保险公司签订书面合同。

(3) 旅行社办理投保手续。

旅行社采取按年度投保方式，办理本年度的投保手续，交纳保险费。旅行社投保旅行社责任保险的保险费，不得在销售价格中单独列项，不得由旅游者支付。

(4) 旅行社要求保险公司赔偿或给付保险金。

旅行社有自其知道保险事故发生之日起 2 年内请求保险公司赔偿或给付保险金的权利。在保险事故发生后，旅行社可以凭事故发生地公安、医疗、承保保险公司或其分公司、支公司等单位出具的有效凭证，向承保保险公司办理赔偿或给付保险金等理赔事宜。

2) 理赔程序

(1) 旅行社向保险公司提出理赔申请。在保险期限内发生保险责任范围内的事故时，旅行社要及时取得事故发生地公安、医疗、承保保险公司或其分公司、支公司等单位的有效凭证，持这些证明材料向保险公司提出理赔申请。

(2) 保险公司派专人到现场调查核实证明材料。

(3) 保险公司根据事实和证明材料作出是否赔偿以及赔偿多少的决定。如果事实清楚，证明真实可靠，保险公司应当承担赔偿责任，不得拖延，不得减少赔偿数额。

案例分析

旅行社责任险承保条款应明确

据来自上海市消费者权益保护委员会的消息，针对消费者旅行中出现意外事故后，由于保险公司对旅行社责任险承保条款模糊，造成消费者理赔难的问题，上海市消保委提出，旅行社应对消费者先行赔付，并建议保险公司应细化相应保险理赔条款，明确不予理赔的范围，对旅行社和消费者承担起真正的责任。

2007 年 9 月，王女士参加旅行团在青岛游玩时，意外摔伤造成右腿胫骨骨折，共花去医药费及其他费用 2 万余元。在向旅行社索赔无果的情况下，投诉至上海市消保委。

旅行社称，在出游前，旅行社统一投保了旅行社责任险。他们向保险公司申请理赔，但保险公司认为应属意外事件，无法理赔。如果在保险公司不理赔的情况下让旅行社来支付消费者所要求的款项，他们无法完全接受。

消保委认为，消费者和旅行社签订了旅行服务合同，根据合同相对性原则，旅行社应根据相应责任先支付赔偿给消费者，再根据旅行社与保险公司的协议进行追索赔偿。

因此，消保委建议旅行社应强化契约意识，承担起合同履行过程中应承担的义务和责任，也应在出发前提醒消费者专门投保意外险，这样对消费者的保护将更加充分。

另外，消保委了解到，现在保险公司对旅行社责任险的承保和不予理赔的范围规定得都比较模糊，由于地位不对等，保险公司往往会给出对旅行社不利的解释。因此，建议保险公司应细化相应保险理赔条款，明确不予理赔的范围，对旅行社和消费者承担起真正的责任。

(资料来源：法制日报记者姚芃)

4．旅行社责任保险的其他规定

1) 旅行社责任保险的除外责任

(1) 旅游者参加旅行社组织的旅游活动，应保证自身身体条件能够完成旅游活动；旅游者在旅游行程中，由自身疾病引起的各种损失或损害，旅行社不承担赔偿责任。

(2) 旅游者参加旅行社组织的旅游活动，应当服从导游或领队的安排，在行程中注意自身和随行未成年人的安全，妥善保管所携带的行李、物品。由于旅游者个人过错导致的人身伤亡和财产损失，以及由此导致其支出的各种费用，旅行社不承担赔偿责任。

(3) 旅游者在自行终止旅行社安排的旅游行程后，或不参加双方约定的活动而自行活动的时间内，发生的人身、财产损害，旅行社不承担赔偿责任。

(4) 对旅游者必要的施救费用，包括必要时近亲探望需支出的合理的交通，食宿费用，随行未成年人的送饭费用，旅行社人员和医护人员前往处理的交通、食宿费用，行程延迟需支出的合理费用等赔偿责任。

(5) 旅游者行李物品的丢失、损坏或被盗所引起的赔偿责任。

(6) 由于旅行社责任争议引起的诉讼费用。

(7) 旅行社与保险公司约定的其他赔偿责任。

2) 旅行社责任保险的监督管理

(1) 县级以上人民政府旅游行政管理部门按照《旅行社管理条例》等有关规定，对旅行社投保旅行社责任保险的情况进行监督检查，并将旅行社责任保险投保和理赔情况纳入旅行社年检范围。

(2) 旅行社应当妥善保管旅行社责任保险投保和理赔的相关资料，接受旅游行政管理部门的检查。在理赔案件发生后，应及时将理赔情况报当地旅游行政管理部门备案。

(3) 旅行社应当选择保险业务信誉良好、服务网络面广、无不良经营记录的保险公司投保。

3) 旅行社责任保险的罚则

(1) 旅行社违反《旅行社投保旅行社责任保险规定》未投保旅行社责任保险的，由旅游行政管理部门责令限期改正；逾期不改正的，责令停业整顿 15～30 天，可以并处人民币 5 000 元以上 20 000 元以下的罚款；情节严重的，还可以吊销其《旅行社业务经营许可证》。

(2) 旅行社投保旅行社责任保险的责任范围，小于《旅行社投保旅行社责任保险规定》要求的投保范围的，或者投保旅行社责任保险的金额低于《旅行社投保旅行社责任保险规定》规定的基本标准的，由旅游行政管理部门责令限期改正，给予警告；逾期不改正的，可处以人民币 5 000 元以上 10 000 元以下的罚款。

(3) 旅行社违反《旅行社投保旅行社责任保险规定》，拒不接受旅游行政管理部门的管理和监督检查的，由旅游行政管理部门责令限期改正，给予警告；逾期不改正的，责令停业整顿 3～15 天，可以并处人民币 3 000 元以上 10 000 元以下的罚款。

知识链接

旅游意外保险和旅行社责任保险之比较

1) 旅游意外保险

旅游意外保险，是指投保人和保险人约定，在旅游过程中被保险人遭受意外事故直接引起伤残、死亡或其他各种损失时，由保险人向被保险人或受益人给付保险金的保险。旅游意外保险属于人身保险，其标的是被保险人的身体和生命。旅行社有义务负责向旅游者推荐购买旅游意外保险，旅游者是否购买由其自己决定，是一种自愿行为。目前，我国保险公司推出的旅游意外险主要有 4 种。

(1) 旅客意外伤害保险。

(2) 旅游人身意外伤害保险。

(3) 旅游救助保险。

(4) 住宿旅客人身保险。

2) 旅行社责任保险

指旅行社根据保险合同的约定，向保险公司支付保险费，保险公司对旅行社在从事旅游业务经营活动中，致使旅游者人身、财产遭受损害应由旅行社承担的责任，承担赔偿保险金责任的行为。

3) 旅游保险的性质

(1) 旅游意外保险：自愿性质。

(2) 旅行社责任保险：强制性保险。

4) 旅游意外保险

(1) 主体：投保人——旅游者；被保险人——旅游者；受益人——旅游者或指定的第三人或合法继承人；保险人——保险公司。

(2) 客体：旅游者的人身、生命和财产。

5) 旅行社责任险

(1) 概念：指旅行社根据保险合同的约定，向保险公司支付保险费，保险公司对旅行社在从事旅游业务经营活动中，致使旅游者人身、财产遭受损害应由旅行社承担的责任，承担赔偿保险金责任的行为。

(2) 主体：投保人——旅行社；被保险人——投保的旅行社；受益人——旅行社；保险人——承保的保险公司。

(3) 客体：①旅游者人身伤亡赔偿责任。②旅游者因治疗支出的交通、医药费赔偿责任。③旅游者死亡处理和遗体遣返费用赔偿责任。④对旅游者必要的施救费用。⑤旅游者行李物品的丢失、损坏或被盗所引起的赔偿责任。⑥由于旅行社责任争议引起的诉讼费用。⑦旅行社与保险公司约定的其他赔偿责任。

(4) 保险期限和责任保险：旅行社责任保险期限：1 年；旅行社向保险公司提出索赔的有效期限：2 年。

(5) 保险金额：国内旅游每人责任赔偿限额人民币 8 万元，入境、出境旅游每人责任赔偿限额人民币 16 万元；国内旅行社每次事故和每年累计责任赔偿限额人民币 200 万元，国际旅行社每次事故和每年累计责任赔偿限额人民币 400 万元。

(6) 索赔：在保险期限内发生保险责任范围内的事故时，旅行社应及时取得事故发生地公安、医疗、承保保险公司或其分、支公司等单位的有效凭证，向承保保险公司办理理赔事宜。

6.6.4 旅游保险的理赔

1. 旅游保险中理赔的概念

(1) 保险理赔，是指在保险标的发生保险事故而使被保险人财产受到损失或人身生命受到损害时，或保单约定的其他保险事故出现而需要给付保险金时，保险公司根据合同规定，履行赔偿或给付责任的行为。

(2) 旅游保险中的理赔，是指旅游者在旅游过程中发生了旅游保险范围内的旅游事故后，经享有请求赔偿权的人在有效期限内索赔，由保险人进行调查核实和作出是否赔偿决定的活动。

2. 旅游保险中理赔的调查和处理

保险人在接到理赔申请书以后，应根据保险合同的约定及时审查，同时，应派人到事故现场实地调查或者邀请专家对事故进行分析。对属于保险责任范围内的旅游事故，保险人与理赔申请人协商解决赔偿金额后，应立即偿付，否则，应承担违约责任。

3. 旅游保险理赔中的仲裁和诉讼

理赔申请人，在旅游保险事故发生以后，必须先向保险人申请，要求作出理赔处理。如果对处理结果没有异议，可以在接到通知后从保险人处领取保险赔偿金；若对处理结果有异议，双方可以协商解决，协商不成时，理赔申请人可以在法定的期限内，向仲裁机关申请仲裁，也可以直接向人民法院起诉。

案例分析

旅行社责任险与游客意外伤害险的适用

2002 年 6 月 10 日，吉林省通化市两位游客抵达昆明，参加了昆明某国际旅行社组织的昆明—大理—丽江 4 日游，签订旅游合同时旅行社承诺的旅游车为豪华车，可游客所乘车辆与该公司所承诺的完全不符，是客货两用车。凌晨 2 时 40 分该车行至南化县沙桥加油站停车，一位游客在停车时下车方便，跌倒在水沟里造成右脑骨粉碎性骨折，左前臂多处擦伤，右腿擦伤。事发后该旅行社积极地帮助他们处理相关事宜，并向保险公司索赔游客意外伤害保险金。旅行社称：6 月 10 日，他们所接这两位外地游客是散客，而且合同上签订的导游服务只是地陪，按操作常规，旅行社当晚安排游客乘坐大理汽运公司的汽卧到大理，并通知大理地接社于次日早晨接待游客。这是符合他们的操作常规的，游客在途中受伤属于意外事故。事发后，他们就积极协助游客对有关事情作了处置，并从游客利益出发帮他们索赔应该得到的赔偿金。旅行社方认为，从道义上，旅行社有义务为游客作出必要的协助和处理；但责任上，旅行社不用承担任何责任。此后，旅行社向游客退还了 900 元的团费。由于旅行社主动为游客购买过意外伤害险，通过旅行社与保险公司接洽，游客获得了保险公司赔付的 509 元的第一期医药费。而游客回家乡后因此意外受伤而继续产生的医治费用可寄相关证明给旅行社，由旅行社找保险公司联系有关赔付事宜。

分析说明：在此次事件中，保险公司对旅行社责任险及游客意外伤害险两种险种进行认定的结论是：此次游客的意外事故责任不在旅行社，故不可能按旅行社责任险给予赔付，但该事故属于游客意外伤害险的范畴，故可按意外伤害险给予游客相应赔偿。同时，旅行社将承诺的豪华车改为客货两用车造成游客乘车的不方便，虽不是游客受伤的直接原因，但因违背承诺，是事故出现的诱发因素之一，也应承担相应的责任，而不是其声称的不用承担任何责任。通过这起旅游意外事故，旅游质监部门提示游客一定要在重视签订旅游合同的同时，注意购买游客意外伤害险。而此次事件的游客能获保险公司的相应赔偿，是因为其购买了游客意外伤害险。为防患于未然，游客须熟知并懂得运用相关旅游险种，当然旅行社也应对游客购买旅游保险进行事前提示。

本章小结

本章主要以旅游消费者人身财产安全保护为核心，介绍了旅游安全管理、食品安全管理、旅游消防及生产安全管理、旅游保险法律制度等内容。通过学习，可以了解旅游安全管理工作的重要意义以及国家立法情况，掌握旅游经营者旅游安全责任义务、旅游安全事故处理程序规定内容。掌握旅游安全事故分为 4 类，处理轻微与一般事故适用旅游安全事故处理程序，处理重大事故适用重大旅游安全事故处理程序，处理特别重大事故适用特别重大事故处理程序。它还介绍了旅游保险合同的含义以及保险理赔程序，重点对旅行社责任保险规定的内容进行了阐述。

思考与练习

一、单项选择题

1．根据《食品卫生法》规定，下列不属于食品的是(　　)。

A．原料食品　　B．治疗性食品　　C．成品食品　　D．药物食品

2．旅行社责任保险的期限是(　　)。

A．1 年　　B．2 年　　C．60 天　　D．3 年

二、多项选择题

旅游安全事故分为(　　)事故。

A．一般　　B．轻微　　C．重大　　D．特大

三、判断题

旅行社责任保险是指旅行社根据保险合同的约定，向保险公司支付保险费，保险公司对旅行社在从事旅游业务经营活动中，致使旅游者人身、财产遭受损害应由旅行社承担责任，承担赔偿保险金责任的行为。　　(　　)

四、简答题

1．简述一般旅游安全事故处理程序。

2．简述食品安全的风险监控和评估的主要内容。

3．旅行社的责任保险的除外责任有哪些？

第 7 章　旅游监督管理法律制度

教学目标

知识目标	技能目标
(1) 掌握旅游法对旅游监督管理的法律制度 (2) 理解旅游行政管理法律制度，理解旅游行政处罚法律制度 (3) 了解旅游行政主管部门监督管理职责	(1) 能够辨识旅游行政管理的主要内容以及手段 (2) 能够基本了解旅游行政处罚的程序 (3) 能够基本上辨识旅游行政执法人员是否承担责任

知识结构

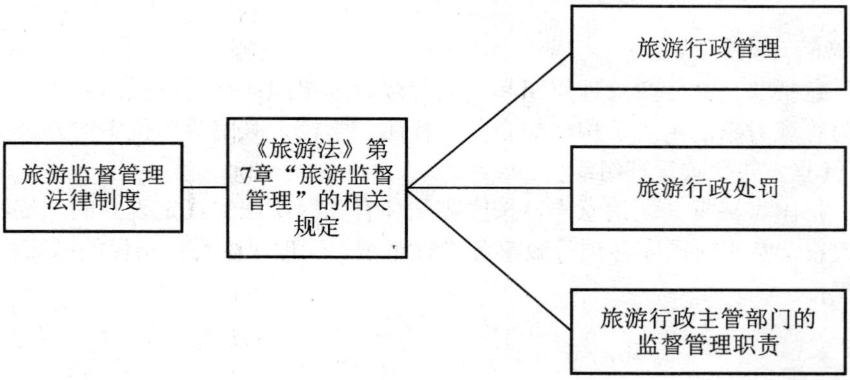

7.1　《旅游法》的相关规定

《旅游法》第 83 至 90 条对旅游监督管理的主体和职责进行了专门规定。

《旅游法》对旅游监督管理的主体和职责进行了系统的规定。其主要的特点在于：明确了政府统一组织、部门各负其责的旅游市场综合监管机制，并且要求政府建立旅游违法行为查处信息的共享机制，联合查处与督办机制。这对于具有综合性产业特征的旅游业，形成监督管理合力，从而防止职能交叉带来的相互推诿与权力的滥用，对实现权责清晰的行业监管具有重要的意义。

7.2　旅游行政管理法律制度

7.2.1　旅游行政管理组织

1．组织、行政管理组织与旅游行政管理组织

1) 行政管理组织

广义：包括非公共行政管理组织和公共行政管理组织；社会各类组织中以内部行政、后勤事务为管理对象的组织机构，如企业、社团、学校、医院等单位中的办公室、行政、后勤部门等(非公共行政管理组织)。

狭义：指国家根据其统治意志，按照宪法和有关组织法的规定设立的，依法享有并运用国家行政权，负责对国家各项行政事务进行组织、管理、监督和指挥的国家机关(公共行政管理组织)。

特别提醒

(1)狭义行政管理组织的类别：①领导机关：国务院；②职能机关：各个部委；③辅助机关：国务院办公厅；④参谋咨询机关：国务院发展研究中心；⑤综合性管理机关：国务院扶贫开发领导小组；⑥派出机关：中央驻港联络办；⑦信息机关：情报局。(2)非公共管理和公共管理行政管理组织的区别：①管理对象不同；②组织管理权力的来源和运用范畴不同；③组织性质不同；④追求的利益不同。

2) 旅游行政管理组织

根据一个国家和地区旅游业发展的需要，按照国家一定的法律程序所建立的统一管理国家和地区旅游行业的政府专门职能机构。它的主要特点是：政府行政管理组织中的有机组成部分；专业职能机构；是否建立旅游行政管理组织取决于旅游业发展的需要。

旅游行政管理组织构成要素主要包括：职能目标(促进旅游业发展)、机构设置(级别、规模、科室)、人员构成(学历、年龄)、权责划分(权力和责任)、职位配置(职位、职数、职级、职责)、运行程序(动态过程、审批、办事)、价值观念(成就感)等。

2. 旅游行政管理组织结构

1) 旅游行政管理组织结构的含义

构成旅游行政管理组织各要素之间的排列组合方式，旅游行政管理各部门、各层级、各成员之间的权责分工关系。

2) 旅游行政管理组织结构的优化标准

主要是：工作任务与组织之间保持平衡(旅游业发展)、组织与人员之间配置平衡(人员学历、年龄)、组织内的个人、单位、部门之间分工合作平衡(各个部门的人员配备)、组织发展与环境的平衡(不断提升，适应环境)。

3. 旅游行政管理组织的设立原则

旅游行政管理组织设立要符合国情或地情(党组、党办)、遵循旅游的一般规律(促联科)。

(1) 符合行政管理组织发展趋势原则

目前我国旅游行政管理组织的发展趋势主要是从膨胀逐渐到缩小；从繁杂重叠到精简高效；从因人设位、因位生事到因事设位、因位择人；组织的责权从集中到分散，从上收到下放；组织机构中撤并传统部门，增加信息、服务、咨询、现代技术部门；组织的运作方式从注重规范和过程到注重目标和结果；现代化办公技术引入行政管理机关，提高办公效率；对组织成员的素质、能力和专业方面提出了更高要求。

(2) 依法设立原则

主要依据《宪法》、《组织法》、《关于印发国家旅游局主要职责内设机构和人员编制规定的通知》(国办发[2008]95 号)等法律制度。

(3) 完整统一原则

完整统一主要包括领导指挥要统一；机构设置要完整统一；职责与职权要统一。

(4) 为纳税人服务原则

(5) 精简、效能原则

(6) 管理幅度和管理层次相适原则

(7) 突出旅游行政管理特点的原则

4. 旅游行政管理组织的编制管理

1) 旅游行政管理组织编制的含义及种类

(1) 狭义的编制：一个组织中的部门和工作单位的人员定额，以及各种人员的比例结构。

(2) 广义的编制：各级旅游行政管理组织的设置、机构规模的大小，以及各种机构配置的方式。它主要从组织机构的层次等级；各层级横向部门的设置序列及其所管辖工作单位的设置；各个部门和工作单位内的人员的比例和数额；各部门、工作单位以及人员的职责权限等进行编制。

(3) 编制的种类主要有正规编制、专项编制(信息技术)、单列编制(秘书、司机)、临时编制(指挥部)、机动编制(暂不使用)。

2) 旅游行政管理组织编制管理的内容和设计依据

编制管理的内容：贯彻国家法律法规、制定编制比例和标准、总体编制方案、按照程序进行审批。

3) 编制管理的依据

编制管理的依据主要从宏观设计和微观设计两方面开展。宏观设计包括职能类型；旅游者数量；地域面积；社会经济发展水平。

微观设计包括各部门旅游管理的实际需要；上下级业务对口；部门工作性质；高效精简；人员数额结构合理。

5．旅游行政管理机关

(1) 中央旅游行政管理机关。

我国的中央旅游行政管理机关是中华人民共和国国家旅游局(简称国家旅游局)，是国务院主管旅游工作的直属机构。国家旅游局是主管全国旅游事务的行政机关。

① 内设机构：办公室(综合协调司)、政策法规司、旅游促进与国际合作司、规划财务司、监督管理司、港澳台旅游事务司、人事司等。

② 直属事业单位：机关服务中心、信息中心、中国旅游报社、中国旅游出版社、中国旅游研究院。

③ 主管社团：中国旅游协会、中国旅行社协会、中国旅游饭店业协会、中国旅游车船协会、中国旅游协会旅游教育分会、中国旅游协会旅游温泉分会、中国旅游报刊协会。

其中，政策法规司承担相关法律法规草案的起草工作，拟定规章并监督实施；研究旅游经济运行中的重大问题，承担旅游体制改革的有关工作；承担机关有关规范性文件的合法性审核工作；承担旅游统计和国际旅游支出统计工作。

监督管理司监督管理旅游服务质量和市场秩序，指导旅游精神文明建设和诚信体系建设；承担旅游标准的有关工作，拟定各类旅游景区景点、度假区及旅游住宿、旅行社、车船的旅游设施和服务标准并组织实施；指导旅游行业组织的业务工作；监督管理司下设质量监督处、标准化处、旅行社管理处、导游管理处、饭店管理处。

国家旅游局质量监督所的职责范围：①指导全国质检所的工作；②受理并处理各类旅游质量投诉案件；③受理并处理中央各部门开办设立的国际旅行社和经营出境旅游业务的国际旅行社质量保证金的赔偿案件；④直接处理重大的跨省、自治区、直辖市的旅游投诉案件；⑤协同有关司指导全国旅游市场检查工作；⑥协同有关司组织实施全国旅游质监员的培养与考核工作。

(2) 地方各级旅游行政主管部门是指省(自治区、直辖市)旅游行政主管部门、旅游局、县市旅游行政主管部门、旅游局(上海市称“旅游事业管理委员会”)。

(3) 全国性旅游行业协会。

① 中国旅游协会是由中国旅游行业的有关社团组织和企事业单位在平等资源基础上组成的全国综合性旅游行业协会，具有独立的社团法人资格。它是 1986 年 1 月 30 日经国务院批准正式宣布成立的第一个旅游全行业组织，1999 年 3 月 24 日经民政部核准重新登记。协会接受国家旅游局领导、民政部的业务指导和监督管理。

② 中国旅行社协会成立于 1997 年 10 月，是由中国境内的旅行社、各地区性旅行社协会的单位，按照平等自愿的原则结成的全国旅行社行业的专业性协会，经国家民政部门登记注册的全国性组织。中国旅行社协会具有独立的社团法人资格，代表和维护旅行社行业的共同利益和会员的合法权益，努力为会员服务，为行业服务，在政府和会员之间发挥桥梁和纽带作用，为中国旅行社行业的健康发展作出积极贡献。

③ 中国旅游饭店业协会成立于 1986 年 2 月，经中华人民共和国民政部登记注册，具有独立社团法人资格，其主管单位为中华人民共和国国家旅游局。中国旅游饭店协会是中国境内的饭店和地方性饭店协会、饭店管理公司、饭店用品供应厂商等相关单位，按照平等自愿的原则结成的全国性的行业协会。

④ 中国旅游车船协会是由中国旅游车船运营企业、旅游车船及零部件生产企业、旅游车船租赁企业、旅游车船俱乐部企业、地方旅游车船协会、与旅游车船业务有关的其他组织以及旅游车船行业资深管理员和知名研究人员自愿结成的行业性、全国性、非营利性的社会组织，具有独立的法人资格。

⑤ 中国旅游报刊协会是由中国境内与旅游信息传播相关的报纸、期刊、大众传媒单位及相关单位报刊，按照平等自愿的原则组成的全国性的行业专业协会，是非营利性的社会组织，具有独立的社团法人资格。

7.2.2 旅游行政管理的主要内容

1. 制定旅游产业政策

1) 基本内容

旅游产业结构和布局政策、旅游产业导向政策、旅游产业配套政策、旅游产业技术政策、旅游投资政策、旅游财政政策、旅游税收政策。

2) 制定程序

旅游行政管理制定旅游产业政策的程序一般为立项、制定、审议、报批、监督、检查、评估。

3) 作用

①促进重点旅游行业、重点旅游产品、重点旅游地区的迅速发展；②缓解旅游业内削价竞争的矛盾，建立合理有效的竞争秩序，促进旅游业市场机制和市场结构的完善；③为旅游企业提供良好的发展环境，有利于旅游事业的健康、稳定、协调发展；④提高旅游企业和旅游产品的国际竞争力，扩大原有市场的份额或占领新的市场；⑤扶持旅游企业运用国际先进管理经验和先进技术，使旅游企业达到国际先进水平，在竞争中立于不败之地。

2. 旅游法规建设

1) 旅游法规建设历程

大致经历了无专项旅游法规阶段(1949～1978 年)、初步发展阶段(1978～1985 年)、快速发展阶段(1985～1995 年)、成体系发展阶段(1995 年～至今)。

2) 基本特点

旅游立法活动迅速、博采外国旅游法之所长、注意与国际惯例保持一致。

3) 存在的问题

主要有旅游立法的规格不高、旅游立法欠成熟和稳定、旅游法制体系比较粗糙、旅游法规内容存在诸多问题。比如：①已经出台的旅游法规、规章逻辑性不够严密，甚至相互矛盾；②某些法规已经过时；③旅游法规、规章内容粗略和笼统，缺乏实用性；④旅游执法不严。

3. 旅游市场开拓与促销

1) 入境旅游市场的开拓与促销

在入境旅游市场开拓期间，要瞄准主要目标市场，选择市场开拓促销的重点，并且要采取有效的促销方式，不断创新旅游产品。

2) 出境旅游的管理和政策

对出境旅游市场要严格管理对组团社的审批，严格对开发目的国和地区的审批，同时，对出境人数实行配额管理。

3) 国内旅游市场促销

在重点发展国内旅游市场的基础上，加强国内旅游区域联合，整体促销抓住机遇，适时促销；选择媒体，有效促销；改进方法，适宜促销。

4. 旅游人力资源开发与管理

1) 制定旅游人才建设整体规划

2) 加强对旅游教育的管理

要控制和调整旅游教育总体结构，强化旅游人才素质教育，加强旅游学科和课程建设、旅游教材建设、旅游师资队伍建设。加大对旅游科研的支持力度，建立旅游教育的协调和管理机构。

3) 加强对旅游培训的管理

通过建立 4 级旅游培训体系(国家、省、地市、企业 4 级)抓好导游人才、旅游师资队伍、旅游行政管理人才、紧缺人才、西部旅游开发建设人才、五大旅游人才建设，坚持旅游培训创新，提高旅游培训质量，保持旅游培训可持续发展。

4) 建立研、学、产三位一体旅游人力资源开发机制

促进旅游人力资源开发制度的完善与规范，促进旅游人力资源开发与管理体制的建立与通畅，建立和完善旅游研、学、产联合的激励和监督机制，探索旅游人力资源开发的方法。

5. 旅游规划管理

确定旅游规范的编制方式，组成旅游规划编制班子，实施旅游规划编制步骤，作好旅游规划的评审，在旅游规划体制、内容、手段管理方面有所创新。

6. 旅游服务质量管理

1) 宗旨

要贯彻国家关于标准化工作的方针政策；制定旅游服务国家和行业标准，建立健全旅游服务标准体系；宣传各项标准，监督标准的贯彻落实；培训旅游服务标准化队伍；指导地方和旅游企业进行标准化管理的旅游服务质量管理宗旨。

2) 建立旅游行业标准化体系

建立综合基础标准、旅游基础设施质量标准、旅游产品质量标准的标准化体系。同时，旅游行业标准化管理的需要进一步的深化。

7. 旅游市场秩序管理

1) 治理整顿、治标为主

要加强对出境旅游市场秩序、国内旅游市场经营秩序、旅游从业人员队伍、假日旅游市场、旅游企业内部经营管理秩序和外部环境秩序的整顿和管理。

2) 整章建制、治本为主

加快旅游法制体系建设，推进旅游企业改革，加强旅游市场监督检查，加强旅游行政执法机构和队伍建设，加强社会监督体系建设。

8. 旅游信息与统计管理

做好旅游信息管理工作，推动旅游行政机关办公自动化建设，促进旅游业电子商务的发展，重点推进“金旅工程”建设，作好旅游统计管理。

9. 旅游企业管理

1) 促进现代旅游企业制度的建立

推进旅游企业的改革，以开放促进改革和发展，加快管理职能转变。

2) 旅行社管理

通过控制数量、调整结构、改革机制，加强对旅行社的管理。

3) 旅游住宿设施管理

均衡区域分布结构、丰富类型，适应需求、推进饭店集团化发展。

4) 旅游交通管理密切配合

做好交通运输市场的分工工作，交通的建设要与旅游产品开发相协调，发挥旅游交通的多方面功能。

5) 旅游三区管理

三区管理主要是国家旅游度假区、旅游扶贫示范区、生态旅游区的管理。

6) 旅游购物管理

明确管理的重点，加强设计力量，形成专业化队伍，强化政府主导。

7) 旅游娱乐管理

旅游娱乐管理要在形式上形成长期化、固定化和普遍化，在内容上要体现地方化和民族化的特色，在运作上要突出国际化，在经营上要恪守文明化原则。

8) 旅游信息网站管理

组建并壮大政府旅游网站，引导和管理建好各类旅游企业网站，建立扩大旅游教育和科研网站。

7.2.3 旅游行政管理的职能

1. 旅游行政管理职能概述

1) 旅游行政职能的含义

旅游行政管理机构在旅游业的管理过程中所扮演的角色、所履行的职责和所起作用的总和，主要包括以下几方面。

①旅游行政职能的实施者，是整个旅游行政管理系统，包括各级各类旅游机构及其所属公务人员；②旅游行政职能的内容，涉及旅游行政机构对旅游业进行管理的全部活动；③旅游行政职能强调旅游行政职责与功能作用的辩证统一；④旅游行政职能是一个完整的体系，其构成要素纵横交错，结构严密。

2) 旅游行政职能的依据

①实事求是，依据具体国情来确定旅游行政职能；②深思熟虑，依据必要性的原则来确定旅游行政职能；③量体裁衣，依据行政部门的能力来确定旅游行政职能；④与时俱进，依据发展的眼光来确定旅游行政职能；⑤依法兴旅，依据国家相关法律和政策法规来确定旅游行政职能。

2. 旅游行政管理职能的内容

1) 决策职能

(1) 决策职能的作用主要贯穿于旅游行政管理活动的全过程；是旅游行政管理的重要职能，是旅游管理的关键步骤。

(2) 决策的程序包括诊断问题，确定决策目标，拟定备选方案，选择满意方案并付诸实施，决策执行的监督与反馈。

(3) 决策的方法有列名小组法、德尔斐法、头脑风暴法、提喻法。

2) 计划职能

计划可以降低未来不确定性的手段，是决策具体化的途径，是管理者实施控制的标准，也是提高管理效率的工具。计划遵循的原则为量力而行、突出重点、灵活应变、适度超前。计划的程序有调查研究、确定前提、整体设计、分解完善、修正实施。方法有系统分析法、滚动计划法、网络技术法、线性规划法。

3) 组织职能

组织可以合理分配工作任务、明确权责关系、构建分工协作体系、畅通信息渠道、调动人的积极性。组织的程序包括确定组织目标、职位设计和专业分工、工作归类和部门化、人员和物资配备、合理授权。组织的管理方式可以建立良好的人际关系；建立良好的群体关系；正确处理组织内部冲突。

4) 沟通职能

一般而言，沟通的类型有正式沟通、非正式沟通；上行沟通、下行沟通；平行沟通、斜向沟通。沟通的模式有聚联式、单联式、互联式、分联式。沟通的障碍包括语言符号障碍、认识和理解障碍、组织和地位上的障碍、空间距离障碍、非语言符号的模糊性。沟通可以创造良好的沟通气氛、增强组织成员的沟通意识、减少沟通符号的模糊性。

5) 监督职能

监督的程序有：工作职位设计、职位工作分派、进行业务指导、实施过程控制。通过层次监督、方向监督、时间监督的方式执行。

6) 服务职能

服务职能可以为旅游业的发展提供良好的制度服务；为旅游业发展提供必需的公共产品和服务；为旅游业发展提供合理的收入分配机制。服务职能可以控制周期波动，确保旅游业持续稳定增长。通过完善服务选择机制，优化政府服务质量，还可以确立契约意识，强化政府服务观念，最终实行政务公开，接受公众监督。

3. 旅游行政管理职能的手段

1) 行政手段

在运用行政手段时，要注意行政指令的发出者不能越权，行政指令逐级下达，行政指令的使用范围有限，行政指令的执行情况由发令者监督检查，行政指令的形式多样。

2) 经济手段

经济手段主要通过价格、税收、利润、奖金、罚款等来调整。

3) 法律手段

旅游行政管理通过旅游相关的条例、规定、办法、细则、通知等来管理。法律手段适用范围广、规范操作性强、强制效力性。

4) 纪律手段

在旅游行政管理机构违反法律法规时，可以给予党纪、政纪的纪律手段进行管理。

5) 教育手段

通过宣传、说服、思想政治工作以及有效的沟通、精神激励等教育手段进行管理。

4. 旅游行政管理机关的职能

1) 中央旅游行政管理机关的职能

(1) 统筹协调旅游业发展，制定发展政策、规划和标准，起草相关法律法规草案和规章并监督实施，指导地方旅游工作。

(2) 制定国内旅游、入境旅游和出境旅游的市场开发战略并组织实施，组织国家旅游整体形象的对外宣传和重大推广活动，指导我国驻外旅游办事机构的工作。

(3) 组织旅游资源的普查、规划、开发和相关保护工作，指导重大旅游区域、旅游目的地和旅游线路的规划开发，引导休闲度假。检测旅游经济运行，负责旅游统计及行业信息发布。协调和指导假日旅游和红色旅游工作。

(4) 承担规划旅游市场秩序、监督管理服务质量、维护旅游消费者和经营者合法权益的责任。规范旅游企业和从业人员的经营和服务行为。组织拟定旅游区、旅游设施、旅游服务、旅游产品等方面的标准并组织实施。负责旅游安全的综合协调和监督管理，指导应急救援工作。指导旅游行业精神文明建设和诚信体系建设，指导行业组织的业务工作。

(5) 推动旅游国际交流与合作，承担与国际旅游组织合作的相关事宜。制定出国旅游和边境旅游政策并组织实施。依法审批外国在我国设立的旅游机构，审查外商投资旅行社市场准入资格，依法审批经营国际旅游业务的旅行社，审批出国旅游、边境旅游。承担特种旅游的相关工作。

(6) 会同有关部门制定赴我国港澳台旅游政策并组织实施，指导对我国港澳台旅游市场推广工作，按规定承担境内居民赴中国港澳台旅游的有关事务，依法审批中国港澳台在境内设立的旅游机构，审查中国港澳台投资旅行社市场准入资格。

(7) 制定并组织实施旅游人才规划，指导旅游培训工作。会同有关部门制定旅游从业人员的职业资格标准和等级标准并指导实施。

(8) 承办国务院交办的其他事项。

2) 地方各级旅游行政主管部门的职能

以某省旅游局为例，其基本职能如下。

(1) 贯彻落实国家有关旅游业法律、法规政策；研究拟定本地区旅游业规范性文件，制定旅游业发展政策和规划，并组织实施。

(2) 研究拟定旅游市场开发战略，培育、完善和开发旅游市场；组织旅游行业整体形象宣传和境内外重大促销活动；指导旅游企业的经营；指导旅行信息网络建设和管理，发展旅游电子商务。

(3) 组织旅游资源的普查；规划、指导、协调旅游资源的开发和保护；编制旅游开发计划并组织实施；指导重点旅游区、旅游产品规划开发以及评审、招商融资；负责旅游统计工作。

(4) 拟定各类旅游区景点、度假区及旅游住宿、旅行社、旅游车船和特种旅游项目的设施标准和服务标准并组织实施；负责星级和非授权地区星级涉外饭店的评定与复核以及推荐星级饭店工作；负责审查、呈报经营国际旅游业务的旅游业务员的旅行社工作；具体负责非授权地区国内旅行社审批；组织指导创建中国优秀旅游城市；负责旅游区质量等级评定；组织、指导旅游设施、旅游纪念品生产法定企业定点工作。

(5) 组织指导体制改革和扩大开放的推进工作。

(6) 负责旅游对外交流与合作，对口管理涉外旅游事务，管理出境旅游事务，核发旅游签证；负责旅游行业派驻境外的机构和国外及中国香港特别行政区、中国澳门特别行政区、中国台湾地区在省内开设旅游机构、旅游企业的审核报批工作。

(7) 监督检查旅游市场秩序和服务质量，受理旅游者投诉，维护旅游者合法权益；协调、指导全省旅游安全、保险工作，负责重大旅游安全事故救援和处理工作；会同有关部门协调旅游交通运输。

(8) 规划指导全省旅游教育、培训工作；贯彻实施旅游从业人员的职业资格制度和等级制度；负责机关及直属单位的人事管理工作；指导旅游行业精神文明建设和旅游协会工作。

(9) 承办省政府交办的其他事项。

7.3 旅游行政处罚法律制度

为了规范旅游行政处罚行为，维护旅游市场秩序，保护旅游者、旅游经营者和旅游从业人员的合法权益，根据《中华人民共和国行政处罚法》、《中华人民共和国行政强制法》、《中华人民共和国旅游法》及有关法律、法规，国家旅游局制定并颁布实施了《旅游行政处罚办法》。

7.3.1 旅游行政处罚概述

1．旅游行政处罚原则

旅游行政处罚应遵循合法合理、公正公开、处罚与教育相结合的原则。

2．旅游行政处罚的种类

(1) 警告。
(2) 罚款。
(3) 没收违法所得。
(4) 暂停或者取消出国(境)旅游业务经营资格。
(5) 责令停业整顿。
(6) 暂扣或者吊销导游证、领队证。
(7) 吊销旅行社业务经营许可证。
(8) 法律、行政法规规定的其他种类。

3．旅游行政处罚的实施主体

县级以上旅游主管部门在法定职权范围内实施行政处罚。法律、法规授权从事旅游执法的机构，应当在法定授权范围内以自己的名义实施行政处罚，并对该行为的后果独立承担法律责任。旅游主管部门可以在其法定职权范围内委托符合法定条件的旅游质监执法机构实施行政处罚，并对该行为的后果承担法律责任。受委托机构在委托范围内，以作出委托的旅游主管部门的名义实施行政处罚。旅游主管部门委托实施行政处罚的，应当与受委托机构签订书面委托书，载明受委托机构名称、委托的依据、事项、权限和责任等内容，报上一级旅游主管部门备案，并将受委托机构名称、委托权限和事项向社会公示。

4．旅游行政处罚的管辖

旅游行政处罚由违法行为发生地的县级以上地方旅游主管部门管辖。

旅行社组织境内旅游，旅游主管部门在查处地接社的违法行为时，发现组团社有其他违法行为时，应当将有关材料或其副本送组团社所在地县级以上地方旅游主管部门。旅行社组织出境旅游违法行为的处罚，由组团社所在地县级以上地方旅游主管部门管辖。

国家旅游局负责查处在全国范围内有重大影响的案件。省、自治区、直辖市旅游主管部门负责查处本地区内重大、复杂的案件。设区的市级和县级旅游主管部门的管辖权限，由省、自治区、直辖市旅游主管部门确定。吊销旅行社业务经营许可证、导游证、领队证或者取消出国(境)旅游业务经营资格的行政处罚，由设区的市级以上旅游主管部门作出。上级旅游主管部门有权查处下级旅游主管部门管辖的案件，也可以把自己管辖的案件移交下级旅游主管部门查处。下级旅游主管部门对其管辖的案件，认为需要由上级旅游主管部门查处的，可以报请上级旅游主管部门决定。

特别提醒

两个以上旅游主管部门都有管辖权的行政处罚案件，由最先立案的旅游主管部门管辖，或者由相关旅游主管部门协商；协商不成的，报共同的上级旅游主管部门指定管辖。

旅游主管部门发现已立案的案件不属于自己管辖的，应当在10日内移送有管辖权的旅游主管部门或者其他部门处理。接受移送的旅游主管部门认为案件不属于本部门管辖的，应当报上级旅游主管部门指定管辖，不得再自行移送。

7.3.2 旅游行政处罚的适用

(1) 旅游行政裁量权指导标准。

① 违法行为的具体方式、手段、程度或者次数。

② 违法行为危害的对象或者所造成的危害后果。

③ 当事人改正违法行为的态度、措施和效果。

④ 当事人的主观过错程度。

国家旅游局逐步建立、完善旅游行政裁量权指导标准，各级旅游主管部门行使旅游行政处罚裁量权应当综合考虑以上因素。旅游主管部门实施处罚时，对性质相同、情节相近、危害后果基本相当、违法主体类同的违法行为，处罚种类及处罚幅度应当基本一致。

特别提醒

当事人的同一违法行为同时违反两个以上法律、法规或者规章规定的，效力高的优先适用。法律、法规、规章规定两种以上处罚可以单处或者并处的，可以选择适用；规定应当并处的，不得选择适用。对当事人的同一违法行为，不得给予两次以上罚款的行政处罚。

(2) 违法行为轻微并及时纠正，且没有造成危害后果的，不予处罚。

违法行为在两年内未被发现的，不再给予行政处罚，但法律另有规定的除外。有下列情形之一的，应当从轻或者减轻处罚。

① 主动消除或者减轻违法行为危害后果的。

② 受他人胁迫实施违法行为的。

③ 配合行政机关查处违法行为有立功表现的。

④ 其他依法应当从轻或者减轻处罚的情形。

(3) 执法人员在现场检查中发现违法行为或者实施行政处罚时，应当责令当事人立即改正违法行为。

不能立即改正的，应当责令限期改正，限期改正期限一般不得超过 15 日，改正期间当事人应当停止相关违法行为。责令改正应当以书面形式作出，可以一并列入行政处罚决定书。单独出具责令改正通知书的，应当说明违法行为的事实，以及责令改正的依据、期限、要求。

7.3.3 旅游行政处罚的程序

1. 立案

旅游主管部门在监督检查、接到举报、处理投诉或者接受移送、交办的案件，发现当事人的行为涉嫌违反旅游法律、法规、规章时，对符合下列条件的，应当在 7 个工作日内立案。

(1) 对该行为可能做出行政处罚的。

(2) 属于本部门管辖的。

(3) 违法行为未过追责时效的。

立案应当经案件承办机构或者旅游主管部门负责人批准。案件情况复杂的，经承办机构负责人批准，立案时间可以延长至 14 个工作日内。旅游主管部门对不符合立案条件的，不予立案；立案后发现不符合立案条件的，应当撤销立案。对实名投诉、举报不予立案或者撤销立案的，应当告知投诉人、举报人，并说明理由。在现场检查中发现旅游违法行为时，认为证据以后难以取得的，可以先行调查取证，并在 10 日内决定是否立案和补办立案手续。

2. 回避

执法人员有下列情形之一的，应当自行回避，当事人及其代理人也有权申请其回避。

(1) 是本案当事人或者其近亲属的。

(2) 本人或者其近亲属与本案有直接利害关系的。

(3) 与当事人有其他关系，可能影响公正执法的。

3. 调查

(1) 执法人员在调查、检查时，有权采取下列措施。

① 进入有关场所进行检查、勘验、先行登记保存证据、录音、拍照、录像。

② 询问当事人及有关人员，要求其说明相关事项和提供有关材料。

③ 查阅、复制经营记录和其他有关材料。

(2) 执法人员在调查、检查时，应当遵守下列规定。

① 不得少于两人。

② 佩戴执法标志，并向当事人或者有关人员出示执法证件。

③ 全面、客观、及时、公正地调查违法事实、违法情节和危害后果等情况。

④ 询问当事人时，应当告知其依法享有的权利。

⑤ 依法收集与案件有关的证据，不得以诱导、欺骗等违法手段获取证据。

⑥ 如实记录当事人、证人或者其他有关人员的陈述。

⑦ 除必要情况外，应当避免延误团队旅游行程。

4. 证据

旅游行政处罚的证据包括当事人的陈述和辩解、证人证言、现场笔录、勘验笔录、询问笔录、听证笔录、鉴定意见、视听资料、电子数据和书证、物证等。旅游主管部门办理移送或者指定管辖的案件，应当对原案件办理部门依法取得的证据进行核实。执法人员现场检查、勘验时，应当通知当事人到场，可以采取拍照、录像或者其他方式记录现场情况，并制作笔录，载明时间、地点和事件等内容。无法找到当事人、当事人拒绝到场或者在笔录上签名、盖章的，应当注明原因。有其亲属、所在单位人员或者基层组织人员等其他人在现场的，可由其他人签名。执法人员询问当事人和有关人员时，应当单独进行，并制作询问笔录，由执法人员、被询问人、陈述人、谈话人签名或者盖章。一份询问笔录只能对应一个被询问人、陈述人或者谈话人。执法人员应当收集、调取与案件有关的书证、物证、视听资料和电子数据等原始凭证作为证据，调取原始证据确有困难的，可以提取相应的复印件、复制件、照片、节录本或者录像。书证应当经核对与原件无误，注明出证日期和证据出处，由证据提供人和执法人员签名或者盖章；证据提供人拒绝签名或者盖章的，应当注明原因。

在证据可能灭失或者以后难以取得的情况下，经旅游主管部门负责人批准，执法人员可以采取先行登记保存措施，并移转保存。执法人员难以保存或者无须移转的，可以就地保存。情况紧急的，执法人员可以先采取登记保存措施，再报请旅游主管部门负责人批准。先行登记保存有关证据，应该当场出具先行登记保存证据决定书，载明先行登记保存证据的名称、单位、数量以及保存地点、时间、要求等内容，送达当事人。

对于先行登记保存的证据，应当在 7 日内采取下列措施。

(1) 及时采取记录、复制、拍照、录像、公证等证据保全措施。

(2) 需要鉴定的，送交鉴定。

旅游主管部门应当在期限届满前，解除先行登记保存措施。已移转保存的，应当返还当事人。

有下列情形之一的，可以终结调查。

(1) 违法事实清楚、证据充分的。

(2) 违法事实不成立的。

(3) 作为当事人的自然人死亡的。

(4) 作为当事人的法人或者其他组织终止，无法人或者其他组织承受其权利与义务，又无其他关系人可以追查的。

(5) 其他依法应当终结调查的情形。

调查终结后，对违法行为应当给予处罚的，执法人员应当提出行政处罚建议，并报案件承办机构或者旅游主管部门负责人批准；不予处罚或者免予处罚的，报案件承办机构或者旅游主管部门负责人批准后，终止案件。

5. 告知和听证

1) 告知

旅游主管部门在作出行政处罚决定前，应当以书面形式告知当事人作出行政处罚决定的事实、理由、依据和当事人依法享有的陈述、申辩权利。旅游主管部门可以就违法行为的性质、情节、危害后果、主观过错等因素，以及选择的处罚种类、幅度等情况，向当事人做出说明。

2) 听证

旅游主管部门应当充分听取当事人的陈述和申辩并制作笔录，对当事人提出的事实、理由和证据，应当进行复核。当事人提出的事实、理由或者证据成立的，应当予以采纳；不能成立而不予采纳的，应当向当事人说明理由。旅游主管部门不得因当事人申辩而加重处罚。旅游主管部门做出较大数额罚款、没收较大数额违法所得、取消出国(境)旅游业务经营资格、责令停业整顿、吊销旅行社业务经营许可证、导游证或者领队证等行政处罚决定前，应当以书面形式告知当事人有申请听证的权利。听证告知的内容应当包括，提出听证申请的期限，未如期提出申请的法律后果，以及受理听证申请的旅游主管部门名称、地址等内容。第一款所称较大数额，对公民为 1 万元人民币以上、对法人或者其他组织为 5 万元人民币以上；地方人民代表大会及其常务委员会或者地方人民政府另有规定的，从其规定。听证应当遵循公开、公正和效率的原则，保障当事人的合法权益。除涉及国家秘密、商业秘密或者个人隐私的外，应当公开听证。当事人要求听证的，应当在收到行政处罚听证告知书后 3 日内，向听证部门提出申请。

特别提醒

旅游主管部门接到申请后，应当在 30 日内举行听证，并在听证 7 日前，将举行听证的时间、地点、主持人，以及当事人可以申请听证回避、公开、延期、委托代理人、提供证据等事项，书面通知当事人。

申请人不是本案当事人，当事人未在规定期限内提出申请，或者有其他不符合听证条件的情形，旅游主管部门可以不举行听证，但应当向申请人说明理由。

6. 旅游行政处罚的简易程序

违法事实清楚、证据确凿并有法定依据，对公民处以 50 元以下、对法人或者其他组织处以 1 000 元以下罚款或者警告的旅游行政处罚，可以适用本章简易程序，当场作出行政处罚决定。当场作出旅游行政处罚决定时，执法人员应当制作笔录，并遵守下列规定。

(1) 不得少于两人，并向当事人出示行政执法证件。

(2) 向当事人说明违法的事实、处罚的理由和依据以及拟给予的行政处罚。

(3) 询问当事人对违法事实、处罚依据是否有异议，并告知当事人有陈述、申辩的权利，听取当事人的陈述和申辩。

(4) 责令当事人改正违法行为，并填写预定格式、编有号码、盖有旅游主管部门印章的行政处罚决定书，由执法人员和当事人签名或者盖章，并将行政处罚决定书当场交付当事人。

(5) 依法当场收缴罚款的，应当向当事人出具省、自治区、直辖市财政部门统一制发的罚款收据。

当场作出行政处罚决定的，执法人员应当在决定之日起 3 日内向旅游主管部门报告；当场收缴的罚款应当在规定时限内存入指定的银行。当场处罚决定书应当载明第 51 条规定的内容和作出处罚的地点。

7.3.4 旅游行政处罚的执行

当事人应当在行政处罚决定书确定的期限内，履行处罚决定；被处以罚款的，应当自收到行政处罚决定书之日起 15 日内，向指定的银行缴纳罚款。

(1) 申请行政复议或者提起行政诉讼的，不停止行政处罚决定的执行，但有下列情形的除外。

① 处罚机关认为须要停止执行的。

② 行政复议机关认为须要停止执行的。

③ 申请人申请停止执行，行政复议机关认为其要求合理决定停止执行，或者人民法院认为执行会造成难以弥补的损失，并且停止执行不损害社会性公共利益，裁定停止执行的。

④ 法律、法规规定的其他情形。

(2) 当事人逾期不履行处罚决定的，作出处罚决定的旅游主管部门可以采取下列措施。

① 到期不缴纳罚款的，每日按罚款数额的 3%加处罚款，但加处罚款的数额不得超出罚款额。

② 向旅游主管部门所在地有管辖权的人民法院申请强制执行。

(3) 申请人民法院强制执行应当在下列期限内提出。

① 行政处罚决定书送达后，当事人未申请行政复议或者提起行政诉讼的，在处罚决定书送达之日起 3 个月内。

② 复议决定书送达后当事人未提起行政诉讼的，在复议决定书送达之日起 15 日后起算的 3 个月内。

③ 人民法院对当事人提起行政诉讼作出的判决、裁定生效之日起 3 个月内。

(4) 旅游主管部门申请人民法院强制执行前，应当催告当事人履行义务。催告应当以书面形式作出，并载明下列事项。

① 履行义务的期限。

② 履行义务的方式。

③ 涉及金钱给付的，应当有明确的金额和给付方式。

④ 当事人依法享有的陈述权和申辩权。

(5) 旅游主管部门向人民法院申请强制执行，应当提供下列材料。

① 强制执行申请书。

② 处罚决定书及作出决定的事实、理由和依据。

③ 旅游主管部门的催告及当事人的陈述或申辩情况。

④ 申请强制执行标的情况。
⑤ 法律、行政法规规定的其他材料。

特别提醒

强制执行申请书应当由旅游主管部门负责人签名，加盖旅游主管部门的印章，并注明日期。当事人确有经济困难，需要延期或者分期缴纳罚款的，应当在行政处罚决定书确定的缴纳期限届满前，向作出行政处罚决定的旅游主管部门提出延期或者分期缴纳的书面申请。批准当事人延期或者分期缴纳罚款的，应当制作同意延期(分期)缴纳罚款通知书，送达当事人，并告知当事人缴纳罚款时，应当向收缴机构出示。延期、分期缴纳罚款的，最长不得超过6个月，或者最后一期缴纳时间不得晚于申请人民法院强制执行的最后期限。旅游主管部门和执法人员应当严格执行罚缴分离的规定，不得非法自行收缴罚款。罚没款及没收物品的变价款，应当全部上缴国库，任何单位和个人不得截留、私分或者变相私分。

7.3.5 旅游行政处罚的结案和归档

1. 旅游行政处罚结案情形

(1) 行政处罚决定由当事人履行完毕的。
(2) 行政处罚决定依法强制执行完毕的。
(3) 不予处罚或者免予处罚等无须执行的。
(4) 行政处罚决定被依法撤销的。
(5) 旅游主管部门认为可以结案的其他情形。

特别提醒

结案的旅游行政处罚案件，应当制作结案报告，报案件承办机构负责人批准。结案报告应当包括案由、案源、立案时间、当事人基本情况、主要案情、案件办理情况、复议和诉讼情况、执行情况、承办人结案意见等内容。

2. 案件材料立卷要求

旅游行政处罚案件结案后15日内，案件承办人员应当将案件材料立卷，并符合下列要求。

(1) 一案一卷。
(2) 与案件相关的各类文书应当齐全，手续完备。
(3) 书写文书用签字笔或者钢笔。
(4) 案卷装订应当规范有序，符合文档要求。

特别提醒

案卷材料可以分为正卷、副卷。主要文书、外部程序的材料立正卷；请示报告与批示、集体讨论材料、涉密文件等内部程序的材料立副卷。立卷完成后应当立即将案卷统一归档。案卷保管及查阅，按档案管理有关规定执行，任何单位、个人不得非法修改、增加、抽取案卷材料。

7.4 旅游行政主管部门监督管理职责

7.4.1 旅游主管部门的安全管理目标

我国旅游行政主管部门包括国务院旅游行政管理部门和地方各级旅游行政管理部门。

1. 旅游行政主管部门的总体安全管理目标

(1) 与旅游业的整体发展水平相适应，构建安全、和谐的旅游产品生产与消费环境。

(2) 与“中国作为最理想的投资沃土和最安全的旅游胜地”的国际形象相适应，为我国从旅游大国走向旅游强国提供坚实的保障基础。

(3) 与把旅游业培育成战略性的支柱产业和人民满意的现代服务业相适应，为我国旅游业可持续、健康、稳定的发展提供坚实的安全基础。

2. 旅游行政主管部门的基本安全目标

(1) 建立和健全有效的旅游安全服务、协调和监管网络体系，保障旅游者的人身、财产安全。

(2) 加强旅游者安全意识和应急处置能力培训，使旅游者的安全意识和应急处理能力得到提高。

(3) 引导和规范旅游企业安全生产经营行为，提高旅游企业安全生产水平，保障旅游者的安全消费权利。

(4) 及时、稳妥地处理旅游突发事件，使旅游损失降低到最小、旅游目的地安全形象得到维护。

7.4.2 旅游行政主管部门的安全管理职责

(1) 加强旅游行业安全管理的制度建设，为旅游安全管理提供法制与政策基础。

① 建立和健全旅游行业安全管理的组织制度，贯彻落实地方政府和上级部门有关旅游安全的方针政策及工作部署。

② 负责旅游安全政策、规范和标准的拟定、宣传及监督实施。

③ 建立旅游行业安全管理长效机制，制定旅游目的地安全的管理规划与计划及各类危机处理预案，积极防范与外围旅游安全事件。

(2) 建立健全旅游安全公共服务体系，为旅游者提供安全服务和保障。

① 建立和健全旅游安全风险监测评估制度和旅游安全预警信息发布制度，为旅游者的旅游消费决定提供安全预警信息，为旅游者创造更为安全的旅游消费环境。

② 通过各种渠道向旅游者、旅游产品生产与经营单位及各类旅游组织提供相关的旅游安全信息和旅游安全咨询服务，为旅游者的旅游活动提供安全指导。

③ 组织开展面向公众的旅游安全常识的宣传活动。通过有目的性、有针对性的安全知识宣传和教育，增强旅游者的安全防范意识，提高旅游者对旅游安全事故的科学认知和应对能力。

④ 建立旅游安全突发事件的应急处置机制。一旦发生旅游安全事故，积极协调相关部门，为旅游者提供必要的帮助，最大限度降低损失。

⑤ 积极受理旅游者的安全投诉，维护旅游者的安全权益。

(3) 监督旅游企业安全生产，规范旅游市场的安全运营。

① 在地方政府主导下，落实旅游安全生产监管责任，为旅游企业的安全生产提供必要的协助。

② 积极配合、协调消防、公安、卫生、交通等部门，执行旅游安全的常规检查和旅游安全专项整治，强化旅游安全监管。

③ 对所辖区内旅行社提供的旅游产品或者服务进行安全监管。利用宣传教育、安全技能培训等手段引导住宿、餐饮、浏览、娱乐、交通等旅游服务与产品的提供者提高旅游者安全保障水平。

④ 引导和协助旅游产品或服务提供者完善旅游安全管理组织，建立和健全处置各类事件的应急机制及相关制度，加强旅游安全岗位操作和旅游安全应急预案的演练，提高安全事件的防范与应对能力。

(4) 建立旅游案发事件的应急机制，保障旅游者安全，维护旅游地安全形象。

① 在旅游目的地政府主导下，建立协调机制，完善旅游者安全保障的综合防控体系。

② 一旦发生突发事件，积极配合相关部门对旅游者的安全救助，有效应对旅游危机，旅游者的安全事故损失。

③ 积极利用旅游社区、宣传媒体及各类组织力量，发布所辖区域的旅游安全管理政策、制度及相关安全管理信息，塑造和维护旅游目的地的安全形象。

④ 针对各类非常规突发事件引起的旅游危机，应在地方政府主导下，协同相关部门，积极实施旅游危机应急管理和恢复行动，消除旅游危机对旅游目的地安全形象的影响。

7.4.3 旅游质量监督管理部门职责

1. 旅游质量监督管理部门职责范围

旅游质量监督管理部门全面负责处理旅游投诉和旅游质量的监督与管理，并具体负责保证金理赔工作。根据《全国旅游质量监督管理所机构组织与管理暂行办法》有关职责范围的规定和受旅游局的委托，旅游质量监督管理部门职责范围如下。

(1) 指导各县(市)区旅游质量监督工作。

(2) 处理辖区内的投诉案件及各部门的旅游企业的投诉案件。

(3) 受理辖区内国内旅行社质量保证金的收缴及管理，办理旅行社质量保证金赔偿案件。

(4) 根据省旅游局委托开展旅游市场检查工作。

2．投诉应具备的条件

(1) 投诉者是与本案有直接利害关系的旅游者、海外旅行商、国内旅游经营者和从业人员。

(2) 有明确的被投诉者、具体的投诉请求和事实根据。

(3) 属于《旅游投诉暂行规定》所列的旅游投诉范围。

3．办案原则

(1) 以事实为依据、以法律、法规为准绳公正办案，保护双方当事人的合法权益。

(2) 在办案过程中，先进行调解，调解无效的，依法进行审理。

(3) 在办案过程中，不受任何组织和个人的非法干涉。

(4) 审理时限：质监所接到赔偿请求书，经审查，符合受理条件的，应当及时作出受理决定；不符合受理条件的，应当在接到赔偿请求书之日起 7 个工作日内通知请求人不予受理的理由。

(5) 质监所处理赔偿请求案件，能够调解的，应当在查明事实，分清责任的基础上在 30 日内进行调解，促使请求人与被投诉旅行社互相谅解，达到协议。

(6) 质监所受理的保证金赔偿案件，应当在受理之日起 90 天内审理终结，有特殊原因的，经上级质监所批准，可以延长审理 30 日。

(7) 当事人对赔偿决定不服的，可以在接到决定书之日起 15 日内向上一级质监所提出申诉。

7.4.4　旅游行政处罚的监督

1．旅游行政处罚监督职责

(1) 各级旅游主管部门应当加强行政处罚监督工作。

(2) 各级旅游主管部门负责对本部门和受其委托的旅游质监执法机构实施的行政处罚行为，进行督促、检查和纠正；上级旅游主管部门负责对下级旅游主管部门及其委托的旅游质监执法机构实施的行政处罚行为，进行督促、检查和纠正。

(3) 各级旅游主管部门法制工作机构，应当在本级旅游主管部门的组织、领导下，具体实施、协调和指导行政处罚工作。

(4) 各级旅游主管部门应当设立法制工作机构或者配备行政执法监督检查人员。

2．旅游行政处罚监督的主要内容

(1) 旅游行政执法主体资格是否符合规定。

(2) 执法人员及其执法证件是否合法、有效。

(3) 行政检查和行政处罚行为是否符合权限。

(4) 对违法行为查处是否及时。

(5) 适用的行政处罚依据是否准确、规范。

(6) 行政处罚的种类和幅度是否合法、适当。
(7) 行政处罚程序是否合法。
(8) 行政处罚文书使用是否规范。
(9) 重大行政处罚备案情况。

3．旅游行政处罚监督的责任

(1) 对旅游行政处罚的监督，可以采取定期或者不定期方式，通过案卷评查和现场检查等形式进行；处理对行政处罚行为的投诉、举报时，可以进行调查、查询，调阅旅游行政处罚案卷和其他有关材料。

(2) 各级旅游主管部门及其委托的旅游质监执法机构不履行法定职责，或者实施的行政处罚行为违反法律、法规和本办法规定、处罚不当的，应当主动纠正。

(3) 上级旅游主管部门在行政处罚监督中，发现下级旅游主管部门有不履行法定职责、处罚不当或者实施的行政处罚行为违反法律、法规和本办法规定等情形的，应当责令其纠正。

4．重大旅游行政处罚案件实行备案制度

县级以上地方旅游主管部门作出的行政处罚决定，符合本办法第 38 条第 1 款规定的听证条件的，应当自结案之日起 15 日内，将行政处罚决定书的副本，报上一级旅游主管部门备案。

5．旅游行政处罚实行工作报告制度

(1) 县级以上地方旅游主管部门应当分别于当年 7 月和翌年 1 月，汇总本地区旅游行政处罚案件，并对旅游行政处罚工作的基本情况、存在的问题以及改进建议，提出工作报告，报上一级旅游主管部门。

(2) 省、自治区、直辖市旅游主管部门应当在当年 8 月 31 日和翌年 2 月 28 日前，将工作总结和案件汇总情况报国家旅游局。

特别提醒

承担行政复议职责的旅游主管部门应当认真履行行政复议职责，依照有关规定配备专职行政复议人员，依法对违法的行政处罚决定予以撤销、变更或者确认，保障法律、法规的正确实施和对行政处罚工作的监督。各级旅游主管部门应当建立健全对案件承办机构和执法人员旅游行政处罚工作的投诉、举报制度，并公布投诉、举报电话。受理投诉、举报的机构应当按照信访、纪检等有关规定对投诉、举报内容核查处理或者责成有关机构核查处理，并将处理结果通知投诉、举报人。受理举报、投诉的部门应当为举报、投诉人保密。

6．旅游行政处罚工作考核

(1) 各级旅游主管部门可以采取组织考评、个人自我考评和互查互评相结合，案卷评

查和听取行政相对人意见相结合，日常评议考核和年度评议考核相结合的方法，对本部门案件承办机构和执法人员的行政处罚工作进行评议考核。

(2) 对在行政处罚工作中作出显著成绩和贡献的单位和个人，旅游主管部门可以依照国家或者地方的有关规定给予表彰和奖励。

7. 旅游行政执法人员法律责任

旅游行政执法人员有下列行为之一的，由任免机关、监察机关依法给予行政处分；构成犯罪的，依法追究刑事责任。

(1) 不依法履行行政执法职责的。

(2) 滥用职权、徇私舞弊的。

(3) 其他失职、渎职的行为。

知识链接

全国旅游质量监督管理所机构组织与管理暂行办法

为维护海内外旅游者和旅游经营者的合法权益，加强对全国旅游服务质量的监督管理，根据《旅行社条例》和国家旅游局的有关规定，制定本暂行办法。

一、机构设置

旅游质量监督管理所(以下简称“质监所”)的设置遵循分级设立的原则，全国设置国家和省级质监所，地市级以下的质监所设置，由省、自治区、直辖市旅游局根据旅游业发展的实际情况，提出建议，报当地人民政府决定。

质监所的机构设置和人员配备，本着适应需要和精简高效的原则，由旅游局决定。

二、职责范围

各级质监所严格按照委托或授权的职责范围开展工作。

国家旅游局质监所的职责范围是：①指导全国质监所的工作；②受理并处理各类旅游质量投诉案件；③受理并处理中央各部门开办设立的国际旅行社和经营出境旅游业务的国际旅行社质量保证金的赔偿案件；④直接处理重大的跨省、自治区、直辖市的旅游投诉案件；⑤协同有关部门指导全国旅游市场检查工作；⑥协同有关司组织实施全国旅游质监员的培训与考核工作。

省、自治区、直辖市质监所的职责范围是：①指导本省范围内的各级质监所工作；②直接处理本地区重大的和跨地(州)、市的投诉案件及省级各部门的旅游企业的投诉案件；③受理并处理本省(市、区)旅游局收取并管理其保证金的旅行社质量保证金赔偿案件；④根据委托授权开展旅游市场检查工作。

地市级以下质监所的职责范围，由省、自治区、直辖市旅游局提出意见报当地人民政府确定。

地方各级旅游局质监所管辖同级旅游局收取并管理其保证金的旅行社的保证金赔偿案件。

三、基本工作制度

(1) 各级质监所接受同级旅游局的领导和监督；旅游局对其质监所在委托范围内的工作承担法律责任。各级质监所同时接受上级质监所的业务指导。

(2) 国家旅游局负责制定全国质监所工作的规章制度。省、自治区、直辖市旅游局根据国家旅游局制定的规章制度，制定本地区的具体规定。各级质监所根据质监工作的规章制度开展工作。

(3) 各级质监所要及时处理受理的投诉；对于不属委托授权范围的投诉案件，要在 7 日内移交有关部门处理。

(4) 各级质监所对旅行社质量保证金的赔偿决定，由旅游局负责人核准。

(5) 各级质监所进行市场检查和行政执法，必须获得依法授权或委托。

(6) 各级质监所对于重大疑难案件，可以建立专家咨询制度。

(7) 各级质监所要根据委托授权的职责范围，建立健全内部工作制度。

(8) 各级质监所实行所长负责制。质监所所长由旅游局党组任命。各级质监所所长的任命要向上一级质监所备案。质监所配备的质监员要逐步实行资格考核认定，质监员的培训、考核和资格认定由国家旅游局有关司室会同质监所组织实施。

四、其他

本办法自发布之日起施行。国家旅游局 1995 年 7 月 1 日下发的《全国旅游质量监督管理所机构组织与管理暂行办法》(旅管理发〔1995〕123 号)同时废止。

本章小结

本章主要介绍了《旅游法》对旅游监督管理的规定，并首先详细地介绍了旅游行政管理制度。其中主要介绍了旅游行政管理组织设立的原则，旅游行政管理的内容，旅游行政管理的职能。其次，论述了旅游行政处罚制度，对旅游行政处罚的原则、种类、法律适用、程序、执行及档案管理作了详细说明。最后，介绍了旅游行政主管部门监督管理职责以及旅游行政处罚监督的责任。

思考与练习

一、单项选择题

(　　)有权对下列事项实施监督检查：①经营旅行社业务以及从事导游、领队服务是否取得经营、执业许可；②旅行社的经营行为；③导游和领队等旅游从业人员的服务行为；④法律、法规规定的其他事项。

A．县级以上人民政府旅游主管部门

B．中国旅游协会

C．中国旅行社协会

二、多项选择题

1. 非公共管理和公共管理行政管理组织的区别是(　　)。
   A. 管理对象不同　　B. 组织管理权力的来源和运用范畴不同
   C. 组织性质不同　　D. 追求的利益不同
2. 旅游行政处罚的种类有(　　)。
   A. 警告
   B. 罚款
   C. 没收违法所得
   D. 暂停或者取消出国(境)旅游业务经营资格
   E. 责令停业整顿
   F. 暂扣或者吊销导游证、领队证
   G. 吊销旅行社业务经营许可证
3. 旅游行政执法人员有(　　)行为之一的，由任免机关、监察机关依法给予行政处分；构成犯罪的，依法追究刑事责任。
   A. 不依法履行行政执法职责的　　B. 滥用职权、徇私舞弊的
   C. 其他失职、渎职的

三、简答题

1. 旅游行政管理的主要内容是什么？
2. 简答旅游行政管理组织的设立原则。
3. 旅游行政处罚监督的主要内容有哪些？
4. 旅游行政处罚监督的责任有哪些？

四、论述题

论述旅游行政处罚的法律适用。

第 8 章　旅游纠纷处理法律制度

教学目标

知识目标	技能目标
(1) 掌握《旅游法》对旅游纠纷处理的规定 (2) 了解旅游纠纷解决的协商与调解的方式 (3) 掌握旅游投诉的主体、范围、条件、管辖以及程序 (4) 了解仲裁程序 (5) 了解诉讼程序	(1) 能够准确地判断旅游投诉适用的情形与对象 (2) 熟悉投诉的程序，并能在实践中规范行为

知识结构

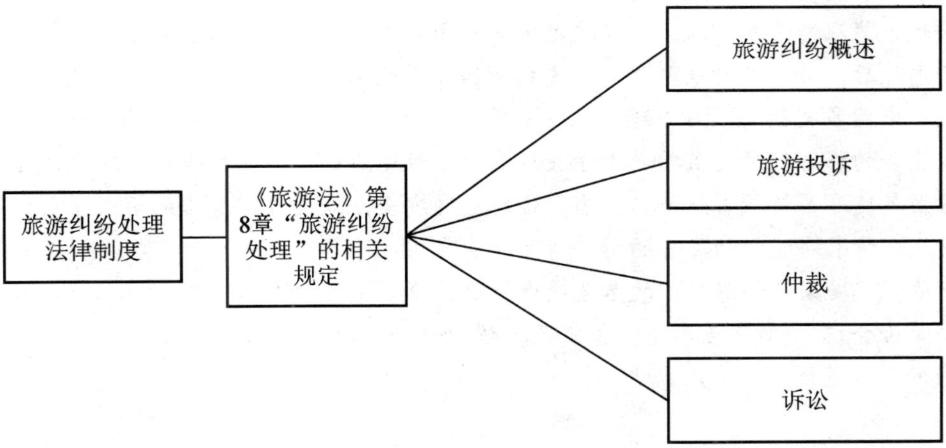

导入案例

旅游客车违章，责任谁来负？

原告冯某诉称，2004 年 6 月 9 日，原告所在单位组织员工与被告深圳市某国际旅行社有限公司签订了一份集体旅游合同，共计 45 人参团旅游。2004 年 6 月 24 日，冯某作为参团人员按照被告通知要求出游。当旅游进行到第 3 天的下午，原告乘坐被告安排的旅游大客车在上海市延安高架桥上因违反车辆安全操作规范，撞车后失控翻车，车上的乘客受到不同程度的损伤。经上海市公安局交通警察总队认定，被告安排的大客车因违反操作规程造成交通事故，负交通事故全部责任。原告冯某系重伤者之一，其 3/4～6/7 椎间盘突出致残，身体和臂膀留下大面积的创伤性疤痕，丧失了劳动能力 10%，经司法鉴定，冯某的伤残等级为十级伤残。为此，冯某请求法院判令被告：①合同违约，并承担违约赔偿责任；②支付残疾赔偿金；③支付被抚养人生活费；④支付后续治疗费；⑤支付精神抚慰金；⑥支付误工费；⑦支付住院伙食补贴费。

被告辩称，被告全面履行了合同义务，不存在违约行为。被告签订旅游合同后，依照旅游业管理规定委托上海某旅行社有限公司承担地接义务，地接社则租用专业旅游车队即安徽滁州市某旅游汽车有限公司的旅游大客车承担交通运输任务。原告乘坐的上述车辆发生交通意外后，被告及时采取措施，安排救治、后续治疗、交通事故的处理及有关保险理赔措施，先后多次往返上海等地，但终因原告认为赔偿标准的适用问题而拒绝向保险公司理赔。原告的伤害结果是虽然是由于交通意外事故造成的，但是被告对此既无过错也无违约，本案属交通事故损害赔偿，应当按道路交通安全法规处理，原告的诉求不符合法律规定，据此，请求法院驳回原告的诉讼请求。

问题：(1)冯某可否以自己的名义提出诉讼？(2)以组团的深圳市某国际旅行社有限公司为被告是否合适？(3)应当是违约责任还是侵权责任？(4)精神损害赔偿的要求是否合理？(5)原告的责任范围是否合理？

8.1 《旅游法》的相关规定

《旅游法》对旅游纠纷处理的法律制度进行了专章规定。

《旅游法》对旅游纠纷处理的主体和方式进行了明确、系统的规定，为旅游中权利的救济和法律的实施提供了制度的保障。其特点体现在：县级以上人民政府设立统一的旅游投诉受理机构，防止部门间相互推诿，旅游者投诉无门的情况，有利于方便旅游者投诉，同时，适应旅游纠纷异地性、需要尽可能快速解决的特点，有利于及时解决纠纷；明确了旅游纠纷解决途径；阐明了自愿调解的性质；设定了旅游者推选代表人参加纠纷解决的制度。

8.2 旅游纠纷概述

8.2.1 旅游纠纷的含义与范围

1. 旅游纠纷的含义

旅游纠纷是旅游法律关系当事人之间发生的以旅游权利义务或民事责任为内容的纠纷和冲突。旅游权利的纠纷是当事人是否合法行使权利。旅游义务的纠纷是当事人是否全面适当履行义务。民事责任纠纷是一方当事人是否赔偿另一方当事人的损害。纠纷的当事人双方法律地位平等，纠纷的内容是财产和人身权益的损害与维护，属于民事争议。在旅游旅游实践中，如没有特别指明的话，旅游纠纷主要是指旅游者与旅游经营者以及辅助经营者的纠纷。

特别提醒

《最高人民法院关于审理旅游纠纷案件适用法律若干问题的规定》中的旅游纠纷，是指旅游者与旅游经营者、旅游辅助服务者之间因旅游发生的合同纠纷或者侵权纠纷。

2. 旅游纠纷的范围

1) 旅游纠纷的主体范围

旅游纠纷有旅行社与旅游者之间的争议、旅行社与饭店之间的争议、旅行社与交通部门之间的争议，也可能是旅游者与饭店之间的争议、旅游者与交通部门之间的争议。由于旅游者的旅游主要是参加旅行社的组团游，旅行社是旅游活动组织者，旅游服务提供者。旅行社的组织与服务违反法律规定或者合同约定的可能性最大。现实旅游活动中，旅行社与旅游者之间的权益损害争执多。如 2003 年全国各地旅游质监所共正式受理旅游投诉 5 982 件，投诉旅行社的为 3 617 件，占总数的 60%。旅行社与旅游者之间的争议是上述争议中最主要的争议。

2) 旅游纠纷的内容范围

旅游纠纷有地接社与组团社因拖欠团款引发的甩团、扣团争议；有旅行社层层转团、质量失控、损害旅游者利益的争议；有组团社与地接社按传真的简要内容操作而引发的合同细节不明确的争议；有饭店、交通部门服务不周到的争议；有旅游者未与旅行社签合同，仅凭交款收据引发的约定内容不确定的争议；有旅游者在游览、住宿、餐饮中财物丢失，身体受伤害引发的争议；有代办手续失误的争议；有旅游项目是否增减、导游服务是否全面、行程是否延误变更、购物是否欺诈等问题的争议。

8.2.2 旅游纠纷解决的法律与方式

1. 旅游纠纷解决的相关法律

由于旅游纠纷是民事争议，解决争议的法律依据主要有《民法通则》、《合同法》、《旅游法》、《消费者权益保护法》、《民事诉讼法》、《旅行社条例》、《导游人员管理条例》、《旅游投诉处理办法》等法律、法规、规章。

2．旅游纠纷解决的方式

旅游纠纷解决的方式可以有协商、调解、投诉、仲裁、诉讼，投诉是解决旅游纠纷的常用方式之一。

1) 协商

协商是旅游纠纷发生后，双方当事人依法自愿、平等地磋商谈判，自行达成和解协议的方式。它一般适用于涉及标的不大，案情较简单的争议。它的优点是及时、便利、经济，有利于维护当事人之间的友好关系，有利于协议的执行。

2) 调解

调解是旅游纠纷发生后，由第三人对争议双方当事人说服劝导，沟通调和，促使双方在互谅互让基础上自愿达成协议，解决纠纷的方式。作为调解人是当事人以外的第三人，可以是双方信赖的个人，也可以是双方信任的组织、企业、团体、机构，也可以是法院、旅游行政管理部门等。第三人应当与双方当事人无利害关系，懂政策、懂法律，调解应当坚持公平、合法、自愿原则。调解的优点是简便易行，费用低廉，有利于争议解决，有利于调解协议执行。

《旅游法》规定旅游者可以向消费者协会、旅游投诉受理机构或者有关调解组织申请调解，即旅游纠纷的调解主体包括以上3个。

8.3 旅游投诉

旅游投诉是我国旅游管理活动中相对完善的法律制度。国家旅游局制定发布的《旅游投诉暂行规定》是我国第一部规定旅游投诉和投诉程序的行政规章，现行的《旅游投诉处理办法》于2010年7月1日开始实施。

8.3.1 旅游投诉的含义

旅游投诉是指旅游者认为旅游经营者损害其合法权益，请求旅游行政管理部门、旅游质量监督管理机构或者旅游执法机构(以下统称“旅游投诉处理机构”)，对双方发生的民事争议进行处理的行为。旅游投诉是旅游权益受害者请求旅游行政机关帮助解决旅游纠纷的行为，是对民事权利寻求行政保护的方式。

8.3.2 旅游投诉者、旅游被投诉者、旅游投诉受理机构

1．旅游投诉者

旅游投诉者是指认为旅游经营者损害其合法权益，以自己的名义请求旅游行政管理部门维护自身和他人的旅游合法权益，使投诉成立的旅游者。

2．旅游被投诉者

旅游被投诉者是指被控侵犯或损害旅游投诉者权益，需要追究行政责任、民事责任，经旅游行政管理部门通知其应诉的人，主要指被投诉者认为侵犯其权利的旅游经营者。

3．旅游投诉受理机构

依据《旅游投诉处理办法》旅游投诉管理部门是县级以上地方旅游投诉处理机构。依据《旅游法》的规定，县级以上人民政府应当指定或者设立统一的旅游投诉受理机构。

4．投诉时效

《旅游投诉处理办法》规定投诉者的投诉时效期间为90天，从旅游合同结束之日起算。旅游权益受损害的投诉者如果超过90天的投诉时效，没有在90天内向旅游投诉受理机关投诉，就丧失请求旅游行政管理部门保护其合法旅游权益的权利，不能得到行政机关解决旅游纠纷的帮助。

案例分析

旅游投诉超出时效，怎么办?

2010年7月 1日，孙先生等8名旅游者参加丙旅行社组织的赴北京5日游的活动。到达景区后，旅行社在没有与他们说明情况的前提下，将他们与另外几名旅游者拼成一个旅游团，当时孙先生等人并没有提出异议。但在行程中，他们发现好多景点与他们事先约定的地方不符，而且三星级宾馆也改成了二星级宾馆。7月6日，回到当地后，孙先生等人由于工作繁忙，直至10月10日才要求丙旅行社退还旅游费，并赔偿经济损。孙先生等人向丙旅行社所在地的旅游质监所投诉，要求丙旅行社退还旅游费，并赔偿经济损失。丙旅行社以超过投诉时效为由，拒绝退还旅游费和赔偿经济损失。质监所对孙先生等人提交的投诉状进行审核后，认为孙先生等人的投诉已超过投诉时效，不能受理他们的投诉。

分析说明：(1)质监所不受理孙先生等人的投诉的决定是有法律依据的，是正确的。因为《旅游投诉处理办法》第9条规定“超过旅游合同结束之日90天”的旅游投诉不予受理。在本案中，孙先生等人在7月6日旅游结束后，从7月6日到10月10日，已经超过了90天的旅游投诉时效，不符合旅游投诉受理条件。

(2) 孙先生等人虽然因为超过投诉时效不能通过旅游投诉方式解决赔偿问题，但是，因为没有超过仲裁时效和诉讼时效，孙先生等人可以采用仲裁和诉讼的方式要求丙旅行社赔偿损失。

8.3.3 旅游投诉受理范围

《旅游投诉处理办法》规定了旅游投诉受理范围，旅游投诉受理以下损害行为。

(1) 认为旅游经营者违反合同约定的。

(2) 因旅游经营者的责任致使投诉人人身、财产受到损害的。

(3) 因不可抗力、意外事故致使旅游合同不能履行或者不能完全履行，投诉人与被投诉人发生争议的。

(4) 其他损害旅游者合法权益的。

8.3.4 不予受理的情形

(1) 人民法院、仲裁机构、其他行政管理部门或者社会调解机构已经受理或者处理的。

(2) 旅游投诉处理机构已经作出处理，且没有新情况、新理由的。

(3) 不属于旅游投诉处理机构职责范围或者管辖范围的。

(4) 超过旅游合同结束之日 90 天的。

(5) 不符合本办法第 10 条规定的旅游投诉条件的。

(6) 本办法规定情形之外的其他经济纠纷。

属于第 3 项规定的情形的，旅游投诉处理机构应当及时告知投诉人向有管辖权的旅游投诉处理机构或者有关行政管理部门投诉。

8.3.5 旅游投诉的条件

旅游投诉必须具备下列条件。

(1) 投诉人与投诉事项有直接利害关系。

(2) 有明确的被投诉人、具体的投诉请求、事实和理由。

8.3.6 旅游投诉管辖

旅游投诉管辖是各级旅游投诉管理机关和同级旅游投诉管理机关之间，受理旅游投诉案件的分工和权限。旅游投诉管辖使投诉者投诉有门，投诉及时、方便，有利于投诉受理机关公正、快速地处理争议案件。

特别提醒

旅游投诉的地域管辖规则是旅游投诉由旅游合同签订地或者被投诉人所在地县级以上地方旅游投诉处理机构管辖。须要立即制止、纠正被投诉人的损害行为的，应当由损害行为发生地旅游投诉处理机构管辖。

旅游投诉的层级管辖规则是“上级旅游投诉处理机构有权处理下级旅游投诉处理机构管辖的投诉案件”。《旅游投诉处理办法》没有完整说明层级管辖的内容，即凡县级以上地方旅游投诉管理机构均可管辖，同时上级旅游投诉处理机构有权处理下级旅游投诉处理机构管辖的投诉案件。

8.3.7 旅游投诉受理

1．旅游投诉的形式

1) 书面形式

旅游投诉一般应当采取书面形式，一式两份，并载明下列事项。

(1) 投诉人的姓名、性别、国籍、通信地址、邮政编码、联系电话及投诉日期。

(2) 被投诉人的名称、所在地。

(3) 投诉的要求、理由及相关的事实根据。

2) 口头形式

投诉事项比较简单的，投诉人可以口头投诉，由旅游投诉处理机构进行记录或者登记，并告知被投诉人。对于不符合受理条件的投诉，旅游投诉处理机构可以口头告知投诉人不予受理及其理由，并进行记录或者登记。

3) 委托投诉

投诉人委托代理人进行投诉活动的，应当向旅游投诉处理机构提交授权委托书，并载明委托权限。

4) 共同投诉

投诉人 4 人以上，以同一事由投诉同一被投诉人的，为共同投诉。

共同投诉可以由投诉人推选 1 至 3 名代表进行投诉。代表人参加旅游投诉处理机构处理投诉过程的行为，对全体投诉人发生效力，但代表人变更、放弃投诉请求或者进行和解，应当经全体投诉人同意。

2. 投诉的受理

(1) 旅游投诉处理机构接到投诉，应当在 5 个工作日内作出以下处理。

① 投诉符合本办法的，予以受理。

② 投诉不符合本办法的，应当向投诉人送达《旅游投诉不予受理通知书》，告知不予受理的理由。

③ 依照有关法律、法规和本办法规定，本机构无管辖权的，应当以《旅游投诉转办通知书》或者《旅游投诉转办函》，将投诉材料转交有管辖权的旅游投诉处理机构或者其他有关行政管理部门，并书面告知投诉人。

(2) 旅游投诉处理机构处理旅游投诉，应当立案办理，填写《旅游投诉立案表》，并附有关投诉材料，在受理投诉之日起 5 个工作日内，将《旅游投诉受理通知书》和投诉书副本送达被投诉人。

对于事实清楚、应当及时制止或者纠正被投诉人损害行为的，可以不填写《旅游投诉立案表》和向被投诉人送达《旅游投诉受理通知书》，但应当对处理情况进行记录存档。

8.3.8 处理程序

(1) 旅游投诉处理机构处理旅游投诉，除《旅游投诉处理办法》另有规定外，实行调解制度。

旅游投诉处理机构应当在查明事实的基础上，遵循自愿、合法的原则进行调解，促使投诉人与被投诉人相互谅解，达成协议。

(2) 被投诉人应当在接到通知之日起 10 日内作出书面答复，提出答辩的事实、理由和证据。

(3) 投诉人和被投诉人应当对自己的投诉或者答辩提供证据。

(4) 旅游投诉处理机构应当对双方当事人提出的事实、理由及证据进行审查。

旅游投诉处理机构认为有必要收集新的证据，可以根据有关法律、法规的规定，自行收集或者召集有关当事人进行调查。

(5) 需要委托其他旅游投诉处理机构协助调查、取证的，应当出具《旅游投诉调查取证委托书》，受委托的旅游投诉处理机构应当予以协助。

(6) 对专门性事项须要鉴定或者检测的，可以由当事人双方约定的鉴定或者检测部门鉴定。没有约定的，当事人一方可以自行向法定鉴定或者检测机构申请鉴定或者检测。

鉴定、检测费用按双方约定承担。没有约定的，由鉴定、检测申请方先行承担；达成调解协议后，按调解协议承担。

鉴定、检测的时间不计入投诉处理时间。

(7) 在投诉处理过程中，投诉人与被投诉人自行和解的，应当将和解结果告知旅游投诉处理机构；旅游投诉处理机构在核实后应当予以记录并由双方当事人、投诉处理人员签名或者盖章。

(8) 旅游投诉处理机构受理投诉后，应当积极安排当事双方进行调解，提出调解方案，促成双方达成调解协议。

(9) 旅游投诉处理机构应当在受理旅游投诉之日起 60 日内，作出以下处理。

① 双方达成调解协议的，应当制作《旅游投诉调解书》，载明投诉请求、查明的事实、处理过程和调解结果，由当事人双方签字并加盖旅游投诉处理机构印章。

② 调解不成的，终止调解，旅游投诉处理机构应当向双方当事人出具《旅游投诉终止调解书》。

调解不成的，或者调解书生效后没有执行的，投诉人可以按照国家法律、法规的规定，向仲裁机构申请仲裁或者向人民法院提起诉讼。

(10) 在下列情形下，经旅游投诉处理机构调解，投诉人与旅行社不能达成调解协议的，旅游投诉处理机构应当作出划拨旅行社质量保证金赔偿的决定，或向旅游行政管理部门提出划拨旅行社质量保证金的建议。

① 旅行社因解散、破产或者其他原因造成旅游者预交旅游费用损失的。

② 因旅行社中止履行旅游合同义务、造成旅游者滞留而实际发生了交通、食宿或返程等必要及合理费用的。

(11) 旅游投诉处理机构应当每季度公布旅游者的投诉信息。

(12) 旅游投诉处理机构应当使用统一规范的旅游投诉处理信息系统。

(13) 旅游投诉处理机构应当为受理的投诉制作档案并妥善保管相关资料。

(14) 有关文书式样，由国家旅游局统一制定。

8.4 仲　　裁

8.4.1 仲裁的含义

仲裁是指纠纷发生后，仲裁机构根据当事人之间的仲裁协议，以中间者的身份，按照一定程序，对纠纷进行审理并作出裁决，以解决纠纷的方式。仲裁协议是争议双方当事人达成的意愿将争议交付仲裁机构仲裁的书面协议，是仲裁机构受理争议案件的依据，如果没有仲裁协议是不能用仲裁解决合同和财产权益争议的。仲裁协议既可以在纠纷发生前的合同中约定，也可在纠纷发生后，由双方当事人签订民事仲裁协议。仲裁依据的法律是《中华人民共和国仲裁法》。

8.4.2 申请仲裁的条件

当事人申请仲裁应符合《仲裁法》规定的条件。《仲裁法》第 21 条规定当事人申请仲裁应当符合的条件如下。

(1) 有仲裁协议。

(2) 有具体的仲裁请求、事实和理由。

(3) 属于仲裁委员会受理范围。仲裁受理范围是平等主体的公民、法人和其他组织之间发生的合同纠纷和其他财产权益纠纷，旅游纠纷是旅游合同纠纷和财产权益纠纷，属于仲裁受理范围。

8.4.3 仲裁程序中当事人的权利

在开庭和裁决过程中，当事人双方依法享有的权利有：有权协议是否开庭审理，是否公开审理，有正当理由可要求延期开庭；对专门问题，可要求鉴定部门鉴定，并可要求鉴定人员参加开庭；可申请证据保全，可进行质证，可自行和解，接受或拒绝调解，阅读笔录并要求补正。自收到《裁决书》之日起 30 日内，可请求仲裁庭补正《裁决书》中的明显错漏。

8.4.4 仲裁庭的组成与仲裁员的回避

1. 仲裁庭的组成

仲裁庭是仲裁审理争议条件的组织，可以由 3 名仲裁员组成合议仲裁庭，也可以由一名仲裁员组成独任仲裁庭。当事人可以约定组成合议仲裁庭，也可以约定组成独立仲裁庭。仲裁庭的仲裁员由当事人在仲裁员名册中自愿选择一名或当事人各自委托仲裁委员会指定仲裁员。第 3 名仲裁员为首席仲裁员，由当事人共同选定或共同委托仲裁委员会主任指定；独任仲裁庭的仲裁员由当事人共同选定或共同委托仲裁委员会主任指定。

2. 仲裁员的回避

为保证仲裁公正，仲裁员如果是本案当事人或当事人代理人的近亲属或与本案有其他利害关系的，仲裁员必须回避，不能参加此案件的仲裁。如果一方当事人发现仲裁员是另一方当事人的同学、战友，或者发现仲裁员私自会见当事人、代理人，或者接受当事人的代理人的请客送礼，可以理直气壮地要求仲裁员回避。如果有回避情形的仲裁员自己不主动回避，当事人有权向仲裁委员会提出回避申请，要求有上述回避情形的仲裁员回避。仲裁委员会应当批准回避申请，要求有回避情形的仲裁员回避，不得参加案件仲裁。

8.4.5 仲裁审理

1. 审理形式

1) 仲裁应当开庭进行

《仲裁法》第 39 条规定，仲裁应当开庭进行。开庭进行即开庭审理，它是指在仲裁庭的主持下和当事人及其他仲裁参与人的参加下对案件进行仲裁的活动。

2) 仲裁不公开进行

《仲裁法》第 40 条规定，仲裁不公开进行，即仲裁庭审理案件时，不进行公告，不对社会公开，不对群众公开，只允许双方当事人、代理人、证人、有关的专家、翻译人员以及审理本案的仲裁人员参加。不允许与案件无关的其他人旁听，不允许记者采访和报导。仲裁不公开进行是国际商事仲裁的通行惯例，有利于保守当事人的商业秘密。

3) 言词审理

言词审理是仲裁庭和仲裁参与人以言词方式进行和参与的审理。仲裁庭主持双方当事人面对面地交锋，当事人对庭审中出示的证据相互质证，相互辩论。仲裁庭在当事人相互质证和辩论中查明事实，分清是非，当事人在“互相对抗”过程中弄清事实，分清是非。

总之，仲裁审理的形式是不公开开庭和言词审理。除此以外，仲裁法也允许当事人协议不开庭审理，也可以对不涉及国家秘密的案件公开进行，也可以对当事人提供的材料进行书面审理。不开庭审理，公开开庭是仲裁审理的例外情形。

2. 审理步骤

1) 首席仲裁员宣布开庭

首席仲裁员在查明到庭人员的身份证明后，宣布开庭。宣布后，向当事人告知仲裁庭的组成人员，询问当事人是否申请回避，告知当事人在开庭过程中的权利义务等事项。

2) 仲裁参与人陈述与质证

仲裁参与人的陈述与质证是确认双方提供的证据是否具有真实性，不涉及对方对证据与当事人权利、义务、责任的关系的看法。

3) 辩论

辩论是当事人的辩论，是当事人根据各自提供的证据、仲裁庭调查得到的事实和证据以及鉴定报告、勘验结论等提出看法，反驳对方，是言词辩论。

4) 仲裁庭的评议裁决

仲裁庭对开庭调查和辩论的事实、证据全面分析研究，依据确证的案件事实，依据有关法律，对仲裁当事人申请仲裁的实体权利事项，作出书面的结论性判定。仲裁庭的裁决应当按照多数仲裁员的意见作出，少数仲裁员的不同意见可以记入笔录；仲裁庭不能形成多数意见时，裁决应当按照首席仲裁员的意见作出。仲裁庭作出裁决后，应当制作裁决书，裁决书是有法律效力的文书，自作出之日起发生法律效力。

8.4.6 仲裁裁决

1. 仲裁裁决是一裁终局

《仲裁法》第 9 条“仲裁实行一裁终局的制度。仲裁裁决作出后，当事人就同一纠纷再申请仲裁或者向法院起诉的，仲裁委员会或者人民法院不予受理”。一裁终局是指仲裁机构对争议案件作出裁决后，即具有终局的法律效力，任何一方当事人不得要求原仲裁机关或其他仲裁机关再次仲裁或向法院起诉，也不得向其他机关提出变更仲裁裁决的请求。

2. 仲裁裁决的执行

仲裁是有法律效力的裁决，当事人应当执行仲裁裁决。如果一方当事人不履行裁决，仲裁机构不能强制执行裁决，另一方当事人也不能自己执行裁决，强拿、扣押对方财产。另一方当事人可以依照民事诉讼法向法院申请执行，由法院依法执行。

知识链接

淮南首例旅游仲裁获赔

淮南市首例仲裁旅游纠纷裁决书日前下达，申请仲裁游客获赔 73 569 元。

据该市仲裁委工作人员介绍，仲裁申请人丁某花了 7 000 多元参加某旅游公司提供的“海南 5 日游”旅游项目，旅游过程中，丁某乘坐的由旅游公司提供的客车突然刹车，导致其除肋骨骨折外多处受伤。丁某住院期间保存了完整的住院医治证明，出院后丁某向淮南市仲裁委提交了医疗费、伤残赔偿金、交通费等赔偿的仲裁申请，淮南市仲裁委工作人员查看了丁某与该旅游公司签订的旅游合同后，承接了丁某的申请。

由于该纠纷涉及伤情认定、海南“地陪”等情况，仲裁较为繁复，经过激烈的仲裁辩论后，淮南市仲裁委于 2011 年 4 月向事件双方下达了裁决书，裁决书要求旅游公司赔偿申请人丁某伤残赔偿金、误工费、护理费等共计 73 569 元，退回丁某所交的旅游费用 7 720 元。淮南市仲裁委的该裁决为终局判决，如果一方不履行，另一方可向人民法院申请强制执行。

为能够更好地方便快捷处理旅游纠纷的仲裁，淮南市仲裁委于 5 月 9 日起安排专人负责受理旅游纠纷申请，仲裁申请人只需带上身份证和相关纠纷材料，当天即可仲裁，这对于涉案金额相对较少的旅游纠纷，是个好消息，而特殊情况的旅游纠纷，仲裁庭组庭后最长在 4 个月内办结案件。

(资料来源：合肥在线)

8.5 诉　　讼

8.5.1　诉讼的含义和种类

1．诉讼的含义

诉讼是国家专门机关在当事人及其他诉讼参与人参加下，按照法定的程序，以国家法律为依据，解决争议案件的全部活动。司法机关主要指法院、检察院，法院行使审判权，检察院行使检察权、监督权。在诉讼中，司法机关处于主导地位，当事人及其他诉讼参与人在司法机关主持下进行活动，依法行使诉讼权利和履行诉讼义务。

2．诉讼的种类

根据诉讼解决案件的性质不同，诉讼一般可分为刑事诉讼、民事诉讼和行政诉讼。

1) 刑事诉讼

刑事诉讼是指司法机关在诉讼参与人的参加下，按照法定程序处理刑事案件的全部活动。

2) 民事诉讼

民事诉讼是法院在当事人和其他诉讼参与人的参加下，依据民事诉讼法和适用民事实体法等法律审理与解决民事案件的活动，以及由这些活动所产生的各种诉讼关系的总和。

3) 行政诉讼

行政诉讼是公民、法人，其他组织认为行政机关的具体行政行为侵犯自己的合法权益，依照行政诉讼法向法院起诉，法院在双方当事人和其他诉讼参与人的参加下审理与解决行政案件的活动，以及在这些活动中所产生的法律关系的总和。不同的诉讼依照不同的程序法：刑事诉讼依据刑事诉讼法进行，民事诉讼依照民事诉讼法进行，行政诉讼依照行政诉讼法进行。

特别提醒

由于旅游纠纷是平等主体间关于财产和人身权益的争执，是民事案件。因此，旅游纠纷的诉讼属民事诉讼，适用民事诉讼法。本章的诉讼主要阐述民事诉讼法的相关内容。

8.5.2　民事诉讼

1．民事诉讼管辖

1) 民事诉讼管辖的含义

民事诉讼管辖是指上下级法院和同级法院之间，受理第一审民事案件的分工和权限。这种确定由何级别法院及同一级别的何地法院受理第一审民事案件的分工，可避免法院之间不必要的推诿或争夺管辖的问题发生，使案件当事人诉讼有门，使法院的审理能够及时公正。根据《民事诉讼法》的规定，民事诉讼管辖分为级别管辖、地域管辖、指定管辖等。

2) 级别管辖

级别管辖是确定划分各级人民法院之间受理第一审民事案件的分工和权限。《民事诉讼法》第18条、第19条、第20条、第21条规定了基层人民法院、中级人民法院、高级人民法院、最高人民法院管辖的案件：基层人民法院管辖第一审民事案件；中级人民法院管辖重大涉外案件、在本辖区有重大影响的案件、最高人民法院确定由中级人民法院管辖的案件；高级人民法院管辖本辖区内有重大影响的案件；最高人民法院管辖在全国有重大影响的案件和认为应当由其审理的案件。由于同一级别的法院有很多，不能确定案件由哪个法院审理。因此，在确定了不同案情、不同审理难度、不同影响的案件由相应级别法院管辖后，还需进一步确定由同一级别的哪个法院管辖案件。

3) 地域管辖

地域管辖是指确定同级法院之间在各自区域内受理第一审民事案件的分工和权限。《民事诉讼法》第22条、第24条、第29条、第30条规定了地域管辖。

(1) 一般的民事案件由被告住所地法院管辖。《民事诉讼法》第22条规定，对公民提起的民事诉讼，由被告住所地人民法院管辖。被告住所地与经常居住地不一致的，由经常居住地人民法院管辖；对法人或者其他组织提起的民事诉讼，由被告住所地人民法院管辖，这是按照“原告就被告原则”确定的管辖。

(2) 因合同纠纷提起的诉讼，由被告住所地或者合同履行地法院管辖。合同履行地是指合同约定的当事人实现权利与履行义务的地点。

(3) 因侵权行为提起的诉讼，由侵权行为地或者被告住所地法院管辖。

(4) 因铁路、公路、水上和航空事故请求损害赔偿提起的诉讼，由事故发生地或车辆船舶最先到达地，航空器最先降落地或者被告住所地人民法院管辖。

2. 民事诉讼当事人

1) 民事诉讼当事人的含义

民事诉讼当事人是指以自己的名义请求法院行使审判权，解决民事纠纷或保护民事权益的人及其相对方。当事人主要包括原告和被告，原告是引起民事诉讼的发生，请求法院解决民事纠纷或保护民事权益的人。被告是因民事权益发生争议，被他人认为或者确定侵害他人合法权益，被法院通知应诉的人。

2) 原告、被告的权利和义务

(1) 权利。《民事诉讼法》第50条、第51条、第52条规定，原告和被告共同享有的权利为请求司法保护权、委托诉讼代理人权、申请回避权、使用本民族文字语言进行诉讼权、收集和提供证据权、进行辩论权、请求调解和自行和解权、提起反诉权、提起上诉和申请再审权、申请执行权。

(2) 义务。当事人必须依法行使诉讼权利，禁止滥用诉讼权利；禁止采用不正当手段形成有利于自己的诉讼状态；必须遵守诉讼秩序，不得实施妨害民事诉讼的行为(如哄闹、冲击法庭、侮辱、诽谤、殴打审判人员、伪造重要证据)；必须履行发生法律效力的判决书、裁定书等。

3. 普通程序

法院审理诉讼案件是按照程序进行的，程序是由法律规定的。我国民事诉讼法规定的诉讼程序包括第一审简易程序、第一审普通诉讼程序、第二审程序、审判监督程序。

第一审普通诉讼程序又称普通程序。普通程序是各级各类法院审理民事案件通常适用的程序，是民事诉讼中独立的、基本的审判程序。它由起诉、受理、审理前准备、调解、开庭审理、判决等环节组成。各个环节前后有序，紧密相连，不得更换，不得颠倒。

1) 起诉

起诉是公民、法人或其他组织因自己的民事权益受到侵害或发生争议而以自己的名义，请求法院通过审判给予法律保护的诉讼行为。起诉启动普通程序，没有当事人起诉，法院不能启动程序、受理和审判案件。因为我国民事诉讼法规定，民事案件实行“不告不理”原则，当事人不告诉，法院不能受理，当事人不告诉，法院不能主动提起案件，进行审理。起诉是有条件要求的。

起诉是有条件要求的。起诉要有原告，原告应当是与本案有直接利害关系的公民、法人和其他组织；起诉要有明确的被告，有具体的诉讼请求和事实根据；争议问题应当属于法院主管和受诉法院管辖。

起诉以向法院递交起诉状的书面形式为最佳，书写诉状有困难的，可以口头起诉。无论是口头起诉，还是书面起诉，都应包括当事人姓名、性别、年龄、民族、籍贯、职业、工作单位和住所，法人或其他组织的名称、住所、法定代表人的姓名、职务；诉讼请求及所根据的事实和理由，证据和证据来源，证人姓名和住址；证据可以是物证、书证、证人证言、视听资料、鉴定结论、勘验笔录、当事人陈述等。

2) 法院对起诉的审查和受理

法院接到起诉人的告诉材料后，依法及时审卷。经审查，认为符合起诉条件的，在 7 日内立案并通知当事人，认为不符合起诉条件的，在 7 日内裁定不予受理。

3) 法院审理前的准备

法院决定受理案件后，成立合议庭，合议庭由审判员 3 人或由人民陪审员和审判员 3 人组成。合议庭组成后，进行开庭审理准备，准备工作是向被告送达起诉状副本，并限期提出答辩，认真审阅诉讼材料，进行研究，收集证据；在组成合议庭后的 3 日内，将合议庭成员名单告知当事人，以使当事人行使回避申请权。

4) 调解

法院根据当事人申请，进行调解或依职权进行调解。如调解成功，制作调解协议书，如果调解不成功，法院应及时审理。

5) 开庭审理

开庭审理是民事诉讼程序的主要环节，它一般经过开庭准备，法庭调查，法庭辩论，评议与宣判五个步骤。

(1) 开庭准备。开庭准备是必经的法定程序。此准备主要有：在正式开庭前 3 日，法院向当事人和其他诉讼当事人通知开庭时间、地点；公开审理的案件，公告当事人姓名、案由和开庭时间、地点。书记员查明当事人及其他诉讼参与人是否到庭，宣布法庭纪律。

(2) 审理开始。审判长宣布开庭，然后核对当事人，宣布案由，宣布审判人员和书记员名单，告知当事人的诉讼权利义务，询问当事人是否申请回避。如果当事人不申请回避，继续开庭审理。

(3) 法庭调查。法庭调查是法院听取双方当事人陈述，审查核实各种证据，明确争议点，全面查清案情。法庭调查的顺序是当事人陈述、证人作证、宣读未到庭证人证言、出示书证、物证、视听资料、宣读鉴定结论、宣读勘验笔录。

(4) 法庭辩论。法庭辩论是当事人、第三人及其诉讼代理人，在审判人员主持下，对经过法庭调查的事实和证据，应该如何适用法律，阐明自己观点，互相辩论，向法庭提出结论性意见。

(5) 评议和宣判。合议庭成员对案件审理的事实和证据分析研究，依据确证的事实和法律进行议论、评判。合议庭评议案件应秘密进行，对评议结论实行少数服从多数原则。对合议庭评议结果，应当制作判决书并当庭宣判或另定日期宣判。

合议庭评议后，法庭审理结束；法院判决宣判后，普通程序结束。当事人在上诉期内没有上诉的，判决生效。

8.5.3 《最高人民法院关于审理旅游纠纷案件适用法律若干问题的规定》关于旅游纠纷诉讼的特别规定

《最高人民法院关于审理旅游纠纷案件适用法律若干问题的规定》对旅游纠纷案件的诉讼进行了特别规定，其具体内容主要包括如下几个方面。

1. 旅游纠纷案件的范围

该规定所指的旅游纠纷范围是指旅游者与旅游经营者、旅游辅助服务者之间因旅游发生的合同纠纷或者侵权纠纷。

从主体范围而言，该规定适用的范围很广泛，包括旅游者与旅游经营者之间发生的纠纷，也包括旅游者与旅游辅助服务者之间发生的纠纷。旅游者个人未参团出游，而是自行到景点旅游，如果他们与旅游景点之间发生纠纷，则可以参照适用本规定。需要注意的是，旅游纠纷必须有旅游者的参与，如果旅游经营者与旅游辅助经营者之间发生纠纷，则按双方的法律关系另案处理。“旅游经营者”是指以自己的名义经营旅游业务，向公众提供旅游服务的人。“旅游辅助服务者”是指与旅游经营者存在合同关系，协助旅游经营者履行旅游合同义务，实际提供交通、游览、住宿、餐饮、娱乐等旅游服务的人。旅游者在自行旅游过程中与旅游景点经营者因旅游发生的纠纷，参照适用本规定。

从内容范围而言，该规定只适用于旅游民事纠纷的内容，包括了合同纠纷以及侵权纠纷。合同纠纷，是指因合同的生效、解释、履行、变更、终止等行为而引起的合同当事人的所有争议。侵权纠纷是指因侵害他人的合法民事权益所发生的纠纷。从字面意义而言，合同纠纷是因为合同权益受到了侵害所发生的纠纷，侵权纠纷包括了合同纠纷。在法律实践中，合同纠纷是指侵犯了基于合同的相对性财产性权益的纠纷，侵权纠纷是指侵犯了这种权益以外的绝对性民事权益(既包括人身权也包括财产性权)的纠纷。具体而言，两者的区别在于以下几方面。

(1) 在构成要件上。我国《合同法》规定的是无过错责任，而侵权行为一般是采用过错责任，仅产品、危险、环境污染、相邻关系等责任为无过错责任。因此，当事人以违约责任为诉讼理由的，无须举证对方有过错；以侵权责任为诉讼理由的，则需证明对方有过错。另外，侵权行为的构成必须以存在损害后果为必要，其所引起的侵权责任也以损害为构成要件，而违约行为和违约责任，与此不同，违约责任除赔偿损失以损害为构成要件外，其余均不以损害的实际发生为其构成要件。

(2) 在赔偿范围上。合同违约责任的损失赔偿额可由当事人在合同中约定，如果没有这种约定，依我国《合同法》的规定，赔偿损失额应当相当于受害人因违约而受的损失，一般只包括直接损失。而在侵权责任中，赔偿范围原则上包括直接损失和间接损失，在侵害人格权时，可进行精神损害赔偿；不法造成他人死亡的，其赔偿范围可扩大到死者所抚养人的必要的生活费用等。

(3) 在责任方式上。侵权责任既包括财产责任，如赔偿损失，也包括非财产责任，如消除影响，恢复名誉等；而合同违约责任主要是财产责任，如强制实际履行，支付违约金等。

(4) 在免责条件上。违约责任中除了法定的免责条件外，合同当事人还可以事先约定不承担责任的情况。而在侵权责任中，免责条件或原因只能是法定的，当事人不能事先约定免责条件，也不能对不可抗力的范围事先约定。

(5) 在对第三人的责任中有所不同。违约责任中，如果因第三人的过错致使合同债务不能履行，债务人首先应向债权人负责，然后才能向第三人追偿。而在侵权责任中，行为人仅对因自己的过错致使他人受损害的后果负责。

2．旅游纠纷诉讼中的集体诉讼与个人诉讼

《若干问题的规定》规定了旅游者个人的诉讼，即以单位、家庭等集体形式与旅游经营者订立旅游合同，在履行过程中发生纠纷，除集体以合同一方当事人名义起诉外，旅游者也可以个人提起旅游合同纠纷诉讼的，对此人民法院应予以受理，不能因为非因个人订立合同而否定个人的诉讼权。

3．旅游纠纷中的违约与侵权责任的竞合

《若干问题的规定》规定，因旅游经营者方面的同一原因造成旅游者人身损害、财产损失，旅游者选择要求旅游经营者承担违约责任或者侵权责任的，人民法院应当根据当事人选择的案由进行审理。该条规定了违约责任与侵权责任竞合时旅游者的诉讼选择权问题，即旅游者只能选择其中的一项要求经营者承担责任，而人民法院只能根据这种选择进行审理。

4．旅游纠纷诉讼中的第三人

民事诉讼第三人是指对他人争议的诉讼标的有独立请求权，或者虽无独立的请求权，但案件的处理结果与其有法律上的利害关系，而参加到原告、被告已经开始的诉讼中进行诉讼的人。该法律制度的目的在于针对一个法律事实导致的多个主体间关系的经济性解决，并维护法院裁判的连续性和严肃性。第三人包括了有独立请求权的第三人和无独立请求权的第三人两种情况。有独立请求权的第三人是指对他人之间的诉讼标的，有独立的请求权而参加诉讼的人。无独立请求权的第三人是对于已经进行的诉讼，就其当事人之间的诉讼标的，虽然没有独立的请求权利，但是案件处理的结果与其有法律上的利害关系，为维护自己的利益参加(自行参加或由人民法院通知参加)到当事一方进行诉讼的人。

《若干问题的规定》规定了两种情形的诉讼第三人，他们都应视为无独立请求权的第三人。首先，是因旅游辅助服务者的原因导致旅游经营者违约，旅游者仅起诉旅游经营者的，人民法院可以将旅游辅助服务者追加为第三人。在这种情况下，旅游经营者应当向旅游者承担违约责任，并就其已承担的责任向旅游辅助服务者追偿。人民法院依据自己的职权主动将有责任的辅助经营者列为第三人，有助于责任的准确认定，有助于最终责任的落实，同时也为旅游辅助服务者参与诉讼行使自己的诉讼权提供了机会。其次，是旅游经营者已投保责任险，旅游者因保险责任事故仅起诉旅游经营者的，人民法院可以应当事人的请求将保险公司列为第三人。责任保险承担的前提是旅游经营者应当承担的责任，将保险公司列为第三人将有助于对旅游者责任承担的实现，并有助于节约诉讼成本、提高诉讼效率。

本章小结

本章主要针对旅游活动中因为侵权、合同违约等发生的旅游民事权利和义务争议，介绍相关旅游民事争议纠纷解决的法律制度；介绍了旅游纠纷的含义、种类、性质以及解决旅游纠纷的基本途径、方式以及旅游投诉的含义与条件；介绍了旅游投诉受理与处理程序，仲裁程序，民事诉讼普通程序。其次重点介绍了《旅游投诉处理办法》的规定内容。最后重点阐述说明了最高人民法院颁布的《若干问题的规定》关于旅游纠纷案件的受理范围，以及旅游者权益保护的规定。

思考与练习

一、单项选择题

1．旅游投诉受理部门是(　　)。

A．工商局　　B．消费者协会

C．旅游局　　D．旅游协会

2．各级各类法院审理第一审民事案件的通用程序为(　　)。

A．简易程序　　B．普通程序

C．特别程序　　D．审判监督程序

二、多项选择题

1．旅游纠纷解决的方式为(　　)和诉讼。

A．协商　　B．调解

C．投诉　　D．仲裁

2．仲裁审理的形式有(　　)。

A．不公开进行　　B．开庭进行

C．公开进行　　D．不开庭进行

三、判断题

1．最具旅游特色的旅游纠纷解决方式为旅游仲裁。　(　　)

2．旅游投诉时效为 6 个月。　(　　)

四、简答题

1．简述旅游投诉的条件。

2．简述旅游投诉的受理与处理程序。

后　记

为适应我国旅游业发展的新要求和旅游法制建设的新形势，北京大学出版社组织编写了《旅游法律法规教程》一书。本书以《旅游法》的体例、内容为纲领，以适应旅游行业实际需要为出发点，突出理论性、系统性、全面性与实用性。本书采用最新的法律法规规定和相关数据，遵从学生认知的规律，通过理论提要—法规介绍—案例分析—问题解答的基本路径，增强教材对学生学习的支撑力，并密切关注我国旅游立法的新动向，适应现实的需求。在编写过程中按照教材编写规范，在正文内容前明确每一章的教学要点，并在法规说明之后附有案例分析和重要的法规条文，便于学生把握重点，掌握方法。在每章正文之后均有本章小结以及思考与练习，以帮助学生深入了解该章内容，加强记忆。

本书在撰稿过程中参阅了大量专家、学者的优秀成果，虽列出了参考文献，但也难免挂一漏万，敬请见谅，并在此一并致谢！

由于时间仓促，加之水平所限，书中难免会有缺陷和疏漏之处，敬请读者及同仁批评指正，以便在以后的使用中不断补充完善。

参 考 文 献

[1] 李建于，等．旅游法规与实务教程[M]．北京：对外经济贸易大学出版社，2008.

[2] 卢世菊，等．旅游法规[M]．武汉：武汉大学出版社，2007.

[3] 郭昆，等．旅游法规[M]．昆明：云南大学出版社，2006.

[4] 张元奎．旅游法规实务[M]．郑州：郑州大学出版社，2006.

[5] 全国导游人员资格考试教材编写组．旅游法规常识[M]．北京：旅游教育出版社，2002.

[6] 秦斌峰，等．旅游法教程[M]．兰州：甘肃人民出版社，2010.

北京大学出版社本科旅游管理系列规划教材

序号	书名	标准书号	主编	定价	出版时间	配套情况
1	旅游学概论	7-301-23875-2	朱 华	44	2014	课件
2	旅游心理学	7-301-23475-4	杨 娇	41	2014	课件
3	旅游法律法规教程	7-301-24850-8	魏 鹏	45	2014	课件
4	旅游政策与法律法规	7-301-23697-0	李文汇 朱 华	43	2014	课件
5	旅游英语	7-301-23087-9	朱 华	48	2014	课件、光盘、视频
6	旅游企业战略管理	7-301-23604-8	王 慧	38	2014	课件
7	旅游文化学概论	7-301-23738-0	闫红霞 李玉华	37	2014	课件
8	西部民族民俗旅游	7-301-24383-1	欧阳正宇	54	2014	课件
9	休闲度假村经营与管理	7-301-24317-6	周绍健	40	2014	课件
10	会展业概论	7-301-23621-5	陈 楠	30	2014	课件
11	旅游学	7-301-22518-9	李 瑞	30	2013	课件
12	旅游学概论	7-301-21610-1	李玉华	42	2013	课件
13	旅游策划理论与实务	7-301-22630-8	李 锋 李 萌	43	2013	课件
14	景区经营与管理	7-301-23364-1	陈玉英	48	2013	课件
15	旅游资源开发与规划	7-301-22451-9	孟爱云	32	2013	课件
16	旅游地图编制与应用	7-301-23104-3	凌善金	38	2013	课件
17	旅游英语教程	7-301-22042-9	于立新	38	2013	课件
18	英语导游实务	7-301-22986-6	唐 勇	33	2013	课件
19	导游实务	7-301-22045-0	易婷婷	29	2013	课件
20	导游实务	7-301-21638-5	朱 斌	32	2013	课件
21	旅游服务礼仪	7-301-22940-8	徐兆寿	29	2013	课件
22	休闲学导论	7-301-22654-4	李经龙	30	2013	课件
23	休闲学导论	7-301-21655-2	吴文新	49	2013	课件
24	休闲活动策划与服务	7-301-22113-6	杨 梅	32	2013	课件
25	前厅客房服务与管理	7-301-22547-9	张青云	42	2013	课件
26	旅游学导论	7-301-21325-4	张金霞	36	2012	课件
27	旅游规划原理与实务	7-301-21221-9	郭 伟	35	2012	课件
28	旅游地形象设计学	7-301-20946-2	凌善金	30	2012	课件
29	旅游文化与传播	7-301-19349-5	潘文焰	38	2012	课件
30	旅游财务会计	7-301-20101-5	金莉芝	40	2012	课件
31	现代酒店管理与服务案例	7-301-17449-4	邢夫敏	29	2012	课件
32	餐饮运行与管理	7-301-21049-9	单铭磊	39	2012	课件
33	会展概论	7-301-21091-8	来逢波	33	2012	课件
34	旅行社门市管理实务	7-301-19339-6	梁雪松	39	2011	课件
35	餐饮经营管理	7-5038-5792-8	孙丽坤	30	2010	课件
36	现代旅行社管理	7-5038-5458-3	蒋长春	34	2010	课件
37	旅游学基础教程	7-5038-5363-0	王明星	43	2009	课件
38	民俗旅游学概论	7-5038-5373-9	梁福兴	34	2009	课件
39	旅游资源学	7-5038-5375-3	郑耀星	28	2009	课件
40	旅游信息系统	7-5038-5344-9	夏琛珍	18	2009	课件
41	旅游景观美学	7-5038-5345-6	祁 颖	22	2009	课件
42	前厅客房服务与管理	7-5038-5374-6	王 华	34	2009	课件
43	旅游市场营销学	7-5038-5443-9	程道品	30	2009	课件
44	中国人文旅游资源概论	7-5038-5601-3	朱桂凤	26	2009	课件
45	观光农业概论	7-5038-5661-7	潘贤丽	22	2009	课件
46	饭店管理概论	7-5038-4996-1	张利民	35	2008	课件
47	现代饭店管理	7-5038-5283-1	尹华光	36	2008	课件
48	旅游策划理论与实务	7-5038-5000-4	王衍用	20	2008	课件
49	中国旅游地理	7-5038-5006-6	周凤杰	28	2008	课件
50	旅游摄影	7-5038-5047-9	夏 峰	36	2008	
51	酒店人力资源管理	7-5038-5030-1	张玉改	28	2008	课件
52	旅游服务礼仪	7-5038-5040-0	胡碧芳	23	2008	课件
53	旅游经济学	7-5038-5036-3	王 梓	28	2008	课件
54	旅游文化学概论	7-5038-5008-0	曹诗图	23	2008	课件
55	旅游企业财务管理	7-5038-5302-9	周桂芳	32	2008	课件
56	旅游心理学	7-5038-5293-0	邹本涛	32	2008	课件
57	旅游政策与法规	7-5038-5306-7	袁正新	37	2008	课件
58	野外旅游探险考察教程	7-5038-5384-5	崔铁成	31	2008	课件